- 中共龙岩市委统战部委托重点课题
- 龙岩学院中央苏区研究院课题基金（LS2015029）支持

 龙岩学院奇迈书系

闽西统战史

（新民主主义革命时期）

主编：张雪英　苏俊才

厦门大学出版社　国家一级出版社
XIAMEN UNIVERSITY PRESS　全国百佳图书出版单位

本书编委会

课题指导：阮开森　邓菊芳

主　　编：张雪英　苏俊才

副 主 编：邓泽村　吴升辉　吴锡超　蓝松金　黄嘉洧

编　　委：王咸柜　郑景文　曾光书　张剑锋　陈旭超
　　　　　朱碧蓉　陈小松　李平志　王　瑞

序

福建省人民政府副省长
中共龙岩市委书记　梁建勇

　　党的历史是党的宝贵财富。统一战线是我们党的一大发明创造，作为党的三大法宝之首，其形成、发展和壮大的历程是党的历史的重要组成部分。加强对统战史的研究宣传，深入挖掘统战历史资源，以史鉴今，资政育人，对推动党的统战事业在继承中发展、在发展中创新具有十分重要的作用。

　　闽西是一块被红色浸润着的圣地。在这片炽热的土地上，中国共产党孕育了思想建党、政治建军的纲领，开辟了"农村包围城市，武装夺取政权"的中国革命道路，形成了解放思想、实事求是的思想路线，培养了"日穿草鞋干革命，夜打灯笼访贫农"的苏区干部好作风，形成了坚定信念、求真务实、一心为民、清正廉洁、艰苦奋斗、争创一流、无私奉献的苏区精神。

　　闽西是福建乃至全国统一战线工作开展较早的地区之一。在新民主主义革命时期，中共闽西地方党组织为实现党的使命和任务，紧紧依靠统一战线这个重要法宝，最广泛地团结一切可能团结的同盟者，最大限度地孤立和打击主要的敌人，保证了闽西革命的彻底胜利。在这里，形成了《古田会议决议》，明确规定人民军队执行官兵一致，军民军政一致和瓦解敌军、宽待俘虏的政治工作三大原则，成为中国共产党统一战线理论的雏形。在这里，红四军和闽西党组织建立起以工农联盟为基础的巩固的统一战线，把土地革命不断引向深入，为中央苏区的创建、巩固和发展奠定了坚实的基础。在这里，制定了"白皮红心"的斗争策略，创造了"两面政权"，有效地瓦解了国民党的一部分基层政权和地主武装，化敌为友，壮大了人民群众的力量。在这里，制定了一系列保护民族工商业，保护爱国民主人士，保护爱国归侨等统战政策，加快了闽西解放的进程。新民主主义革命时期闽西统一战线工作，经历了形式上由单薄到丰厚，政策上由笼统到具体，实践上从摸索到成熟的发展轨迹。这一时期闽西土地上富有首创精神的统一战线实践和理论的探索，不仅为我们党新民主主义革命时期革命统一战线政策理论的制定和形成提供了丰富的经验，更为我们党统一战线工作的成功实践奠定了坚实的理论基础，在波澜壮阔的中国统战史上写下了浓墨重彩的篇章。

　　新起点，新征程。如何让统一战线这一重要法宝在闽西大地熠熠生辉，续写闽西统战工作的新篇章,是我们大家需要共同思考的问题。我相信,《闽西统战史(新民主主义革命时期)》的出版,不仅有助于人们了解新民主主义革命时期统一战线工作的艰难经历,加深对闽西厚重革命历史的认知;而且有助于我们正确认识历史发展趋势,用统一战线的光辉历史激励人,用统一战线的优良传统教育人,用统一战线的成功经验启迪人,团结一切可以团结的力量、调动一切可以调动的积极因素,为振红土地雄风、谋跨越式发展,凝聚广泛、持久、强大的正能量,谱写好中华民族伟大复兴和实现中国梦的龙岩篇章!

是为序。

2015 年 12 月

目 录
Contents

第一章 国民革命统一战线的建立与破裂/1

第一节 中共闽西地方组织的建立/1
 一、闽西的自然条件和"五四"运动前后的社会经济状况/1
 二、马列主义在闽西的传播和闽西各地共产党组织的建立/4
第二节 闽西各县国民党左派组织的建立与闽西第一次国共合作的形成/11
第三节 国民革命军进军闽西与闽西各地临时革命政权的建立/14
 一、国民革命军收复闽西/14
 二、闽西各地临时革命政权的建立/17
第四节 闽西国民革命运动的开展/19
 一、各群众团体的建立和工农运动骨干的培养/19
 二、闽西各地农民运动的兴起/23
第五节 国民革命统一战线的分裂/26
 一、闽西革命势力与反动势力的斗争/26
 二、龙岩"四一五"和上杭"五七"事变/28

第二章 以工农联盟为基础的革命统一战线的建立与挫败/33

第一节 闽西土地革命的开展与革命根据地的初步形成/33
 一、南昌起义军入闽/34
 二、闽西各地工农武装起义/34
 三、红四军入闽与革命根据地的初步形成/38
第二节 古田会议树立中国共产党统一战线理论光辉篇章/40
 一、古田会议的召开/40
 二、古田会议树立统战理论光辉篇章/42
第三节 制定土地政策 建立工农民主统一战线/45

一、制定农民政策与土地政策/46
二、建立巩固的工农民主统一战线/54

第四节　统战工商业阶层　发展苏区经济/56
一、制定正确的商人政策/57
二、发展公有经济/62
三、开通赤白贸易/72
四、"左"倾错误干扰苏区经济的自我纠偏/76

第五节　正确对待土匪流氓　团结地方武装势力/82
一、改造"土匪世界"/82
二、解决流氓无产者问题/95
三、统战地方实力派人物/98

第六节　正确对待知识分子　发展苏区社会事业/102
一、制定正确的知识分子政策/102
二、社会事业全面发展/107

第七节　"左"倾错误严重危害统战工作/113
一、"肃社党"事件的严重危害/113
二、王明"左"倾土地政策与闽西苏区查田运动/115
三、反"罗明路线"斗争破坏党的统战与团结/116
四、"左"的劳动、经济政策及其危害/117

第三章　游击战争中的统战工作与抗日民族统一战线的形成/120

第一节　制定游击战争方针，灵活应敌/120
一、适时转变战略/120
二、与土匪订立互不侵犯条约/126
三、制定"白皮红心"的对敌斗争策略/130

第二节　建立抗日讨蒋统一战线，夺取反"清剿"斗争的最后胜利/134
一、闽西《抗日讨蒋纲领》的发布/135
二、为促成抗日反蒋统一战线，制订系列新规/137
三、广泛发动群众开展合法的或两面政策的斗争/139

第三节　执行"联蒋抗日"新方针，实现闽西第二次国共合作/141
一、由"抗日反蒋"到"联蒋抗日"的转变/141
二、发起和平运动，创造合作谈判气氛/145
三、闽西国共和谈成功，抗日合作局面形成/146
四、巩固和平局面的斗争与红军游击队改编北上抗日/149

目 录

第四章 坚持抗日民族统一战线与开展反顽自卫斗争/156

第一节 大力开展抗日救亡运动/156
一、抗日救亡团体的普遍建立和救亡报刊的涌现/156
二、抗日救亡活动如火如荼/158

第二节 争取团结一切抗日力量，巩固和扩大抗日民族统一战线/161
一、抗日战争中的闽西华侨/161
二、李友邦与台湾义勇队在龙岩的抗日活动/163
三、战时"工合"运动/165

第三节 开展抗日反顽斗争/167
一、反共摩擦事件与反逆流的斗争/167
二、闽西的保田斗争/169
三、闽西反共事变与抗日反顽自卫斗争/174

第五章 解放战争时期的统战工作/181

第一节 争取和平民主的斗争/181
一、抗战胜利后的形势及中央关于边区斗争策略的指示/181
二、闽西党组织从分散发展、武装自卫转入分散隐蔽、保存力量/182

第二节 人民民主统一战线的巩固与扩大/184
一、闽西游击战争的全面开展/184
二、中共闽粤赣边区党代会的召开和统战工作方针的制定/186
三、巩固与扩大人民民主统一战线/187

第三节 策动国民党军政人员起义，加强接管和建政工作中的统战工作/191
一、策动闽西国民党军政人员起义/191
二、接管和建政工作中的统战工作/194

附录/199

附录一 大事记/199
附录二 闽西统战工作杰出领导人简介/219

参考文献/242

后 记/245

第一章　国民革命统一战线的建立与破裂

第一节　中共闽西地方组织的建立

一、闽西的自然条件和"五四"运动前后的社会经济状况

闽西,位于福建省西南部,按清末的行政区划,包括汀州府属八个县:长汀、上杭、武平、永定、连城、清流、宁化、归化(今明溪)和龙岩州属三个县:龙岩(今新罗区)、漳平、宁洋(今分属漳平、新罗、永安)。土地革命时期,平和、南靖部分地区曾为闽西革命根据地的组成部分。闽西北接赣南,南邻粤东,东接博平山脉,西傍武夷山南段,玳瑁山脉绵亘其间。全区面积约3.2万平方公里,人口100余万。

闽西地势东高西低,北高南低。武夷山(南段)、玳瑁山、博平岭等山脉沿东北—西南走向,大体成平行分布。境内山脉绵延起伏,河流纵横交错,构成了闽西十分险要而又复杂的地理形势。闽西自然条件良好,气候温和,雨量充足,土地肥沃,物产丰厚,地下资源非常丰富。由于闽西地处山区,交通不便,土特产的输出和工业用品的输入,全靠肩挑手提,因此农村自给自足的自然经济长期占主导地位。

闽西地理位置重要,具有可进、可退、可守的战略优势,同时它距福州等中心城市较远,是反动统治比较薄弱的地方。这些都为开展游击战争,实行工农武装割据,创建革命根据地,提供了极为有利的客观条件。

在旧中国,闽西人民和全国人民一样,长期遭受帝国主义、封建主义和官僚资本主义及其政治代表国民党反动派的压迫和剥削。封建生产关系严重地束缚着生产力的发展,闽西经济长期处于停滞的状态。

旧中国半封建半殖民地的社会特点,在闽西有显著的表现。一方面,闽西地区的经济主体是小农经济,没有现代化的工业,只有分散的个体农业、手工业和中小商业。农业生产落后,粮食产量不高。另一方面,洋货充斥市场,人民生活所需的日用品,如布匹、煤油、西药等,绝大部分依赖外地输入。但是,闽西有各种手工业,有丰富的土产和特产。其中产量较多的有纸张、烟丝、木材、茶叶、香菇等,远销全国乃至南洋各地。闽西人民用自己的劳动与智慧,创造了大量的财富。

1840年鸦片战争以后,西方资本主义侵略势力同样渗透到偏僻的闽西山区。西方列强为了攫取最大利润,疯狂地进行经济掠夺。他们在闽西倾销商品,据统计,1927年龙岩县输出货值为大洋191.5万元,输入货值则达335.5万元,入超额144万元,相当于输出货值的70%。又如日本正井洋行委托台湾、厦门商人到永定采购烟叶,每年出口数十万至百万斤,运往台湾。由于帝国主义对闽西的商品倾销和原料掠夺,导致闽西烟、纸、布等手工业和农业的进一步破产,致使手工业濒于破产,洋布战胜土布,洋纸打倒土纸,洋烟排挤了条丝烟。闽西地区的土产条丝烟,本来销路是很广的,四川、湖北、江西、上海、广东等地都有闽西商人开设的烟行。但到了20世纪初,日本的三井洋行在龙岩设代办处。为了垄断烟叶市场,该行先用高于一倍甚至几倍的价格收购烟叶,运回日本制成"洋烟"。闽西当地烟商无法与之竞争,只得关门。在高价的刺激下,永定、龙岩、连城、武平等县农民都用稻田种烟,但到次年收成季节,洋行则拼命压价,农民被迫只得以比原来低得多的价格卖出烟叶,烟农遭残酷掠夺。该行又以大量洋烟倾销市场,由于农民家庭手工业产品成本高,根本无法与价廉物美的大机器生产品相匹敌,当地烟厂迅速倒闭,致使大批农民不能继续从事烟草手工业的生产,陷入贫困。洋货侵入,闽西改由厦门、汕头港口进货,原先由江西进货,沿长汀至龙岩的上万名以挑担谋生的工人随之失业;货运断绝,苦力运输工人失业,导致沿途的商店、客店、小贩的歇业倒闭,又使约3万人失业。破产的农民和手工业者铤而走险,上山为匪,流氓无产者占全区总人口的25%。闽西经济破产程度的极其严重可见一斑!

与此同时,连绵不断的军阀混战给闽西人民带来无穷无尽的灾难。1913年,北洋军阀李厚基入主福建,开始了在福建长达14年的黑暗统治。驻扎在闽西各县的军阀是李凤翔部陆军第三师,辖有曹万顺的第五旅和杜起云的第六旅;陆军第一师张毅的一部也驻守龙岩。各部军阀因其经济、政治背景的不同形成各派,为了争夺地盘,钩心斗角,连年混战,从1922年到1925年,闽西大小军阀混战竟达30多次。战争对经济和文化的破坏,以及带给人民的痛苦,是难以尽述的。

反动军阀横征暴敛,欲壑难填。1925年,盘踞龙岩的军阀张毅,搜刮各种捐税250多万元,犹嫌不足,田赋已预征到1930年。盘踞汀属八县的军阀李凤翔,在1925年一年之内,下令勒索捐税七次之多,加上各种"罚款"、杂捐,总计搜刮230多万元。反动军阀大肆卖官鬻爵,而豪绅地主则买官纳职,官衔成为商品。李凤翔统治时期,买一个县知事官衔,"自三四千元至万元不等,且必数月一易"。在几年中,永定知县换了10次。其中高陂乡姓陈的绅士,花3000大洋买了个"知县",上任仅一个晚上,次日就被换防的另一个军阀赶下台了。

闽西人民饱受帝国主义、军阀官僚掠夺与摧残的同时,深受封建地主阶级的残酷压迫和剥削。位置偏僻的闽西山区,在鸦片战争前夕,虽有一些新的经济因素的萌芽,但发展得非常缓慢。帝国主义入侵后,对闽西自给自足的封建经济基础起到一定的解体作用,但在广大农村中,仍然是封建的生产关系占主导地位。广大农民深受封建地租、高利贷、田赋捐税的繁重剥削。

土地革命前,闽西的土地问题主要表现为地权高度集中。土地占有情况,据闽西六县(龙岩、永定、上杭、连城、武平、长汀)调查,"田地平均百分之八十五在收租阶级手里,农民所有田地平均不过百分之十五"。① 如,龙岩县在1929年土地革命之前,大部分土地为宗族地主与豪绅巨商所有,细割分散出租。租佃面积大多高于50%以上,不少乡镇还出现"地主村庄"与"佃农村庄"。从龙岩县各乡镇农户之租佃面积比例来看,公偿田(族田)约占耕地面积30%~40%,高者达70%~80%。绝大多数的族田,其土地所有权名义上属宗族共有,实质上完全为地主豪绅所把持和侵占,是地主经济的一种特殊表现形式。再从农户数的统计来看,龙岩农户中半自耕农占44.28%,佃农占44.54%,全县有近89%的农民与地主结下租佃关系。户数不到10%的地主、富农竟占有或实际上控制着(公偿田)70%~80%的耕地,地权的高度集中由此可见。

地租是地主剥削的主要形式。农民为了生存,只得向地主租种土地。地主凭借对土地的占有,要农民交纳占收获量60%~80%的高额地租。至于纳租办法,则以田亩好坏为标准,上等田能出产1石谷子之田地(如秧地)须纳8斗,较次者每担6斗,普通者4斗。倘以金钱代纳,则须照原价多纳1~2升。除正租外,还有各种各样的额外榨取,如典当、买青苗、"大斗收租"、"请租饭"、"年节送礼"等附加剥削。

其次是高利贷剥削。这是封建地租剥削的延伸,也是造成农民长期依赖乃至终身依附于地主、受奴役的重要原因。农民往往因为缴不起高额地租,无可奈何向地主借债。地主便趁机勒索高利,利息"龙岩每月二分为最低,连城、武平、长汀均三分,上杭、永定均二分半,最高利息各县有到十二分的"。② 闽西农民在重租加上高利贷的盘剥下,长期依附于地主而不能自拔。这也显示出半殖民地半封建经济的特点。

还有繁重的苛捐杂税。封建统治阶级为了维持其统治人民的政权与军事,需要庞大费用,就多方向广大农民敲诈勒索。多如牛毛的赋税,压得人民喘不过气来,捐税有百种之多,而且税率非常高,不论纸张、烟丝或其他产品,从生产到销售都要缴纳十几次捐税。根据陈翰笙《中国农民负担之赋税》一文的附表,闽西汀州民国十五年秋其田赋已预征到民国二十年,预征了5年的田赋。另据上杭县志载,上杭县在1926年,田赋已预征至1933年。上杭农民除受重租重利之苦外,还常遭受衙吏胥役、军阀奸商的欺凌和盘剥。每次军队来去,总是要派役和派款,动辄打死、打伤农民。此县田赋收入不多,远不能满足这些军阀的需求,于是,需要款项就按城乡地域大小,依比例摊派。除田赋、屠宰、烟酒、印花、房铺、商贾厘金等捐税外,另有田亩捐、防务捐、"公膏专卖"等种种特税。此外,还有地主、高利贷都以地租、典当、放债、赊卖等手段进行剥削,再加上盗匪、疾病、水旱灾害,弄得农村残破,民不聊生。挣扎在死亡线上的苦难人民渴望着有朝一

---

① 《中共闽西第一次代表大会之政治决议案》,1929年7月,见中共龙岩地委党史资料征集领导小组编:《闽西人民革命史文献资料》第二辑,内部资料,1981年12月,第141页。

② 《中共闽西第一次代表大会之政治决议案》,1929年7月,见中共龙岩地委党史资料征集领导小组编:《闽西人民革命史文献资料》第二辑,内部资料,1981年12月,第141页。

日起来推翻这些恶势力,挣脱身上的枷锁。

在帝国主义、封建主义的压榨下,闽西地区的社会经济日益衰败。自给自足的自然经济在外国资本主义的冲击下迅速地破产,以致"农辍于耕,工失于肆,商罢于市,百业凋零,金融纷乱",①广大人民生活艰难,日益贫穷,灾难深重。广大工农群众为求自身的解放而走向革命,在闽西近代历史上,反帝反封建的革命浪潮,一浪高过一浪。

近代闽西人民在民主革命斗争中,逐渐认识到帝国主义和封建统治阶级是一丘之貉,要革命就要把反帝反封建的斗争结合起来。到了1911年,民主革命先行者孙中山领导辛亥革命,推翻了清王朝,闽西汀州的革命党人积极投入这一革命洪流。早于1909年,从日本回国的留学生康绍麟、杨仰程等返回汀州城,建立"汀州同盟分会",发展刘家驹、邓济民等数十人参加"同盟会"。武昌起义爆发后,汀州革命党人,一方面大造光复汀州的革命舆论,另一方面做好汀州巡防营管带刘光汉的反正工作。11月21日,革命党人宣告汀州独立,因社会秩序混乱,革命党人函请上杭、永定革命军前来稳定局势,刘宗尧即率民军至长汀,后受游勇樊彪的围攻,34位革命党人牺牲,但革命力量很快将复辟逆流平息下去。

国内"二次革命"失败后,孙中山召集在东京的部分革命党人,检讨得失,决定重新建党,以便集结力量,筹划再次革命。当时在日本东京明治大学就学的连城籍学子沈毅民和武平肖其章毅然参加了孙中山新建的中华革命党,不久奉命回国策划讨袁,不幸事泄被捕,1915年4月18日,就义于福州。

帝国主义、封建地主官僚和反动军阀对闽西人民政治上的残酷压迫和经济上的疯狂掠夺,留下了血泪斑斑的历史,这就是闽西人民不断进行反抗斗争的根本原因。虽然这些斗争由于缺乏先进阶级的领导而归于失败,但它预示着天翻地覆的革命风暴即将来临。

二、马列主义在闽西的传播和闽西各地共产党组织的建立

1917年,俄国爆发"十月"革命,建立了世界上第一个无产阶级专政的社会主义国家,开创了人类历史的新纪元,唤起了被压迫民族的觉醒。1919年5月4日,北京爆发反帝、反封建的伟大的"五四"运动。"五四"运动很快波及闽西,青年学生们纷起响应,举行罢课,游行示威,并开展抵制日货的斗争。"五四"运动进一步推动了新文化运动的发展,各种新思想在闽西城乡迅速传播。"五四"运动对闽西产生了积极影响,它激励着一部分进步的知识青年自觉地学习马列主义,接受新思潮,为革命做好思想上的准备。

"五四"运动以后,闽西籍在北京、上海、广州、厦门、漳州等地求学的青年知识分子,不断地将新文化、新思潮传入家乡。1921年中国共产党成立,中国革命面目由此焕然一新。闽西的进步知识分子开始组织读书会,学习马克思列宁主义,并且积极创办进步刊

---

① 国民革命军总司令部政治部:《福建军事政治概况》,1926年7月8日。

物,向广大群众宣传革命思想,揭露统治阶级的罪恶,以提高人民的阶级觉悟。经过宣传活动,马克思列宁主义逐渐为群众所掌握,成为指导革命运动的有力理论武器。

1921年春,邓子恢从江西崇义回到龙岩,在家乡白土桐冈学校担任短期的小学教员期间,在"改造个人和改造社会"的思想指导下,与章独奇、林仙亭、陈明、张觉觉(又名张余生)、曹菊如等一批进步青年,在白土组织"奇山书社",吸引了一批向往革命的青年知识分子和小学教员入社,发展至200余人。书社购买了包括康有为、梁启超、孙中山的文集,马克思的《共产党宣言》,布哈林的《共产主义ABC》《二月革命到十月革命》等大量新书,以及《新青年》《新潮》《向导周刊》等进步刊物。社员在书社学习研究,探讨改造社会良方。1923年9月,邓子恢、陈明等在"奇山书社"基础上,扩充油印物《同声》的内容,增加新栏目,改刊名为《岩声》并公开出版。其宗旨是:"改造旧社会,宣传新文化"。《岩声》月刊创办后,成为龙岩20万民众的舆论中心,顽强地战斗了整整三个年头,锋芒直指北洋军阀、帝国主义和官僚地主阶级。至1926年11月,共出版43期。发行范围在国内达华中、华南、华北的12省35个县市,国外远销至东南亚各国,总发行量近千份,成为福建省发行范围较广、影响较大的宣传新文化、新思想和传播马列主义的主要刊物。《岩声》尤其在传播马列主义方面起了先导作用。

继《岩声》之后,1924年5月间,集美学校永定籍学生李觉民与龙岩籍学生杨世宁、谢景德、李联星等发起组织"新龙岩季刊"社,并出版《新龙岩季刊》。与此同时,陈俊昌邀聚谢景德、张旭高、郑日晖等十余人,创办了龙岩留集美的学生会刊《到民间去》。1925年7月,谢景德与同窗挚友林初元、谢宝萱等利用暑期回到家乡龙岩适中,举办暑期平民学校。在此基础上,组织"改进社",创办《改进》刊物。同年8月,在集美学校龙岩籍学生杨世宁的支持下,知识青年廖昌泰、连炳文在龙岩城关陈家祠创办龙岩公学,免费招收城区青少年入学,同时集资出版油印刊物《铁扫把》。此外,在龙岩九中就学的吴荻舟与同学合作出版油印刊物《苔藓》。《岩声》以及龙岩其他革命报刊的出版,为中国共产党龙岩地方党组织的建立和工农运动的发展做了思想上和组织上的准备。

除《岩声》以外,在闽西影响较大的刊物有1926年3月在广州出版9期的《汀雷》。杂志社通过邮寄、托运、带送等方式,将《汀雷》输送到闽西各地。后来国民革命军(北伐军)进军福建,《汀雷》社的主要成员谢秉琼、胡铁环、吴炳若等都相继返回家乡武平、长汀,投身革命洪流。在永定,有1923年12月由尚在厦门集美学校师范部读书的进步青年陈正、曾牧村、胡永东等人回家乡永定中川创办的社刊《钟声》,有阮山、赖实秋等人在永定湖雷出版的油印刊物《雷鸣》,有1926年由永定中学的进步教师曾牧村、曾宪安等人出版的油印刊物《革命先锋》,有1927年由卢冠卿、卢心远等人在永定坎市出版的油印刊物《奋斗》(半月刊)。在长汀,有1927年由汀州省立中学教员黄亚光等人创办的《长汀月刊》。在上杭,有1927年9月间由国民党"左派"青年罗大淮与进步学生丘天锦、吴梅林等人出版的刊物《幻灯》和《虹痕》,有县立中学进步学生陈维纲、袁文奎、杨幼笙等人出版的《琴岗》刊物。在连城,有1926年冬由吴运启、李竹秋、罗玉章等人创办的革命刊物《莲钟月刊》。在武平,有1925年冬由武平在福州任职的谢鸣珂主办并出版的

《曙汀》，有1927年春由武平农民协会创办的《武平农民》，等等。

总之，从"五四"运动到北伐战争前夕六七年间，闽西各县涌现出来的一批进步青年以及如雨后春笋的革命报刊，说明马克思主义与新文化、新思想终于在闽西山区广泛地传播开来。马克思主义的传播，造就了一代具有革命思想的先进分子，为建立中共闽西党组织奠定了思想基础和组织基础。

1925年1月，中国共产党在上海举行第四次全国代表大会。会议通过的《对于组织问题之决议案》指出："在现在的时候，组织问题为吾党生存和发展之一个重要的问题"，如不迅速加强党的组织建设，"党决不能前进"。大会总结了国共合作一年来的经验教训，制定了开展群众运动的计划，并决定在全国发展和建立党的组织，以适应革命大发展的需要。会后，党的工作迅速深入到广大群众中去。于是，闽西开始有了共产党的活动。

闽西最早的共产党员，是在先进的知识青年中发展的。这些先进的知识青年在外地求学或从事社会工作，阅读了许多马克思主义的进步书刊，接受了马列主义，树立了共产主义的理想和信念，从而成为坚强的共产主义战士。先进青年在不同地区参加共产党组织，或成为激进青年后，再回闽西从事革命活动，发展和建立共产党组织。

闽西早期的共产党员主要来自几个方面：

一是在广东农民运动讲习所加入中国共产党。1925年9月，永定的赖玉珊、赖秋实考入彭湃主办的第五届广州农民运动讲习所，他们在讲习所学习结业前加入了中国共产党，同年底，党组织派遣他们回永定开展工作。1926年春，毛泽东在广州筹办第六届全国农民运动讲习所。龙岩革命青年郭滴人、陈庆隆、李联星、朱文昭（后叛变），永定县的王奎福、胡永东，上杭县的温家福，还有平和的朱积垒等人经选拔，进入这所革命的熔炉。期间，郭滴人、陈庆隆先后加入中国共产党。1926年7月，国民革命军誓师北伐，为了配合北伐军的军事行动，农讲所提前于9月结业。福建学员大多来自闽西、闽南，因此，党组织决定派他们回福建，在闽西南地区开展和领导农民运动。此外，上杭的雷三明于1926年夏在广东海丰农讲所学习时加入共产党。同年冬回上杭城，发展党组织，参与创办"汀属八县社会运动人员养成所"，是县临时农协负责人之一。

二是在厦门集美学校师范部加入中国共产党。集美学校师范部是福建省较早传播马克思主义和建立党团组织的摇篮。闽西早期从事革命的先进知识分子多来自此校。这里免费供给学生食宿，并发给奖学金，因此，闽西穷家子弟投考该校特别多，如李觉民、阮山、林心尧、陈正、郭滴人、杨世宁、谢景德、李联星、张旭高、曾牧村、蓝维仁、卢肇西、吴仰文、钟武、陈国华、谢宝萱、陈衮华、谢云丛、危衍锦、陈福庆等人。闽西籍学生进入集美学校后，通过阅读大量进步书刊，参加各种派别的讨论，联系社会和家庭实际，进行阶级分析和对比，明白了只有马列主义才适合中国国情，才是拯救中国的真理；中国只有走马列主义指引的道路，才能摆脱帝国主义和封建主义的压迫和剥削。永定县的李觉民是最早接受社会主义学说的学生之一。他在与共产党中央领导人陈独秀及刘仁静通信中得益匪浅，提高了对马列主义的认识。他受到恽代英委托，在学校中积极推销

《中国青年》及上海书店发行的进步书刊,宣传马列主义。李觉民还与罗明、罗扬才等一起组织"协进社",创办《星火周刊》,传播马列主义。林心尧、曾牧村、卢肇西等都是《星火周刊》的主要撰稿人。这批革命青年除读书、写文章外,还积极参加中共两广区委和厦门国民党左派组织领导的校内外各种进步活动,经受锻炼和考验,成为进步学生的骨干。李觉民于1925年加入共青团,任支部书记,1926年1月赴广州,参加中国国民党第二次全国代表大会。会议期间,加入中国共产党,5月,被选为国民党福建省党部常委。林心尧亦于1926年1月加入中国共产党,同年4月,受罗明委派回闽西选派代表参加国民党福建省第一次代表大会。林心尧为这次大会主席团成员,并担任过大会主席。其他同学也大多参加了国民党和共青团组织,毕业后回闽西,积极参加革命活动。1926年春,永定的阮山加入中国共产党,并担任厦门党团特别支部干事会书记。随后,在集美学校师范部学习的闽西青年卢肇西、卢其中、陈正、钟武、谢景德、曾牧村、蓝维仁、蓝为龙、杨世宁等人陆续参加了共产党组织,并接受党组织的派遣,先后回闽西宣传马列主义,进行革命活动。龙岩的谢宝萱,漳平的陈国华都加入改组后的国民党。1925年秋,由于革命形势不断发展,他们认为要救国救民,必须回到民间去,唤醒广大民众。于是,他俩毅然离开学校,辍学回到自己的家乡,进行革命活动。1927年初,他们作为先进青年被吸收入党,成为龙岩县总支发展的第一批共产党员。

三是在国内其他地方加入中国共产党。长汀县的张赤男、傅维钰,永定县的江德贤、赖连璋、何正生,上杭县的林俊,先后考入武汉中央军事政治学校,受到严格的军事训练,加入中国共产党,毕业后回闽西参加革命斗争。国共两党合作创办的黄埔军校吸引着闽西的有志青年。1924年5月,黄埔军校在国民革命政府所在地广州公开招收学生,第一期至第八期共录取闽西籍学员52人(不包括其他分校学员),这些考入黄埔军校的学生进校后,认真学习,刻苦锻炼,参加东征北伐,为巩固广东革命根据地做出贡献。他们中不少人在军校加入中国共产党,后回闽西领导武装斗争。许多闽西优秀儿女在全国各地求学、参加革命活动时加入中国共产党。项与年于1925年在浙江海宁加入共产党,邓子恢于1926年12月在江西崇义加入共产党,张鼎丞于1927年6月在广东大埔加入共产党,阙宝兴分别在武汉高等师范、武汉华中大学入党,陈明、熊一鸥、谢秉琼、刘克模均在上海大学学习时入党,俞炳荣在厦门警官学校入党,廖惠清在南京晓庄师范学校入党,李国玉在武昌大学入党,胡轶震、修焕璜、吴炳若在广州中山大学入党,李长明、梁心田、邹济苍、张涤心在海陆丰入党,何耀全在广州从事革命活动时加入中国共产党。

另外,还有在国外参加共产党组织。1919年12月,闽西籍的有志青年,如漳平县的郑超麟、陈祖康,永定县的赖俊、江文新、江廷深、赖英、苏毓明,连城县的吴暾、吴乃青、罗际青、吴树钧、黄永源、黄翼深、黄鸣等人赴法勤工俭学。在法期间,他们努力学习专业知识外,关心国事,经常利用课余、工余时间秘密传阅进步刊物,吸取了革命知识理论,认识不断提高。1922年,郑超麟同几个志同道合的同学成立"少年共产党",后又转到苏联莫斯科东方大学学习,于1924年4月在莫斯科加入共产党组织。土地革命初期,他以中央特派员身份到福建整顿党组织。陈祖康在法国攻读土木及理科专业,1923年参加郑超麟等创办的"少年共产党",1924年6月转为中国共产党。陈于1925年回国,曾在漳平永福中学进行革命活动。1925年9月,担任黄埔军校少校政治教官的陈祖康为黄埔军校校歌填歌词,后叛变革命。赴法学习的其他闽西籍青年,怀着救国救民的壮志,一边学习,一边参加紧张繁重的劳动,努力学习本领,归国后都投入当地革命斗争。此外,"五四"运动前后,上杭蛟洋进步知识分子傅柏翠、长汀县的革命青年黄亚光、连城的罗镇程、武平的刘克漠留学日本,加入中华革命党,回家乡后,于土地革命初期加入中国共产党。

闽西籍共产党员从国内外回到家乡,深入到人民群众中,传播马克思列宁主义,宣传革命道理,从事工人、农民运动,秘密发展共产党员,建立地方党组织,领导闽西人民掀开土地革命斗争的序幕。

永定支部成立旧址——万源楼

闽西最早建立的共产党组织是中共永定支部。1926年夏,中共党员阮山、林心尧根据中共厦门总干事会和中共汕头特委书记罗明的指示,联合回到永定开展农运工作的共产党员赖实秋、赖玉珊,以及从上海大学回县的共产党员熊一鸥等,在永定上湖雷羊头村"万源楼"成立闽西第一个党支部——中国共产党永定支部(后称上湖支部),推选阮山任支部书记,成员有林心尧、赖秋实、赖玉珊、熊一鸥等。党支部采取边培养、边教育、边发展的方针,先后发展了阮振鹏、阮迈、熊振声、熊永清、阮维周、阮德周、熊炳华等人为党员。

1926年10月,北伐军东路军进军闽西永定、龙岩等地。闽西的共产党员在积极帮助国民党建立和巩固基层组织的同时,抓住国共合作的大好时机,与随北伐军入闽的共产党员一起迅速建立了闽西各地党组织。

1926年10月,毕业于广州第六届农讲所的共产党员胡永东、王奎福与永定党支部书记阮山取得联系,以下洋公学为阵地,先后发展在金丰地区开展革命活动的陈正、曾牧村、胡定军、赖继唐、曾宪安等人为共产党员。1926年冬,在下洋公学建立中共金丰支部,胡永东任支部书记(后为陈正)。

1927年7月,共产党员张鼎丞、赖文舫、郑醒亚等回金砂开展工农运动,培养金砂公学教员赖益三、丘启勋、张大鹏、赖拔群、张大庚、谢仰前和正德小学教员丘礼荣及农民范炳元、张福桂入党,先成立党小组,9月上旬,在金砂西湖寨建立中共溪南支部,张鼎丞任书记。

1927年9月,中共闽南特委宣传部长兼军委书记陈祖康任永定县特派员,他与卢冠卿到太平里后,以培风公学为中心,以三育、三民、新民等学校为阵地,培养骨干分子。他们发展了简祥明、林梅汀、郑荣澜、郑荣金、卢心远、林修富等加入共产党。10月下旬,在坎市文溪建立中共太平支部(不久改为培风支部),简祥明任书记。

上湖、金丰、溪南、太平等4个支部成立后,至1927年10月,永定已拥有党员120名。中共闽南特委认为成立永定县委的时机已经成熟,8月初,派闽南特委工委书记罗秋天来永定,与陈祖康及县各地支部书记,商议成立中共永定县委事宜。经闽南特委批准,召开县党的代表大会,成立县委。

1927年10月25日(农历十月初一),以"金谷寺油灯会"为名,每个党支部选派代表三至五人参加会议。在罗秋天主持下,中共永定县委第一次代表大会在金砂公学召开,正式成立中共永定县委,罗秋天为书记,陈正为组织委员,曾牧村为宣传委员,张鼎丞为农委委员,卢冠卿为工委委员,曾宪安为青委委员,何正生为妇委委员,卢肇西、江德贤、熊振声为军委委员。县委机关先后设在金砂、下洋、古木督。至1928年6月,全县共成立3个区委,3个特支,40余个支部,500多位党员。

龙岩县共产党组织是由陈庆隆、郭滴人等人建立的。1926年10月下旬,在广州第六届农讲所结业的郭滴人、陈庆隆、朱文昭等人,随北伐东路军到达龙岩,在龙岩城关孔庙成立中国共产党龙岩小组,属中共汕头地委领导,陈庆隆为组长。经过严峻的革命斗争考验与党组织的培养、考察,龙岩进步青年陈国华、谢宝萱、罗怀盛、陈柏生、陈品三、陈昆照、林初元等先后加入中国共产党。1927年1月,经中共闽南特委批准,成立中国共产党龙岩县总支委员会,陈庆隆任总支书记,郭滴人为组织委员,朱文昭为宣传委员。县总支机关设在城关育婴堂。1927年秋,正当龙岩县总支利用和平合法斗争的有利时机,掀起农运新高潮之时,中共闽南特委指示龙岩县党组织,大力向农民宣传土地革命,大胆吸收农民入党,改变过去长期停留于知识分子的状态,成立东肖后田党支部,全县发展党员150多人。经中共福建临时省委批准,改组为中共龙岩县临时委员会,罗怀盛为书记,郭滴人为组织部长,邓子恢为宣传部长,陈品三为军事部长。县委机关先设在后田村,后移至董邦村。至1929年3月,县委下辖5个区委,40余个支部,共有党员300余人。

中共上杭支部成立于1926年12月,是闽西较早成立县级党组织的县份。1926年秋,结业于广州第六届农讲所的学员温家福随东路军进入上杭,与在庐丰进行革命活动的林心尧取得联系,随后,在广东海陆丰农讲所学习并加入共产党的雷三明也回到上杭,发展进步青年罗大淮、吴梅林加入共产党。12月,在城关学坪里常初堂择日馆开会,成立中国共产党上杭支部,推举温家福为支部书记,归属中共汕头地委领导。次年1月,上杭成立汀属政治监察署,其监察员谢秉琼、秘书林心尧均为共产党员,成为中共上杭支部成员,以后又发展蓝维仁、蓝为龙、练文澜等为共产党员。支部扩大后,由林心尧任支部书记,2月改归中共闽南特委领导。1928年1月,中共上杭临时县委在庐丰成立,书记为郭柏屏。3月,中共上杭县委正式成立,书记郭柏屏,组织部长蓝鸿翔(又名李天富)、宣传部长邓子恢。县委机关初设庐丰,后迁水南、官田。县委下辖6个党支部,至年底,党员有100余人。

与永定毗连的平和,属闽西革命根据地范围。中共平和支部于1926年12月在平和上坪林成立,是第六届农讲所学员朱积垒回家乡后,发展了陈彩芹、朱赞相、罗育才等十几个骨干分子入党后建立的,由朱积垒任支部书记。翌年9月,经中共闽南特委批准,成立中共平和临时县委,朱积垒任书记,县委机关设在长乐乡下坪村。至1928年3月,县委下辖5个支部,党员80余人。

中共长汀特别支部成立于1927年9月。1926年秋,国民革命军北伐东路军进军福建。在广州中山大学加入中国共产党的吴炳若随军出征回到家乡。这时,长汀已有一批在外地求学的进步青年加入了中国共产党,他们是吴炳若、胡轶寰、张赤男、李国玉、傅维钰、阙宝兴等人。时吴炳若在长汀省立第七中学任教,1927年介绍王仰颜、段奋夫加入共产党。1927年9月,南昌起义军入汀时,已有共产党员在活动,只是尚未建立党组织。1927年9月,南昌起义军派出周肃清帮助组建长汀的党组织。下旬,在汀城乌石山王仰颜开设的"万兴昌"盐铺里,召开支部成立大会,参加会议的有段奋夫、王仰颜、黄亚光、罗化成、曾炎、罗旭东等人。周肃清代表起义军前敌委员会宣布成立中共长汀支部,指定段奋夫为支部书记。1928年冬改为特别支部,1929年2月,经中共福建省委批准,中共长汀特别支部改为临时县委,仍由段奋夫任书记,王仰颜任组织部长,黄亚光任宣传部长。罗化成、张赤男、曾炎、罗旭东为县委委员。此时,城内计有党员15人。

1926年冬,位于闽赣粤边的武平县成立共产党小组。1926年秋,北伐东路军长驱入闽,时任北伐军《战场新闻》总编辑及国民革命军总政治部特派汀漳各县政治党务调查专员的谢秉琼到闽西活动,他与林心尧、修焕璜取得联系,筹建武平共产党组织,1926年冬,在县城成立共产党小组,由修焕璜负责,受中共广东汕头地委领导,次年2月,归属中共闽南部特委领导,全县共有党员12人。1927年10月,成立中共武平特别支部(县级),1928年冬,成立中共武平县临时县委,练文澜任书记,练宝桢、张涤心、陈道等为委员。

中共连城地方的党组织在连城南部地区率先建立,中共良坑支部成立于1927年冬。当时,从厦门警官学校归来的共产党员俞炳荣,受中共闽南特委指示,回连城开始建党工作,秘密发展俞佛达、俞联六、俞联福、俞南辉等4人加入共产党,1927年冬,成立连城最早的党组织——中共良坑支部,书记俞炳荣。1928年夏秋间,成立中共新泉支部,书记张瑞明。同时成立中共池溪支部,书记傅铁人。1929年春,在良坑的东坑纸寮召开各支部负责人会议,成立中共连城临时县委,由官近玖任书记,俞炳荣任副书记兼良坑支部书记。县委辖7个支部,党员40余人。

漳平县早在1925年冬,就有共产党员蓝秋帆、陈祖康、陈文成、陈天枢、陈尚益等人的活动。他们组织农民协会,进行"二五减租"、反抗苛捐杂税的斗争。1928年7月,中共永福朗车支部成立,书记游祖辉,组织委员陈世监,宣传委员陈春芳,军事委员陈清桂。1929年9月,成立中共永福区委,邓克明任书记,陈士荣、陈志科任区委委员,下辖5个党支部,党员20人。1930年3月,朗车支部扩大为郎车区委,区委书记陈朝盘,副书记陈春芳,委员陈清桂、游宗汉。1930年1月成立中共南福区委,书记游祖桂(后为陈庭良),副书记陈朝盘,组织委员李桂荣。

宁化县时属汀州管辖,所以宁化县的党组织是随着闽西革命斗争的发展而诞生的。1927年春,宁化、清流、归化等3县派54名青年到"汀属八县社会运动人员养成所"学习。1928年,在长汀省立第七中学读书的宁化籍学生徐赤生加入中国共产党。他利用假期回乡,在根竹、三黄、曹坊等地,组织秘密农会,积极开展建党工作。1929年8月上旬,成立宁化县第一个党团混合小组,隶属中共长汀县委领导。至1930年春,宁化全县共建立4个党支部,2个党团混合小组,党员发展到50人。

在闽西各县相继建立各级共产党组织以后,为了适应革命斗争形势的发展,1928年7月15日,中共闽西临时特委成立,标志着闽西各县的共产党组织已产生了领导核心。此后闽西各级党组织积极领导闽西人民实行减租减息,扩大党的影响,并在农村中发展积极分子入党,加强了党组织的力量,为实现武装暴动和土地革命准备了广泛的群众基础,闽西革命运动进入新的阶段。

第二节 闽西各县国民党左派组织的建立与闽西第一次国共合作的形成

1923年6月12日至20日,中国共产党在广州召开第三次全国代表大会,认真分析与国民党建立统一战线的必要性,正确估计了将国民党改造为工人、农民、城市小资产阶级和资产阶级革命联盟的可能性,决定同国民党建立统一战线。1924年1月20日至30日,孙中山在广州领导召开中国国民党第一次全国代表大会,会上通过了共产党人起草的以反帝反封建为主要内容的宣言,重新解释了三民主义,确立联俄、联共、扶助农工的三大政策,第一次国共合作正式形成。

1924年1月31日至2月6日,在孙中山主持召开的国民党一届一中全会上,通过了《各省党务进行计划决议案》,决定向全国各省区派出省(区)党部临时执行委员会筹备员。江董琴、许卓然被委为福建省党部临时执行委员会筹备员。

1924年春,江董琴、许卓然根据国民党一届一中全会决议精神先后来到厦门。他们以"鼓浪屿图书馆"作掩护,开展党务工作并发展国民党员。为了加强联络并培养革命青年,他们领导创办了"光华小学"、"中山中学",又参加了集美学校的协进社活动,培养和组织了一批富有革命思想的青年。此间,国民党中央委员蔡元培、吴稚晖、居正等人也来到厦门、集美等地开展革命活动。他们遵循国民党第一次全国代表大会宣言和联俄、联共、扶助农工三大政策以及国共合作的总方针,积极开展各项工作。几个月后,厦门、集美一批革命分子加入国民党,仅集美学校就达100多人,其中半数以上系来自闽西的进步青年学生。3月29日,厦门的国民党员由江董琴主持在厦门布袋街"蔡记"二楼召开会议,决定重新登记国民党员,并成立国民党福建省临时省党部。不久,省党部筹备处在厦门小走马路25号成立。从此,福建正式有了国民党组织。1926年5月,国民党中央派丁超五为特派员到福建改组国民党福建省临时省党部,共产党员李觉民、罗杨才、阮山当选为常务委员。

国民党福建省临时党部筹备处建立之后,立即开始组建厦门各地区党部的工作。江董琴是闽西永定县人,他非常重视闽西地区国民党组织的建立。当时,厦门、集美的各学校学生中有许多闽西人,江董琴频繁地来往于闽西青年学生中宣传发动,并吸收了一批进步学生加入了国民党,如李觉民、林心尧、阮山、卢其中、陈乃昌、陈国华、陈品三、张旭高、张楷、曾牧村、江桂华、江德贤、罗良厚、罗祠金、胡永东等人。不久,为建立闽西各县的国民党地方组织,集美学校的一批闽西籍进步青年学生党员被派回闽西各县。他们多数以教书为掩护,一面创办革命刊物,宣传革命思想,一面发展进步人士加入国民党,积极组织秘密革命团体,并号召青年到群众中去进行调查研究,了解社会状况。

1924年秋,在广州加入国民党的永定青年学生阮山回到永定,与从集美学校回永定的国民党左派吴仰文、林心尧、卢肇西、熊其藻等人在湖雷成立了国民党永定县党部筹备处,并在各乡发展国民党员。半年后,永定建立了五六个区党部,十余个区分部。1925年2月,永定县国民党县党部筹备处召开各区党部、区分部代表会议,成立国民党永定县临时县党部,阮山为负责人。北伐军入闽前,由于盘踞汀属各县的军阀福建陆军第三师中的曹万顺、杜起云两旅慑于国民革命军的威力,拟于北伐军入闽时倒戈,永定的政治环境出现日渐宽松的局面。永定的国民党人"因为革命有了相当的基础,且渐知陆军第三师的态度,遂比从前更加猛进,渐进了半公开时期。此一年中就发展到10余个区党部,40余个区分部"。1927年1月,为派人参加福建省国民党党员代表大会,国民党永定县党部在湖雷正式成立。

1924年,上杭籍进步青年学生蓝维仁、张楷等人在集美学校加入国民党。他们通过上杭烟商林履绥(国民党员)与上杭中学进步学生罗大准、雷三明等人联系,动员他们加入国民党。不久,罗大准、雷三明、黄华榕等人被吸收入党,成为上杭第一批国民党员。次年,李定权也加入国民党。至1925年春,原"八不社"社员大多数加入了国民党,此时上杭的国民党员已达到50多人。同年秋,蓝维仁、蓝为龙等人受委派从集美学校回到上杭,继续吸收进步人士入党,并着手筹建国民党上杭县党部。在国民党福建省临时省党部召开全省代表大会之前,上杭国民党员六七十人由阮山主持,在庐丰水尾村召开秘密会议,成立了国民党上杭临时县党部。阮山号召大力发展组织,注意吸引工农分子入党。会后不久,城区党员发展到100多人。全县已建立5个区党部,20多个区分部,仅城区就建立了7个区分部,第一区分部成员是"八不社"成员;第二区分部成员多为基督教徒及商人;第三区分部成员是总工会筹备处的人员;第四区分部成员是上杭公学的人员;第五、第六区分部成员分别是各行各业会员及城区农民。

1926年10月,北伐军东路军攻克永定后,又逼近上杭,驻杭军阀曹万顺接受改编为国民革命军第十七军,此时国民党上杭县党部由秘密转向公开。十七军政治部在城乡发出布告,要求全县国民党员随带党证到政治部登记。不久,国民党上杭县党部正式成立,张我武任主任,谢如香任组织部长,蓝鸣岗任宣传部长,李豪任工人部长,蓝为龙任农民部长,张楷任学生部长,杨德慈任妇女部长,林志如任总务部长,傅柏翠任秘书。

1927年2月,北伐军东路军政治部胡轶寰、吴炳若(均为共产党员)到达上杭后,与中共上杭支部研究了如何在统一战线中争取领导权并进一步发展群众,扩大影响等问题,并决定以东路军政治部的名义委任罗大准、练文澜、吴梅林、郭上屏等人负责筹建新的国民党县党部。不久,东路军离开上杭,罗大准等人与原县党部联系,商讨成立新的县党部。3月,国民党福建省临时党部负责人戴任(共产党员)宣布撤销原国民党上杭县党部,委任罗大准为筹委会主任,重新筹建新的县党部。共青团特派员罗调金建议新老县党部人员合并,此建议被采纳。筹备处由罗大准、吴梅林、郭上屏、张楷、傅柏翠等人组成。此后,国民党上杭县党部的领导权掌握在共产党人和国民党左派的手中。

1925年6月间,广州中山大学汀籍学生胡轶寰,"从广东邀集同志8人,组织一个区分部,暗中又以'青年学术研究社'名义,号召同志组织一无招牌之长汀临时县党部",至1926年10月北伐军东路军入汀时,才公开将国民党长汀县临时县党部设在城内云骧阁。当时长汀全县已成立了3个区党部,10个区分部,至1927年2月,已发展到区党部11个,区分部40余个,党员近千人。

1925年秋,邓子恢第一次从江西崇义回到龙岩,因一时无法找到共产党组织,经友人介绍,由国民党福建临时省党部筹备处吸收为国民党员。邓子恢加入国民党后,在龙岩积极发展国民党员。他以奇山书社社员为主要对象,一个月之内便发展了40多人,并成立了国民党龙岩秘密县党部。同年冬,倪端、陈介等又在东肖、湖邦、省立九中发展了一批党员。集美学校回乡学生谢宝萱、陈国华(国民党员)也积极发展党员,建立区党部。至1926年4月中旬,全县共建立了4个区党部,"第一区九中18人,第二区湖邦20人,第三区东肖11人,第四区西坑及平寨10人,合计59人"。10月14日,北伐军东路军攻克永定后进驻龙岩。24日,在共产党员郭滴人、陈庆隆等人的大力支持下,国民党龙岩县党部在龙岩城育婴堂正式成立，执行委员为陈国华、陈树槐、倪天长等3人。县署每月拨给经费大洋100元。

1926年10月北伐军东路军入闽后，国民革命军第十七军政治部委托蓝玉田筹备建立国民党武平县党部，后改委温大明、陈培英、钟德英等3人负责筹备。经短期努力，于同年12月8日建立了国民党武平县临时县党部，温大明任主任，执行委员5人，候补执行委员3人，监察委员3人，候补监察委员2人。同时建立了7个区党部。1926年春，张旭高、张国华到漳平，在知识分子中先后发展了一批国民党员，并商议建立国民党漳平县临时县党部。10月，北伐军东路军政治部宣传科长陈祖康随军到龙岩后，通知永福中学林仲堪立即派人到龙岩接头。林仲堪派共产党员陈尚益赴岩与陈祖康联系。几天后，陈祖康受东路军政治部共产党组织的委托前往漳平县永福乡，与林仲堪、兰秋帆、陈尚益、陈文成、陈仁壮、陈天枢等人，在菁华书院阁楼上召开会议，成立了国民党漳平县临时县党部，主席林仲堪、宣传负责陈福庆、情报负责李元升、秘书陈国华、文书刘更生。

北伐军入闽，促进了闽西第一次国共合作的形成。东路军进入连城后，连城也建立了国民党连城县政务委员会。至此，闽西各县国民党临时县党部均已建立，标志着闽西第一次国共合作正式形成。1926年4月，国民党福建省临时省党部在厦门召开第一次代表大会，闽西派出了以阮山、林心尧为首的代表团，其中永定代表9名，上杭代表8名。会上，李觉民、阮山当选为临时省党部执行委员会常务委员。与会代表回到闽西后，认真贯彻会议精神，积极发展党员，建立组织，不断壮大力量，国共两党的合作也得到进一步发展。一场轰轰烈烈的国民革命运动在国共两党的领导下将在闽西大地掀起。

第三节　国民革命军进军闽西与闽西各地临时革命政权的建立

一、国民革命军收复闽西

1925年秋，北洋军阀之奉系军阀取代了直系军阀。然而，奉系军阀更加倒行逆施，他们在"五卅"惨案后，勾结日、英帝国主义疯狂镇压人民的反帝爱国运动，从而激起了全国人民的强烈愤慨，成为全国人民的众矢之的，打倒北洋军阀的呼声越来越高。

1926年初，广东革命根据地日益巩固，军事实力不断强大，在全国人民迫切要求推翻北洋政府、驱逐帝国主义在华侵略势力的情况下，中国共产党审时度势，决心推动北伐战争早日实现，于2月21日至24日在北京召开了特别会议，专门讨论了北伐战争的问题，认为尽快开展北伐，是必要的也是可行的，北伐战争的胜利进行，必将极大地唤起民众，只有千百万民众参加国民革命斗争，特别是农民运动的开展，才能促成北伐战争的早日胜利。在共产党的推动下,同年7月1日,广东国民政府颁布了北伐动员令。7月4日,国民党中央全会发表北伐宣言。7月9日,国民革命军除第五军留守广东外,其余7个军于广州东校场誓师北伐。

国民革命军入闽之前,汀属各县由北洋军阀福建陆军第三师盘踞,该师编制为两旅四个团,一个直属骑兵团,一个炮兵营,一个卫队连。曹万顺的第五旅驻杭武一带,杜起云的第六旅驻连城、新泉一带。师部与直属队驻长汀。这时的汀州,军阀与官僚、地主、土豪劣绅互相勾结,残酷地欺压、剥削人民,汀州人民对北洋军阀早已深恶痛绝,希望早日消灭军阀,扫除残虐。

北伐军所到之处,势如破竹,捷报频传,尤其是两湖战场的节节胜利,严重地威胁了孙传芳对东南五省的统治。在粤赣边的国民革命军于9月上旬兵分三路迅速攻克了赣南、赣西,并直逼南昌。战争形势的变化,迫使驻福建军阀周荫人、张毅决定改变原定作战方案,令第一军从漳州经诏安进击广东饶平;第二军从长汀、上杭经武平进击广东蕉岭;第三军及福建陆军第三旅从永定进击松口;第四军仍为总预备队。10月6日,周荫人率总部人员抵永定县城,以永定为指挥中心,开始策划和指挥攻粤战事。由于周荫人、张毅长期盘踞福建,残酷地压迫和残害福建人民,福建人民对他们早已恨之入骨。早在1925年11月,福建人民就派代表赴广东要求国民革命军入闽消灭周、张两逆。周荫人计划攻粤时,国民党人宋渊源、林知渊等人也积极与国民革命军联系,表示愿意引导福建人民支援国民革命军。"因是组织闽参谋团,推举宋渊源为临时主任,所有械弹补充,悉由粤地输入,一时民军首领如卢兴邦、商文、杨汉烈、吴威、叶定国、陈国辉纷纷加入。"①

为使国民革命军顺利进军福建,国共两党对福建各部驻军开展了分化瓦解工作。中共广东区委常委兼军事部长周恩来派共产党员李木庵赴上杭争取驻杭军阀曹万顺;国民革命军总司令部派孙祥夫与曹万顺、杜起云接洽,欢迎他们投向国民政府。国民党左派也在曹部下层官兵中开展了大量的策反工作。由于国共两党的共同努力,分化瓦解敌军工作取得了预期的效果。当周荫人制定了攻粤计划之后,曹、杜即派人秘密赴汕头向国民革命军报告,并表示愿意投向国民革命军。10月8日,当北伐军东路军总指挥部下达了进攻福建的命令后,曹万顺任军长兼第一师师长,杜起云为第二师师长,孙祥夫为军党代表,李木庵为政治部主任。② 曹、杜倒戈,给了周荫人当头一棒,闽军军心大乱。周荫人的攻粤计划被全盘打乱,但仍然企图负隅顽抗。

1926年9月下旬,北伐军东路军已开始了进军福建的准备,东路军指挥部令张贞率独立第四师警戒黄岗、饶平方向,谭曙卿率第三师置松口,第十四师冯铁装部及五十八团置高陂附近;第三师派出一部警戒大埔、焦岭方向。指挥部认为永定是闽军的指挥中

---

① 亚·伊·切列潘诺夫:《中国国民革命军的北伐——一个驻华军事顾问的札记》,曾宪权等译,中国社会科学出版社1981年版,第406~462页。
② 刘绍唐主编:《民国大事日志》第一册,台湾传记文学出版社1978年版,第337页。

心,但兵力相对薄弱,决定采取速战速决的策略,首先一举攻克永定,打掉敌人的指挥中心,再消灭松口刘俊部,然后顺韩江而下,消灭张毅部。

东路军入闽前,中共永定支部、国民党永定县党部以及永定各界群众,已做好了迎接和支援北伐军入闽的准备。9月22日,林心尧以国民党永定县党部名义起草了致东路军何应钦军长的《请愿书》。阮山、林心尧带着请愿书前往汕头送交东路军政治部,请求东路军攻打永定,并商讨了入永事宜。他们回永定后,在毓秀小学召开会议,部署迎接北伐军入永的各项工作。会后,秘密农会等团体广泛张贴国民革命军印发的《告福建工友书》和各种标语。一时,永定城乡各界群众的情绪为之振奋,声援和响应北伐军的气氛异常高涨。

10月8日,东路军总指挥部下达了进攻福建的命令。10月9日,攻闽战斗打响,国民革命军第三师第七、八团为中路,从大埔向永定发起攻击;第十四师第四十、四十二团为左路,从大埔向峰市进攻。战斗打响后,周荫人惊悉曹万顺、杜起云两旅通电起义,永定、南靖民军又从后面包抄而来,急令刘俊、孙云峰部驰援永定。下午3时,东路军第三师逼近永定县城,第七团消灭城西南之敌后与南门河北岸之敌激战到晚上9时,敌败退城内。第八团则与敌激战于城东高地。

10日,第七团在老虎寨附近阻击峰市方向之援敌,战斗异常激烈,何应钦率总预备队增援,才将敌援兵击溃。随后,何应钦命令炮兵、工兵,增援与城东之敌激战的第八团,至下午5时,将城东高地之敌击败。城内守敌见守城无望,纷纷投降。周荫人率卫队残部200多人从北门向龙岩方向逃窜,受到龙岩民众的狙击。至此,东路军攻克永定。闽军的"武器、弹药、粮秣以及公文,函电相率委弃于地","其余司令部人员及城内外各部官兵均被俘虏"。① 在第三师攻打永定的同时,第十四师也在芦下坝发起战斗,敌孙云峰部第三团很快被全歼,"缴获枪支1000余杆、大炮多门,孙军之根据地已失"。第十四师歼灭敌第三团后,立即兵分两路回师松口,其第九团于拂晓时到达松口协同围歼松口之敌刘俊部,激战到下午2时,敌死伤甚多。刘俊自知难再坚持,便率残部向隆文、松源方向逃窜,逃至连城朋口时,被当地民团乱枪打死,所部全部缴械投降。至此,敌之十三军全军覆灭。敌第二军军长李凤翔见败局已定,也率骑兵团、工兵营退往长汀。东路军收复永定,驻龙岩军阀闻风向漳平逃窜。10月14日,东路军进驻龙岩。

为了全歼闽西军阀,为收复福建全省扫清障碍,10月中旬,国民革命军总司令部命令在赣作战的第十四军赖世璜部协助东路军攻闽。27日,第十四军第二师谢杰部攻克赣州后即挥师东进,于29日占领了长汀城西北高地。当日,曹万顺也率十七军从上杭沿汀江而上到达长汀城东南,在谢、曹两军的前后夹击下,李凤翔、孙云峰残部及王炎所率之卫队团只得弃城而逃,国民革命军占领长汀城。第十七军第一师和第十四军第二师马不停蹄地向连城、宁化方向追击。李凤翔急急如丧家之犬,丢下残部只身潜逃,其

---

① 陈训正:《克复福建》,见中国国民党中央委员会党中央史料编纂委员会编:《革命文献》第14辑,"中央"文物供应社1984年版,第422页。

残部为第十七军第一师收编。

由于北伐军的节节胜利,在连城为非作歹的华仰侨、罗藻等民团慑于革命的威力,纷纷易帜受编。北伐军将这些队伍编为第十七游击支队,以罗静舒为支队长,何其伟为副支队长。罗藻部编为第一营,华仰侨部编为第二营、罗静舒部编为第三营。北伐军兵不血刃占领了连城。至此,闽西全境为东路军收复,结束了北洋军阀的统治。东路军收复闽西,为顺利进军福州,收复福建全省打下了坚实的基础。

二、闽西各地临时革命政权的建立

1926年12月,国民革命军收复了福建全省,推翻了北洋军阀对福建长达十三年的统治。为更好地领导全省各地人民的反帝反封建斗争,并继续支持北伐,建立革命新政权问题已成为刻不容缓的任务。12月25日,国民革命军东路军政治部决定,在福建省政府尚未成立之前,福建省的临时革命政权先设政务、财务两个委员会,分别处理行政和财务事宜。政务委员会主任由共产党员戴任担任,委员由丁超五、陈调元、张贞等十人组成;财务委员会主任由何玉书担任,委员由张士仁、许卓然等八人组成。不久,国民革命军东路军总指挥何应钦根据蒋介石的指示,设立福建省临时政治会议,①作为全省最高权力机关,凡军、民、财三政均由临时政治会议决议施行。1927年1月3日,福建省临时政治会议在福州成立,由何应钦代主席,委员有方声涛、何玉书、黄展云、丁超五、陈季良、江董琴、王允恭、戴任、谭曙卿、张贞等。

北伐军东路军收复闽西后,为了集中领导闽西各县的行政、财务、党务及民众运动,东路军政治部决定在上杭成立长杭武永政治监察署。当时,国民党左派江董琴任东路军政治部主任,他知道谢秉琼是共产党员,就决定委派谢秉琼为长杭武永政治监察署监察员。1927年1月,东路军政治部又决定将长杭武永政治监察署扩大为汀(州)属八县政治监察署,辖长汀、上杭、武平、永定、连城、宁化、清流、归化八县。由于此时江董琴已离开了东路军政治部,东路军政治部决定改派国民党员康子常任汀属八县政治监察署监察员。康子常是右派,他一到上杭就立即暴露了反动面目。于是,中共上杭支部立即联合各县国民党县党部发出通电,坚决反对康子常,要求谢秉琼继任监察员。上杭县党部和各革命团体在街上大量张贴"反对康子常"、"拥护谢秉琼"的标语,并停发了康的经费,康子常自知难以立足,便以回乡过春节为名离开上杭。2月18日,汀属八县政治监察署正式成立,仍由谢秉琼任监察员,林心尧任秘书。由于闽西共产党人和国民党左派真诚合作,共同努力,终于重新掌握了领导权。

东路军收复闽西南后,为了更好地指导闽西南的革命工作,北伐军东路军政治部决定设立漳龙各属政治监察署。1926年12月中旬,漳龙政治监察署在漳州成立,由国民党员鲁纯仁任政治监察员。12月下旬,北伐军东路军政治部又决定分设(龙)岩、(漳)

---

① 刘绍唐主编:《民国大事日志》第一册,台湾传记文学出版社1978年版,第244页。

平、宁（洋）政治监察署，辖龙岩、漳平、宁洋三县，由国民党左派张旭高（后加入共产党）任政治监察员，1927年2月，张旭高正式就任岩平宁政治监察员，谢景德为组织员，郑日辉为宣传员。不久，共产党员陈庆隆、郭滴人、谢宝萱、陈国华、林一株等人也参加了岩平宁政治监察署工作。

汀属八县政治监察署和岩平宁政治监察署是闽西的两个临时革命政权性质的领导机关。共产党员和国民党左派人士在其中占了绝大多数，在以后的闽西国民革命运动中起到了积极的领导作用。

为进一步发展革命形势，团结及扩大革命力量，讨论长（汀）、（上）杭、武（平）、永（定）各县的党务工作和民众的组织工作，1927年2月14日，汀属八县政治监察署发出通知，决定召开各县国民党县党部及民众团体代表联席会议，各县党部代表二人，民众团体代表一人，政府代表一人。

会议原定2月23日至25日举行，恰谢秉琼因公回到武平，各县代表又多未到齐，延至25日召开筹备会，组织宣言起草委员会及提案审查委员会。26日会议正式开幕，到会的有各县党部代表和民众团体代表18人，各县政府代表中仅有上杭一县代表参加，中央农民部福建汀漳办事处王奎福、福建农民革命军农运宣传队农民解放促进会谢鸣珂参加了会议，谢秉琼任大会主席，林心尧任秘书。

开幕式上，上杭各界到会旁听人数甚多，但秩序井然。谢秉琼做了报告，他说："自党军东征，入闽底定，有许多近视辈以为福建革命已经成功，不知革命基础不在军事之胜利，而在民众之组织，一切政治党务，均需建筑于民众之上，然后革命事业方有真正的意义。现在福建政治党务均属混沌，反动势力，尚极猖獗。吾汀地方，饱受军阀铁蹄之蹂躏，土豪劣绅之剥削，人民困苦已达极点。但民众欲求解放，须有组织，有力量努力奋斗，方能达到成功的目的。故汀属民众现在迫切的要求，即在健全之组织。而各县为革命努力之同志，尤需注意扩大民众运动，发展革命势力。此次联席会议之最大意义，就是：巩固革命的基础，团结革命的力量，扶助民众的组织，实现民治的精神，以打倒一切反动势力，谋汀属民众之解放，促福建革命之成功。"

各县党部代表汇报了该县的政治、党务、民众组织及反动势力的情况。长汀县党部报告说，革命军到汀后，一切权力仍操在县长谢丹麟手中，县长除筹款事外，余均诸事不理，政局无大行整顿之希望，而反动分子也散布流言，极力破坏本党组织，称县党部为新地痞，时有滋事之可能；上杭县党部报告，上杭政治之腐败尽人皆知，所谓行政公署，不过是军队马弁之用人，前任知事兰润玉反动活动猖獗；武平县党部报告，武平重要机关大部分尚为土豪劣绅把持，政治尚在黑暗中，革命与反革命的斗争趋于公开；永定县党部报告，永定自党军入闽后，仍然乌烟瘴气，土豪劣绅是最反动的势力。各县县党部的报告中均指出，民众对本党的信仰日益巩固，各种群众团体如工会、农会、妇女会、学生联合会等正在不断地组织和发展。

会上，对47条提案（其中临时动议案8条）进行了认真的讨论，通过了其中的39条及大会宣言。宣言中确定了闽西国民革命运动的三项任务，一是发展民众组织，二是实现革命政治,三是统一工作步骤;并要求觉悟的青年学生进一步发动群众,尤其是占人口绝大多数的农民群众,这是革命胜利的基础。这次大会高度评价了长杭武永四县的各项工作,肯定了开展农民运动的重要性,为汀州八县国民革命运动的开展,起了积极的推动作用。

1927年4月1日至3日,岩平宁政治监察署会同国民党龙岩县党部在龙岩九中召开了龙岩县各界代表联席会议,出席代表200余人,会期2天。经过热烈的讨论和激烈斗争,做出了如下决议:

(1)在农村实行"二五减租",对半减息,以限制农村封建剥削。地瓜杂粮可以交租,年成歉收时可协商减租。

(2)保护工人权益,提高工人地位。店员工人实行8小时工作制和星期日休息制。

(3)提倡男女平等,妇女解放。实行婚姻自由,禁止买卖婚姻,禁止纳妾、抱童养媳。

(4)破除封建迷信,严禁算命卜卦,迎神跳神。

(5)实行禁赌、禁烟、禁娼。

龙岩县各界代表联席会议所做出的决议,有力地限制了封建剥削,打击了封建的传统道德观念和陈规陋习,提高了工农群众的地位,有力地团结和鼓舞了工农民众,对龙岩国民革命运动的发展起了积极的推动作用。

第四节 闽西国民革命运动的开展

一、各群众团体的建立和工农运动骨干的培养

闽西国共合作的形成,有力地促进了闽西国民革命运动的蓬勃发展。共产党人和国民党左派人士共同致力于反帝反封建斗争,他们共同领导了轰轰烈烈的闽西工农革命运动。

国共合作之前,闽西的许多革命志士便开始了反帝反封建斗争的宣传工作,以充分唤起民众,他们热情洋溢地鼓吹国民革命。"一方面在灌输青年的革命知识,鼓励青年革命的精神,使他担负领导各被压迫民众,跑上革命之路,以求解放;一方面在觉悟的青年革命分子中,实行到农村去唤醒农民,训练农民,使农民认识革命的意义,运用革命的策略,建立巩固的革命基础,以自求解放。"闽西的广大革命青年一经觉悟,就深入到工农群众中去,积极地宣传革命思想,号召广大工农群众团结起来,和帝国主义、军阀、土豪劣绅开展坚决的斗争。

1925年6月初,上海"五卅"惨案的消息传到长汀,长汀各界群众1000多人在南寨广场集会,声讨帝国主义的罪行,游行队伍高喊"打倒日本帝国主义"、"抵制英日货"、"反对帝国主义的文化侵略和奴化教育"、"取消教会学校"、"长汀人民行动起来,为受难

同胞报仇"等口号。会后组织了抵制仇货的巡逻队和检查队,在车子关、东门、西门、营背等地对各商店进行检查。将查出的仇货统统付之一炬。6 月 25 日,反帝爱国斗争达到高潮,学生联合会利用纪念爱国诗人屈原的机会又一次举行更大规模的集会和示威游行。新桥等地的农民也前往参加,张赤男、罗化成带领游行队伍高呼"打倒帝国主义","打倒洋奴"等口号。游行的群众拥进教堂,撕毁了英国国旗,推倒了讲台。慑于熊熊燃烧的长汀反帝怒火,教会的牧师、传教士慌忙灰溜溜地离开了长汀。

同年 8 月,"五卅"惨案的消息传到龙岩,集美学校学生张直林、吴立峰回到龙岩,在大、小池向广大群众介绍"五卅"惨案的经过。8 月 28 日,谢宝萱、谢国鑫等人组织了适中各界群众举行盛大的示威游行,沿途开展演讲、宣传,并分散传单。1926 年 5 月 30 日,龙岩各界群众举行"五卅"一周年纪念大游行。省立九中和模范、东平、登高、明德、振精、培文、振文等学校师生及群众千余人,手持"打倒帝国主义"、"抵抗强权"、"取消不平等条约"、"打倒帝国主义的工具——军阀买办阶级"的旗子,汇集于文庙,举行了声势浩大的示威游行。龙川书社的传单上说:"要知道当今的真主就是革命,必彻底的革命成功始能得到太平。"模范学校的传单上说:"我们青年辈,也步诸志士仁人的后尘,大声疾呼,以冀唤醒民众的觉悟,而共作努力的奋斗;联结团体,以图解决国内的纠纷,而抵抗外来的强权。"传单上最后呼吁:"同胞呀!不畏缩,急起直追!努力奋斗!"①

北伐军东路军收复闽西后,闽西国共两党的合作关系有了进一步的发展。为了更好地领导闽西各界群众进行革命斗争。东路军入闽不久,国民党各县县党部就派出共产党员和国民党左派人士深入农村各行各业进行宣传发动,并组建各种群众团体。1926 年底,广州第六届农民运动讲习所福建学员李联星等人随北伐军东路军回到福建,由于这些学员都是来自闽西南各县,国民党中央农民部决定将这些学员集中在福建汀漳道开展农民运动。同时,在漳州建立了"中国国民党中央农民部特派员福建汀漳龙办事处",以李联星为负责人,并在龙岩分设"岩平宁"分处,负责领导龙岩、漳平、宁洋三县的农民运动。

1925 年 10 月,漳平永福中学林仲堪、陈文成等人根据陈祖康的建议,建立了"漳平县农民运动委员会"(由于会牌村"莲花心祠",又称为"莲花心农民协会"),陈长地任主席。1926 年　　　　军东路军入闽的鼓舞和推动下,漳平县农民协会在永福成立,2000 多农会　　　　立大会。漳平城关、桂林、福满、西园等地代表 150 多人在共产党员陈福庆　　　　辉、苏振源等人率领下,星夜兼程前往永福参加大会。永福中学教职员工　　　　,由兰秋帆率领参加了成立大会。永福三河底乡的农会会员和群众近千人也参加了大会。大会由陈文成主持,他向全县人民宣告,漳平县农民协会正式成立,陈长地任主席。

1926 年 11 月,共产党员陈庆隆在龙岩考塘乡发动贫苦农民组织考塘乡农民协会。为了扩大影响,决定在龙岩城召开成立大会。16 日,考塘乡农民协会会员高举农会旗

---

① 《岩声》第 39 期,1926 年 6 月 15 日。

帜,扛着锄头、劈刀、钢叉,浩浩荡荡开进龙岩城。白土群众也敲锣打鼓、高呼口号进城助威。在明伦巷、考塘乡,农民协会成立大会顺利召开。会后,举行了盛大的游行。考塘乡农民协会的成立震动了龙岩全县。不久,湖洋、江山、小池、大池、西山、铁石洋、东肖、黄坊、厦老、雁石等乡也相继成立了农民协会。1927年1月,龙岩县农民协会宣告成立,陈庆隆任县农民协会主任。

1926年冬至1927年春,在国民革命军第十七军政治部的领导下,共产党员雷三明、温家福、蓝为龙在上杭成立了"上杭县临时农民协会"。随后,他们深入各乡村,进行广泛的宣传发动,"组织乡农民协会颇多,各区农民协会亦已先后成立"。中共上杭县支部还指派共产党员周继英,以国民党上杭县党部的名义发动和组织工会,先后成立了缝衣、木工、泥水、理发、油漆、雕刻、小贩、屠宰、店员、篷船等13个工会,随后成立了"上杭县总工会筹备处",周继英为筹备处主任。

1927年初,胡永东、王奎福、阮山、林心尧等人在永定积极组建农民协会,至2月底,全县成立了40多个乡农民协会,之后,又成立了"永定县农民协会筹备处"。不久又成立了永定县总工会。

长汀、连城、武平等县也在东路军入闽后积极组建各群众团体,农会、工会、学生会、妇女解放协会等如雨后春笋般建立,尤其是各地农会,吸引了成千上万的贫苦农民。他们"主要的攻击目标是土豪劣绅,不法地主,旁及各种宗法的思想和制度,城里的贪官污吏,乡村的恶劣习惯。这个攻击的形势简直是急风暴雨,顺之者存、违之者亡。其结果,把几千年封建地主的特权,打得个落花流水。地主的体面威风,扫地以尽"。①

随着国民革命运动的深入开展,闽西南各地缺乏工农运动骨干的矛盾越来越突出,迫切需要批养一大批骨干力量才能适应形势发展的需要。1927年1月,罗善培(即罗明)主持召开了中共闽南部委第一次扩大会议,决定通过各政治监察署,由派回各地的广州农民运动讲习所学员在各地举办工农运动讲习所,以大量培养工农运动的干部。1927年2月,漳州农工运动人员养成所开办,闽西各县也选送了一批学员参加学习。不久,长杭武永政治监察署和岩平宁政治监察署分别召开了长杭武永四县党部及民众团体代表联席会议,及岩平宁政治监察署和各界群众代表联席会议,根据中共闽南部委第一次扩大会议精神,分别决定举办岩平宁宣传人员养成所和汀属八县社会运动人员养成所。

汀属八县社会运动人员养成所设在上杭。3月23日,汀属八县社会运动人员养成所在上杭北门天主教堂正式开学,谢秉琼任所长,林心尧任训育主任,陈铁生任教务主任,傅柏翠任总务主任。来自长汀、上杭、武平、永定、连城、宁化、清流、归化等八县的学员共160人,旁听生4人。养成所设教务处、军训处、庶务处,分别负责组织教学活动、开展军事训练及生活后勤管理。

---

① 毛泽东:《湖南农民运动考察报告》,《毛泽东选集》一卷本,人民出版社1964年版,第14页。

汀属八县社会运动人员养成所遗址

岩平宁宣传人员养成所设在龙岩,由岩平宁政治监察署监察员张旭高兼任所长,中共龙岩支部书记陈庆隆任教务主任,张蔼庭任教务员、林一株任军事教官,共有学员20多人。

岩平宁宣传人员养成所和汀属八县运动人员养成所仿效广州第六届农讲所的教学方式和教学内容,并都有刚从广州第六届农讲所毕业的同志参与领导与教学。岩平宁宣传人员养成所教材按广州第六届农讲所教材缩编,设有"关于青年运动"、"关于农民运动"等课目;汀属八县社会运动人员养成所"教学活动基本上也是依照广州农讲所的做法,主要教材有《马克思主义浅说》、毛泽东的《中国社会各阶级的分析》、周恩来的《军事运动与农民运动》以及肖楚女编著的《帝国主义讲授大纲》等"。① 为了提高学员的实践能力,除组织学员学习政治、军事外,还组织学员到上杭城郊的水西渡、潭头、宫子前、土埔、水南、张滩、湖洋等地农村进行社会调查,调查内容包括人口、户数、土地占有状况和农民被剥削状况等。汀属八县社会运动人员养成所是闽西第一次国共合作孕育的产物,它是闽西培养革命干部的摇篮。学员们经过政治教育,军事训练和社会实践,大部分成为共产党组织和农民运动的领导骨干,如李立民,一年后任中共上杭县委书记,1929年红四军攻克上杭后又当选为上杭县第一任苏维埃政府主席;中共长汀县委第一

---

① 罗明:《回忆一、二次国内革命战争时期的革命活动》,广东教育学院马列室整理,1982年12月。

任书记段奋夫、武平县苏主席练宝桢、宁化县共产党组织的首任领导人徐赤生等,都是汀属八县社会运动人员养成所学员。

二、闽西各地农民运动的兴起

北伐军东路军收复闽西各县后,闽西各县的国共合作得到了进一步的发展。共产党人和国民党左派人士深刻认识到:"我们认定了中国国民革命,便是农民革命……为巩固革命之基础,唯有首先解放农民,无论政治的或经济的运动,均应以农民运动为基础。"①因而,他们决心进一步发动工农群众,尤其是占闽西人口70%以上的农民,把国民革命进一步引向深入。在国共两党的领导下,闽西的工农革命运动蓬勃掀起。

1926年10月东路军攻克永定后,中共永定支部立即召开了群众大会,庆祝东路军收复永定。其后,又组织各界群众与入城的东路军举行联欢。永定工农群众欢欣鼓舞地欢迎和支援北伐军。北伐军收复闽西,结束了北洋军阀的统治,极大地鼓舞了闽西人民的革命斗志,深入开展国民革命运动的呼声越来越高。一场以反对帝国主义、驱逐残余军阀、反对苛捐杂税,实行"二五"减租,提倡男女平等为主要内容的工农革命运动在闽西各地迅速掀起。

各地农民协会一成立,就体现了它的战斗性。上杭县农民协会成立后,立即向帝国主义势力展开了坚决的斗争。此时,上杭城乡有许多外国宗教势力,他们在城乡大量招收信徒,建立教堂。他们与中国封建文化结成同盟,极力宣扬封建伦理道德,麻痹人民;并勾结军阀、官僚和土豪劣绅,霸占田产,放高利贷,盘剥人民。英国牧师卫英士强占东门外土地,兴建私人别墅,又开办学校,企图实行奴化教育。他们强行掘毁民间坟墓数十座,将白骨抛入汀江,真可谓横行霸道至极。对于猖狂的帝国主义教会势力,上杭人民早已忍无可忍。1927年2月,国民党上杭县党部因势利导,组织召开了群众大会,声讨帝国主义的罪行。会上5000多群众敲锣打鼓,打着五色彩旗,高喊着"打倒列强","打倒帝国主义","反动传教士滚出上杭去"等雄壮口号,举行示威游行。当游行队伍到达天主教堂门前时,愤怒的群众砸烂了天主教堂的门窗。部分群众冲进教堂和卫英士理论,并强烈要求收回学校和医院。卫英士慑于群众的威力,不得不表示同意交出学校和医院。经过斗争,教会开办的各类学校、医院、育婴堂等为国民党上杭县党部接收。上杭人民反帝斗争的第一个回合取得了胜利,他们看到了民众团结起来的力量,也初步认识了帝国主义的虚弱本质。

1927年2月,上杭水南乡农民曾锡恒被北洋军阀残部卢明凤部抓去当挑夫,在连城芷溪被活活打死。消息传到上杭,广大群众无比愤慨,各乡农会纷纷向县党部控诉,要求严惩凶手。国民党上杭县党部决定将此事在城乡广为宣传。县农民协会通知县城附近各乡村农会会员到县城集会,追悼死难农友,控诉军阀罪行。城郊许多乡村的农会会

---

① 《长杭武永四县党部及民众团体联席会议宣言》,1927年3月1日。

员,城区的工人、商人、市民和学生等各界群众一万多人参加了集会。会后举行了声势浩大的示威游行,愤怒的群众数次冲进卢营营部与卢部士兵冲突。国民党上杭县党部根据群众的意见,向县署提出抚恤死者家属的要求。县署只得发给死者家属抚恤金,并要卢部将民夫全部送回,卢明凤只得将民夫遣散回乡。

不久,卢明凤营又借口开拨欲征调民夫100名,县党部和县农民协会及时识破了这一阴谋,立即通知各乡农会。城郊农民闻悉极为愤怒,星夜鸣锣集合,不久即召集了1000多名农会会员手持大刀、长矛、土枪、土炮等各种武器开进县城,准备与卢部血战。卢明凤只得取消征调民夫的计划。斗争的胜利,又一次鼓舞了上杭人民。

北伐军收复上杭后,卢明凤、田德胜两营名义上归顺北伐军,但仍劣性不改,继续勾结土豪劣绅,欺压人民。国民党上杭县党部与国民革命军游击司令蓝玉田联系,请蓝武力将卢、田部驱逐出杭。3月初的一个晚上,农民武装和保安队结集于城东水西渡,次日凌晨抢渡汀江,冲入东门,双方展开了激烈的巷战。由于农民武装和保安队武器落后,被迫退至城郊。次日,兰玉田从武平调来一支300多人的队伍增援,三股力量集结重新攻城。卢、田两营龟宿城内固守,双方激战至午夜,兰玉田部因弹药不足退出战斗。第二天,县农民协会又从各乡调集了一大批农会会员,几股力量将上杭城团团围住。卢、田见势不妙,偷偷从西门向粤东方向逃窜,后被潮汕的国民革命军缴械。

卢、田两营被驱逐后,上杭的土豪劣绅失去了靠山,纷纷躲藏潜伏起来。丘信孚、张轩今等人企图随军阀出逃。国民党上杭县党部派人追捕了丘信孚及其走狗数人。县党部将丘信孚交蓝玉田部惩处,又将其几个走狗交与群众惩处。这一革命行动,大长了工农群众的志气,大灭了土豪劣绅的威风。

在上杭工农运动的影响下,武平群众闻悉福州教堂(育儿所)发生残害婴儿的事件,群情激愤。县党部因势利导,组织了农会会员和学生到教堂门前示威,声讨帝国主义的罪行,吓得神父、牧师、传教士龟宿在教堂里。从此,教会威信一落千丈,有的传教士慌忙逃离武平。武平土豪曾玉山,一贯横行乡里,为非作歹,群众切齿痛恨。由于他善于逢迎献媚,深得军阀曹万顺的赏识而成为武平县知事,任职一年,横征暴敛,欺压百姓。国民革命军入闽后,曹万顺易帜受编,曾玉山自知失去靠山,且罪恶深重,便潜回万安老家。城关兴南钟佩芳与曾玉山狼狈为奸,背靠曾玉山有恃无恐、无恶不作,群众也深恶痛疾。武平县群众强烈要求严惩曾、钟两人。国民党武平县党部、县政务委员会和县农会联名报经长杭武永政治监察署批准,将曾、钟两人逮捕入狱,群众拍手称快。

在国共两党的领导下,各地农民协会在革命斗争中起到了积极的作用,广大农民成了革命的主力军。1926年11月,永定新任县长韦燕山代表地主豪绅的利益,打着支援北伐军的幌子,决定向群众借款3万元。各乡农民协会闻悉后纷纷反对,国民党永定县党部立即组织了数千人的请愿大会,进行了声势浩大的示威游行。韦燕山慑于群众的威力,被迫宣布停止借款。1926年12月11日,驻永定杜起云部第五团一士兵强折农民甘蔗,被农民指责,师部副官马学增借机殴打农民郑河鸿至死。永定市民纷纷罢市以示抗议。国民党永定县党部和农民协会领导各界群众进行了坚决斗争,迫使杜起云做出了正法凶手、处分官长、抚恤伤亡的处理。

1927年10月,南靖民团首领吴虎率队伍欲进入漳平,当途经永福时,县农会自卫队千余人进行阻击。农会自卫队组织有序、士气高昂、炮火猛烈,打得吴匪无力招架,大败而去。不久,华安彭棠民团又与吴虎民团从华安侵犯永福,永福群众全部出动,将他们团团包围,敌死伤严重,残部退至永福秋苑下坂亭隔时,又受到永福赤丰农会自卫队的伏击。各地农会把革命的主张与当地农民的要求和农民的利益结合起来,有力地团结了广大农民,提高了农会的威信,壮大了农会的力量。上杭白沙区农民协会为了团结广大农民群众,针对农民深受苛捐杂税压榨的情况,提出了参加农会可以不缴苛捐杂税,与豪绅地主打官司农会给予撑腰等口号,深受农民欢迎。白沙农民纷纷加入农会,壮大了农会的力量。1927年2月底,长杭武永四县党部及民众团体代表联席会议根据群众的要求,通过了"二五"减租和禁止苛捐杂税的议案,"由本会呈请汀属政治监察员,通令各县有农民协会组织之地,实行减租,并禁止苛捐及杂佃,各县政府应协助农民要求之实现","各县农运人员及农民协会,应扩大宣传减租之意义"。各县国民党县党部和农民协会为实现"二五"减租和反对苛捐杂税进行了不懈的努力。长汀县党部代表、中共党员王仰颜回到长汀新桥后,首先召开农会会员大会,宣传"二五"减租的精神和意义,要求农会会员广泛宣传,发动群众,同时召集维新小学的董事开会,宣读了国民党中央政府关于"减租减息"的决定。由于"二五"减租符合广大农民的利益,受到了广大农民的欢迎,新桥乡的"二五"减租很快得以实现。

各地农民协会提出"一切权利归农会"的口号,随着农民运动的日益深入,农民协会的战斗力和威信越来越高。农会又领导广大农民向封建宗法思想与制度、族权、神权和夫权以及一切陈规陋习进行斗争,凡建立了农会的乡村,祠堂庙宇的神牌、神像被砸烂,挂起了农协会的牌子;封建迷信、买卖婚姻、赌博、吸毒等陈陋习俗被禁止。广大农村的面貌为之一新。广大农民的觉醒和奋起,"其势如暴风骤雨,迅猛异常,无论什么大的力量都压抑不住。他们将冲决一切束缚他们的罗网,朝着解放的路上迅跑。一切帝国主义、军阀、贪官污吏、土豪劣绅,都将被他们葬入坟墓"。①

在农民运动迅速掀起的同时,工人运动、学生运动、妇女运动也得以迅速发展。1927年2月,永定县相继成立了建筑、理发、缝衣、篷船、创烟等5个工会,会员达2000余人。永定河400多条船的1000多名船工都参加了篷船工会。篷船工会成立时,组织工人举行了盛大的示威游行,将强征暴敛、敲诈船工的厘金局长赖海钦抓来游街示众,并解散了设在县城、坎市、湖雷等地的厘金局。商店店主廖劲东平常强行压低船工运费,湖雷篷船工会把他抓来游街示众;大土豪张锡堂欲征收"清河捐",篷船工会坚决抵制,并领导工人进行斗争,迫使张锡堂取消了"清河捐"。

国民革命军东路军进入上杭后,上杭城区工会和学生联合会在农民协会革命斗争

---

① 毛泽东:《湖南农民运动考察报告》,《毛泽东选集》一卷本,人民出版社1964年版,第12页。

取得胜利的鼓舞下,也组织工人和学生参加驱逐外国反动传教士和收回教育权的斗争。县总工会和学生联合会组织了十几个宣传队上街演讲,揭露不法神父、牧师、传教士勾结军阀、贪官污吏欺压人民的罪行。

中共龙岩县总支在领导农民运动的同时,派陈国华、陈树槐等人到手工业工人中去宣传发动,组织了店员工会及挑夫、建筑等行业工会,并且在学生、教职员、妇女界组织成立学生会、教职员工会、妇女会等。在共产党和国民党左派人士的领导下,龙岩的农运、工运、学运、妇运也迅速发展。

长汀、连城、武平等县在国民革命军东路军收复闽西后,工会、学生联合会、妇女解放协会等组织也纷纷建立,他们在国共两党的领导和农民运动的影响下,积极开展各项斗争,从而促进了闽西工农运动的蓬勃发展。

闽西在第一次国共合作期间,由于共产党人和国民党左派掌握了领导权,正确领导了工农运动,广泛地发动了广大工农群众,尤其是在北伐军东路军收复闽西后,闽西的工农运动蓬勃开展,狠狠地打击了帝国主义在闽西的侵略势力,驱逐了北洋军阀的残余势力,狠杀了贪官污吏、土豪劣绅的威风,宗法封建势力受到冲击,"二五"减租和取消苛捐杂税也得到部分的实现。这些斗争,鼓舞和锻炼了群众,显示了闽西人民的伟大力量。

第五节　国民革命统一战线的分裂

一、闽西革命势力与反动势力的斗争

随着北伐战争的节节胜利,工农革命运动的浪潮也席卷了半个中国。全国的政治形势发生了重大的变化。但是,在汹涌澎湃的革命浪潮面前,以蒋介石为代表的国民党新右派的反共面目就越来越公开地暴露出来。他们将大量嫡系部队调入南京、上海等地,并指使各地右派频繁地制造反革命事端,一步一步地将叛变国民革命的阴谋付诸实施。

在福建,何应钦、方声涛等国民党人根据蒋介石的旨意,积极发展反革命势力,大量收编各路"民军"和地方土匪武装,以增强反革命力量。此时的闽西虽然结束了北洋军阀的统治,但是驻守各县的军队许多是北洋军阀收编而来,如十七军曹万顺部就是原北洋军阀的福建陆军,这些军阀旧部虽然易帜成为国民革命军,但其军阀本性根深蒂固。他们仍然与土豪劣绅相勾结,肆无忌惮地欺压群众、鱼肉百姓,如驻龙岩的罗步月、黄月波两营,驻上杭的田德胜、卢明凤两营都是劣性不改的军阀部队。

龙岩县代理县长杜连茹,在北洋军阀统治时期与军阀勾结,强征滥派,包揽诉讼,开设烟馆,对龙岩人民犯下了滔天罪行,是一个反动势力的典型代表人物。此时,他以老同盟会会员的身份,摇身一变成为龙岩的代县长。他和豪绅郑笔山控制了松涛、公民等学校,利用右派师生形成了"松涛"、"公民"两股反动势力,与国民革命运动相对抗。

上杭的国民党员是分别由厦门、广州、上海等地的上杭籍国民党员回乡发展的。在这些外地回杭的国民党员中,有些本身就是国民党右派,如从广州回杭的丘寿先就是右派人物。他回上杭发展的党员,大多是基督教徒和商人。这些基督教徒长期受帝国主义的奴化教育,因而大多数成为国民党右派。在北洋军阀统治时期,上杭的土豪劣绅曾组织所谓"公民团",勾结军阀官僚,横行乡里,欺压群众。北伐军入闽后,这些土豪劣绅也以老同盟会会员的身份重新登记成为国民党员。他们公然与国民革命运动相对抗,处处为工农运动设置障碍。上杭驻军兰玉田部参谋长刘炳坤,原本是黄埔军校的右派学生组织"孙文主义学会"的积极分子之一。何应钦为了监视兰玉田,将他派到兰部任参谋长。刘炳坤一到上杭,便与教会势力和土豪劣绅相勾结,公然对抗和破坏国民革命运动,是上杭反革命势力中的核心人物。

长汀在国民党县党部成立之前,也有康、张两大派社会恶势力,国民党长汀县党部成立之初,康、张两派均企图将县党部掌握在自己手中,成为自己的御用工具。但由于县党部成员大多为进步人士,拒绝了两派势力的利诱和干扰,坚持将县党部办成为民众利益服务的机关,因而两派均无机可乘。康派在县党部中的投机分子退出了县党部后,立即派人到福州钻营,企图推翻县党部,重新组建自己控制的县党部。

永定在国民革命军东路军进入永定后,东路军政治部委任赖毓勋为县长。不久后赖被撤职,改委安徽人韦燕山为县长。韦燕山原为曹万顺十七军第二师的谘议,此前是原永定知事卢天民手下的总务科长,与土豪劣绅有千丝万缕的联系,所以他一上任,就祖护反动派,攻击县党部。因此,永定的反动势力仍然相当强大。在城区,以市政会和联防保甲为依托,有"城内派";在乡村则有"静庐派",以烟草专卖局为据点,和革命势力相对抗。因烟草专卖局门前有"静庐"两字,所以这股势力被称为"静庐派"。北伐军东路军进入永定后,"城内派"表面上"静默中立",实则在观测气候,"俟机而动",而"静庐派"则一开始便积极利用各种机会恶毒地攻击县党部和农民协会,公然与革命为敌。同时,在县党部内,也还存在右派势力与左派的斗争。

北伐军进入武平后,武平的一些土豪劣绅便挂着革命的招牌,企图组织自己控制的国民党区分部。他们以全县十七区保卫团名义贿选前武平县知事、右派分子曾玉山任县长;同时极力对教会表示亲善。当他们一次次受到革命威胁后,便派出爪牙到省里钻营活动。他们的阴谋虽一次次被挫败,但凭据所掌握的公共机关,"双方之壁垒愈明,双方旗帜愈显。从此最后决斗之期将不远矣"。

在连城,北伐军入闽时,地方民团慑于革命的威力,也打着革命的旗号接受国民革命军的改编。然而,他们仍然与土豪劣绅互相勾结,极力维护旧势力,继续欺压人民。1927年初,接受改编的民团大部分被调往莆仙地区,连城的土豪劣绅便乘机组织了所谓"团防局"。此"团防局"成立后,成了国民党连城县党部和政务委员会的严重威胁。县政务委员会不久被迫解体,连城的反革命势力便更加卖力地准备消灭左派革命力量。

正当全国的工人、农民、学生、妇女运动蓬勃兴起,汹涌澎湃地冲击着帝国主义势力和封建统治的时候,以蒋介石为首的新老右派却与军阀、买办阶级和土豪劣绅勾结在一起,开始了对革命的残酷镇压。闽西的右派也闻风而动,他们积极组织反革命力量,企图对革命实行疯狂反扑。

1927年2月21日和3月7日,蒋介石先后两次发表演说,恶毒地攻击武汉国民党中央和中国共产党。蒋介石的演说,向隐藏在革命营垒中的反动势力发出了反革命的动员令,也给了各地土豪劣绅和一切反动势力以鼓舞和支持。于是,排斥革命左派、打击共产党,镇压工农运动的血腥暴行在各地频频发生。福建的反革命势力也向革命开刀了。3月初,福州的右派组织流氓暴徒袭击殴打共产党员和国民党左派人士,扰乱中共福州地委组织的群众集会,继而又派出暴徒扰乱国民党福建省临时党部、东路军各级政治部和福建民众运动委员会联席会议,并捣毁了福州学生联合会等群众组织。

此时,由于汀属政治监察署掌握在共产党员谢秉琼、林心尧等人手中,长汀、上杭、武平、永定等县的国民党县党部也为左派革命势力所控制。但由于各县政务委员会大多为右派势力所操纵,于是,他们利用"汀邵财政处"关于各县不得擅拨款项的命令,编造借口,停拨县党部经费,以致各县党部因经费困难,步履维艰。1927年3月,龙岩的土豪劣绅和右派分子组织了所谓"三民实进会",公然与岩平宁政治监察署和国民党龙岩县党部分庭抗礼。他们组织暴徒,殴打国民党左派人士,反对减租减息。为了窥测反革命动向,郑笔山、杜连茹等人指使"松涛"、"公民"两派在福州设立了联络站。

1926年12月,驻永定杜起云部士兵打死永定中学学生邹才富,打伤南郊农协会员郑添良及市民3人。"静庐派"借故扩大事端,煽动不明真相的群众围攻国民党永定县党部,并挑动驻军与县党部的关系,谣传"县党部将勾结土匪入城,围缴军队枪械",企图借驻军之手消灭县党部。他们还授意永定中学部分右派教员指使不明真相群众抬着邹才富的尸棺游行,并于当晚砸开县党部大门,将尸棺置放于县党部中堂。

1927年2月下旬,南靖民团吴朝阳部300余人从漳平永福返回南靖途中,大肆抢劫,抢走青年妇女数十人、儿童百余人,财物不计其数。永福土豪劣绅趁机煽动群众,诬县党部"勾结土匪抢劫民财",迫县长陈仁壮(共产党员)下台。上杭、长汀、武平、连城等县的革命与反革命的斗争,也越来越趋于公开化和激烈化。至1927年3月间,闽西国共两党的关系已开始分裂,各县的国民革命运动开始面临严重的危机。

但是,各县中共地方党组织和国民党左派力量在反革命势力的猖狂进攻面前没有退缩,他们仍然积极组织和领导群众进行斗争。这一时期正是蒋介石集团加紧准备背叛革命的严重关头,加之党内以陈独秀为首的右倾投降主义错误的领导,闽西乃至全国的革命形势也进一步恶化。

二、龙岩"四一五"和上杭"五七"事变

1927年3月底4月初,蒋介石集团叛变革命的准备工作已基本就绪,他们在上海召

开了一连串的秘密会议。4月2日,吴稚晖、张静江等人在上海召开所谓"国民党中央监察委员会全体紧急会议",提出了弹劾共产党人的呈文,恶毒地攻击共产党"谋逆昭著",要求对共产党采取非常紧急措施,迅速将各地的共产党首要危险分子告知当地治安机关,分别关押看管,以制止各地的共产党活动。3月下旬,福建的国民党右派根据蒋介石的授意开始了反革命事变的准备工作。他们召开各种秘密会议,开始建立各种反革命组织,调集部队集结福州地区。4月2日,他们召开紧急会议,决定在全省各地召开"拥蒋护党"大会,然后实行"清党",捕杀共产党员和国民党左派人士以及各群众团体的负责人,并拨出专款作为"清党"经费。

4月3日,福州的国民党右派终于发难了,在"拥蒋护党"会场上将新编军二师五团二营党代表、共产党员方毅威逮捕,示众后押至南台万寿桥枪杀,将尸首抛入江中。福州的国民党右派操起叛变革命,屠杀共产党人、国民党左派人士和工农群众的第一刀。4月9日,厦门的国民党右派分子也发动了反革命事变。接着,泉州、莆田等地也相继发生反革命事变。4月12日,蒋介石集团公开叛变革命,举起了屠刀,发动了震惊中外的"四一二"反革命政变后,闽西南土著军阀郭凤鸣、陈国辉分别致电蒋介石,表示"拥护清党"、"严惩逆党"、"听候驱驰"。

在此之前,龙岩的国民党右派分子杜连茹、郑笔山、李跃云等人互相勾结,组织所谓"三民实进会",收买地痞流氓闯入龙岩县党部公开殴打县党部人员。郑笔山还亲临南昌面谒蒋介石,接受速回福建,协助"清党"的指示。郑回龙岩后,立即向商会会长李跃云传达了蒋介石的旨意。随后,他们组织召开"拥蒋大会",叫嚣"一致拥护蒋总司令"、惩办跨党分子,并向蒋介石发了通电。蒋介石十分高兴,特发电表示嘉慰。"四一二"前,由于连日暴雨,山洪暴发,龙岩通往福州、厦门的道路、桥梁、电杆多被冲毁,造成交通、电讯中断,因此,福州"四三"、厦门"四九"事变和上海"四一二"反革命政变消息一时尚未传到龙岩。由于福州"拥蒋护党执行委员会"关于捕杀共产党员与左派的通令未能立即传达到闽西,加以闽西的共产党组织与群众基础比较雄厚,各县国民党县党部大多为共产党员和左派所掌握,右派一时尚不敢贸然动手。4月13日,泉州属政治监察署监察员陈文总从泉州来到龙岩,向中共龙岩县总支告知了福州"四三"、厦门"四九"事变和上海"四一二"反革命政变的消息。中共龙岩县总支立即召开紧急会议,商量对策,并研究应付龙岩可能发生的事变。会议决定以"养成所"军训为由,要求动用县警察局的枪支,以武装"养成所"学员。由于杜连茹尚未接到福州的反共通令和获悉上海"四一二"反革命政变的消息,勉强答应拨给"养成所"十余支步枪和若干子弹。

4月14日,"松涛"、"公民"两派驻福州联络站派人回到龙岩,带回了福州、厦门事变和上海反革命政变的消息,以及策划的龙岩"清党"的密谋。4月15日,龙岩国民党县党部、县农会、"养成所"人员集中于岩平宁政治监察署内,"养成所"的武装学员在大门口负责防卫。根据密令,杜连茹等反动分子企图捣毁县党部和监察署。他们利用有些农民对破除迷信的不满情绪,煽动群众。约八九点钟,由"松涛"、"公民"两派纠集了许多流氓、地痞、暴徒和一些不明真相的群众上街游行,捣毁了国民党龙岩县党部。然后,又企图捣毁岩平宁政治监察署。当来到离监察署不远的地方,发现养成所已有武装人员防卫,不敢再靠近,于是高呼反动口号,双方相持了一个多小时。这时,一些流氓企图制造混乱,冲击监察署,故意将前面的人往前猛推。罗怀盛见状,朝天开了一枪,于是游行队伍大乱,张旭高、陈庆隆趁机从后门潜出,立即找到驻军罗步月。由于罗步月尚不知内情,即派兵赶往解围,流氓、暴徒和受蒙蔽的群众才陆续退散。

4月15日,杜连茹等人与驻军罗步月、黄月波密谋后,正式开始了反共"清党"的罪恶活动。他们逮捕了陈国华、魏吾、廖昌泰、倪天长、谢国鑫、朱文昭等6人;捣毁城区的各级工会、农会、区党部。凡认为是革命的积极分子均被逮捕或罚款,邓子恢、郭滴人等13人被通缉。一时,白色恐怖笼罩了龙岩城。同日,漳平的国民党右派和土豪劣绅也配合龙岩发动"清党",右派县长林克勋等人纠集一伙地痞流氓,于凌晨包围了县党部、工会和农会。共产党员陈福庆、陈国华、李元升、陈锦文等四人被捕。① 国民党上杭县党部成立之后,由于领导权掌握在共产党员和国民党左派手中,并清除了一些右派分子,组织比较纯洁。因此上海"四一二"反革命政变前后,上杭县党部仍能拒绝执行国民党福建省党部关于"清党"和停止工农运动的命令。但是,在龙岩"四一五"事变后,上杭的反动分子和国民党右派分子詹忠胜、葛肖盘、邱秀光、邱信孚等人见时机已到,便勾结在一起,加紧了反革命的阴谋活动。邱信孚"为保全性命,并图报复,把平生作孽所得来的家资,全力供着运动费"。② 邱秀光也以2000元巨款贿赂兰玉田部的参谋长刘炳坤,请其支持和参与反革命活动。

在龙岩发生"四一五"事变时,驻上杭民军首领蓝玉田因事前往长汀。蓝赴汀时将军务交给参谋长刘炳坤。5月7日,刘炳坤下令从即日起,任何组织不准集会,不准游行。但是,县党部对刘的命令拒绝执行,仍然准备支持群众将在押的邱信孚、彭华年等人游街示众。但消息被刘炳坤得知,即于当晚十时许,调一个营兵力和杭峰公安局的全部警察,将汀属八县政治监察署、汀属社会运动人员养成所、县党部、总工会、县农会等机关、团体包围,大肆搜捕共产党员、国民党左派人士和其他革命分子。县党部执行委员张楷,干事张友明、兰惠元、包喜孚、傅岩生;总工会常委周继瑛;县农会执行委员包究生等人被捕。张楷被押至驻军司令部门前遭杀害,周继瑛、包究生遭严刑拷打,后被押至南门码头杀害。包友明、兰惠元、傅岩生、包喜孚、邱伯琴等5人被投入监狱。县党部、汀属政治监察署、汀属社会运动人员养成所、总工会、县农会等被关闭、解散,汀属社会运动人员养成所部分师生被捕。谢秉琼、林心尧两人在群众的帮助下逃离上杭,立即潜往武平万安谢秉琼家乡下镇村。但他们返武的消息被驻武平的蓝玉田部独立连连长王光烈得知。次日晚上,王光烈率全连包围了谢秉琼家的住房和杂货店。谢秉琼因发觉较早逃脱,而林心尧则在杂货店内被捕。谢秉琼得知林心尧被捕,于次日派人前往长汀找蓝玉田,要求释放林心尧。因蓝玉田当时尚同情革命,也不知上杭已发生事变,于

---

① 《罗明谈漳平党史》,《漳平党史通讯》1986年第1期,内部资料。
② 傅柏翠:《上杭初期革命斗争状况》,内部资料,1955年。

10日派勤务兵送信给武平的王光烈,令王光烈释放林心尧。由于勤务兵途中醉酒误时,于12日才将信送到,但在几小时前,林心尧已为革命献出了自己年轻的生命。

林心尧牺牲几天后,谢秉琼赴长汀将上杭"五七"事变的情况告知了蓝玉田。蓝玉田立即回到上杭,将王光烈全连缴械,王光烈本人被捆上石头投入汀江狮子潭。刘炳坤被驱逐,其他策划者和凶手也被惩办。

在上杭"五七"事变的前两天,永定的国民党右派也召开了所谓"永定县各界庆祝国府迁都南京恢复党权大会",随即实行"清党",通缉中共永定支部书记阮山,县农会负责人胡永东、赖玉珊等人。县党部被捣毁,区分部被解散;工会、农会等群众团体被关闭。长汀县党部在上杭"五七"事变后也为国民党右派所控制,党部书记刘光前被迫出逃,工会、农会、学生会被迫解散。进步人士段奋夫、罗化成、黄亚光、王仰颜等人转入农村秘密活动。漳平的国民党右派于5月23日召开了"漳平各界庆祝国民政府建都南京恢复党权大会",宣布"拥蒋护党"反共。连城的国民党右派捕杀了姑田农会领导人余水翁、江勇珍,并于5月22日召开"拥蒋护党"大会,发出代电,要求蒋介石"继续努力,贯彻初衷",反共到底。龙岩"四一五"和上杭"五七"事变后,其他各县的共产党员和国民党左派也受到打击,闽西的革命力量遭到严重的摧残,国共合作彻底破裂,轰轰烈烈的闽西国民革命被葬送,革命暂时转入低潮。共产党组织及其活动只得转向农村。

第一次国内革命战争时期,中共闽西地方党组织认真执行中共中央关于统一战线的方针政策,与国民党实行了真诚的合作,积极帮助国民党建立和发展闽西地方组织;广泛地宣传和发动群众,开展以农民运动为中心的反帝反封建的国民革命运动,狠狠地打击了帝国主义,封建主义和军阀、官僚势力,体现了工农群众的威力,同时也锻炼了人民,使革命更加深入人心。

由于以陈独秀为代表的右倾机会主义的错误领导,在帝国主义干涉和蒋介石背叛革命的情况下,闽西的国民革命运动和全国各地的国民革命运动一样失败了。闽西国民革命运动的失败还有如下几个原因:一是反动势力的根基没有动摇,革命势力在群众中也根基不牢,因而在"四一二"反革命政变后的三天内,闽西的革命力量就遭到了严重的摧残。二是闽西共产党组织还处于幼年阶段,党的阶级观点不够明确,只知道依靠农民,而忽视了依靠贫雇农,团结中农,中立富农,打击地主。所以不少农会领导权为中农所掌握,白色恐怖一来,不少农会自行解散。三是党比较重视在城市中发展知识分子和个别工人,而忽视了建立农村党组织,更没有向农民开门。四是未能充分发挥革命统一战线的作用,特别是对农民的革命作用仍然估计不足,没有更广泛深入地唤起农民、依靠农民,某些政策上也脱离了农民群众。如1927年2月,国民党龙岩县党部中个别右派分子和过激分子开展烧神运动,引起了农民群众的极大反感,致使龙岩"清党"时,国民党右派借此煽动群众攻打县党部,致使一些农民帮助反动派追捕共产党员张旭高。在关心农民群众的切身利益问题上,虽然在会上多次通过取消苛捐杂税,实行"二五"减租的决议,却未能坚决付诸实施等等。因此,闽西国民革命的失败,也是在所难免的。

闽西的国民革命运动失败后,各地共产党组织在中共闽南部委的领导下迅速地转变了斗争的策略,把主要力量转向农村,并在农村广泛深入地宣传和组织群众,开展革命斗争,为今后恢复和发展党的组织,举行武装暴动,实行土地革命,"准备好了红军的种子,准备好了红军的领导者即共产党,又准备好了参加过一次革命的民众"。

第二章 以工农联盟为基础的革命统一战线的建立与挫败

第一节 闽西土地革命的开展与革命根据地的初步形成

轰轰烈烈的大革命失败后,全国陷入了国民党反动派的黑暗统治之中。蒋介石为代表的国民党右派势力,以江浙金融买办集团为核心,以全国的地主买办阶级为基础,于1927年4月在南京建立起大地主、大资产阶级联合专政的反革命政权,大肆屠杀共产党人和革命群众。仅1927年3月至1928年上半年,就有31万人惨遭杀害,共产党员达2.6万多人。许多党员同党组织失去联系,一些不坚定分子公开宣布脱党,投降敌人。党员人数由6万人锐减至1万多人,国共两党关系由合作变为对抗,党的组织被迫转入地下活动,工人、农民运动走向低潮。民族资产阶级脱离了革命统一战线,使这个战线中只剩下工人阶级、劳动农民和贫苦的城市小资产阶级。"从此以后,内战代替了团结,独裁代替了民主,黑暗的中国代替了光明的中国。"[1]中国革命进入了低潮,年轻的中国共产党面临严峻的考验。

1927年8月,以蒋介石为代表的南京国民政府和以汪精卫为代表的武汉国民政府合流,建立了国民党新军阀的专制统治,它"依然是城市买办阶级和乡村豪绅阶级的统治,对外投降帝国主义,对内以新军阀代替旧军阀;对工农阶级的经济的剥削和政治的压迫比以前更加厉害……全国工农贫民以致资产阶级,依然在反革命统治底下,没有得到丝毫政治上经济上的解放"。[2]

在福建的国民党新军阀代替了北洋军阀,统治了福建。闽西则由陈国辉、郭凤鸣、蓝玉田、钟绍葵等土著军阀及闽西军阀张贞部所割据。他们为了维护和扩充自己的势力,勾结各地的地主豪绅,对工农群众的压迫和掠夺更加残酷。

---

[1] 毛泽东:《论联合政府》,1945年4月24日,《毛泽东选集》一卷本,人民出版社1964年版,第930~1000页。

[2] 毛泽东:《中国的红色政权为什么能够存在?》,1928年10月5日,《毛泽东选集》一卷本,人民出版社1964年版,第47~55页。

大革命失败以后,国民党反动派在全国各地实行白色恐怖,疯狂地屠杀共产党人和革命群众。但是,中国共产党人和革命群众并没有被吓倒,1927年4月底,中共闽南部委在漳州召开紧急会议,会议要求各级党组织在反革命政变的危急情况下,要有计划、有准备地领导工农和学生群众进行反对蒋介石集团的斗争。会后,部委书记罗明等人立即赶往闽西各县贯彻会议精神。一场急风暴雨的革命运动即将来临。

一、南昌起义军入闽

1927年8月1日,周恩来、朱德、贺龙、叶挺、刘伯承等根据中共中央临时常委的决定,领导了震撼中外的南昌起义,打响了武装反抗国民党反动统治的第一枪,开始了中国共产党独立领导武装斗争和创建工农红军的时期。

南昌起义后,起义军南征广东。在江西会昌战役后,以周恩来为首的中共前敌委员会根据当时敌我双方的形势,决定改道入闽,经长汀、上杭、永定进入广东的潮汕地区。9月6日,第二十军进驻汀州城,其余各部随之陆续入闽。起义军在周恩来领导下,派出宣传队到各处演讲,散发和张贴"没收大地主土地"、"耕者有其田"、"打倒土豪劣绅"、"铲除贪官污吏"等标语传单、张贴革命委员会的宣言、告示,刷写"革命者来"等墙头标语,宣传中国共产党的主张,鼓动农民抗交租税,组织农民协会,号召广大民众参加革命。

起义军在上杭期间,帮助上杭建立了"上杭县临时政府",由起义军委派孙石候为县长,召开了前敌委员会,根据沿途土地革命情况的实际调查和广东省委的政纲,对原来在瑞金时将"没收拥有二百亩以上的大地主的土地"改为"没收土地"这条规定,重新进行讨论,并做出"没收五十亩以上的大地主的土地"的决定。这条规定,为中国共产党以后制定土地革命的方针、政策起了推动作用。

起义军离开后,闽西地方党组织领导人加紧开展对国民党左派的再次统战工作。共产党员邓子恢等人争取国民党龙岩县党部常务委员苏庆云合作,并由邓子恢任国民党龙岩县党部秘书,郭滴人任组织委员,谢宝萱任宣传委员,从而在龙岩出现了不同于全国局势的、土地革命初期国共两党再度合作的局面。由此,中共闽西地方组织通过在国民党中的共产党员开展农民运动,向反动势力进行斗争。9月,国民党龙岩县党部恢复,中共龙岩县总支派党员参加县党部,利用公开活动的有利时机,开展合法斗争。在130个乡村中建立农民协会,发展会员近10万人,掀起以减租减息为主要斗争目标的农民运动新高潮。是年秋后,陈国辉部进占龙岩,县党部遭破坏,共产党人转移到农村开展革命活动。

二、闽西各地工农武装起义

1927年8月7日,中共中央在汉口召开紧急会议,确定了土地革命和武装反抗国民

第二章 以工农联盟为基础的革命统一战线的建立与挫败

党反动统治的总方针,并把发动农民举行秋收起义作为当时党的最主要任务。

"八七"会议刚结束,党中央立刻向中共闽南特委发出指示信,指出:"闽省工作应据中央紧急会议之决议,确定自己的工作之方向";"我们工作的中心问题是如何组织农民,如何武装农民,使他们能够自己起来,用暴动的方式夺取政权"。强调农民运动必须由无产阶级领导,"一定要 C. P. 能积极地、果决地领导农民斗争如减租、抗租、抗税、打倒劣绅土豪、没收大地主土地"。同时,中央要求闽南特委立即派最优秀的干部到广东接近的闽西各县,"组织农民暴动,参加土匪民团工作,以与广东将起的农民暴动打成一片"。① 9月间,中共中央南方局又命令闽南特委领导农民武装暴动,在有农运基础的地方首先发动斗争。南昌起义部队在潮汕地区失败后,南方局再次指示闽南特委及所辖闽西南各县党组织,一方面开展抗租抗税,"建设工农兵政权",一方面杀土豪劣绅,烧毁田契借约,"以引起农民革命的勇气",同时组织工农革命军,以开展农民暴动为中心。

中共闽南特委在收到"八七"会议决议以及上述中央南方局关于贯彻"八七"会议精神的指示后,立即派陈祖康前往闽西上杭、龙岩等地传达。罗明在上杭收到闽南特委转来的"八七"会议文件和关于举行农民暴动的指示后,当即与闽西各县负责同志联系,加紧在闽西进行武装斗争、土地革命、建立政权的工作。

从此,闽西各县党组织相继贯彻"八七"会议精神,领导农民暴动,点燃了武装反抗国民党反动统治的烈火。从1927年冬至1928年春,各地减租、抗租、抗烟苗捐和反抗国民党军队等农民武装斗争此起彼伏,形成了闽西土地革命时期农民运动的第一个浪潮。

闽西各地党组织通过这些斗争,迅速恢复和壮大自身力量,发展农会,建立农民武装,宣传党的土地革命主张,为后来创建苏维埃区域,开展工农武装割据的斗争奠定了广泛的群众基础。

1927年12月5日,中共闽南特委和闽北特委根据中央的决定,合并成立中共福建临时省委,陈明任省委书记。临时省委分析了当前形势,认为闽西一带农民运动的急剧进展,象征着民众革命情绪的高涨,指出当前党的主要任务是领导工人农民举行武装暴动,实行土地革命,武装夺取政权;认为龙岩、永定等处农运已有相当的基础,完全适应党的口号及新政策,应马上以暴动的方法实现之。

福建临时省委成立不久,各地农民武装斗争的消息频传,工农革命汹涌激荡。1928年初春,闽西各县的阶级矛盾进一步激化,农民运动逐渐由小规模的武装冲突发展为一触即发的武装暴动。从三月开始,龙岩、平和、上杭、永定等县农民在党的领导下,与军阀豪绅展开激烈斗争,举行了农民武装暴动,从而把农民运动推进到创建苏维埃政权的阶段。

---

① 《中共中央致闽北、闽南临委信——对军阀战争的态度与发动农民斗争》,1927年8月7日,见中共龙岩地委党史资料征集领导小组编:《闽西人民革命史文献资料》第一辑,内部资料,1981年12月,第124页。

(一)龙岩后田暴动

1928年3月4日(阴历二月十三日),后田村举行一年一度的"关帝福"庙会。根据党的指示,农会会员也挤进关帝庙。地主竟指使地痞流氓殴打农会会员,打伤2人。农会群情激愤。后田党支部认为举行武装暴动时机已成熟,经县委批准,决定当晚举行暴动,并通知郑邦、龙聚坊、邓厝、盂头等支部一致行动。

当晚,地主豪绅在"老人拳术馆"欢宴作乐。后田党支部挑选了20名"青年国术馆"会员由陈锦辉率领,埋伏在"火星祠堂"附近的隐蔽处,处死了地主狗腿子陈北瑞。县委连夜召开群众大会,揭露地主的阴谋,宣布陈北瑞的罪行,当场烧毁田契借约,宣布从此田租不必交,旧债不必还,田地由农民分配。按照临时县委的部署,东肖的郑邦、龙聚坊、邓厝、盂头等村也相继暴动,烧毁田契借约,收缴地主枪支弹药。全东肖共缴枪50余支,并在暴动区域实行赤色戒严。

后田暴动揭开了闽西工农武装起义的序幕,打响了闽西也是福建工农武装起义的第一枪。

(二)平和暴动

1928年2月11日(农历正月二十日),第一区农民代表200余人开赴县城中学参加代表大会,成立区农会。不料事泄,遭国民党县政府阻挠,逮捕代表5人。于是,中共平和临时县委顺应民意,决定成立暴动委员会,朱积垒任总指挥,建立福建工农革命军独立第一团,并请广东饶平、大埔和永定农军协助,准备攻城救人。平和临时县委原定2月28日举事,因缺乏经验与准备不周,四次变更计划,最后确定于3月8日举行暴动。

1928年3月8日爆发了平和暴动,在中共平和临时县委总指挥朱积垒的指挥下,长乐乡农民500余人组成5个大队,冲入县城,烧毁了县公署、教育局和三四户劣绅的房屋,打开监狱,放出被捕的同志群众20多人,打死打伤敌军十余人。

平和暴动是中国共产党领导下所进行的在闽西南地区规模和影响较大的一次武装斗争。

(三)上杭蛟洋暴动

1927年8月,上杭蛟洋人、进步知识分子傅柏翠经罗明介绍参加共产党后,回乡积极开展农运工作,组织农民协会,建立党组织。1928年春,后田暴动后调任中共上杭县委宣传部长的邓子恢到达蛟洋,在文昌阁举办平民夜校,开展农民运动。农会领导农民进行经济斗争,取得禁粮出口,办平粜,清算乡族账目财产,抗缴石灰捐等胜利。1928年3月,中共上杭北四区委成立,有党员100余人,组织了农民自卫军。至暴动前夕,全区农会会员已达千人,农军800余人,单响枪156枝。

革命势力的迅速发展和经济斗争的节节胜利,引起了地主豪绅的恐慌。1928年5月间,在傅柏翠的领导下,上杭蛟洋农民协会抗捐、抗税,并处死来收捐的福建省防第二混成旅旅长郭凤鸣部的一个连长及一伙歹徒。6月25日晨,郭凤鸣带兵围攻蛟洋。面对敌军的进攻,蛟洋农民自卫军在上杭县委书记郭柏屏和傅柏翠等指挥下,立即开展武装暴动,组织"敢死队"和农民武装抗击敌军。终因敌我力量悬殊,农军被迫撤退,向古田、蛟洋一带的大山里开展游击战争。

(四)永定暴动

永定县是闽西党和群众基础比较好的县份。党的"八七"会议精神传达以后,永定农民运动迅速发展。至1928年3月,全县已经有30多个乡恢复了农会,入会者2500多户。同时党在农会中秘密组织了农民武装"铁血团",拥有枪支200余。党的组织先后建立了9个支部,有党员200多人。至同年5月初,党员数又迅速发展至700余人,仅溪南区就有300多名党员。永定的革命力量,在当时的闽西各县中最为强大。

1928年初,永定县委先后领导溪南、湖雷等地农会开展反抗捐税、打击贪官污吏和捕杀土豪劣绅的斗争。群众革命斗争的情绪极为高涨。全县革命力量的迅速发展,引起了反动统治阶级的极大恐慌。军阀张贞派江湘率一个支队,从漳州进驻永定。4月初,国民党永定县政府与江湘部召开了全县豪绅地主参加的"清乡"会议,成立"清匪委员会",县长余辉照任主席,并制定了"清乡"的办法。

6月2日,江湘率部100多人突然包围了溪南区委所在地金砂公学,逮捕区委书记赖文舫等6人。敌人的暴行引起了溪南群众的愤慨,东溪、金砂、西溪等乡村的农军立刻组织起来,断绝通往县城的交通,上山抵抗,形成了割据局面。

面对严重的形势,永定县委认为暴动时机已成熟,只有大胆地领导群众开展武装斗争,才能巩固和发展已经取得的胜利。于是,6月中旬,县委在陈东岭头湖塘小学召开了全县党员代表紧急会议,研究和分析了当前的形势,决定举行武装暴动,会上成立暴动委员会,推举张鼎丞为总指挥,阮山、卢肇西为副总指挥,陈正、曾牧村、卢其中、江德贤、熊振声、江桂华等为委员。

按照县委预定的部署,6月29日,由永定暴动委员会副总指挥阮山及委员熊振声等率先在湖雷举行武装起义,收缴了保安队的全部枪械。当晚,队伍开到陈东坑与卢肇西等率领的陈东、高头、南溪、岐岭等地暴动队伍汇合,随即举行金丰暴动。暴动队伍很快发展到500余人,短短几天,湖雷、金丰农民暴动的风暴席卷永定东部数十个乡村。

永定暴动是福建全省规模最大、影响最深远和时间最长的一次暴动。闽西"四大暴动"是中国共产党在大革命失败以后,根据党的"八七"会议精神,在南昌起义军入闽的直接影响推动和秋收起义、广州起义的强大革命洪流影响下爆发的。它是为了反抗国民党反动派的白色恐怖,先后在全国范围内发动的100余次工农武装起义的一个组成部分。它是党领导闽西人民进行武装斗争的一次壮举,是武装夺取政权、建立工农民主政府和进行土地革命的一次初步的实践。它锻炼了党和革命群众,为后来闽西革命根据地的建立打下了基础,也为党探索走农村包围城市,武装夺取政权的道路,特别是如何进行土地革命这一重大课题,提供了新鲜而又宝贵的实践经验。

闽西"四大暴动"后,7月9日,中共福建临时省委给上杭、永定、平和、龙岩四县委的指示信中指出:"现在闽西一带已经到了革命工农与豪绅资产阶级短兵相接的时期,上杭、永定、平和、龙岩四县委应即各派出代表2人在永定成立闽西特委。"① 根据上述指示,省委特派员王海萍于7月15日在永定古本督崇德楼主持召开了上杭、永定、平和、龙岩四县委负责人会议,成立了中共闽西临时特委。郭慕亮、张鼎丞、邓子恢等9人为特委执委。郭慕亮任书记,张鼎丞任组织部长,邓子恢任宣传部长。同时,成立了闽西暴动委员会,王海萍任总指挥,张鼎丞、邓子恢、傅柏翠为副总指挥,并把杭、永、岩的暴动武装整编为闽西红军第七军十九师,下辖3个团。龙岩白土和上杭蛟洋的暴动武装整编为五十五团,团长傅柏翠,党代表陈锦辉;永定金丰、上湖雷的武装编为五十六团,团长熊振声,党代表卢肇西;永定溪南里的武装编为五十七团,团长张鼎丞,党代表邓子恢。中共闽西临时特委的成立,标志着闽西地方党组织领导核心在革命斗争中业已初步形成。从此,闽西人民便在党的领导下不断前进。

三、红四军入闽与革命根据地的初步形成

中国共产党"六大"召开以后,全国农村革命根据地不断巩固和扩大,尤以毛泽东等创建的井冈山革命根据地影响最大。这时,国民党军阀之间的战争暂时停止,蒋介石命令湘赣两省国民党军队向井冈山根据地发动了多次"会剿"。面对敌人的重兵,以毛泽东为书记的前敌委员会与湘赣边界特委、红四军军委、红五军军委在宁冈县柏露村举行联席会议,决定由彭德怀、滕代远指挥一部分红军留守井冈山,毛泽东、朱德、陈毅于1929年1月14日率红四军主力3600人向赣南出击,以内外线相互配合的办法打破敌军的"会剿",解决由于敌人的军事"会剿"和封锁给根据地造成的经济困难,保卫和发展根据地。

2月初,红四军下井冈山后,进入武平县和平乡的黄沙(今高书)村,当日再折回江西境内吴畲村宿营。次日,红四军主力由上增坑再次进入武平县境,经龙溪、沙公排等地,下午抵达东留圩,立即展开宣传活动。第二天凌晨,红军离开武平,挥戈北进。

3月11日,红四军从瑞金壬田出发,挺进到闽西长汀县的楼子坝,次日进驻四都。14日晨,红四军主力第二十八团、三十一团在朱德等指挥下,攻占长岭寨,这一仗,红军歼敌2000余,缴枪千余支,子弹数百箱。当天下午,郭部留守在汀州城内的卢新铭团向上杭方向逃窜,红四军乘胜解放了汀州城和周围乡村。

长岭寨战斗胜利,不但使部队恢复了元气,而且装备得到补充和更新,人员有所增加。同时,对红四军进行整编。

---

① 《中共福建临时省委给上杭、永定、平和、龙岩四县委的指示信》,1928年7月9日,见中共龙岩地委党史资料征集领导小组编:《闽西人民革命史文献资料》第一辑,内部资料,1981年12月,第213页。

红四军进驻长汀以后,大力开展群众工作。他们首先没收地主豪绅的粮食财产,分发给城乡的贫苦工农,派出许多宣传员,并分派部队下乡向民众做宣传,扩大红军的政治影响,领导群众积极起来斗争。经过广泛的宣传和发动,"长汀县城及新桥、河田等地工作时夺取土劣谷子的群众,一聚就有几千,在汀州组成了二十个秘密农协、五个秘密工会,总工会也成立了。党的组织比前发展二倍"①。在红四军前委的帮助下,中共长汀临时县委改为长汀县委,段奋夫任书记。前委又通过长汀县委,与上杭、武平、永定、平和县委取得了联系,"除共同努力做好群众工作外,侦探与交通工作做得很好"。②

在巩固和发展党的组织和群众组织以后,建立工农当家做主的革命政权便提到了议事日程上来了。根据形势的发展,红四军政治部于3月中旬组建了长汀县临时革命委员会。随后,临时革命委员会召开了工农兵代表大会,正式选举产生了长汀县革命委员会,由地方党组织代表、民众代表、红军代表共18人组成,邱潮保任主席,革委会下设军事、宣传、财政等部。这是红四军下井冈山以来,在赣南、闽西建立的第一个县级红色政权。

革命政权机关成立后,立即发布政纲,宣布废除一切厘捐,没收地主豪绅的土地及财产,严厉肃清反革命分子,实行赤色割据。同时,招募60余人组成长汀县赤卫队,负责保卫地方政权和镇压反动派的破坏活动;还组织了300多人参加红军。

3月20日,毛泽东在汀州"辛耕别墅"主持召开了红四军前委扩大会议。中共长汀县委派代表列席了会议。会议详细分析了福建、江西、浙江三省的政治、军事、经济状况和革命形势,以及敌我双方力量对比,研究了红军的行动方针问题,决定四军、五军及江西红军第二、第四两团之行动,在国民党混战的初期,以赣南闽西二十余县为范围,以游击战术,从发动群众以至于公开苏维埃政权割据,由此割据区域,与湘赣边界之割据区域相连接,确定了建立赣南、闽西中央苏区的宏伟蓝图。

5月中旬,毛泽东、朱德再度入闽,三打龙岩城,开辟闽西新的割据区域。

从首次入闽至11月下旬,红四军经首战长岭寨,三打龙岩城,攻占"铁上杭",先后消灭了统治闽西的土著军阀郭凤鸣、陈国辉、卢新铭和地主豪绅武装,建立和巩固了闽西革命根据地。闽西成为当时全国最大的红色根据地之一,根据地扩大到龙岩、上杭、永定、武平、长汀、连城6个县,在纵横数百里的红色区域内,80万群众分到了土地;已成立县苏4个,区苏50多个,乡苏400余个;闽西工农武装也不断发展壮大,从3月间的800多支枪发展到5000多支枪,赤卫队员6000余人。

---

① 《红军第四军前委给中央的信》,1929年4月5日,见中共龙岩地委党史资料征集领导小组编:《闽西人民革命史文献资料》第一辑,内部资料,1981年12月,第51页。
② 《中共福建省委报告》,1929年4月20日,见中共龙岩地委党史资料征集领导小组编:《闽西人民革命史文献资料》第一辑,内部资料,1981年12月,第58页。

第二节　古田会议树立中国共产党统一战线理论光辉篇章

　　1929年12月28至29日，中国共产党红军第四军第九次代表大会在龙岩上杭县古田镇的廖氏宗祠召开。会议总结了红军自南昌起义以来的建设经验，批判了各种错误思想，通过了毛泽东亲自起草的《中国共产党红军第四军第九次代表大会决议案》，即著名的《古田会议决议》，成为我党我军建设史上的光辉里程碑。《古田会议决议》规定了红军的性质、宗旨、任务，解决了政治、组织、思想建设的一系列重大问题，确立了党对军队的绝对领导，同时也是中国共产党统一战线理论的光辉篇章，指引着中国共产党及其领导的人民军队从胜利走向胜利。

一、古田会议的召开

　　1928年4月下旬，毛泽东率领的秋收起义武装与朱德、陈毅率领的南昌起义武装在井冈山胜利会师，并整编成立了中国工农革命军第四军（后改称工农红军第四军），毛泽东任党代表，朱德任军长。红四军就是名扬天下的"朱毛红军"。

　　"红旗越过汀江，直下龙岩上杭，收拾金瓯一片，分田分地真忙。"①1929年3月和5月，红四军先后二次由赣南进入闽西，开辟了闽西革命斗争的崭新局面。在红四军的大力帮助下，在中共闽西特委的坚决领导下，闽西土地革命斗争轰轰烈烈地开展起来，呈现"战地黄花分外香"、"寥廓江天万里霜"的大好景象。

　　但是，"历史的道路不像涅瓦大街上的人行道"，不会畅通无阻、一帆风顺。在一片大好的革命形势下，红四军也面临着一个全新的课题：由于党和军队还处在农村分散的游击环境里，而红军的主力是农民，农民和小资产阶级成分的党员在党内占大多数，相当多党员的马列主义水平不高，还有不少官兵来自旧军队，带来了旧军队的许多不良思想和作风。而且就全党来说，大革命失败以后，党被迫转到农村去开展斗争，党员中的农民成分比例占据优势，各种错误思想不断滋生和发展。这些非无产阶级思想主要表现为《古田会议决议》所列举的单纯军事观点、极端民主化、绝对平均主义、主观主义、非组织观点、个人主义、流寇主义、盲动主义等八个方面。

　　《古田会议决议》开门见山地指出："红军第四军的共产党内存在着各种非无产阶级的思想，这对于执行党的正确路线，妨碍极大。若不彻底纠正，则中国伟大革命斗争给

---

①　毛泽东：《清平乐·蒋桂战争》，1929年秋，见中共龙岩市委党史研究室编：《毛泽东闽西文稿》，内部资料，2009年12月，第229页。

予红军第四军的任务,是必然担负不起来的。"①

因此,在农村游击战争的环境中,在党员成分主要是农民的条件下,如何克服非无产阶级思想,把党建设成为无产阶级先锋队,把以农民为主体的军队建设成为一支无产阶级领导的新型人民军队,成为摆在中国共产党面前最为迫切和亟待解决的根本性问题。这也是国际共产主义运动史上未曾遇到的新课题。

为了加强党和人民军队的建设,毛泽东等中国共产党人进行了不懈的探索努力,积累了宝贵的经验。但是,仍然没有解决红四军党内非无产阶级思想问题,反而随着形势的变化和环境的好转变得更加突出,甚至在一些重大问题上产生争论,并存在严重的意见分歧。红四军党的"七大"和"八大"没有能够正确回答、解决这个问题,历史的重任就寄托在红四军党的"九大"上。

1929年8月初,陈毅根据中央指示,代表红四军前往上海出席全国军事工作联席会议。陈毅在上海向党中央提交了《关于朱毛红军的历史及其现状的报告》等五份书面材料,全面、客观地汇报了红四军的情况。

1929年9月28日,中央通过了由周恩来、李立三和陈毅共同起草的中共中央给红四军前委的指示信,通称为"九月来信"。中央"九月来信"充分肯定了红四军在全国的重大影响;肯定了毛泽东关于工农武装割据、建立农村革命根据地的战略思想;指出先有农村红军,后有城市政权,这是中国革命的特征,是中国经济基础产物。指示信强调,要加强党对军队的领导,要将党的一切权力集中于前委指导机关,这是正确的,绝不能动摇。指示信还要求加强红四军内部的团结,维护毛泽东和朱德在红四军的领导地位,明确指示毛泽东仍应担任红四军前委书记。

1929年11月18日,陈毅返回闽西,与朱德首先取得一致意见,随后陈毅派专人把中央"九月来信"送给毛泽东,并附了一封诚恳的亲笔信,力请毛泽东回来主持红四军前委工作。26日,毛泽东从上杭苏家坡驻地来到长汀,28日即在长汀主持召开了前委扩大会议,决定开展红四军的整训工作,召开红四军党的第九次代表大会,纠正红四军党内各种错误倾向。

1929年12月3日,红四军进驻连城新泉,进行为期十天的政治和军事整训。新泉整训后,红四军进驻上杭古田,继续开展政治军事训练,同时为召开红四军党的"九大"做准备。

1929年12月28日,中国共产党红军第四军第九次代表大会在古田曙光小学庄严开幕。120多位代表济济一堂。陈毅首先传达了中央"九月来信",并做了反对枪毙逃兵的报告。毛泽东做了中国共产党红军第四军第九次代表大会决议案的报告。朱德做了军事问题的报告。会议只开了两天就胜利闭幕,会上一致通过了《中国共产党红军第四军第九次代表大会决议案》(即《古田会议决议》)。会议选举产生了红四军新的前委领

---

① 毛泽东:《中国共产党红军第四军第九次代表大会决议案》,1929年12月,《毛泽东选集》一卷本,人民出版社1964年版,第83~93页。

导班子,毛泽东、朱德、陈毅、林彪、罗荣桓、谭震林等11人为前委委员,毛泽东当选为前委书记。

二、古田会议树立统战理论光辉篇章

统一战线是马克思主义关于无产阶级革命学说的一个重要组成部分,是无产阶级进行革命斗争的一个极为重要的战略和策略,是中国共产党夺取中国革命胜利的三大法宝之一。古田会议期间,毛泽东、朱德、陈毅等红四军主要领导人把马列主义基本原理与中国革命的具体实践相结合,在实际斗争中制定和坚持了一系列正确的政策和做法,开展了内容丰富、形式多样的统战工作,对统战的形式、内容、策略进行了创新和发展,形成了丰富的理论成果。《古田会议决议》为中国共产党统一战线理论的形成奠定了坚实的基础,对中国革命和新中国的建设起到极其重要的作用,具有重大的历史意义。

(一)《古田会议决议》规定了红军的性质和任务,明确了中国共产党统一战线工作的对象和方法

《古田会议决议》明确指出:"中国的红军是一个执行革命的政治任务的武装集团。特别是现在,红军绝不是单纯地打仗的,它除了打仗消灭敌人军事力量之外,还要负担宣传群众、组织群众、武装群众、帮助群众建立革命政权以至于建立共产党的组织等项重大的任务。"①这些任务,是当时中国共产党进行革命的主要内容,是关系红军生存和发展的全部环节,也是毛泽东在井冈山时期向红军提出的"打仗消灭敌人"、"打土豪筹款子"、"组织、宣传、武装群众,帮助群众建立革命政权"这三大任务在实践基础上的升华及理论表述。而对这些任务的承担,正是红军作为"执行革命的政治任务的武装集团"②性质的体现。

中国共产党要取得革命的胜利,就必须动员所有的力量投入到革命斗争中,特别要动员占全国人口80%以上的农民阶级的力量,此外,还包括城乡间的中小地主、富农、开明绅士等。而当时中国共产党有组织的力量主要集中在红军中,红军如果不做群众工作,不发动群众,就不能在新开辟区域建立或者恢复党组织,建立新的根据地。没有根据地和党组织的支持,红军就不能进一步发展壮大。因此,关于群众工作的规定,实际上是保障红军发展的一个重大战略决策,是中国共产党统一战线工作对象和方法的最早理论阐述。

---

① 毛泽东:《中国共产党红军第四军第九次代表大会决议案》,1929年12月,《毛泽东选集》一卷本,人民出版社1964年版,第83~93页。

② 毛泽东:《中国共产党红军第四军第九次代表大会决议案》,1929年12月,《毛泽东选集》一卷本,人民出版社1964年版,第83~93页。

(二)《古田会议决议》规定军队政治工作的三大原则,明确了中国共产党统一战线工作的具体内容

古田会议系统地制定了一套人民军队的政治工作原则,明确规定了红军的内部与外部关系、军事系统与政治系统的关系,强调我军必须发扬无产阶级民主,执行人民军队官兵一致,军民军政一致和瓦解敌军、宽待俘虏的政治工作三大原则,从而明确地提出了中国共产党统一战线工作的具体内容。

1. 关于处理红军内部关系的原则

军队内部的民主制度和宽待俘虏的政策,是毛泽东在井冈山斗争时期探索人民军队建设的重大成果,也是人民军队在异常艰险环境生存、发展的重要原因,是已经被实践证明的成功经验。古田会议从理论上进一步总结和强调了这些成功的经验,明确规定了红军处理内部、外部关系的原则。

在红军内部,实行官兵平等、官兵一致的原则。中国共产党领导的人民军队是完全新型的军队,官兵都是人民军队的主人。为了保证革命队伍的团结,扫除旧军队的不良习气,《古田会议决议》指出:"官兵之间只有职务的分别,没有阶级的分别,官长不是剥削阶级,士兵不是被剥削阶级","红军人员的物质分配,应该做到大体上的平均,例如官兵薪饷平等"。① 同时,红军中要实行经济公开,建立士兵委员会审查经济和管理伙食的制度。

官兵平等还体现在反对枪毙逃兵和废止肉刑制度上。《古田会议决议》坚决反对"枪毙逃兵的制度和肉刑制度",要求红军官兵"努力于说服精神和自觉遵守纪律精神的提倡,去克服这个违反斗争任务的最恶劣的封建制度"。② 古田会议要求通过政治教育,激发红军指战员的阶级觉悟,强化军队内部的团结;号召长官爱护士兵,关心士兵,切实保障士兵的民主权利,废止肉刑,不辱骂士兵,优待伤病员。

红军一方面坚持党对军队的绝对领导,另一方面又实行无产阶级民主制度,在连、营、团各级都建立士兵委员会,代表士兵利益,并协助党组织开展政治工作和群众工作。士兵委员会中的经济委员会实行经济民主,提出"士兵委员会有审查军队财政之权"③;士兵管理伙食,及时公布伙食收付账目,并把结余的"伙食尾子"分给战士零用,从而有效地扩大了统一战线的范围,明确了对部队中下层士兵争取的形式。

---

① 毛泽东:《中国共产党红军第四军第九次代表大会决议案》,1929 年 12 月,《毛泽东选集》一卷本,人民出版社 1964 年版,第 83~93 页。
② 毛泽东:《中国共产党红军第四军第九次代表大会决议案》,1929 年 12 月,《毛泽东选集》一卷本,人民出版社 1964 年版,第 83~93 页。
③ 毛泽东:《中国共产党红军第四军第九次代表大会决议案》,1929 年 12 月,《毛泽东选集》一卷本,人民出版社 1964 年版,第 83~93 页。

2. 关于处理红军外部关系的原则

在军民关系上,《古田会议决议》要求红军"严格地执行"三大纪律和六项注意,保护群众利益,同人民群众打成一片。"红军纪律是一种对群众的实际宣传,现在的纪律比以前松懈了,因此给了群众以不好的影响","上门板、捆禾草、扫地、讲话和气、买卖公平、借东西照还、赔偿损失,这些都是红军宣传工作的一种,现在也做得不充分"。① 因此,只有从行动中扩大红军影响,增强群众对红军的信仰。实践证明,只有严格遵守了"三大纪律"、"六项注意",才能奠定红军统一纪律的基础,从而树立人民军队新形象,更好地实现人民军队为人民服务的宗旨。

在军政关系上,要求红军指战员严格尊重人民政权机关,巩固它在群众中的威信。"凡地方政权机关已经建设的地方,应以使地方政权机关独立处理一切事情,在群众中巩固其信仰为原则。"②红军帮助地方之事,"须尽可能地经过地方政权机关的路线,极力避免直接处理。"③

认真执行党的政策,保护群众利益,是红军取信于民的根本所在,是中国共产党统一战线工作的实质所在。红军处处保护人民,维护群众的利益,人民群众就会把红军看成自己的亲人,就会热烈拥军优属,中国革命就能够取得胜利。

3. 关于对敌军和俘虏的原则

《孙子兵法》称:"不战而屈人之兵,善之善者也。"人民战争的胜利,不单依靠武装斗争,也依靠强大的政治攻势,瓦解敌军,不战而胜。《古田会议决议》要求在坚决消灭一切顽抗敌人的同时,重申了红军必须执行瓦解敌军、宽待俘虏的政策,规定红军对俘虏不虐待、不侮辱、不搜腰包;对敌方伤员,给予医治;对不愿留在红军队伍而要求回家的俘虏兵,则发给路费。通过这些方法,扩大红军的政治影响,瓦解敌军战斗力,巩固了中国共产党的统一战线。

《古田会议决议》强调红军宣传工作的重要性,认为"红军的宣传工作,是红军第一个重大工作。若忽视了这个工作就是放弃了红军的主要任务,实际上就等于帮助统治阶级削弱红军的势力"。因此"对白军士兵及下级官长的宣传非常之重要"④,应采取一切办法发动政治攻势。红军高度重视对敌宣传,成效明显,有效地动员了一切力量向红军靠拢,壮大了红军的队伍,扩大了统一战线阵营。如红军识字课本中的《跑》一课,"跑

---

① 毛泽东:《中国共产党红军第四军第九次代表大会决议案》,1929 年 12 月,《毛泽东选集》一卷本,人民出版社 1964 年版,第 83~93 页。
② 毛泽东:《中国共产党红军第四军第九次代表大会决议案》,1929 年 12 月,《毛泽东选集》一卷本,人民出版社 1964 年版,第 83~93 页。
③ 毛泽东:《中国共产党红军第四军第九次代表大会决议案》,1929 年 12 月,《毛泽东选集》一卷本,人民出版社 1964 年版,第 83~93 页。
④ 毛泽东:《中国共产党红军第四军第九次代表大会决议案》,1929 年 12 月,《毛泽东选集》一卷本,人民出版社 1964 年版,第 83~93 页。

跑跑,跑到红军好",就很生动地体现了识字与对敌宣传的有机统一。

《古田会议决议》确定的关于处理红军内外关系的原则,意义重大。在红军中实行无产阶级民主制度,官兵平等、官兵一致,明确了土地革命时期中国共产党统一战线的对象、方法,不仅能够密切官兵之间的关系,增强军队内部的团结,凝聚军心,还能够达成齐心协力、群策群力的良好氛围,充分发挥红军整体的战斗力、创造力,战胜强大的敌人和克服一切困难。军民、军政一致原则的实行,从根本上改变旧式军队与人民群众相对立的状态,建立崭新的军民关系,确保人民军队的性质,缔造人民军队发展壮大的根基。瓦解敌军、宽待俘虏的政策,既可扩大红军的政治影响,打破国民党的反共宣传,瓦解敌军战斗力,又有利于红军兵员的补充。总之,古田会议确定的官兵一致、军民一致和瓦解敌军的三大原则,是团结自己、消灭敌人的坚强保证,是实现全心全意为人民服务建军宗旨和完成革命政治任务的重要法宝,是中国共产党统一战线内容在理论上的充分体现。

叶剑英元帅说:"从古田会议到现在,我军的政治工作有很大的发展,但是它的根本原则,它的基础,还是古田会议奠定的。"政治工作是革命军队的生命线,在党的领导下,人民军队正确处理各方面的关系,执行中国共产党统一战线的政策和策略,就使自己立于不败之地,使中国人民革命事业从胜利走向新的胜利。

在古田会议精神的指引下,古田会议决议不仅在红四军中得到了充分的贯彻,而且在其他红军和革命根据地中也先后得到贯彻。地方红军和闽西各级党组织也高度重视中国共产党的统一战线工作,大力加强党组织和军队的建设,扩大统一战线范围和对象,丰富统一战线的内容,并进一步探索中国共产党统一战线开展的方式、方法,使闽西地方党组织逐步建设成为闽西苏区革命战争和社会建设的坚强领导者。

第三节 制定土地政策 建立工农民主统一战线

轰轰烈烈的大革命的失败,使得中国共产党开始认识到农民是无产阶级最主要、最可靠的同盟军,中国革命实质上是无产阶级领导下的农民战争。由此,随着革命环境和条件的变化,面对大地主大资产阶级的白色恐怖,党的统一战线工作方针发生了转折性的变化。在党的"八七会议"上,党中央纠正了党内的右倾错误,重新审视了党的统一战线政策,对农民同盟军的问题予以重视,确立了土地革命时期我党工农民主统一战线工作方针的基础。

根据"八七"会议确定的土地革命的总方针,中国共产党开始深入农村,发动农民,武装农民,开展土地革命,开辟农村革命根据地,建立农村革命政权,为工农民主统一战线的恢复和发展奠定了牢固的基础。

一、制定农民政策与土地政策

中国新民主主义革命的根本问题是农民问题,而农民问题的核心是土地革命。农民问题历来是国共两党两条路线根本分歧的实质所在。只有帮助广大贫苦农民解决了土地分配问题,才能调动浩浩荡荡的革命大军。为此,中国共产党采取了正确的土地革命路线,没收地主土地分配给无地和少地的农民,满足农民的经济利益,扫除农村中的封建剥削关系,从而使农民这支革命大军成为工农民主统一战线的主力军,成为无产阶级最可靠的同盟军。

八七会议在《告全党党员书》中专门分析了与国民党的关系,论述了发动工农的重要性,明确指出:应当促进并扩大激励工人反对资产阶级、农民反对地主的阶级斗争,并强调必须迅速勇敢坚决的实行武装工人和农民。1928年6月在莫斯科召开的中共"六大"在正确分析革命形势后指出:应该创造建设绝对大多数被残余封建势力剥削的农民群众的统一战线。① 这是从血的洗礼中得出的经验教训,预示党的统一战线的工作重心从主要做国民党的工作,开始转到发动工农上来,说明党的统一战线工作重心出现了转折性的变化。建立以工人阶级为领导、工农联盟为基础的工农民主统一战线,成为我党的力量之源和取胜之道。

闽西党组织贯彻"八七会议"精神,领导农民参加武装暴动;胜利后,引导农民积极起来保卫革命根据地,参加政权建设,支援红军作战,粉碎敌人的围攻,从而壮大了红军力量,扩大了革命根据地,巩固了工农联盟。

(一)溪南分田经验

1928年7月永定暴动后,永定县委在溪南各乡召开群众大会,宣传建立苏维埃政权和土地革命的意义,宣布废租、废债、抗捐、抗粮、抗租,并准备分配土地。同时,选举乡苏维埃政府委员和主席。双溪、樟园、赤半、太平、中金、三坊、秀溪、玉石、卓墩、秀山、西一、西二、中石等13个乡先后成立了苏维埃政府。各乡苏维埃政府成立后,积极领导群众开展反对豪绅地主和封建势力的斗争,废除封建土地所有制;对全乡土地进行调查,登记没收和分配地主的土地;组织赤卫队,实行赤色戒严,严防反革命分子的破坏;没收地主豪绅及一切反革命分子的粮食和财产,并向他们筹款,作为苏维埃政府和红军作战的经费;镇压反革命;等等。8月中旬,溪南区工农兵代表大会在金砂金谷寺召开,正式成立了闽西第一个区苏维埃政权——溪南区苏维埃政府,大会颁布了由张鼎丞、邓子恢等调查起草的《土地法》《劳动法》《肃反条例》《婚姻条例》等新法令。这些新法令,在溪南地区武装割据期间,都得到了不同程度的贯彻执行。

溪南各级红色政权建立后,群众最迫切的要求是分田,特别是秋收季节将到,农民

---

① 中国共产党第六次全国代表大会《农民问题决议案》,1928年6月。

第二章 以工农联盟为基础的革命统一战线的建立与挫败

都希望尽快获得胜利果实。中共福建临时省委也于1928年7月25日致信闽西特委和永定县委,指出永定目前的重要任务之一,是"在已经割据的各乡,马上没收土地,分配土地,建立乡或区苏维埃。在未曾发动的各乡赶速发动,由乡村的割据进而夺取县城"。①

根据这些情况,永定县委一方面组织力量抗击敌人的"清乡",一面加紧土地的没收和分配工作。这项工作在闽西乃至全省均为首次。鉴于时间紧,任务重,闽西党组织统战农民阶级的着重点是执行"一要分,二要快"的土地革命战线,把解决土地作为农民问题的核心。而"八七"会议的有关决议,也只是原则性地提出"没收大地主及中地主的土地","没收一切所谓公产的宗族庙宇的土地",把这些土地分配给佃农和无土地的农民。至于如何没收与分配,中央和省委都没有具体的纲领和政策规定。在土改的做法上,中央也只有两条方针:一是按人口分田,一是按劳力分田。溪南区苏维埃政府认为,要搞好土改分田,唯一的办法是依靠群众,特别是要依靠农民代表,与他们共同商量,制定具体的办法。张鼎丞、邓子恢等发挥群众的创造性,深入各乡村调查研究,分别找一些有经验的、熟悉土地情况的农民座谈。参与座谈的农民,大多数是雇农、贫农、中农,还有个别富农,他们是农村各阶层的代表人物。最后,张鼎丞、邓子恢集中大家的意见,总结归纳如下七条原则:

(1)所有土地都应拿出来分配,只有中农自耕土地不动。

(2)"土地分配的方法按人口平分,地主、富农和贫农、中农一样分田"。②(注:另一说法,分田按照年岁分配。)

(3)分田以乡(即村)为单位分配。

(4)各乡农民原来耕种的土地,归各乡农民分配。

(5)分田的方法是按各人原耕土地抽多补少,不要打乱平分。

(6)山林为各乡村公有。

(7)水利灌溉按照旧例,水随田走,不公平者,个别调整。③

这种土地政策的优点是简便易行,能在短时间内尽快满足贫苦农民对土地的要求,但也有不足之处,即没有明确提出没收地主阶级土地,没有解决土地所有权问题,没有按照中国革命的性质对于地主、富农、中农、贫农制定不同的政策。这在当时毫无分配经验的情况下,是难以避免的。

---

① 《中共福建临时省委致闽西特委并转永定县委信——对永定暴动的指示》,1928年7月25日,见中共龙岩地委党史资料征集领导小组编:《闽西人民革命史文献资料》第一辑,内部资料,1981年12月,第230页。

② 《中共闽西特委关于武装斗争党务工作的报告》,1929年8月22日,见中共龙岩地委党史资料征集领导小组编:《闽西人民革命史文献资料》第二辑,内部资料,1981年12月,第179页。

③ 邓子恢、张鼎丞:《闽西暴动与红十二军》,1961年6月,《星火燎原》第一集,人民文学出版社1963年版。

溪南区苏维埃政府依照这种土地政策,首先以金砂古木督、卓坑源、樟塔三个乡作试点。这些乡接受试点任务后,先后召开乡苏维埃代表大会,成立乡没收和分配土地委员会,发动群众认真讨论分田办法,在取得一致认识基础上,各乡进行人口和土地的调查、登记,制定具体方案,公平合理地分配土地。各乡把土地分完后张榜公布,并经群众大会通过,发给分田单,承认各户正式分得土地的所有权。

试点乡取得了经验以后,溪南区委、区苏维埃政府便迅速在全区推广。在不到一个月的时间内,溪南13个乡约2万人口的地区,就胜利完成了2万多亩土地的分配工作。溪南土改分田,是在毫无前人经验、困难重重和敌我斗争十分紧张的形势下开展的。张鼎丞、邓子恢等人紧紧依靠群众,集中群众智慧,创造了土改分田的方针、政策和办法。这些经验与后来中央公布的土地纲领在原则上是基本一致的。溪南分田的经验,在1929年7月毛泽东亲自指导下召开的中共闽西第一次代表大会上做了总结,后来又推广到闽西各县和其他根据地实施,为各地土地革命做出了重要的贡献,为党的统一战线工作奠定了坚实的群众基础。

(二)中共闽西一大制定的土地政策

为最大限度地调动农民的积极性,建立广泛的工农民主统一战线,使广大农民成为自己最坚固的同盟军,毛泽东和以他为代表的共产党人在闽西成功地探索了党在新民主主义革命时期土地革命的道路。

1929年7月10日,根据以毛泽东为前委书记的中共红四军前委的建议,中共闽西第一次代表大会在上杭蛟洋文昌阁召开。龙岩、永定、上杭、长汀、连城、武平等县代表60余人,红四军前委的代表毛泽东、蔡协民、谭震林、江华、曾志5人出席了大会。大会原定于11日开幕,后因毛泽东认为会议准备还不够充分,与会代表分赴各地进行土地、政治、党务、武装群众、政治组织、物价、洋货侵入与工农业破产等方面的调查,至20日,大会始正式开幕。大会推举5人组成主席团,13人为决议案起草委员会委员,分政治、土地、组织、政权、宣传、工运、军运、妇女、共青团、济难会10个方面分别起草决议案。

中共闽西临时特委书记邓子恢在会上做工作报告,总结了闽西两年多来的革命斗争、地方党组织和地方武装建设的经验与教训,特别总结了闽西部分县区土改分田的经验;中共福建省委委员、中共闽西临时特委组织部部长张鼎丞做了重要发言,批评了蛟洋暴动的主要领导人傅柏翠在蛟洋迟迟不分田的"右倾"思想。

红四军前委代表毛泽东带病代表前委做报告。他精辟地分析了革命形势,赞扬了闽西的革命斗争,指出了巩固和发展闽西革命根据地的六个有利条件和三条基本方针。大会通过了政治、苏维埃政权、土地问题、CY(共青团)问题、妇女问题等决议案。大会选举了中共闽西特委执行委员,邓子恢任特委书记,标志着闽西土地革命将进入一个新的历史时期。

大会依据对客观环境和主观力量的分析,确定了闽西党的总路线是:"坚决的领导群众,为实现闽西工农政权的割据而奋斗。"①

关于土地政策问题,除了在《政治决议案》中做了原则规定外,大会还通过了《土地问题决议案》。决议案总结闽西(主要是永定溪南区)的土改分田经验,同时吸取毛泽东等在井冈山和兴国的土改分田经验,初步形成了一个比较完善的土地政策,主要有:

(1)暴动推翻地主阶级政权后,立刻没收一切地主土豪及福会(公)堂等田地(不论典当卖绝一概没收),归农民代表会或农民协会分配;对收租二百担以上的大地主大公会的谷子一律没收,分与贫民。对小地主的谷子,减半价出粜;对小地主的土地要没收,债务要废除,但不要派款及其他过分打击。

(2)富农田地自食以外的多余部分,在贫农群众要求没收时应该没收,但在革命初期,不没收其土地,并不派款,不烧契,不废除债务,以便争取其中立;当贫农与富农的斗争已经起来的时候,应分配富农的多余土地,但也不是要过分的打击他们。富农凡亲自劳动者可以参加政权。但须防止他们在政权中的领导(不要使他们当选为政府及农会的委员)。

(3)中农的田地不没收,田契不烧毁,不要有任何的损失。

(4)对大小商店应取一般的保护政策(即不没收),对城乡小商人绝对不要没收商店、焚烧账簿和废除账目。

(5)田地以乡为单位,按男女老幼依原耕形势平分。分田时以抽多补少为原则。

(6)废除工人农民欠土豪地主的债务,但工农穷人之间来往账目及商家交易之账仍旧要还。禁止高利贷。

(7)现役红军官兵及从事革命工作者照例分田。乡村中工商学各业生活不够者,得酌量分与田地。

(8)土豪地主外逃,其家属在家并不反动且无法维持生活者,得酌量分与田地,给其以生活出路。

(三)打土豪分田地的实践总结

中共闽西一大以后,红四军部队在闽西"七月分兵",在各地开展群众工作。然后,毛泽东到永定、上杭指导土地革命斗争,接着召开古田会议。这一时期,是闽西革命根据地开展打土豪分田地、创建闽西苏维埃政府的重要历史时期。

在闽西较早全面开展分田的是龙岩。根据邓子恢同志回忆,1929年6月19日,当红军第三次打下龙岩城、消灭陈国辉所部之后,除雁石、白沙、溪口、适中几个区的大乡村外,龙岩绝大部分地区已经解放。当时党的基本任务是充分发动农民群众,实现土地革命,彻底消灭地主阶级,建立人民政权与人民武装,为建立根据地打下基础。分田时虽然已有永定溪南区的经验,但具体如何操作,还比较模糊。会后在白土后田村先行试

---

① 《中共闽西一大之政治决议案》,1929年7月,见中共龙岩地委党史资料征集领导小组编:《闽西人民革命史文献资料》第二辑,内部资料,1981年12月,第140页。

点,以后各区乡就由群众自己动手分田。闽西党"一大"之后全面展开,前后不到一个月时间,土地即分配完毕。这是龙岩农民千百年梦想的实现。分田后所有农民都欢天喜地,小商人、破落地主、小地主也满意。到1929年八九月间,龙岩除溪口、白沙及雁石、适中等乡村外,其余各区群众都已充分发动,反动武装已经收缴,各区内反动派已大体肃清,土地已经分完,赤卫军少先队编组完毕,革命委员会的任务已基本完成。因此,龙岩县委于9月间进行民主选举,召开工农兵代表大会,成立县、区、乡三级苏维埃政府。

永定土改分田也开展比较早、比较好,特别是有1928年溪南区的分田经验,中共闽西"一大"后,毛泽东又亲自到永定各地指导一纵队发动群众斗争,土地革命如火如荼地开展起来。在恢复溪南区苏维埃政府的同时,建立了太平、湖雷、金丰、合溪等区苏维埃政府和近百个乡苏维埃政府。10月26日,永定县第一次工农兵代表大会在湖雷庆兴寺召开,成立永定县苏维埃政府。全县农民38196户,共146200人,分得土地297223亩,占全县土地总面积35万亩的85%以上。全县1500多个自然村,建立了12个区苏维埃政府和113个乡苏维埃政府。

上杭县也于8月至10月间全面开展打土豪分田地的斗争。9月21日,朱德军长率领红四军在群众的配合下,打下上杭城,消灭敌卢新铭旅,俘敌1000余人,同时搜捕了各地藏匿在上杭城的土豪劣绅200余人,大大推动了上杭各处的土地革命的发展。

1929年10月15日至18日,中共闽西特委在上杭白砂召开了特委第一次执委扩大会议,在《中共闽西特委第一次执委扩大会关于土地问题的决议》中总结道:"坚决领导广大贫苦农民彻底实行土地革命是闽西伟大斗争的主要目标,特委在秋收之前便已发出通告,动员全党同志发动这一斗争,自分谷子烧田契起一直做到分配土地。七月间第一次闽西代表大会又决定了实施的土地政纲,要各县坚决执行。现在这一斗争已彻底胜利,岩杭永武汀连六县的广大群众,到处蓬蓬勃勃地起来形成几百里苏维埃政权的赤色版图,这完全证明党的土地政纲的正确。同时在这一伟大的土地斗争当中,我们党得到了不少的宝贵经验,此次扩大会收集这些经验,并检查出过去的工作缺点,而以修正补充写成这一通告,要各级党部切实讨论执行。"[①]这些经验是:

(1)分谷斗争的经验。"在夏收和秋收之前尤其是青黄不接之际,唯一足以发动群众的口号,便是分谷子……分谷子的方式有二种:一种是抢夺式的分,便是游击队初到的地方,由宣传队号召群众到著名土豪家里破开仓门,领导群众把谷子一抢而空;一种是平分式,便是在政权比较稳定的乡村,由群众开会表决,组织粮食委员会和分谷委员

---

① 《中共闽西特委第一次执委扩大会关于土地问题的决议》,1929年10月18日,见中共龙岩地委党史资料征集领导小组编:《闽西人民革命史文献资料》第二辑,内部资料,1981年12月,第292页。

会,先调查土豪谷子及人口数量然后再有组织的平分(粮食够者不分)。"①

(2)分田中的"左"倾偏向。"没收一切土地"是分田中的"左"倾偏向,但党未能及时纠正"代表会关于没收土地之规定","原定自耕农土地不没收,田契不焚烧,但事实上到处都做到没收一切土地,焚烧一切田契,无人敢出来反对,间或我们党提出纠正口号,群众便有些不满,这是因闽西自耕农人数与田地数均极少,中农富农合占农民全数20%,而各只有土地总数10%,同时贫农却占80%的人口,这样贫农群众自然便要通过没收一切土地了。但为争取农民群众起见,在土地革命斗争初期,不宜提出没收一切土地的口号,到了农民全都起来,多数要求平分一切土地时,党应赞助贫农坚决地没收一切土地,焚烧一切田契,以巩固党在贫农中的领导权"。② 这说明闽西在闽西党"一大"之后的土改分田实践已受到"左"倾错误的影响。

(3)关于"抽肥补瘦"原则。由于1929年7月中共闽西"一大"土地问题决议案规定:"分田时以抽多补少为原则,不可重新瓜分,妄想平均以烦手续"③,因而"富农得了护符把瘦田让人,自己把持肥田","贫农就大不满意"④。于是,1930年2月25日,中共闽西特委第二次扩大会议做出新的规定:"分田方法以抽多补少的原则,抽出之田以肥瘠均匀为度,好田多者抽好田,坏田多者抽坏田。"⑤这就明确从富农那里抽出来的田,不是全部好田,也不是全部坏田,而以肥瘦搭配均匀为度。

1930年3月18日,闽西第一次工农兵代表大会通过的《土地法案》,基本上总结了闽西苏维埃政府创建时期打土豪分田地的经验,大体有:

(1)关于土地之没收。"所有田地不论水田、旱田一律没收"、"没收后土地禁止买卖抵押"⑥。这些规定是过"左"的错误政策。因为"没收一切土地",既模糊了土地革命的

---

① 《中共闽西特委第一次执委扩大会关于土地问题的决议》,1929年10月18日,见中共龙岩地委党史资料征集领导小组编:《闽西人民革命史文献资料》第二辑,内部资料,1981年12月,第292页。

② 《中共闽西特委第一次执委扩大会关于土地问题的决议》,1929年10月18日,见中共龙岩地委党史资料征集领导小组编:《闽西人民革命史文献资料》第二辑,内部资料,1981年12月,第292页。

③ 《中共闽西一大之土地问题决议案》,1929年7月,见中共龙岩地委党史资料征集领导小组编:《闽西人民革命史文献资料》第二辑,内部资料,1981年12月,第132页。

④ 《中共闽西特委第二次扩大会议关于土地问题决议案》,1930年2月25日,见中共龙岩地委党史资料征集领导小组编:《闽西人民革命史文献资料》第三辑,内部资料,1981年12月,第102页。

⑤ 《中共闽西特委第二次扩大会议关于土地问题决议案》,1930年2月25日,见中共龙岩地委党史资料征集领导小组编:《闽西人民革命史文献资料》第三辑,内部资料,1981年12月,第102页。

⑥ 《闽西第一次工农兵代表大会宣言及决议案·土地法案》,1930年3月18日,见中共龙岩地委党史资料征集领导小组编:《闽西人民革命史文献资料》第三辑,内部资料,1981年12月,第187页。

主要对象是地主阶级,还侵犯了中农的利益。

(2)土地的分配。"分田范围以乡为单位"①。

(3)分田的方法。"以抽多补少为原则,抽出之田以肥瘦均匀为度,好田多者抽好田,坏田多者抽坏田。"②这一规定既确定了"抽多补少"原则,又含有"抽肥补瘦"的精神,发展了闽西党"一大"时所规定的"抽多补少"这一原则。

(4)鼓励垦荒。"凡开垦荒田者,六年之内不收土地税,十年之内任其使用,政府不予收回。"③

此外,在这一时期,闽西党组织也对关于山林、耕牛、房屋、水利等问题,进行了初步探索。1930年2月25日,中共闽西特委在龙岩城召开了第二次执委扩大会议,讨论了关于山林、耕牛、房屋、水利的问题。在《关于土地问题决议案》中总结道:"土地问题是目前中国民权革命阶段中的中心问题,怎样改良土地,以增加土地生产,怎样争取广大贫民群众,以巩固苏维埃政权,是决定土地问题的两个主要目标。过去闽西党第一次代表会与第一次特委扩大会,对于土地问题虽然有明显的规定与修改,但仍缺乏详细和具体,譬如山林规定得不实际,耕牛问题、房屋问题、水利问题竟没有讨论,以致各地无所适从……因此扩大会特依据闽西土地状况及党对农民的策略……做成了新的决议,望各处讨论执行。"④

(四)南阳会议通过的"抽肥补瘦"分田原则

1930年6月,毛泽东在长汀南阳龙田书院主持召开红四军前委和闽西特委联席会议,邓子恢、张鼎丞等同志出席了会议,对闽西等地的土改分田经验做了新的总结和论证,即总结和肯定"抽多补少"、"抽肥补瘦"、"按人口平均分配土地"等原则。会议通过《富农问题决议案》,认为"平分土地若单是只按'抽多补少'执行,如闽西去年的经验,并在文件上写着'不得妄想平均',那么富农得了护符,把瘦田让人,自己把持肥田,贫农就大不满意。不但闽西,各地也大都发生这种现象。这是土地斗争中一种实际的重要斗

---

① 《闽西第一次工农兵代表大会宣言及决议案·土地法案》,1930年3月18日,见中共龙岩地委党史资料征集领导小组编:《闽西人民革命史文献资料》第三辑,内部资料,1981年12月,第187页。

② 《闽西第一次工农兵代表大会宣言及决议案·土地法案》,1930年3月18日,见中共龙岩地委党史资料征集领导小组编:《闽西人民革命史文献资料》第三辑,内部资料,1981年12月,第187页。

③ 《闽西第一次工农兵代表大会宣言及决议案·土地法案》,1930年3月18日,见中共龙岩地委党史资料征集领导小组编:《闽西人民革命史文献资料》第三辑,内部资料,1981年12月,第187页。

④ 《中共闽西特委第二次扩大会议关于土地问题决议案》,1930年2月25日,见中共龙岩地委党史资料征集领导小组编:《闽西人民革命史文献资料》第三辑,内部资料,1981年12月,第102页。

争,我们不应忽略。应该于'抽多补少'之外,还加上'抽肥补瘦'一个原则。并在文件上将'不得妄想平均',改为'不得把持肥田'"①,"当着阶级斗争激烈的时候,只有按人口平分土地才能争取广大贫农群众,即就发展生产来说,也是按人口平均分较按劳力差别分为有利,闽西就是很好的证据。闽西是按人口平均分配土地的,今年田禾非常茂盛,估计要比去年土地未分配时多收20%。以前闽西有些同志所忧虑的'田地分割太小了'、'原来未耕田的人分了田不会耕田会荒废'等种种可以招致生产减少的危险,现在事实证明不足忧虑并且适得其反,不但不减少反而增加了。什么缘故呢?因为贫农及失业群众得了田,就把一切人力用在田内,从前农村中一切不生产的寄生虫和地主及游民现在不耕田就没饭吃,都反而耕起田来了,从前贫农中之因土地不足而闲置起来的劳力,也因得了田而使用出来,因此生产就增加了。又因中国的农业生产还在人工耕种、人工灌溉、人工施肥(绿肥厩肥)阶段,地主剥削时代农民以为田不是自己的,不肯努力耕耘,所谓'深耕勤耨',他们完全不愿,他们也不愿整水利,肥料也不愿多放,简直懒得去弄肥料,以此田地就日愈荒芜,生产大大减少,造成普遍全国的农业危机。闽西农民既得了田,且是平均分配,每人都得一分,便把从前的那种怠工现象完全除去,他们愿意深耕了,他们把大规模人力用在修陂圳,与地主富农剥削时代陂圳不开大不相同,若不平分则不能把大规模人力利用修复陂圳上,谷草放在猪栏里造厩肥,把草皮沤烂作粪,再加上人粪尿,肥料问题也解决了。以上这些都是平分土地大规模发动人力的效果,有了这些效果生产就增加了。"②

总而言之,从1928年夏的永定溪南土改分田试验,到1929年夏中共闽西"一大"土地法的初步形成,再历经近一年的反复实践、修改、补充与完善,至1930年夏形成了一部比较全面、完整的闽西土地法。它是以邓子恢为领导的中共闽西特委,在以毛泽东为领导的中共红四军前委的直接指导之下,经过实践—认识—再实践—再认识,不断实践,不断总结,从而形成的一部比较切合实际的土地法。红四军政治部将闽西土地法的基本原则推广到闽赣各地,后来为中国革命军事委员会土地法所吸收,推广到全国其他根据地。可以说,永定溪南和龙岩等地所创造的闽西土改经验,对我党土改总路线——"依靠贫雇农,团结中农,有步骤地、有分别地消灭封建剥削制度,发展农业生产"③的形成有着重大的意义,对于调动农民的积极性,扩大统一战线阵营起到了重要的作用。

土地革命的红色风暴,彻底摧毁了农村封建主义的经济基础,对农民的政治地位和经济生活产生了极大的影响。获得翻身的广大农民,革命热情空前高涨,将自己的命运

---

① 《富农问题决议案》,1930年6月,见中共龙岩地委党史资料征集领导小组编:《闽西人民革命史文献资料》第三辑,内部资料,1981年12月,第329页。

② 《富农问题决议案》,1930年6月,见中共龙岩地委党史资料征集领导小组编:《闽西人民革命史文献资料》第三辑,内部资料,1981年12月,第329页。

③ 毛泽东:《在晋绥干部会议上的讲话》,见《毛泽东选集》第四卷,人民出版社1991年版,第1312页。

与苏维埃政权的前途命运紧紧地联系在一起,倾其最大的努力支援苏维埃革命战争。一个真正体现工农联盟的统一战线,在苏区稳固地建立起来,广大农民成为无产阶级革命真正的同盟军。

到1931年2月,苏区已制定出一条"依靠贫农、雇农,联合中农,限制富农,消灭地主阶级,变封建半封建土地所有制为农民所有制"的土地革命路线。这条土地革命的路线和基本政策,是以毛泽东为代表的中国共产党人,将马克思列宁主义的普遍真理与苏区现实紧密结合的产物。土地分配这一中国革命中根本性问题的解决,为党在苏区建立巩固的工农民主统一战线奠定了坚实基础,对苏区的辟建和巩固产生了不可估量的作用。在这条正确路线指引下,各根据地的土地改革蓬勃发展,农村根据地得到了壮大,苏维埃政权得到了巩固,工农联盟得到了加强,工农民主统一战线得到了迅速发展。

二、建立巩固的工农民主统一战线

1930年春,闽西革命根据地已发展到龙岩、永定、上杭、长汀、武平、连城六县及平和、漳平、宁化、清流、归化的局部地区,纵横300里,人口80余万,闽西革命根据地已正式形成,成立闽西苏维埃政府(即工农民主政府)的条件已成熟。

1930年2月6日,闽西苏维埃政府筹备处在龙岩城成立,颁布了《苏维埃政府组织法》和《工农兵代表大会选举条例》,规定凡在闽西赤色政权所及地方,年满16岁以上的劳动男女均有选举权和被选举权。条例还规定,代表会除工农兵代表及学生教员照本选举法之规定选派代表外,中共闽西特委派代表2人,中国共产主义青年团闽西特委派代表1人,各县政府各派代表1人,闽西医院派代表1人,闽西红军学校派代表1人,红四军四纵队司令部、政治部及第一、二、三、四、五各团各派代表1人,闽西总工会筹备处派代表1人,清流、归化、宁化、平和、漳平各县由秘密工会农会选派代表3人参加;代表的任期与本代表会所选出的执行委员会任期定为一年。①

1930年2月,闽西苏维埃政府筹备处颁发《闽西工农兵代表会(苏维埃)代表选举条例》,明确规定把享受民主权利的各界人士和剥夺政治权利的专政对象严格区别开来,有利于巩固工农联盟,有利于人民民主专政,有利于分化瓦解反动营垒,有利于改造剥削阶级。

同时,苏维埃政府为使广大民众广泛地行使自己的权力,规定了各级苏维埃代表职业成分的比例,县人民代表中工人占30%,农民占60%,士兵占5%,教员占5%。区人民代表中工人占20%,农民占70%,士兵占5%,教员占5%。乡人民代表中农民占80%,工人占20%,城区区乡人民代表中工人、农民各占50%。

在中共闽西特委领导下成立的闽西工农兵代表大会筹备处,领导各县、区、乡的选

---

① 《闽西工农兵代表会(苏维埃)代表选举条例》,1930年2月6日,见中共龙岩地委党史资料征集领导小组编:《闽西人民革命史文献资料》第一辑,内部资料,1981年12月,第49页。

举工作,选出人民的代表出席闽西工农兵代表大会。

1930年3月18日,闽西第一次工农兵代表大会在龙岩省立第九中学庄严开幕。大会讨论了闽西的政治、军事、经济、文化各项问题,通过了宣言和军事问题、经济问题、财政问题、文化问题、建设问题等五个决议案,讨论制定了16个法案和条例:苏维埃政府组织法案、土地法案、山林法案、借贷条例、工会法案、劳动法案、优待士兵条例、商人条例、取缔牙人条例、取缔纸币条例、保护青年妇女条例、婚姻法、保护老弱残废条例、合作社条例、裁判条例、暂行税则条例。

大会召开了七天,于24日闭幕,经过充分酝酿,民主选举邓子恢、张鼎丞等35人为闽西苏维埃政府执行委员,张涤心、练宝桢等10人为候补执行委员,邓子恢为主席。

大会通过的《苏维埃政府组织法案》规定,"苏维埃是工农兵自己选举代表组织的政权机关,一切行动政纲都要根据工人、农民、士兵及其他贫民利益去决定,同时对小资产阶级利益不能妨害"。① 这些规定,确定了各级苏维埃政府必须全心全意为人民服务的根本原则,规定了人民群众对苏维埃政府进行监督的神圣权力,对于搞好政权建设有重大的意义。在闽西苏维埃政府的正确领导和模范影响之下,闽西县、区、乡苏维埃政府的工作人员大都勤勤恳恳、克己奉公,受到工农群众的普遍赞扬。"苏区干部好作风,自带饭包去办公;日着草鞋干革命,夜走山路访贫农",这首当年流行的民歌,就是闽西各级工作人员的生动写照。

闽西苏区各级苏维埃政府领导人,是通过召开各级工农兵代表大会选举产生的,而工农兵代表是通过广大工农兵群众选举出来的。因此,苏维埃政府充分体现了一切权力属于人民,人民当家做主的精神,它有效地维护了无产阶级和人民群众的政治权。

从1930年至1934年1月,闽西苏区经过3次大规模的民主选举代表,使苏区人民的民主意识大大提高。在选举过程中严格实行差额选举,候选人名单一般比应选出代表人数多一倍,并将候选人名单张贴公布,广泛征求群众的意见。比如,1933年上杭县才溪区的选举,下才溪乡提出候选人共160名(内应选91人)。名单贴出后,群众在各人名下注写的意见很多,有"好"、"不好"等字样,也有"同意"或"消极"的字样,其中有1人名下注有"官僚"二字。村中还出了墙报,有20多名候选人受到群众的批评。闽西苏区所实施的选举条例,体现了劳苦大众获得了一切自由,各级苏维埃政府经常举行群众会议与代表会议,有很多工人、贫农以至妇女当选苏维埃代表。

闽西第一次工农兵代表会议通过的《苏维埃政府组织法案》总纲中指出:"苏维埃是工农兵自己选举代表组织的政权机关,一切行动政纲都要根据工人、农民、士兵及其他贫民利益去决定,同时对小资产阶级的利益不加妨害;各级代表会为各该级最高机关,代表会闭幕后,所选执行委员会即代替该代表会为最高权力机关,行使一切职权。"

---

① 《闽西第一次工农兵代表大会宣言及决议案·苏维埃政府组织法案》,1930年3月18日,见中共龙岩地委党史资料征集领导小组编:《闽西人民革命史文献资料》第一辑,内部资料,1981年12月,第187页。

为吸引大批群众干部参加苏维埃政权工作,巩固统一战线,1932年3月18日召开的福建省第一次工农兵代表大会做出关于《苏维埃建设问题决议》,决议强调:"城乡代表会议应按期开会,经常讨论各种法令及上级政府决议,实施的具体办法,分配代表迅速执行,并注意解决本乡发生的问题,以满足工农贫民基本群众的要求。城乡代表会议应努力在自己工作中,不断向工农贫民解释苏维埃政权的意义,并经常接受群众的意见及批评,实现群众的要求,使群众认识苏维埃政权,吸引大批群众干部参加苏维埃工作。"①

苏区政权是工农民主统一战线最主要的表现形式。1932年11月7日召开中华苏维埃第一次全国代表大会,通过的《中华苏维埃共和国宪法大纲》规定:"中国苏维埃政权所建设的是工人和农民的民主专政的国家。"②为了体现苏维埃政权的工农民主统一战线性质,《宪法大纲》明确规定"苏维埃公民在十六岁以上者皆有苏维埃选举权和被选举权,直接选派代表参加各级工农兵苏维埃的大会,讨论和决定一切国家的地方的政治事务",③并对代表的产生等做出了制度性的规定,从法律上保证了苏维埃政府能够通过各级代表大会,吸收广大工农群众参加到政权中来,真正体现了工农群众当家做主。

总之,工农兵代表会议制度实施后,苏区人民的民主意识极大增强,促进了各级政策法令的贯彻执行,加强了各级政府与群众的密切联系。毛泽东在全国"二苏大"的工作报告中指出"苏维埃依靠这一制度,同广大民众结合起来,他就使苏维埃成为最能发扬民众创造力的机关;使苏维埃成为最能动员民众以适应国内战争适应革命建设的机关,这也是历史上无论什么政府所做不到的"。④

第四节　统战工商业阶层　发展苏区经济

党的"八七"会议提出的工农民主联盟,是以工农阶级为主的单一联盟,民族资产阶级和下层小资产阶级都被排除在统一战线之外。这样,只把工农阶级作为革命的主要依靠力量和唯一动力,否定了小资产阶级、中农、富农可以成为争取力量的政策显而易见地打击了中间阶级。

所谓的中间阶级,是指城乡间的中小地主、富农,包括那些开明的富绅名流、民主人士。这是一个动摇不定的阶层。1928年11月,毛泽东在《井冈山前委向中央的报告》中

---

① 《福建省第一次工农兵代表大会决议案·苏维埃建设问题决议》,1932年3月18日,古田会议纪念馆编:《闽西人民革命史文献资料》第七辑,内部资料,2006年5月,第120页。
② 中华苏维埃第一次全国代表大会《中华苏维埃共和国宪法大纲》,1931年11月7日。
③ 中华苏维埃第一次全国代表大会《中华苏维埃共和国宪法大纲》,1931年11月7日。
④ 毛泽东:《中华苏维埃共和国中央执行委员会与人民委员会对第二次全国苏维埃代表大会的报告》,1934年1月,《毛泽东选集》一卷本,人民出版社1962年版,第116～121页。

指出:全国革命低潮时期,割据地区最困难的问题,就是拿不住中间阶级。

马克思的商业资本理论虽然指出商业资本和产业资本共同瓜分剩余价值、剥削产业工人的本质,但也指出商业资本可以实现商品的使用价值与剩余价值,从而实现社会生产的直接目的与社会目的,保证社会生产与再生产过程正常进行,有助于社会经济效率的提高。

长期以来,党的主要领导人因受建党初期所追求的传统社会主义目标的历史局限,对中国资产阶级的复杂性缺乏必要而深刻的认识。他们对资本主义印象最深刻的是它剥削人、压迫人的一面,而对它解放生产力和促进生产力发展作用的一面,认识并不深刻,恶感往往多于好感。特别是在现实生活中看到工商业资本家所暴露的损人利己、唯利是图的丑恶的一面,更是欲除之而后快,所以在实际执行中,总是把工商业资本家作为对立面,重斗争轻联合,在政治理念上排斥工商业者,将其当作朋友或同盟者来保护的政策,实际上是中国共产党在大革命期间的一种临时性的策略。中共"二大"确定革命分两步走的策略后,作为工商业者的中产阶级首次被视为革命的朋友或同盟者,但以蒋介石和汪精卫的先后反共为标志,中产阶级和小资产阶级便先后被视为滑向了反革命,革命也就进入工农民主联合执政的苏维埃时代。

以毛泽东为代表的优秀共产党人,结合闽西苏区的革命实践,团结中间阶层,保护工商业者,发展苏区经济,挽救了濒临崩溃的苏区经济,基本打破了国民党对苏区的严密经济封锁。这条统战的发展轨迹,形式上从单薄到丰厚,政策上从笼统到具体,实践上从摸索到成熟。

一、制定正确的商人政策

商人作为资产阶级的一部分,是中国共产党重要的统战对象。而经济是社会一切运行的基础。长汀是闽西的物资集散地,有数万人口,商业和手工业比较发达,还有小型的兵工厂和被服厂。红四军入闽之前,长期转战在井冈山,不曾进入长汀这样繁华的中等城市。许多新的问题摆到他们面前。毛泽东历来重视社会调查,把社会调查作为制订政策的依据。为了更好地指导革命斗争,1929 年 3 月,红四军进驻汀州城后,毛泽东在前委委员和长汀县委的协助下,在驻地"辛耕别墅"召开了老裁缝、老佃农、钱粮师爷、老教书先生、老衙役和流氓头等社会上有代表性的六种人员座谈会。经过调查,摸清了长汀的政治、经济状况和民情风俗,指导红四军政治部颁发《告商人及知识分子》文告,规定了红军关于商人和城市的政策。

文告首先介绍了我党关于"民权革命"的三个大任务,"第一个,打倒帝国主义。不许洋人在中国逞凶,中国归中国人管,不许洋人支配中国;第二个,打倒地主阶级,废止收租制度,田地平分与农民;第三个,打倒国民党政府,建立工农兵政府"[①]。接着提出

---

① 红军第四军军党部:《告商人及知识分子》,1929 年 3 月,古田会议纪念馆文物,F172。

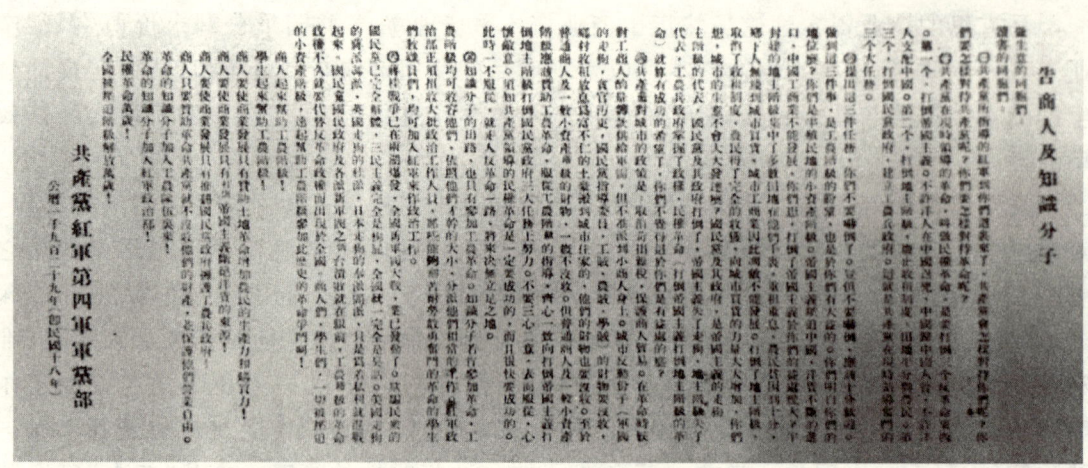

1929年春,红四军在长汀发布的《告商人及知识分子》文告

了我党对于商人和知识分子的政策。

文告重申了我党对于商人的阶级属性总结为"半殖民地的小资产阶级"①,接着以通俗的语言,抽丝剥茧地分析了红军"民权革命"对商人的好处、当前革命的形势,并对商人循循善诱:"帝国主义压迫中国,洋货不断的进口,中国工商业不能发展,你们想,打倒了帝国主义于你们的益处几大?半封建的地主阶级集中了多数田地在他们手里,重租重息,农民贫困到十分,乡下人无钱到城市买货,城市工商业因此凋敝不能发展。打倒了地主阶级,取消了收租制度,农民得了完全的收获,向城市买货的力量大大增加,你们想,城市的生意不会大大发达么?国民党及其政府,是帝国主义的走狗,地主阶级的代表,国民党及其政府打倒了,帝国主义失了走狗,地主阶级失了代表,工农兵政府掌握了政权,民权革命(打倒帝国主义打倒地主阶级的革命)就算有成功的希望了,你们不觉得这于你们是有益处的么?"②

然后,文告提出了共产党对城市的政策:"取消苛捐杂税,保护商人贸易。在革命时候对大商人酌量筹款供给军需,但不准派到小商人身上。城市反动分子(军阀的走狗、贪官污吏、国民党指导委员、工贼、农贼、学贼)的财物要没收,乡村收租放息、为富不仁的土豪搬到城市住家的,他们的财物也要没收。至于普通商人及一般小资产阶级的财物,一概不没收。但普通商人及一般小资产阶级应该赞助工农革命,服从工农阶级的指导,齐心一致向打倒帝国主义,打倒地主阶级,打倒国民党政府三大任务上努力。"③对于商人的软弱性和易变性,红四军警告他们"不要三心二意,表面服从,心怀敌意。须知共产党领导的民权革命是一定要成功的,而且很快要成功的。此时一不服从,就走入反

---

① 红军第四军军党部:《告商人及知识分子》,1929年3月,古田会议纪念馆文物,F172。
② 红军第四军军党部:《告商人及知识分子》,1929年3月,古田会议纪念馆文物,F172。
③ 红军第四军军党部:《告商人及知识分子》,1929年3月,古田会议纪念馆文物,F172。

革命一路,将来绝无立足之地"。①

　　文告指出实现商业发展的三条途径,即"只有赞助土地革命增加农民生产力和购买力";"只有打倒帝国主义,断绝洋货的来源";"只有推翻国民党政府,拥护工农兵政府"。②

　　文告提出了我党关于商人和工商业的政策,"商人只要赞助革命,共产党就不没收他们的财产,并保护他们营业自由"③。

　　最后,《告商人及知识分子》文告在阐述了关于商人政策的同时,号召"商人起来帮助工农阶级"④。

　　毛泽东指导红四军出台的关于商人、商业、城市的政策,既保护了商人的自由贸易,又为红军发动更多的工农大众理解、支持和参加革命打下了良好的基础。这无疑是我党在独立领导革命的初期制定的正确的工商业政策,得到了汀州工商业者的拥护。红四军在汀州也顺利地筹集到5万大洋的军饷和大批物资。红军战士每人发了两套军服、五块大洋,军容焕然一新。

　　但是,红四军关于商人、商业、城市的政策仍有时代的缺陷,比较笼统,可操作性不强。在红四军发布《告商人及知识分子》之后,对中间阶级经济上打击过重的情形,在闽西时有发生。1929年6月19日,红四军第三次攻占龙岩县城,部队在城内筹款过程中,发生了将一些中等资本的店铺当作大资本家没收的情况。有的连队对小商人的派捐带有勒索性质。红四军前委发现这些情形后,立即采取了纠正措施,但还是发生部分中小店铺的老板连夜携款外流的现象。

　　为此,1929年7月下旬,中共闽西"一大"对商人进行了具体分析,制定了有关政策,认为"在反帝、反军阀,反豪绅,取消苛捐杂税,保护商店口号之下,可以取得小资产阶级的同情。因此,对城乡小商人绝对不要没收商店、焚烧账簿和废除账目……⑤"对于商业资产阶级,经济上也不能采取没收政策。"对大小商店应取一般的保护政策(即不没收)……但压迫穷人最厉害而为一般商人所深恶,没收后可以得到多数人同情的,在宣传工作做好后才可以没收。"⑥

　　1930年3月25日,闽西工农兵第一次代表大会选举成立了闽西苏维埃政府,邓子恢任主席兼经济委员会主任,通过著名的《经济问题决议案》,旗帜鲜明地表示维护工商

---

① 红军第四军军党部:《告商人及知识分子》,1929年3月,古田会议纪念馆文物,F172。
② 红军第四军军党部:《告商人及知识分子》,1929年3月,古田会议纪念馆文物,F172。
③ 红军第四军军党部:《告商人及知识分子》,1929年3月,古田会议纪念馆文物,F172。
④ 红军第四军军党部:《告商人及知识分子》,1929年3月,古田会议纪念馆文物,F172。
⑤ 《中共闽西第一次代表大会之政治决议案》,1929年7月,见中共龙岩地委党史资料征集领导小组编:《闽西人民革命史文献资料》第三辑,内部资料,1981年12月,第187~219页。
⑥ 《中共闽西第一次代表大会之政治决议案》,1929年7月,见中共龙岩地委党史资料征集领导小组编:《闽西人民革命史文献资料》第三辑,内部资料,1981年12月,第187~219页。

业者的正当权益,"保护外来客商,不准向他筹款"①,政府为商人提供生产便利,"没收来之纸、木减价出售,并可借一部分给他做资本,使其定期交还","对于非本乡之纸木商人,非得县区政府批准,不得借口土豪,自由筹款","各地政府非得县政府批准,不得没收商品,违者严办","各级政府经常召集商民会议,鼓动商人办货,并为商人解决困难问题"②,等等。

《经济问题决议案》还决定,"确定商人条例,保护商人买卖"③。为此,闽西工农兵第一次代表大会通过了《商人条例》,更加明确地阐明了苏维埃政府的商人政策:

"一、商人遵照政府决议案及一切法令、照章缴纳所得税者,政府予以保护,不准任何人侵害;二、商人自由贸易,政府不予限制其价格;三、商家来往账目,政府不予取消,维持商家账簿;四、各地船只货物来往,如非违反苏维埃禁例物品者,输入与输出政府一律予以保护;五、所有武装团体,不得借口逮捕犯人,骚扰商店;六、非经县政府审判有罪之商人及闽西政府批准者,不得没收其商店,违者严办;七、商人不得私藏枪械,违者严办;八、商人不得操纵金融,银价涨跌须经苏维埃批准;九、工厂、商店因亏本而倒闭者,须经工会审查,其因自己恐慌而关闭者,应限期开门营业,政府予以保护,如逾期不开者,政府将货品盘与工人经营之;十、商人贩运或私造铜银、假造纸币者严重处分;十一、商人所用秤斗尺,须造出一样,不得用手段来剥削工农;十二、本条例自公布日施行。"④

当然,囿于时代的限制,闽西苏维埃政府在对待商人参政议政上,还是有所提防与保留,在闽西工农兵第一次代表大会通过的《合作社条例》中,明确规定:"在业商人可以加入,但不能办事。"⑤

在闽西传统社会中,还有一类"居间商人",他们的工作是在城市或乡村的市场中,为买卖双方顺利完成交易过程提供服务,从中抽取佣金,被称为牙人、牙侩。随着商业的不断发展,牙人行业的种类也变得多样化,如说合贸易、拉拢买卖、接受委托、代人经商和代收商税等。牙人大多逐利,存在着欺骗百姓、欺行霸市、欺诈哄骗、钻营渔利、收取高额佣金、损害交易双方利益等危害。因此,为了规范经济秩序,1930年3月25日,闽西工农兵第一次代表大会还通过了《取缔牙人条例》,明确地阐明了针对居间商人政策:

---

① 《中共闽西第一次代表大会之经济政策决议案》,1929年7月,见中共龙岩地委党史资料征集领导小组编:《闽西人民革命史文献资料》第三辑,内部资料,1981年12月,第187~219页。

② 《中共闽西第一次代表大会之经济政策决议案》,1929年7月,见中共龙岩地委党史资料征集领导小组编:《闽西人民革命史文献资料》第三辑,内部资料,1981年12月,第187~219页。

③ 《中共闽西第一次代表大会之经济政策决议案》,1929年7月,见中共龙岩地委党史资料征集领导小组编:《闽西人民革命史文献资料》第三辑,内部资料,1981年12月,第187~219页。

④ 《中共闽西第一次代表大会宣言及决议案》,1930年3月25日,见中共龙岩地委党史资料征集领导小组编:《闽西人民革命史文献资料》第三辑,内部资料,1981年12月,第187~219页。

⑤ 《中共闽西第一次代表大会宣言及决议案》,1930年3月25日,见中共龙岩地委党史资料征集领导小组编:《闽西人民革命史文献资料》第三辑,内部资料,1981年12月,第187~219页。

"一、取消包办制度,牙人只做一个帮助买卖的中介人,任买者卖者自由雇托,其双方可以面订,无须牙人说合者,听其自便;二、牙人佣钱一律减少抽收,由卖者出钱,减少若干,由各所在地政府自定,但至少须减至一半以下;三、牙人要向政府登记,经政府许可,其舞弊者由政府撤职查办;四、如各地牙人太少买卖有争执时,政府可添设牙人,但不宜过多,以能维持买卖为度;五、以前承包之牙税及执照取消,以后不准再收税款;六、城市行家得适用本条例;七、本条例自公布日施行。"①

闽西苏维埃政府制定正确的商人政策,还体现在保护商人的正常经济运转。闽西工农兵第一次代表大会通过《借贷条例》,关于商人业务经营中的"旧债",规定"各地民众债务及来往钱款,如有利借贷、无利借贷、赌账、票款、银会、谷会、孝子会、牛会、婚姻票款、所欠公款,自暴动日起一律取消,但工钱及商账例外"。②

《借贷条例》关于商人业务经营中的"商账"规定,"商家关于商品赊出之账仍旧要还,但暴动前一年元旦以前之账,及非本身所欠之账不还;商家对农民所放之账,含有重利性质,如放纸槽、放赊纸、缴纸本、烟叶本、豆饼本等取消;农民欠商家之账在暴动前一年还账者,应照新账扣除,不得借口收入旧账;商家对商家来往之账目,自暴动前一年之元旦起照旧维持;民间存商店之款照旧维持,但本年利息豁免。"③

闽西工农兵第一次代表大会通过的《暂行税则条例》,详细规定了商人的税种及税率,如关于"营业所得税","商业累进税之征收,依据商人(商店、纸木商、工厂、行商)所营业务,于每年或每帮结算后赚得红利数目,分为下列几等征收:(一)二百元以下者免收;(二)五百元以内者收百分之三;(三)一千元以内者收百分之六;(四)二千元以内者收百分之十二;(五)三千元以内者收百分之二十;(六)五千元以内者收百分之三十;(七)五千元以上者另订"。④

对于虚报瞒报的不法商人的处罚,《暂行税则条例》也规定:"如有虚报,希图少抽者,照原税加倍处罚;所罚之款以半数赏给报告人,以资奖励。"⑤

可以说,闽西第一次工农兵代表大会制定的《经济问题决议案》《商人条例》《取缔牙人条例》等决议,是我党在苏区最早制定的比较完备的工商业法律,使闽西苏区的经济工作走上了正轨。

---

① 《中共闽西第一次代表大会宣言及决议案》,1930年3月25日,见中共龙岩地委党史资料征集领导小组编:《闽西人民革命史文献资料》第三辑,内部资料,1981年12月,第187~219页。
② 《中共闽西第一次代表大会宣言及决议案》,1930年3月25日,见中共龙岩地委党史资料征集领导小组编:《闽西人民革命史文献资料》第三辑,内部资料,1981年12月,第187~219页。
③ 《闽西第一次工农兵代表大会宣言及决议案》,1930年3月25日,见中共龙岩地委党史资料征集领导小组编:《闽西人民革命史文献资料》第三辑,内部资料,1981年12月,第187~219页。
④ 《闽西第一次工农兵代表大会宣言及决议案》,1930年3月25日,见中共龙岩地委党史资料征集领导小组编:《闽西人民革命史文献资料》第三辑,内部资料,1981年12月,第187~219页。
⑤ 《闽西第一次工农兵代表大会宣言及决议案》,1930年3月25日,见中共龙岩地委党史资料征集领导小组编:《闽西人民革命史文献资料》第三辑,内部资料,1981年12月,第187~219页。

总的说来,在闽西苏区的创建初期,在毛泽东、刘少奇、陈云、邓子恢、张鼎丞等优秀共产党人的正确领导下,红军和各级党部、苏维埃政府严格地执行了不侵犯中小商人、把封建剥削与资本剥削区别开来的政策,依据实际情况创造了一些切实可行的方法,既打击和孤立了最主要的敌人,又稳定了当地的经济市场乃至社会秩序,发挥共产党统一战线政策的威力。党在闽西苏区形成的切实保护中小商人利益,把这部分人团结在革命阵营的做法,是马列主义与中国革命现实相结合的产物,也是毛泽东在内的许多同志对党的统一战线的伟大实践。此后,闽西彻底落实党的政策,以求团结一切可以团结的人,支持拥护党的主张。据1933年冬统计,汀州市有私营商业367家,为繁荣汀州商业,搞活苏区经济,打破经济封锁,支援革命战争,做出了巨大的贡献。

二、发展公有经济

在创建闽西苏区、成立苏维埃政府、进行局部执政的伟大实践之后,中国共产党认识到革命战争中经济的重要性,在保护商人这一中间阶层的同时,统合苏区党政军力量,统合苏区工人、农民、知识分子、商人和其他阶层的力量,开始了经济建设的伟大实践,大力发展公有经济。

为加强对经济工作的领导,1930年3月18日,闽西第一次工农兵代表大会宣告成立闽西苏维埃政府,由邓子恢担任主席,下设劳动部、土地部、军事部、裁判部、财政部、经济部和文化教育部。

1932年3月18日,福建省第一次工农兵代表大会在汀州隆重召开,宣告成立福建省苏维埃政府,张鼎丞当选主席,阙继明、张思垣为副主席。"省苏"下设土地、劳动、文化、工农检察、粮食、裁判、内务、财政等八个部,后又增设国民经济部、武装动员部。"省苏"的成立,标志着福建苏区的革命斗争进入了一个全盛时期,长汀成为福建红色区域的首府和政治、军事、经济、文化的中心,在开展革命战争,建设和保卫苏区方面做出了不可磨灭的贡献。

(一)创建合作社商业

由于国民党日益加紧对闽西苏区的经济封锁,使得闽西苏区内的农副产品如粮食、烟丝、纸、木材等无法向白区外销。农民无钱购买生活必需品和农具、耕牛等,必须纷纷粜米以资支应,致使苏区内粮食供过于求,米价大跌,形成严重的"剪刀差"。于是,闽西苏区党和政府据此及时提出:苏维埃区域中的主要任务是帮助奖励群众创办合作社。因此,各种合作社如消费合作社、粮食合作社、购买合作社、贩卖合作社等商业组织应运而生。

1930年3月25日,闽西工农兵第一次代表大会通过《取缔纸币条例》,规定"各地不得自由发行纸币","发行纸币机关,要信用合作社才有资格"。① 为此,闽西工农兵第一次代表大会通过《经济政策决议案》,规定"各地尽量宣传合作社作用,普遍发展各种合作社的组织;有乡合作社地方,要进一步组织区或县合作社;政府经常召集合作社办事人开会,讨论合作社进行方法"。②

合作社商业以消费合作社、粮食合作社为主,购买合作社、贩卖合作社为辅。

消费合作社是为满足社员自己的生活需要,免除中间剥削而联合起来共同购买日用消费品的组织。所得盈利按社员购货多少的比例分配,一般以村、街道或单位为单位建立。最早创办的是1929年11月上杭才溪乡消费合作社,初创时80余人,股金40余元,借了一些公款才开始营业,价格由社员讨论决定,社员、红属或红军部队享受原价购买,卖给群众时照本赚5%。

粮食合作社是以调节粮价,抵制商人剥削为目的,由社员自己粜米的组织,所得盈利以社员粜米多少的比例分配。

贩卖合作社是社员为了免受收购商人的剥削而联合起来共同贩卖自己所生产的商品的组织。它也有两种:一种是个人组合的,另一种是合作社组合的。贩卖合作社既可使农民免受中间剥削,也可节省卖货的时间,所得盈利按社员购货多少的比例分配。购买合作社直接到产地或商品集散地采购,行情明了,价格便宜。

合作社商业坚持自愿的原则、民主办社的原则和获利的原则,一切事务民主管理,社员不但享受优先购买、低价购买的权利,而且按比例得到了分红,合作社又在获利中实现积累,从而扩大了经营,因此拥有广泛的群众基础,深受群众的拥护与欢迎。

1931年,闽西苏区的合作社商业有了初步的发展。1932年4月,中央工农民主政府发布《关于合作社暂行组织条例》,正式宣布合作社为发展苏维埃经济的一个主要方式。7月,中央执行委员会发出《关于战争动员与后方工作的训令》14号,要求各地苏维埃政府应特别帮助劳动群众的合作社,尤其是消费合作社的组织与发展。到这一阶段,汀州几乎每乡都有消费合作社,汀州市还成立了合作总社。到1933年,粮食合作社也得到普遍的发展。第二次全国工农兵代表大会召开前后,汀州绝大部分劳苦群众都加入了合作社。闽西各地合作社组织也如雨后春笋般不断涌现。合作社商业得到了空前的发展壮大,至1934年闽西发展到合作社社员10万个,股金10万元。各级党和政府还从财政、税收、货源、运输、房屋等方面支持合作社,如1933年8月,中央工农民主政府决定发行公债300万元,其中60万元用于支持各地合作社。

---

① 《闽西第一次工农兵代表大会宣言及决议案·取缔纸币条例》,1930年3月25日,见中共龙岩地委党史资料征集领导小组编:《闽西人民革命史文献资料》第三辑,内部资料,1981年12月,第187~219页。

② 《闽西第一次工农兵代表大会宣言及决议案·经济政策决议案》,1930年3月25日,见中共龙岩地委党史资料征集领导小组编:《闽西人民革命史文献资料》第三辑,内部资料,1981年12月,第187~219页。

1933年，中央国民经济人民委员部颁发《消费合作社简章》和《粮食合作社简章》规定盈利的50%为公积金，50%用于分配。为防止合作社产生弊端，指出："合作社要以完善的商业化的经营使自己获利，同时必须废除赊账制度，严格的审查账目，反对贪污腐化与不负责任的官僚化。"① 各合作社积极想办法，学会做生意，严格财金制度，社员共同监督，大多数越办越好，盈利越来越多，如长汀濯田消费合作社，创办时股本11000毛，到1933年净赚12000毛。

合作社商业始终坚持为群众生产生活和革命战争服务的方向，在国民党严密的经济封锁下，消费合作社千方百计地向苏区提供了食盐、布匹、洋油等必需品。粮食合作社为调剂粮食余缺、控制粮价、保证军需民用，打破敌人的经济封锁，做出了应有的贡献。

(二)建立公营商业

公营商业是在激烈的革命战争环境中，为保障苏区军民的生活，支持革命战争而逐步建立和发展起来的。

苏区建立以后，国民党对苏区实行了疯狂的军事"围剿"和严密的经济封锁。1933年福建省国民政府制定了《闽省封锁推进办法》，划定靠近苏区的漳平、南靖、平和等28县为封锁区，并设立闽江、漳江、汀江水道督察处及(大)埔、上(杭)、永(定)封锁督察处。在河田、朋口、白沙、旧县等处设检查卡。对食盐、火油(汽油、煤油、机油等)实行公卖，封锁县界设公卖委员会，各区及重要市镇设公卖分会。公卖委员会采购盐油时，必须取得政府核准，每次采购不得超过总人口半个月的供应量，与苏区相邻的县乡则不得超过总人口5日的供应量，如食盐，规定每人每月市秤4钱。同时设立"五家连坐法"，5家中如有一家将食盐送到苏区，另四家同以"甘心赤化"论罪。凡积存食盐或火油10斤以上卖于别人者枪决或严办。由于敌人的严密封锁，苏区的工业品来源基本被断绝，因而工业品奇缺、价格昂贵，如食盐1932年春每元买10斤，煤油每元买8斤，1933年食盐则贵至每元一斤甚至14小两，煤油每元1斤左右；布匹也涨价4倍。

为了打破敌人的经济封锁，抵制奸商剥削，1933年，根据毛泽东"尽可能地发展国营经济"的指示，闽西苏区开始创办各种公营商业。

公营商业主要有粮食调剂局和对外贸易局。

粮食调剂局初创于闽西苏区。1929年夏收时节，闽西出现严重的"剪刀差"现象，极大地挫伤了广大农民的生产积极性，造成整个社会的经济恐慌。1930年6月1日，闽西苏维埃政府发布《调剂米价宣传大纲》，指出米价低落，农民吃亏。农民贫穷而使市场冷清，调剂米价也是保护农民生产积极性的重要措施。于是1930年6月14日，闽西苏维埃政府发出《关于组织粮食调剂局问题》的第15号布告，号召各地成立粮食调剂局，并对成立粮食调剂局的有关事宜做了具体规定。7月，闽西苏区第一个公营商业企业粮食调剂局建立。

---

① 寿昌：《关于合作社》，《斗争》第18期，1933年7月15日。

第二章 以工农联盟为基础的革命统一战线的建立与挫败

1933年2月26日,中央工农民主政府召开第36次常委会,研究创办粮食调剂局。同年3月4日,毛泽东主席签署了《为调节民食,接济军粮》的第39号命令,要求各地迅速成立粮食调剂局。不久,闽西各县、区和大的圩场都成立了粮食调剂局。

粮食调剂局的主要任务是通过购、存、调、销业务,打击奸商,平抑粮价,以保障苏区军民的生活用粮。同时有计划地组织出口以从白区换回食盐、布匹、煤油、药材等生活必需品。

1930年10月至1931年上半年,苏区的经济完全被敌人封锁,工业品很少输入苏区,因此苏区的工业品缺乏。同时,闽西出现严重的"剪刀差"现象,使农民的农业生产积极性受到的挫伤。因为敌人的封锁,使得我们的货物出口发生困难。红色区域的许多手工业生产是衰落了,烟、纸等项是其最著者。

对外贸易工作是当时经济工作中最薄弱的一环,可是它在打破敌人封锁的战线上,却占非常重要的地位。为了迅速改变这种状况,"打破敌人的经济封锁,发展苏区的对外贸易,以苏区的多余的生产品(如米、钨砂、木材、烟、纸等),与白区的工业品(食盐、布匹、洋油等)实行交换,是发展经济的枢纽。苏维埃对外贸易局与各种商业机关必须更加健全起来"。①

1933年2月,中央工农民主政府第36次常委会决定成立国民经济人民委员部,下设对外贸易局。同年4月,规定对外贸易局的任务是管理苏区对外贸易事宜,设法打破封锁,使苏区境内的生产品与境外的商品,能够经常交换,克服农业产品与工业产品价格的剪刀差,以解决苏区军民的生活需要,并要求各县设立对外贸易分局,重要的交通口岸,圩镇设立采办处,以形成一个对外贸易网。

对外贸易局执行"对外管理,对内自由"的政策。对外管理是把粮食、土纸、钨砂等重要物资的出口和食盐、布匹、西药等工业品的进口,统由对外贸易局经营,但不是统制所有进出口。对内自由是对重要的物资如粮食,通过掌握季节性的市场供求情况,进行调剂供求,以稳定粮价,从而实现管而不死,活而不乱。

除粮食调剂局和对外贸易局外,还有中华商业公司和中华贸易公司、红色饭店等公营商业组织。中华商业公司收购土特产品运往潮汕一带销售,并经常采办各种货物,如灰力氧(造子弹的材料)、奎宁、阿司匹林、碘酒、印刷油、布匹、盐、香菇、海味等,供应苏维埃中心瑞金和其他地区。仅药品一项,每半月采购一次,采购额就达十几万元。由于经营有方,生意越做越红火,连国统区的《申报》也惊叹"获利颇丰"。

闽西工农银行积极支持公营商业,为粮食调剂局和对外贸易局提供了大量的资金,同时还积极开展对外贸易业务。闽西工农银行在长汀水东街设立营业部,经营布、棉、盐、煤油等物资的进口和花生、土纸等土特产品的出口,各粮食合作社也积极支持粮食调剂局和对外贸易局,如为粮食调剂局和对外贸易局收购、保管、运输粮食和其他土特

---

① 毛泽东:《我们的经济政策》,1934年1月23日,《毛泽东选集》一卷本,人民出版社1964年版,第116~121页。

产品,从而保证了出口物资的主要来源。

闽西苏区在重要的市镇、交通要道都设立了公营商店,如红色饭店、旅店。汀州市就设立了几处,招待苏区来往干部,每日不下200至300人。

由于闽西苏区党和政府实行了正确的政策,私营商业、合作社商业、公营商业三条商品流通渠道互相配合,互相支持,共同发展,它们活跃和发展了苏区经济,为打破国民党的经济封锁,支援革命战争,改善人民生活发挥了重要的作用,也为社会主义时期的商业发展提供了宝贵的历史经验。

(三)建立军需民用工业

革命战争的迅速发展,迫切需要建立和发展军需工业。闽西苏区的军需工业经历了一个从无到有,从小到大的过程。它的每一个前进的脚印,都体现了闽西苏区党和政府的重视和关心,体现了苏区人民的支持。

为了保障革命战争的供给,首先必须建立修理和制造武器与弹药、缝制军服、制造药品和卫生材料的工厂。1930年3月24日,闽西工农兵第一次代表大会决定:"闽西政府办修械厂、子弹厂、以增加武器。"①同年5月,中共闽西特委决定筹建闽西兵工厂;8月做出《关于军事问题草案》决议,指出"依目前的需要,闽西应建立小型的兵工厂"。②

由于闽西苏区党和政府的重视,一批军事工业、企业迅速建立,如龙岩湖洋、上杭才溪、永定虎岗、宁化曹坊、长汀四都等地都建立了兵工厂。最早建立的是龙岩湖洋的闽西红军兵工厂,该厂后来与江西官田修械所合并,成为中华苏维埃中央兵工总厂,是当时全国各苏区中最大的军工企业。

闽西苏区当时建立的军工企业,还有被服厂、弹棉厂、织布厂和红军斗笠厂等。

闽西红军兵工厂于1930年8月创建于龙岩湖洋,同年12月迁往永定虎岗后改称"闽粤赣军区兵工厂",毛泽民任厂长。迁厂不久,在虎岗、西陂等地精选了一批能工巧匠作技工。初时设备非常简陋,仅有几把锉子、榔头、钳子和几架风箱。但许多家住附近的干部、工人主动将家里有用的工具献给工厂,基本解决了简易的生产设备问题。邓子恢、罗瑞卿、萧劲光、邓毅刚等地方和部队领导非常重视和关心兵工厂,经常到兵工厂视察。每次战斗胜利,他们都派人送来慰劳品表示慰劳。闽西总工会还将一批军帽送给兵工厂的工人,勉励他们更加努力工作。1931年夏,闽粤赣军区兵工厂又迁往长汀四都。同年冬,改为"福建军区兵工厂",厂长先后由祝良臣、赖启柱担任。此时,增设了木工股、炸药科。1932年4月,红军东征漳州大获全胜,缴获大批军工器材,部分装备了福

---

① 《闽西第一次工农兵代表大会宣言及决议案·关于军事问题决议案》,1930年3月25日,见中共龙岩地委党史资料征集领导小组编:《闽西人民革命史文献资料》第三辑,内部资料,1981年12月,第187~219页。

② 《中共闽西特委关于军事问题草案》,1930年8月22日,见中共龙岩地委党史资料征集领导小组编:《闽西人民革命史文献资料》第四辑,内部资料,1981年12月,第45~50页。

建军区兵工厂,许多现代化的设备使兵工厂如虎添翼,生产得到了大发展。1932年,福建军区兵工厂又迁到汀州,不久又迁往瑞金平头寨。1933年初和官田修械所合并成立中央兵工总厂,全厂职工达1000多人。至1934年下半年,不仅能修理各式枪炮,还能生产地雷、手榴弹、迫击炮弹和多种子弹。此外,武平的上峰、亭头、小澜,上杭的白砂、大阳坝、蛟洋,长汀的南阳等地,都开办过小型的兵工厂。

红军被服厂是1929年红四军入闽消灭了长汀土著军阀郭凤鸣后,在没收郭部的被服厂的基础上建立的。开始只有职工60多人,后根据需要不断扩大,至1933年发展成为拥有1000多人的大厂。朱德回忆说:"最重要的还是那家拥有新式缝纫机(日本货)的工厂,同兵工厂一样,这家工厂也属于郭凤鸣,在他的部队做军装。工厂里的工人每天要工作12小时,现在则组织了工会,建立了两班制,每班8小时,给红军做衣服。"①该厂业务分工精细,分裁剪、手工、车工等车间,还设立了产品检验组,负责产品质量检验。该厂生产了大批军衣、军帽、子弹袋等军用物资。这个厂后来改为中国共产党军事委员会国家企业被服厂第二分厂。

汀州弹棉厂于1931年冬建立于汀州市,有职工20多人,因闽西没有种植棉花的习惯,专门收集旧棉加工,每日加工4000多斤棉花,棉被30多床。棉花全部交中华织布厂生产军用布匹、药用纱布等。

中华织布厂于1930年由分散的9家个体纺织厂合并组成。当时全厂职工有60多人,织布机40多台。开始生产民用布匹,后转为生产军用物资。织布厂工人生产热情很高,在原料、染料紧缺的情况下,充分利用当地资源,就地取材,尤其是利用弹棉厂加工的旧棉花,生产了大量的军用布匹、纱布等。每月产量2万匹。1931年9月后,为避免敌机轰炸,迁往瑞金沙洲坝。这时工厂有了较大的发展,职工达到300多人,拥有织布机100多台,还有不少手摇纺机。

红军斗笠厂是1931年冬在原红军军需处斗笠收购站的基础上成立的。全厂工人108人,其编织的斗笠全部供红军所需。1932年下半年生产了斗笠12000顶。1933年,为了扩大生产又招收了一批工人,这一年就生产了斗笠27万多顶。1934年红军长征前的1至8月,产量也超过了20万顶。毛泽东非常关心红军斗笠厂,他曾多次深入该厂和技术人员商量将尖顶硬边斗笠加以改进。技术人员经精心研制,终于将尖顶改为平顶,粗边改为细边,还印上了"红军斗笠"四个字。改造后斗笠既美观又实用,休息时可以垫坐,夏天可以扇风,背在身上也不易磨坏衣服,深受红军战士的喜爱。

闽西苏区党和政府在领导建立和发展军需工业的同时,还积极领导人民建立和发展了一批直接关系苏区人民生活的民用工业企业,主要有硝盐厂、造纸厂、冶炼厂、农具厂、烟厂、印刷厂等。

食盐是人民生活的必需品,闽西不产盐,历史以来靠商人从外地运来。但由于国民党严密的经济封锁,严格禁止食盐运入苏区,加之一些奸商乘机垄断食盐,哄抬盐价,因

---

① 史沫特莱:《伟大的道路——朱德的生平和时代》,三联书店1979年版,第287~288页。

而盐价高于肉价10倍,一个光洋能买猪肉8斤,而只能买食盐8两。苏区军民长期不能吃到盐,苦不堪言,因此,食盐问题成为闽西苏区一个非常突出的问题。为了解决食盐问题,闽西苏区党和政府领导群众掀起了熬硝盐运动。广大群众熬硝盐的积极性非常高,各县、区、乡都成立了熬盐厂,仅汀州城一下子就成立6个硝盐厂,有职工60多人,日产硝盐20多斤。群众性的熬硝盐运动,有力地缓解了苏区军民食盐紧缺的问题。

闽西地区长期以来没有种植棉花的习惯,所以纺织工业非常落后,仅在个别地方有一些手工业作坊生产土布。但自"洋布战胜土布"之后,手工作坊也日趋衰落。为了解决苏区军民的穿衣问题,根据地党和政府致力于发展纺织工业,号召农民大种棉花,然后创办了一批纺织企业。如长汀创办了解决军需的中华织布厂和解决民用的纺织厂,同时私营纺织业也开始恢复和发展。1932年,私营纺织得到较大的发展,到年底,长汀有的私营纺织厂拥有30多个工人,但由于国民党的经济封锁,棉花难以购进,而当地棉花种植少且产量又不高,因此棉花供应不足,一些私营工厂常常因待料而停工。

闽西具有丰富的竹木资源,造纸业原是闽西的一大优势。闽西出产的土纸誉于海内外,但自"洋纸"侵入后,土纸业逐渐破产。闽西苏区建立后,党和政府采取各种有力措施致力于恢复和发展纸业生产,闽西的造纸业很快又开始复兴,土纸作坊遍布各地。长汀、龙岩、上杭、永定等县都有许多作坊,尤以长汀为最,土纸作坊遍布各区,宣城、四都、湫水等区乡的土纸业发展最快。宣城在革命前纸槽甚少,此时已增至250个,有工人1500多人,年产纸达2万多担。闽西各地的造纸业均不断发展,技术不断改进,产量不断增加,品种也有创新。由于长汀造纸业的迅速发展,中央民主政府还在长汀设立了中华商业公司造纸厂,资金20万元,产品畅销广州、潮汕乃至东南亚一带。

闽西具有丰富的铁矿、煤炭资源。随着军事工业的发展,闽西苏区党和政府十分重视炼铁业。长汀的濯田铁厂,有工人200多人,日产生铁300多斤。此外,还有长汀的南阳铁厂、南城堡铁厂、武平的店下铁厂等,生产的铁供应兵工厂和农具厂。

烟叶也是闽西的重要特产之一,尤其是永定的烤烟,质量之佳,闻名全国,且有悠久的加工历史。但"洋烟"入侵以后,"洋烟打倒条丝",烟厂纷纷倒闭。闽西苏区政府致力于发展烟草业,使烟草业又快速地恢复和发展。龙岩、永定、上杭等地都建立了刨烟合作社。

革命前,闽西的印刷业非常落后,仅长汀、龙岩、上杭三邑有印刷业,较像样的仅有长汀的毛铭新印刷所和龙岩的东碧斋印刷所两家。革命后,这两家印书局成了闽西苏区主要的印刷企业。1927年"八一"南昌起义军途径长汀时,吴玉章、沈泽民等人曾指示长汀地下党负责人要办好印刷所,以应将来革命的需要。1929年3月,红四军首次入闽,毛泽东在住处"辛耕别墅"接见长汀地下党员。当地下党负责人介绍到毛钟鸣和印刷所时,毛泽东说:印刷所有共产党员,印刷所有石印又有铅印,条件很好,应该为革命发挥作用。我们有很多宣传品正需要大量印刷。随后毛铭新印刷所即承印了许多布告、文告,如《六大决议案》《十大政纲》《红四军司令部布告》《告商人及识分子》和《告绿林弟兄书》等,实际上已成为红军印刷厂。1931年,国民党第一、二、三次"围剿"被粉碎后,闽西、赣南苏区连成一片。为适应苏区各项建设的需要,印刷业急需发展。毛铭新印刷所培养了一大批印刷技术人员,以毛铭新印刷所为基础,由毛钟鸣为指导,从白区秘密采购部分印刷设备和材料,在瑞金先后办起中央印刷厂,中央革命军事委员会印刷厂和中央财政部印刷厂,分别承印中央文件、布告,如《红色中华》《斗争》《红星报》等报刊及钞票等票证。毛铭新印刷所则负责承印《青年实话》和各类学校课本、成人读物等。

1931年秋,闽西列宁书局在汀州成立,局址先设于十字街毛铭新印刷所内,后迁至水东街大井头"汤锦发货店"。苏区学校的识字课本、红军的医学书籍及地方党政机关文告等,均由毛铭新印刷所印刷、闽西列宁书局发行。此后,该所还承印了革命导师马克思、列宁的画像、军用地图等。1933年冬,毛铭新将印刷厂的设备捐献给少共中央,迁至闽赣交界的井头村,改为"青年实话"印刷所。毛铭新印刷所为开创中央苏区的印刷业,为中央苏区的宣传、教育、文化事业做出了辉煌的贡献。

龙岩的东碧斋印书局也成了革命的印刷所,先后承印红军、地方党政机关的文告、宣传品、教材等,为闽西苏区的革命和建设做出了积极的贡献。

公营企业的厂长由所属上级政府机关委任。厂长对厂内的一切事务有最后决定权,并向政府负全部责任。厂长如犯错误或不执行上级命令,或玩忽职守使工厂蒙受重大损失,须受纪律或刑事处分。由于厂长统一了生产指挥和经营管理权,公营企业的经营管理逐渐走向正轨。

(四)发展手工业和生产合作社

由于国民党严密的经济封锁,闽西苏区的手工业曾一度衰竭不振,苏区党和政府充分认识到手工业是苏区国民经济的重要组成部分,下决心恢复和发展手工业生产。政府积极倡导群众自愿组合创办生产合作社,并制定了对私营手工业的保护政策。政府不但给予合作社以生产资金和推销方面的帮助,还在税收、运输、厂房等方面给予支持。1929年9月,中共闽西特委发出通告,要求各县区大力宣传群众,鼓励和帮助群众创办各种合作社。此后,闽西苏区掀起了创办各种合作社的热潮,至1930年,闽西苏区各种手工业如造纸、刨烟、织布、染布、炼铁、农具、铸锅、石灰、煤炭、造船、榨油、制糖、砖瓦、陶瓷、制伞、斗笠、缝纫、木器、竹器、打铁、鞭炮等纷纷成立生产合作社,达到二三十种之多。尤其是传统的造纸业、刨烟业发展最为迅速。汀州市造纸合作社此时已达到40多个,恢复到过去最兴旺时期的2/3。

(五)发展交通、邮政事业

革命前,闽西没有公路,都是崎岖的羊肠小道,交通十分不便。各地来往物资除由汀江运输部分外,全靠人挑马驮。革命后,各级苏维埃政府充分认识到,必须尽快发展交通运输事业,它不仅有利于革命战争和红军的行动,同时有利于苏区经济建设的发展。1932年福建省苏成立后,9月专门召开会议,研究整修道路、清理汀江河道问题。布置各县修好主要公路干线,尤其是尽快修好长汀经上杭至永定金砂和长汀至瑞金两条省道。1933年4月,福建省苏又决议修好长汀至永定、长汀至瑞金、长汀至清流、武平至筠门、新泉至南阳等6条主要干线。11月临时中央政府发布了修筑22条公路的意见,其中有9条在闽西或途经闽西。在各县苏维埃政府的重视下,修路工作在各地普遍开展,但由于战争频繁,且缺乏资金,许多地段未能具体实施。

经过一段时期广大工农群众的努力,闽西苏区逐渐形成了以长汀为中心,以汀江为主干的交通运输网络,建成了长汀通往瑞金和闽西各县四通八达的水陆交通运输线,对于服务革命战争,发展苏区经济,起到了非常重要的作用。

在修整陆路的同时,福建省苏还非常重视汀江的疏通。为修整汀江航道,号召向船老板和商人集资,每个船主和商人募捐大洋2元,仅两个月就筹集资金4万元,很快投入了施工。同时,政府还发动沿河群众和船主船工疏河炸滩,维修崩塌河岸,清理航道。汀江航道很快得以疏通,大大地提高了运输量,保证了航行安全。

为了打破国民党的军事"围剿"和经济封锁,加强上海党中央和各苏区的联系,1930年10月,中共中央成立了交通局,将原军委交通总站和中央外交科归并交通局,直属于中央政治局,主要任务是打通苏区交通线,布置严密的全国交通网。

交通局成立后,从各省调来得力干部,用3个月时间打通了闽西通往中央苏区的交通线。1930年底,从上海经香港、汕头、大埔进入闽西苏区,长达数千里路的红色交通线建成。

红色交通线的建立,一方面保证了上海党中央和苏区的沟通,及时传递了信息,另一方面护送了大量干部。从1930年到1934年红军长征前,由上海经红色交通线进入中央苏区的领导干部有周恩来、刘少奇、邓小平、叶剑英、项英、任弼时、何叔衡、刘伯承、萧劲光、李富春、李克农、聂荣臻、张爱萍、林伯渠、董必武、谢觉哉、李六如、王观澜、杨尚昆、陆定一、伍修权、王首道、瞿秋白、邓颖超、李德等200多人,同时向苏区运送了许多重要物资。1930年,毛泽东派卢肇西前往上海联系筹措物资事宜,接送来往同志。同年,闽西成立工农通讯社,负责采办和运送物资。工农通讯社的同志在敌占区通过一些商店如永定的"源记号""万丰布庄""裕兴祥京果店"等为苏区采购各种紧缺物资。

1931年秋,中共武平县委委派象洞区委宣传部长陈仲平到广东梅县松源中学,以读书为名,开辟了一条从松口、松源到武平象洞,沿汀江西岸北上长汀、瑞金的红色交通线。这条红色交通线一直坚持到闽西解放。

闽西苏区还重视发展邮政事业,对原闽西的中华邮政局采取了保护利用的政策,并逐步建立起赤色邮政。1929年5月红四军向龙岩进军途中,朱德军长为邮差张辑轩写了"所有书报信件业经检查,沿途友军准予通过为荷"的手令。同年12月,毛泽东、朱德在上杭古田签署"保护邮局、照常传递"的命令。红军所到之处,都刷写了"保护邮局"的大幅标语。

在保护、利用中华邮政的同时,闽西苏区开始积极建立自己的邮政体系。1928年7月15日,闽西暴动委员会在龙岩后田设立交通处,它是闽西苏区赤色邮政的初创。1930年,闽西第一次工农兵代表大会关于"建设问题"提出:"闽西政府应依照邮局办法设立总交通局,规定交通路线,定期往来传递消息。"①会后不久,闽西交通总局在龙岩城南门成立。不久,各县相继成立交通分局,区设交通处,除办理邮政业务外,还逐步开展发行书报和汇款等业务。

从1930年5月至10月,闽西赤色邮政开辟了龙岩—长汀—瑞金、龙岩—上杭—武平、龙岩—湖雷—永定、龙岩—漳平—宁洋等邮路干线和12条邮路支线,区内邮政往来畅通。

1930年12月5日,由于敌人的"围剿",闽西交通总局随闽西苏维埃政府迁往永定虎岗。1931年5月又迁往上杭白砂,10月25日再随闽西苏维埃政府迁至汀州。1932年3月18日福建省苏维埃政府成立后,交通总局改为福建省总交通局。1932年4月又改为福建省邮政管理局。

1930年6月,闽西交通总局发行了第一套邮票"赤色邮政",1931年1月又发行第二套邮票"赤色邮花",这两套邮票至1932年5月中央政府统一发行新式邮票后停止使用。

为了加快讯息传递,闽西苏区重视发展电讯业。1932年2月,开始架设长汀至瑞金、长汀至河田的电话线。3月份开通了这两条线路。福建省委、省苏、省保卫局、省军区,汀州市委、市苏,兆征县委、县苏,长汀县委、县苏都安装了电话。为了加快电讯事业的发展,省邮政管理局坚持每年办一期电话员训练班,学习架线和维修线路技术。红军总部在汀州城水东街屙尿巷还开设了无线电学校,为部队和地方培养无线电技术人才。1934年1月,在汀州城召开全省邮务工人代表大会,会后开展竞赛活动,促进了邮电事业的发展。

闽西苏区建立初期,公营工业刚刚开始建立,由于管理形式上只注重单纯的行政管理与工人运动,忽视了技术与业务管理,加上经济领导机关、工厂管理部门存在着严重的官僚主义,没有制定与执行劳动纪律,没有科学地组织与计划生产,在管理和计划生产方面缺乏经验等,致使国家工厂出现许多不尽人意之处,如生产计划完不成,生产的枪弹打不响,军衣不合尺寸,浪费、失盗等事情也时有发生。为此,苏区党和政府加强对公营商业中的工人的统战工作。

在刘少奇的积极建议下,经中央工农民主政府批准,1934年4月10日正式颁布《苏维埃国有工厂管理条例》,规定国家工厂必须确立经济核算制度,按月规定生产计划与财政预决算,并必须详细规定三月、半年以至一年的生产计划。在公办厂家,实行民主管理的主要措施是在厂长之下,设立工厂管理委员会,由厂长、党支部代表、工会代表、团支部代表、工人代表及其他负责人等5至7人组成,以厂长为管理委员会主席,研究决定厂内的重大问题。同时,管理委员会内又组织"三人团"为核心领导。由厂长、党支部代表及工会代表组成,负责处理厂内的日常事务。

---

① 《闽西第一次工农兵代表大会宣言及决议案》,1930年3月25日,见中共龙岩地委党史资料征集领导小组编:《闽西人民革命史文献资料》第三辑,内部资料,1981年12月,第187~219页。

1934年4月21日中央组织局颁布《苏维埃国家工厂支部工作条例》,指出:支部应经常教育工人以新的态度对待新的劳动,应经常了解群众的实际情况,倾听群众意见,每个党员都应作群众的表率,支部应以各种不同的方式组织和带领群众去努力完成各项任务。同时,支部应加强对工会与青年团的领导,努力发挥他们的作用。

从1933年开始,苏区各国家工厂广泛深入地组织开展劳动竞赛,出现了许多动人的事迹,如长汀斗笠厂工人加班加点,挑灯夜战,200多人的工厂月生产斗笠1万多顶。长汀被服厂1934年4月超额完成原计划的24%,5月份超过30%。每个工人每天自动义务劳动一个半小时,同时开展增产节约运动,每套衣服节约布料8寸,节约的布料每月可多做360套衣服。毛泽东同志赞扬开展劳动竞赛是"提高劳动热忱,发展生产竞赛,奖励生产战线上的成绩昭著者,是提高生产的重要方法"。①

三、开通赤白贸易

无产阶级统一战线具有极其广泛的社会基础。尤其是土地革命战争时期,党在农村实行前所未有的武装割据,创立与国民党政权相对立的红色政权。这种统一战线的重要特征,是其包容的政治力量和社会成分极其众多。商业贸易是必须贯彻党的统战政策的领域。从客观的社会历史条件看,国民党对红色区域实行严密而残酷的经济封锁,完全切断苏区的对外贸易。而苏区的军民要取得生存所必需的商业物品,只有想方设法在商贸业界争取可以联合的力量,形成这方面的统一战线,以打破敌方对自己的经济封锁。

国民党军对中央苏区一次又一次的军事失败,刺激着国民党陆海空军总司令南昌行营、国民政府军事委员长南昌行营对苏区采取越来越严密的经济封锁。国民党当局规定,在与苏区毗邻的区域,凡食盐、洋油、电料、药品、铜、铁等一切物资,禁止运入苏区。各个县除派保安团、靖卫团驻守赤白交界的村镇,另外加派两个团的正规军,协助进行封锁,控制所有大小通道,发现携带违禁物品的人当即抓走,以"通匪"论处。就像切断了水流的河道,苏区的物资来源完全被断绝了。战争,拼的是经济。反"围剿"战争的耗用,形成了巨大的经济供应问题。这样庞大的军需民用,绝不是靠团结中小商人可以解决的,有些战略性物资,例如洋硝、钢铁、电讯材料、印刷材料、西药药品等,中小商人是难以搞到的。由于缺乏医疗药品,军民中的患病死亡率和战伤死亡率非常之高。而在另一方面,苏区所生产的钨砂、樟脑、烟叶、木材、土特产品又卖不出去,对苏区的经济形成窒息性的困境。只有打通与白区的贸易往来,才能打破这种局面,才能把党的统一战线拓展到更广阔的范围,这已经成为上至中共中央局,下至普通军民的共识。

商业贸易方面的封锁与反封锁,从来就是红色政权与白色政权之间一条看不见硝

---

① 毛泽东:《中华苏维埃共和国中央执行委员会与人民委员会对第二次全国苏维埃代表大会的报告》,1934年1月,《毛泽东选集》一卷本,人民出版社1964年版,第122~127页。

第二章 以工农联盟为基础的革命统一战线的建立与挫败

烟的战线。国民党对苏区实行严密的经济封锁,欲使苏区"无粒米勺水之接济,无蚍蜉蚊蚁之通行",规定凡食盐、药品、洋油、电料、钢铁等物资,禁止运入苏区。在苏区的边缘城乡建立严格的控购体制,超购者即以"通匪"论处。国民党在军事、经济上双管齐下的封锁,致使苏区内军用物资和民用生活品,如食盐、药品、火油、棉花、电料等物品十分紧缺、昂贵,苏区的军民生活和红军反"围剿"战争面临着越来越大的困难。

1930年3月25日,闽西工农兵第一次代表大会选举成立了闽西苏维埃政府,邓子恢任主席兼经济委员会主任,通过著名的《经济政策决议案》,旗帜鲜明地鼓励苏区与国统区开展贸易往来,规定"保护纸、木、烟之输出"①。在苏区物产销往国统区的贸易中,《经济政策决议案》要求闽西各级苏维埃政府应当有所作为,具体职责有:

"一、各级政府切实保护纸、木、烟来往,不准扣留没收;二、保护外来客商,不准向他筹款,以免外商裹足不前;三、各级政府经常召集纸、木、烟商人开会,讨论输出办法,并说明政府保护的意义,叫他们去招来外商;四、由政府出护照,保护纸、木、烟商货品出口,但反动者例外;五、政府没收来之纸、木减价出售,并可借一部分给他做资本,使其定期交还;六、组织纸、木、烟贩卖合作社,经营输出;七、各级政府对于非本乡之纸木商人,非得县区政府批准,不得借口土豪,自由筹款;八、各地政府非得县政府批准,不得没收商品,违者严办。"②

《经济政策决议案》也鼓励国统区商人主动前来与苏区开展贸易往来,明确规定要"维持外来必需品(盐、布、糖、洋油、药材)之输入"③。在国统区物产销往苏区的贸易中,《经济政策决议案》要求闽西各级苏维埃政府应当有所作为,具体职责有:

"一、各地政府要切实保护商店,维持自由买卖,政府不予规定物价,或自由没收商品等;二、各级政府经常召集商民会议,鼓动商人办货,并为商人解决困难问题;三、不可没收商业资本,没收来之土豪存款或股本,须斟酌该店情形,酌予分期摊还,以资周转;四、禁止店东自由提用股金,工人有监督资本之权。"④

为了维持苏区的稳定,保障粮食供给,《经济政策决议案》也规定了部分保护条款,

---

① 《闽西第一次工农兵代表大会经济政策决议案》,1930年3月25日,见中共龙岩地委党史资料征集领导小组编:《闽西人民革命史文献资料》第三辑,内部资料,1981年12月,第187~219页。
② 《闽西第一次工农兵代表大会经济政策决议案》,1930年3月25日,见中共龙岩地委党史资料征集领导小组编:《闽西人民革命史文献资料》第三辑,内部资料,1981年12月,第187~219页。
③ 《闽西第一次工农兵代表大会经济政策决议案》,1930年3月25日,见中共龙岩地委党史资料征集领导小组编:《闽西人民革命史文献资料》第三辑,内部资料,1981年12月,第187~219页。
④ 《闽西第一次工农兵代表大会经济政策决议案》,1930年3月25日,见中共龙岩地委党史资料征集领导小组编:《闽西人民革命史文献资料》第三辑,内部资料,1981年12月,第187~219页。

"调节粮食之产销",苏维埃政府应当有所作为,具体职责是:

"一、由政府出布告禁止青米做酒;二、禁止米粮输出白色区域,但赤色区域内仍要流通;三、禁止做粉干,如有特别情形者可暂缓;四、粮食缺少地方组织办米合作社,向白色区域买米,米多地方要组织贩卖合作社,运米到别地销售,政府对办米合作社要帮助其进行;五、各县要在余米地方做好工作基础,要派游击队帮助其斗争,使余米地方送米入境;六、各级政府经常召集米商米贩开会,讨论采米办法,并帮助其进行,予以保护;七、各乡政府要调查统计粮食多少数额,报告县政府,以资计划调节;八、各级政府不得限定米价。"①

在赤白贸易中,闽西苏维埃政府鼓励"普遍发展信用合作社组织,以吸收乡村存款","保存现金,维持市面之流通",同时"设法使土产出口,使商人买货不须运出现金"。②

以毛泽东为主席、项英为副主席的中华苏维埃临时中央政府,在制定苏区的经济建设政策时,充分考虑到了对私营工商业者的利益保护,宣布"苏维埃应保证商业自由"、"对资本家企业及手工业不实行国有"、"不实行对外贸易垄断"等保护性政策。1932年9月,中央财政人民委员部发出财字第6号训令,要求各地注意检查各地政府有无破坏经济政策之行为,如胡乱没收商店、乱打土豪、限制市价、随意禁止出口等。如发现这些行为,应予纠正或处分。

在税收政策方面,属于中央政府领导的中央国民经济部制定了向中小商人倾斜,总体上有利于他们的政策规定。如"商业税的征收,分为关税与营业税"、"按照商业资本大小、盈余多少,统一征收累进税"等。毛泽东曾指出:"敌人在进行经济封锁,奸商和反动派在破坏我们的金融和商业,我们红色区域的对外贸易,受到极大的妨碍……这些情形,立即影响到工农的生活,使工农生活不能改良,这不是要影响到工农联盟这一基本路线吗?"③

国民党严密的经济封锁,造成中央苏区内盐、布、西药奇缺,而粮食、钨砂、烟、纸、樟脑却出口困难,直接影响了群众和红军的生活,影响了革命战争。毛泽东很重视这项工作,号召苏区军民,发展对外贸易,把粮食、钨砂、木头、樟脑、纸张、烟叶、夏布输出到白区去,卖得适当的价钱,从白区购买必需品,如食盐、布匹进来,打破敌人的封锁。

为了打破国民党药材封锁,解决苏区药材奇缺的难题,苏区政府鼓励支持苏区、白

---

① 《闽西第一次工农兵代表大会经济政策决议案》,1930年3月25日,见中共龙岩地委党史资料征集领导小组编:《闽西人民革命史文献资料》第三辑,内部资料,1981年12月,第187~219页。

② 《闽西第一次工农兵代表大会经济政策决议案》,1930年3月25日,见中共龙岩地委党史资料征集领导小组编:《闽西人民革命史文献资料》第三辑,内部资料,1981年12月,第187~219页。

③ 毛泽东:《我们的经济政策》,1934年1月23日,《毛泽东选集》一卷本,人民出版社1964年版,第116~121页。

区商人开展贸易往来活动,从白区输入大批药材等物资。1930年6月,毛泽东曾派卢肇西到上海等地联系,为苏区筹措紧缺物资。1931年,由中央交通局开辟一条由上海至香港,经汕头、大埔、永定进入闽西苏区的秘密红色交通线,也为苏区输送了急需的药材。同时,傅连暲接受党组织指示,以医生职业作掩护,派福音医院医生、年轻的共产党员曹国煌两次到上海为红军采购药材。傅连暲还设法在峰市、上杭开设两间药房,实际上是党的地下交通站,筹集药品,接待地下党过往人员。

在闽西苏区还有一大批重视与精于商业贸易的党的领导干部,如刘少奇、陈云、邓子恢等。他们深知商贸业建设不可与反"围剿"的总任务相分离。因此,非常注重把党的统一战线的政策和策略运用到商贸业方面,对私营商业采取团结保护政策,使苏区的私人商业,与苏维埃公营商业互相配合。同时积极地寻找机会,争取白区的商人为苏区做生意,包括与国民党驻赣粤军、闽军打交道,在封锁上进行交易,开通赤白贸易。刘少奇、陈云、邓子恢等采取许多符合实际情况的灵活政策,奖励私人商业经营各种苏区必需的商品;对某些日用品和军需品实行减税;国营商业尽量利用私人资本与合作社资本,同他们实行多方面的合作;鼓励国民党统治区的商人到苏区来做生意;从苏区秘密派人到国民党统治区开设商店和采购站等。由于采取了这些措施,沟通了中央苏区和国民党统治区之间的商品流通,活跃和发展了苏区经济。

闽西苏区打破敌人经济封锁、开展赤白贸易的主要机构是各种公营商业机构,如粮食调剂局和对外贸易局等。而闽西工农银行设立了代理金库,代办发行公债,为发展苏区生产、活跃苏区经济,沟通赤白贸易,打破国民党的经济封锁,起了积极的作用。

闽西苏区建立初期,经济十分落后,商品流通主要依靠私人经营和农村圩场,尤其是肩挑小贩小本经营走村串户方便群众。在农村,广大农民主要靠一般五天一圩的集市贸易出售自己的粮食、土产,以换取农具、肥料和生活必需品。因此,私营商业和农村圩场是闽西苏区商品流通的主要形式。它在苏区经济建设中占有重要的位置。

在敌人严密的经济封锁之下,红区与白区之间的贸易几近断绝。为保障赤色割据区域军民的基本生活,采取各种有效措施,利用各种渠道组织物资流通,这是非常必要的。这方面的成效最为显著的,是鼓励私营商业在根据地内辟建红色圩场。

为了尽快发展苏区经济,尽快地恢复和发展私营商业是十分必要而紧迫的任务。因此,苏区党和政府采取一系列积极的措施,鼓励和保护私营商业。政府还重视对商人的宣传,经常召集商人开会,鼓励他们积极办货,并与他们商量经营办法,支持他们接待白区商人。政府经济组织还派出专人,帮助他们与白区商人联系,如长汀外贸总局就有专人与白区商人联系。政府积极保护商人贸易自由,保护和优待白区商人,准许其在不干犯苏维埃政策的前提下于苏区内自由贸易。从1930年开始,政府还发给白区商人进入苏区经营的执照,指示各级不许筹款、不许没收商品,后来又给他们以兑换现金的方便。政府对商人的货物不检查、不课税,因此,商人的经营积极性大大提高。苏区的商人积极向白区贩运土特产品,使土特产有路可销。1931年8月,闽西苏维埃政府通报批评杭武县第六区随意扣压货船、没收商店的错误,指出不要干涉赤白贸易民船的往来,外国商人开办的商店亦许其营业,不得没收。

圩场也就是集市,是乡村商品交换的场所。农民通过赶圩,出售自产的农副物品和手工制品,换回生活和生产所需的日用品及工业品。通过圩场这条渠道,既可以把农产品和土特产品输往城镇,又可以为城镇的工业品生产提供市场,对于沟通城乡之间、工农业之间的经济联系起着重要的作用。由于政府贯彻执行正确的保护和扶植私营商业的政策,加之打倒了控制圩场的封建把头,市场贸易出现日渐繁荣的局面。各区、乡都有圩场,长汀的四都一区就有四都、楼子坝、溪口、谢坊等四个圩场,每圩贸易额从数百元发展到数千元以上,赶圩的人数少则四五百,多则千人以上。圩场贸易点多、面广、货种齐全、自由交换,既繁荣了农村市场,方便了群众,又为发展经济做出了贡献。

在1933年11月福建事变发生之后,根据《反日反蒋的初步协定》第二条关于"双方恢复输出入之商品贸易,并采取互助合作原则"的规定,苏维埃政府财政部长林伯渠和国家银行行长毛泽民派"中华商业总公司"总经理赖祖烈和副总经理刘秉奎,前往龙岩与闽西善后处负责人陈小航、傅伯翠商谈贸易事宜,达成了双方在物质贸易方面互通有无,不受控制区域运输限制的口头协议,从而打通了从闽西苏区到闽南沿海的贸易通道。

1934年1月的全苏"二大"上,毛泽东对苏区的赤白贸易做出了高度评价:"发展苏区的对外贸易,以苏区多余的生产品(谷米、钨砂、木材、烟、纸等)与白区的工业品(食盐、布匹、洋油等)实行交换,是发展国民经济的枢纽。"①而这条枢纽,正是联结于党在苏区商贸业所建立的统一战线上,成为苏区时期中国共产党统一战线的一个特色。

四、"左"倾错误干扰苏区经济的自我纠偏

为了革命的顺利开展,建立以工农联盟为基础的广泛的统一战线,对中间阶级的争取和团结是非常重要的。工商业者是一个有着双面性的阶层,争取过来了就对革命有利,失去他们也会变成革命的敌人。从1930年至1934年,党内出现了分别以李立三、王明为代表的"左"倾主义,在经济建设上,他们否认战争环境中能进行经济建设,尤其在商业方面给苏区造成极其严重的干扰。

受"左"倾路线的影响,1930年9月,闽西第二次工农兵代表大会通过《修正劳动法令》,提出"工人暴动以前超支东家之款取消"、"工厂须津贴工人午膳"②,商店工人"十二月发双薪"、"理发洗衣费由老板负担"、"被盖要店东供给"、"女工在月经期内,五天不

---

① 毛泽东:《我们的经济政策》,1934年1月23日,《毛泽东选集》一卷本,人民出版社1964年版,第116~121页。
② 《闽西第二次工农兵代表大会决议案·修正劳动法令》,1930年9月,见中共龙岩地委党史资料征集领导小组编:《闽西人民革命史文献资料》第四辑,内部资料,1981年12月,第158页。

做工资照给","女工带有小孩者,其小孩由东家娘负责照顾"①等过高的福利要求。于是,在"左"倾政策的影响下,各地烧商店、烧账簿、杀商人、重派款等情况常有发生。此时的闽西苏区商业,受到严重的打击,由此引起的剪刀差问题也日益严重,致使根据地工业品奇缺,价格暴涨,布普遍贵一至二成,盐贵一至三成,洋油贵二至五成,药材、糖等也普遍贵二至三成。

1931年王明"左"倾冒险主义统治全党后,在农村土地斗争中,实行"地主不分田,富农分坏田"。由于许多地主兼营工商业,富农、富裕中农也做买卖,执行这些过左政策后,地主、富农就不做生意了。由于商人经营消极,对白区的贸易,也只靠国营贸易机构组织苏区与白区的群众行商,从而使苏区商业日渐衰落。

在城市的商店中,同样实行了过"左"的政策,机械地实行八小时工作制,并提出过高的劳动条件、过高的工资和福利待遇,要求"每工人每周经常必须有不断的四十二小时休息","在任何企业内的工人继续工作至六个月以上者至少需要有两个星期的例假,工资照发","所有劳动检查机关和工会所特许的工作,工人须得双薪"等。而当某个私人商店达不到上述要求时,就煽动工人搞罢工。他们甚至把小商小贩也当作土豪来打,如不送钱,就扣人。1931年12月颁布的《中华苏维埃共和国税则》,规定起征点为200元,税率为2%。而1932年7月,《中央执行委员会修改暂行税则》将起征点降为100元,税率提高到6%。"汀州市恩格斯路恒丰茶烟店共有资本毛洋四千角,曾由工会介绍二个半工人去做工,其中创烟工人李××每月工资大洋20元,又年关双薪20元,年关鞋袜大洋5元,特别大洋3元等,老板共计付大洋1458毛,然而奇怪的是这个工人并没有在店内做过一天工。"②汀州的京果业规定学徒每月工资19元,致使许多老板欠工人工资,最多欠400元。由于许多商店负担沉重,无法维持,只得关门歇业。苏区商业一时陷于停顿。

毛泽东在这一时期虽受排挤与打击,但他以革命利益为重,身体力行,以极大的精力亲自领导经济工作。他以中央工农民主政府主席的名义发布了许多文告、指示,从政策上予以正确的规范。尤其在商业方面,尽力挽回或减少"左"倾政策造成的损失,领导群众克服困难,从而使闽西苏区商业在艰难困苦的战争环境中仍然逐步得到发展,经济建设取得了伟大的成绩,为支援革命战争、改善人民生活做出了重要的贡献。

毛泽东以极大的革命热情,领导了苏区的经济建设工作。他曾在汀州和上杭才溪等地专门进行过调查,尤其在1933年11月下旬,毛泽东专门到才溪,分别召开区苏、区工会、工人、贫农代表、耕田队长等各种类型人员座谈会。他在工人代表会上,鼓励搞好物资交流;在贫农代表会上,鼓励发展农业生产;在干部会上,鼓励深入群众,帮助群众解决各种困难。

---

① 《闽西第二次工农兵代表大会决议案·修正劳动法令》,1930年9月,见中共龙岩地委党史资料征集领导小组编:《闽西人民革命史文献资料》第四辑,内部资料,1981年12月,第158页。
② 洛甫:《五一节与劳动法执行的检阅》,《斗争》第10期,1933年4月19日。

毛泽东通过才溪调查,总结了苏区经济建设的典型经验,撰写了著名的《才溪乡调查》,赞扬才溪人民在生产建设、民主建设和支援革命战争等工作中取得的巨大成绩,称才溪区为"全苏区第一个光荣模范"①。在1934年1月召开的全国第二次苏维埃代表大会上,推广了才溪乡的经验,对各苏区的经济建设工作起了巨大的推动作用。

在充分调查研究的基础上,毛泽东提出了苏区经济建设的理论,并制定苏区经济建设的方针与政策,对闽西以及各苏区的经济建设起了积极的指导作用。

首先,毛泽东从闽西农村的实际出发,正确处理了革命战争和经济建设的关系。毛泽东认为,根据地的经济建设是以小生产为基础,经济落后,被敌人长期包围和分割,在频繁战争环境下进行的。它决定苏区经济建设的两个特点:一是私人经济占绝对优势,且工业基础极其薄弱;二是红色政权面临频繁的战争和敌人严密的经济封锁。毛泽东批评了认为战争环境不可能进行经济建设和离开革命战争去搞经济建设的错误观点,指出没有经济建设,革命战争就没有物质保障,而经济建设必须围绕着革命战争这个中心任务。因此,毛泽东制定了正确的经济建设方针,即"我们的经济政策的原则,是进行一切可能的和必需的经济方面的建设,集中经济力量供给战争,同时极力改良民众的生活"。②

其次,把恢复和发展农业生产放在第一位。苏区的经济是以农业为主的经济。毛泽东指出:农业生产是我们经济建设工作的第一位,他不但需要解决最重要的粮食问题,而且需要解决衣服、砂糖、纸张等项日常用品的原料即棉、麻、蔗、竹等的供给问题。森林的培养,畜产的增殖,也是农业的要部分。

再次,在发展公营经济和合作经济的同时保护私营的经济。毛泽东认为,公营经济在目前只限于可能和必要的一部分,但要尽可能地发展,同时要大力发展合作社经济,使之与公营经济相配合,并且,私人经济的发展是国家和人民的利益所需要的,因为它在相当长的时期内还是占优势。

最后,开展赤白贸易,促进商品流通。根据地受到敌人残酷的军事"围剿"和严密的经济封锁,农副产品销不出去,粮价大跌,影响了农民的生产积极性,而工业品奇缺,价格大涨,又影响了根据地军民的生活。因此,为了沟通赤白的贸易,活跃物资交流,毛泽东指出:"打破敌人的经济封锁,发展苏区的对外贸易,以苏区多余的生产品……与白区的工业品……实行交换是发展国民经济的枢纽。"③政府采取了灵活的政策,如成立对外贸易机构管理对外贸易,奖励私营商业,寻找白区商业关系,鼓励私人经营生活必需

---

① 毛泽东:《才溪乡调查》,1933年11月,中共龙岩市委党史研究室编:《毛泽东闽西文物稿》,内部资料,2009年12月。
② 毛泽东:《我们的经济政策》,1934年1月23日,《毛泽东选集》一卷本,人民出版社1964年版,第116~121页。
③ 毛泽东:《我们的经济政策》,1934年1月23日,《毛泽东选集》一卷本,人民出版社1964年版,第116~121页。

品,用税收杠杆调节流通等,沟通了赤白区域的商品流通,活跃和发展了苏区经济。

在毛泽东经济思想和政策的正确指导下,闽西革命根据地人民在轰轰烈烈的经济建设中,取得了巨大的成绩,为支援革命战争、改善群众生活、巩固红色政权做出了重要的贡献。

陈云对抵制"左"倾政策的干扰,发展苏区商业也做了许多工作。首先是纠正不切实际的《劳动保护法》。

1931年,王明"左"倾教条主义统治中央以后,其"左"的一套方针、政策陆续贯彻到各个方面。1931年11月,中华苏维埃第一次全国代表大会通过了由上海中共中央政治局和共产国际远东局共同商议起草制定的《中华苏维埃共和国劳动法》。这部劳动法生搬照抄苏联的做法,固然在实施初期改善了工人劳动条件和生活待遇,一定程度上激发了工人生产和革命的积极性,但是因为没有从中国农村革命根据地的实际出发,弊端日益凸显。苏维埃区域多是在山区或几省交界的边陲农村,以自然经济为主,基本上没有现代工业,只有规模不大的手工业和家庭工业,农民遵循"日出而作,日入而息"的劳动时间,工人工时也很难一刀切,特别是应急性的工厂,如印刷、航运等,还须经常加班调班。但劳动法没有根据当地具体情况,而是机械地规定成年工人一律每日工作8个小时,青工6小时,童工4小时。劳动法还规定了过多的休息时间,工人每周须有继续不断的42小时连续休息(即星期六工作半天,停止夜工,星期日一天休息),在任何企业内的工人继续工作到6个月以上者须有两个星期的例假,工资照发,还规定每年除地方性的纪念节日外,全苏区性的8个纪念日都要全天休息。

为了检查苏区劳动法、企业经营、工人运动、经济政策的开展运行情况,1933年4月至7月,陈云以中华苏维埃共和国全国总工会党团书记身份,多次到汀州工厂、基层工会甚至普通民众之中,深入实际,调查研究。陈云在调查中了解到,当时汀州市有300多家私营商店,有店员、学徒工人1000余人。而不切实际的《劳动法》,脱离了根据地私营工商业的实际,片面维护工人阶级利益;规定了许多劳动条文,提出过高的劳动条件和工资待遇;强迫介绍失业工人,在年关斗争中组织有害苏区经济流动的总同盟罢工等;对城市中的商店、作坊提出了过高的经济要求。机械地执行这种劳动政策的结果,无异于杀鸡取卵,导致不少企业和作坊倒闭,私营工商业一蹶不振,资本家乘机抬高物价,工农产品剪刀差进一步扩大,进而造成工人失业,师傅不愿带徒工,农民不愿雇用牧童,等等。

陈云根据调研结果,在1933年4月25日苏区中央局机关报《斗争》上发表《苏区工人的经济斗争》一文,尖锐地批评了这种教条主义的《劳动法》,"机械地执行只能适用于大城市的劳动法,使企业不能负担而迅速倒闭;不问企业的工作状况,机械地实行八小时和青工六小时的工作制","某些企业的工作不能实行8小时工作制(如木船工人等),应该取得工人的同意用增加额外工资的办法来补偿额外工作的时间"。[①]

---

① 陈云:《苏区工人的经济斗争》,《斗争》1933年4月25日。

1933年10月25日,中华苏维埃共和国中央执行委员会重新颁布了经过修改的《中华苏维埃共和国劳动法》,宣布1931年12月1日颁布施行的劳动法作废。经过修正的劳动法,修改了某些脱离苏区实际的过高经济要求的条文,在一定程度上纠正了"左"倾劳动政策所造成的不良后果。

其次,陈云指导汀州工人订立科学的劳动合同。

工人阶级不仅要把发展苏区经济放在首位,并且要把发展经济看成解放自己的根本任务。在"左"倾路线的干扰下,中央苏区的工会组织在领导工人群众开展经济斗争、维护自身权益的时候,一般采取自上而下命令式的、脱离群众的做法,所订的经济合同,千篇一律,没有表现出各个企业不同工人的特点和要求。就是说这些斗争的要求,不是由工人群众自己提出的,也不是工人自己真正的要求,而是由工会的工作人员凭空想象产生的。所以,尽管在形式上召集了多次群众会议,且群众已经举手通过,但实际上这种斗争要求是工会机关自上而下提出的,并不是群众最迫切的要求。

为此,陈云在《苏区工人的经济斗争》一文中分析指出这种错误的来源,"由于我们在领导工人经济斗争中间,采取官僚主义态度,并不深入群众,不去估量商店、作坊各种不同的实际情形,只是提出一般的并不适合每个企业的笼统的要求和纲领。所以,各业的集体合同虽然不断地订立,但是每个行业工人的迫切要求仍是没有解决"。① 针对这种脱离实际的教条主义做法,陈云要求"党和工会对于经济斗争的领导,必须纠正官僚主义。要重新审查各业集体合同的具体条文,审慎地了解各业的每个商店、作坊的经济能力,依照实际情形,规定适合于每个企业的经济要求。不能不顾实际情况,不体现出各企业的不同工人的具体要求,千篇一律地抄录劳动法"。②

为了纠正实际工作中的教条主义和官僚主义,陈云急群众所急,想群众所想,1933年4月在汀州调查中走群众路线,连续召开了工会支部会、工人代表会、工人座谈会、资方老板座谈会,从上而下、自下而上地反复听取群众意见和要求,充分讨论劳动合同的签订方法。

为此,陈云以身作则,率先垂范,亲自指导汀州市店员工会工人王其佚与泰丰号京果雇主订立劳动合同,条文共9条,每一条都切合实际,写得有血有肉,没有空谈的条文。其所用的办法是,从各工会选出5个工人代表,组成签订合同委员会,首先了解企业的实际情形,考察已订合同的实际情况,了解工人的要求;其次是了解有关营业情况、京果业生意的利润;再次是了解工人对"五一"代表大会的态度;复次是以党支部为中心去动员群众,加强党支部对工人签订合同运动的领导;最后才组织工人讨论起草好合同条文,推出工人代表与老板订立适合实际的合同。

1933年7月2日,陈云把汀州调查中指导京果业工人与商店老板签订有弹性合同的做法,整理成《怎样订立劳动合同》一文,发表在苏区中央局机关报《斗争》刊物上。文

---

① 陈云:《苏区工人的经济斗争》,《斗争》1933年4月25日。
② 陈云:《苏区工人的经济斗争》,《斗争》1933年4月25日。

章具体地介绍了汀州订立劳动合同的指导思想、实施办法和条文内容,批评过去的错误做法,要求全面推广汀州的典型经验,从而使根据地的工人与雇主签订较为切实可行的劳动合同。此后,苏区的学徒工逐渐增加,工会工作也有改善。

通过签订有弹性的合同,保证了维护工人阶级利益的立场和原则,调动了资方人员的积极性,纠正了工会干部的教条、机械、呆板的工作方法,调和了经济运行中的劳资关系,为进一步繁荣苏区经济、支援革命战争、粉碎国民党的经济封锁、巩固革命根据地起到了很好的作用。10月26日,中共福建省委在《工作报告大纲》指出:汀州大部分合同签订了,纠正了过去"左"的错误。长汀全县18个区就有13个区订立了劳动合同和集体合同。

最后,陈云还积极纠正过"左"的经济政策。

受苏联30年代形成的社会主义模式的影响,以博古为首的临时中央坚持推行王明"左"倾路线,把马克思主义的某些原则教条化,缺乏在农村革命根据地发展经济、提高生产力的经验,也不能正确对待私人工商业。"一苏大"通过的土地法规定,要没收地主的一切动产和不动产,没收富农的水碓和油榨等作坊,无原则地侵犯了地主和富农所经营的工商业,进而使许多私人工商业倒闭。1932年6月,在临时中央政府宣布解除主力红军筹款的任务后,苏维埃政府不得不通过增加税收课征的办法来筹措军费开支。1932年7月,临时中央政府公布修改后的《暂行税则》,决定从1932年下半年起开始征收工商税和货物入口税。这二者正是中小商人承受到较重的经济负担。

为此,刘少奇、陈云等总工会领导多次对长汀进行了工商业的调查,发现造成苏区经济困难的原因,除了国民党对革命根据地的军事"围剿"、经济封锁等客观原因外,主要是当时中共中央在苏区推行的"左"倾经济政策所致。陈云认为,这种做法也不符合我党的统战政策,将小资产阶级推向了对立面。

为此,陈云在调研文章中,深刻地批评了苏区经济斗争中的"左"倾错误,指出苏区当时存在着"一种极端危险的'左'的错误倾向,这种倾向表现在只看到行业的狭小的经济利益,妨碍了发展苏区经济、巩固苏维埃政权的根本利益";"这种'左'的错误领导,是破坏苏区经济发展,破坏工农联盟,破坏苏维埃政权,破坏工人阶级彻底解放的"。陈云还指出,"在苏维埃政权之下,经济斗争中举行总同盟罢工,不但妨碍商品流通,妨碍红军的作战行动,而且会被资本家利用来反对工人的斗争,对苏维埃政权实行经济怠工。因此,这种总同盟罢工,不但是斗争方式上的错误,而且是政治上的极大错误"。[①]

陈云通过长汀实际调查,分析了经济斗争中的"左"倾错误及其危害的根源,指出"这种错误,主要来源于政治上的工团主义"。[②] 所谓工团主义,即鼓吹工会高于一切和管理一切,极力把一切斗争引导到提高工资、缩短劳动日等经济要求上去,主张实行罢工、怠工、抵制、示威,甚至破坏机器、原料和产品,以达到经济利益的满足;总之,只顾眼

[①] 陈云:《苏区工人的经济斗争》,《斗争》1933年4月25日。
[②] 陈云:《苏区工人的经济斗争》,《斗争》1933年4月25日。

前的经济利益,不顾工人阶级的长远利益和根本利益。

在陈云看来,工人阶级不仅要把发展苏区经济放在首位,还要把发展经济看成解放自己的根本任务。他建议和呼吁:"工人阶级一方面要争取改善自己的生活,另一方面必须把发展苏区的经济,巩固工农联盟,巩固苏维埃政权,看成自己解放的根本任务。要使工人了解,不彻底推翻地主资产阶级的统治,工人阶级就不能解放自己。因此,要把争取日常利益的斗争和争取革命完全胜利的斗争最密切地联系起来。"①

后来,苏区临时中央逐渐转变苏区经济、劳动政策,经济得以发展,工商业日渐繁荣,为第四次反"围剿"战争的胜利打下了坚实的物质基础。

在中央苏区,"左"倾错误路线推行事实上对中小商人打击过重的政策,虽然遭到包括毛泽东、刘少奇、陈云、张闻天在内的很多领导人反对,以及更多苏维埃干部在实际工作中的抵触,但还是使党对私营工商业的政策出现了反复与曲折。按照"左"倾领导者的观点和要求,将中小工商业者当成革命的对象,予以毫不留情的打击,那么,何来根据地和苏区的商品流通?何来赤白之间的互利贸易?苏维埃的建设事业特别是经济建设,何以得到众多的工商业主的积极拥护?没有这些方面,又怎能粉碎敌人经济封锁,打赢一至四次反"围剿"的革命战争呢?

第五节 正确对待土匪流氓 团结地方武装势力

清末民初,闽西人多地少的矛盾极为尖锐,大多数农民生活困苦。辛亥革命后形势更加恶化,大量破产的农民和散兵游勇沦为土匪。土匪暴力活动成为农村的普遍现象和社会的严重危机。因失业造成的流氓无产者,数量极其庞大,为土匪武装提供了源源不断的"后备军"。为了自保,闽西地方大族在乡绅势力的带领下,响应统治阶级号召,纷纷组织民团或者自卫军,成为闽西不可忽视的政治力量。土匪、流氓、地方势力,成为红军创建时期,闽西苏区党和政府的统战工作的重要对象。

一、改造"土匪世界"

闽西地瘠民贫,民风剽悍,灾荒频繁,再加上战乱不断,自古以来就是"盗匪出没"之地。土地革命期间,中国共产党从闽西的具体情况出发,采取了积极、稳妥和灵活的方针与政策,通过一系列统战手段,成功地解决了土匪问题,使得原本产生于国外大城市的共产主义政治信仰在闽西落后的农村扎根,并且把农村中的巨大人力严密组织起来,从而使动乱的闽西农村获得一种崭新的政治秩序,同时也为党在抗日战争和解放战争解决此类问题提供了宝贵的经验。

---

① 陈云:《苏区工人的经济斗争》,《斗争》1933年4月25日。

(一)闽西土匪概况

大革命失败前后,闽西各县土匪、游民约占当地人口的四分之一,为全国农村之冠,"由龙岩至连城庙前这条大路是行不通的,土匪充斥了旅途"①。闽西境内的土匪数量庞杂、类型众多,大致可以分为如下几种:

社会土匪。又称侠盗,与统治阶级对抗,富有正义感和同情心。这类土匪的纪律侧重以劫富济贫为宗旨,而且执行纪律比较严格,数量非常少。

惯匪。专门从事抢劫、烧杀、绑架勒赎活动的纯粹意义上的土匪,在闽西分布最广,最为常见,危害极大。他们常常打着"劫富济贫"的旗号,到处横行霸道,如在农村强取豪夺,杀人放火,简直是很平常的事。当地农民最痛苦的是土匪豪绅的压迫,没有田耕,且不能耕田。惯匪所到之处,不分青红皂白,不分贫富良莠,洗劫一空,使老百姓陷于悲惨的境地。

兵匪。大多是一些被裁撤或溃败的军队,或是哗变的士兵,因生活无着落而沦为土匪。此类土匪数量集中,懂得一定的军事知识,装备和战斗力较强。他们往往表面上是军队,实际上是土匪,或白天是军队,晚上做土匪。如盘踞在福建长汀的郭凤鸣部、龙岩的陈国辉部,都是此类为害一方、作恶多端的土匪。

会匪和教匪。从事土匪活动的帮会教门成员和组织,往往以宗族观念、宗教信仰为纽带,组织严密,封建思想和江湖习气极浓,大多被地主乡绅所控制和操纵,是统治阶级的重要帮凶。闽西特别是连城、清流等地较为常见的是大刀会、童子团等,常常打着劫富济贫的旗号。

国家的分裂,政局的动荡,官吏的腐败,农村的破产,军阀混战以及外国势力的侵入等多种不良因素,造成了闽西土匪的滋生,这是一种非正常的社会现象。

据不完全统计,1922年至1925年,在闽西大大小小军阀混战竟达三十多次。频繁的战乱为土匪的滋生、发展提供了适宜的温床。首先,战乱打破了原有社会秩序的平衡,破坏了旧有的社会结构,整个社会处于失范状态。加之战乱中"以暴制暴"成为社会通行的法则。这些为崇尚暴力的土匪等秘密社会组织提供了参与权力角逐的机会,他们于是趁机滋生。其次严重破坏了国计民生,加剧了人民生活的艰难。为了生存,少数人铤而走险或被逼无奈而落草为寇,这在当时是较为普遍的现象,尤其是战乱中溃败的游兵散勇和难民往往成为土匪的主要来源之一。

闽西在历史上是自然灾害频繁发生之地,闽西的江河几乎逢雨必患。由于气候特点和卫生条件所限,闽西的瘟疫也时有发生。漳平县瘟疫受害最重,1926年漳平城区流行鼠疫,永福、城关、桂林等地为害最烈;其次为芦芝、和平、官田、溪南,计有45个村庄,

---

① 《中共闽西特委第二次代表大会情况与各项文件》,1930年7月8日—20日,中共龙岩地委党史资料征集领导小组编:《闽西人民革命史文献资料》第三辑,内部资料,1981年12月,第363页。

染疫总数达5981人,死亡5385人,死亡率达90.94%。自然灾害造成的直接后果就是农业生产遭受严重破坏,粮食歉收乃至绝产,使得一些本来已经赤贫的农民走向了破产,当他们无以为生时,只有上山为匪或漂泊他乡。严重的灾荒还在一定程度上影响了土匪的行为,不少土匪都把粮食作为抢劫的重要目标。

近代中国秘密社会盛行。历史上的教门和会党衍变为各种各样的民间组织,再加上大大小小的土匪绿林,秘密社会可谓名目繁多,分布广泛。在闽西,大刀会、三点会、童子团普遍存在,历史悠久,势力强大。它在中国近现代史上,曾作为下层民众反抗统治阶级的一种独特力量,起过积极的历史作用。但由于其在思想与组织形式方面具有浓厚的封建迷信及保守反动色彩,逐渐为敌对势力收买利用,而成为反革命的工具。

近代闽西是宗族制度最为盛行的地区之一。客家人、福佬人聚族而居,呈现出"一姓一村一族"的居住格局。宗族之间经常为争夺风水、土地和农村墟市等社会资源与生存空间而展开激烈的冲突,直至发生械斗。宗族间的仇杀和械斗,对土匪的活动有助长作用,它加深了农村的经济危机和阶级关系的恶化,并迫使相当数量的农民离开土地,走上非正当的求生之路,其中很大一部分人就做了土匪。

大革命失败后,中国共产党走上了武装夺取政权的道路,在农村地区建立革命根据地,积聚和发展力量。1929年初红四军为避开湖南、江西两省敌人强大兵力的围攻,撤离井冈山,经过坚苦卓绝的战斗,由赣南辗转到达闽西,开辟了闽西革命根据地。闽西是红军走出困境、转危为安的重要根据地,同时也是土匪势力非常强大而普遍的地区,中共福建省委在给中央的报告中特别提到"闽西土匪特别多,对土匪的问题比较严重"①。

闽西突出的特点是土匪势力特别强大,大的土匪武装已经控制了地方政权,成为红军的主要敌人。在闽西,由于地理位置远离全国的政治军事要冲,国民党正规军队力量薄弱,北伐战争中被何应钦收编的郭凤鸣、卢兴邦、陈国辉等大股土匪控制了相当范围的地方政权。1929年春,毛泽东、朱德率领红四军初次进入福建,首要的敌人就是这些割据闽西的土匪武装,3月一战击毙郭凤鸣、占领长汀,6月又在龙岩消灭陈国辉部的主力,奠定了闽西苏区的基本局面。

但是,闽西土匪绝不仅仅是这些大股土匪。闽西被国民党收编的大股土匪并不能维持最基本的秩序,他们本身就胡作非为、战斗力也有限。各种土匪多如牛毛,不少地主、士绅为求自保,也不得不加入土匪;同时为抵抗土匪,地方上大刀会等民团组织也极为发达,在某些地区抢劫成为重要的生存方式,甚至普通农民也卖田买枪,土地大片荒芜。比如永定县土匪数量十分惊人,"接近龙岩之太平丰田二里,土匪掳人勒索成为常事,往往仅有数里之路,本地人亦行不得。小乡村之小姓农民耕牛农具被掠,无以耕作,

---

① 《中共福建省委报告》,1929年4月20日,江西省档案馆、中国共产党江西省委党校党史教研室编:《中央革命根据地史料选编》(上册),江西人民出版社1982年版,第69页。

多流离别处或亦当匪,因此有许多田地无人耕种"。① 当军队下乡来剿匪时,同样祸害农民,因为所谓军队也不过是被收编的大股土匪而已,"有用的、值钱的、搬得去的东西抢去",还要"罚款赎罪",把很多无辜农民绑走,要拿钱才能赎回。军队常常半夜对农民突然袭击,所以军队临近驻扎时,有时吓得"全乡农民晚上不敢在家睡觉"②。

土匪给人民造成深重的灾难,但他们的活动有时却起到有利于红军的作用,比如国民党军队杨树庄部"因泉州的土匪扰乱"、卢兴邦部因"古田的土匪时常扰乱","时常感觉到自顾不暇","不能安心前进"③,前来进攻闽西苏区。泉属一带土匪遍地皆是,少数留守军队常为土匪缴械。1929年9月福建省委提到,由于泉属土匪的纷扰,加上内部矛盾和财政困难,使福建国民党军队"对闽西的进攻发生了很大的困难"④。

不少受大股土匪攻击的小股土匪主动要求加入红军,多数土匪因与国民党军有矛盾也不愿对抗红军,只有被国民党收编的大股土匪郭凤鸣、陈国辉、卢兴邦等与红军敌对。1928年初,作为中央派到福建的第一个中央巡视员赵亦松第二次来到福建,并在福建省委担任军事运动委员会主席的职务。他在给中央的报告中谈到,永定的土匪"大半受豪绅的领导","不过他们要把持税收,与国民党张贞是有冲突的,不太敢与共产党作对","但是真正加入农协或共产党的,大半系小股与受大股压迫者"。⑤

(二)红军创建时期收编与改造土匪武装

1927年7月国共分裂以后,在具有重要意义的"八七会议"上,共产党正式确立了转入武装暴动的总方针,而在当时的暴动计划里,联络人数众多的土匪武装占有重要地位。在关于农民斗争决议案的发言里,对武装斗争最为坚决的毛泽东明确提出,"土匪问题是非常大的问题","会党土匪非常之多,我们应有策略"⑥,认为通过土地革命一定能赢得土匪武装的支持,进而批评有些同志像孙中山那样只想利用土匪,提出对土匪武装应以诚相待,应该"当他们是我们自己的兄弟"⑦。在会上居主导地位的共产国际代

---

① 《中共福建临时省委报告》,1928年4月3日,中央档案馆、福建省档案馆编:《福建革命历史文件汇集》(1927—1928年下甲),内部资料,1983年,第197~198页。

② 《照化巡视莆田的报告》,1929年1月9日,中央档案馆、福建省档案馆编:《福建革命历史文件汇集》(1929年上甲),内部资料,1984年,第30~31页。

③ 《中共福建省委给中央报告》,1929年6月8日,中央档案馆、福建省档案馆编:《福建革命历史文件汇集》(1929年上甲),内部资料,1984年,第251页。

④ 《中共福建省委致闽西特委及前委信》,1929年9月6日,中央档案馆、福建省档案馆编:《福建革命历史文件汇集》(1929年下甲),内部资料,1984年,第205页。

⑤ 《赵亦松关于永定工作概况报告》,1928年7月29日,中央档案馆、福建省档案馆编:《福建革命历史文件汇集》(1928年下甲),内部资料,1984年,第132页。

⑥ 《毛泽东关于农民斗争决议案的发言》,1927年8月7日,《八七会议》,中共党史出版社1986年版,第73页。

⑦ 《毛泽东关于农民斗争决议案的发言》,1927年8月7日,《八七会议》,中共党史出版社1986年版,第73页。

表罗明纳兹肯定了毛泽东的意见,提出"我们不但不利用,并且还应确定其经济地位"①。所谓确定经济地位,就是在阶级划分中把土匪定为"破产的农民",既然是农民,当然是阶级兄弟。八七会议在中国共产党中央的高度明确了联络、领导土匪武装的政策。收编与改造土匪武装,成为建军初期迅速壮大红军的重要手段。

由于共产党领导的革命力量开始时比较弱小,根据地最初只能在农村偏远之地存在,而这些地区恰好是土匪武装的集中地带。土匪武装拥有一定的武力,控制着一定的势力范围,在当地居民中拥有一定的影响力,并占据相关的经济利益和其他利益。因此,土匪武装是中国共产党及其各地组织在创立革命根据地过程中必须面对和解决的问题。

中国共产党的土匪武装工作属于下层统一战线工作,目的在于争取同盟力量,扩大中国共产党的军事组织,便于开展根据地的工作。如果不能认识到土匪武装工作的这一性质和要求,绝对地强调土匪武装工作中的其他矛盾,必然给根据地的其他工作造成不利的影响。中国共产党党内的"左"倾思想和路线是造成土匪武装工作曲折的主要原因。其主要表现是:对于土匪武装采取关门主义,不重视分析其阶级性质以及争取的可能性;在提高政治和组织要求的名义下,不顾客观形势,不管是否加入革命队伍,不论对革命的态度,对其一律采取打击、消灭和"清洗"政策。

中国共产党领导的三大起义失败以后,1928年7月召开中共六大,所做的决议对土匪武装的认识以及指导工作就有"左"的表现。决议"对土匪的关系"指出:"与土匪或类似的团体联盟仅在武装起义前适用,武装起义之后宜解除其武装,并严厉地镇压他们,这是保持地方秩序和避免反革命的头领死灰复燃。他们的首领应当作反革命的首领看待,即令他们帮助武装起义亦应如此。这类首领均应完全歼除。让土匪深入革命军队或政府中,是危险异常的。这些分子必须从革命军队和政府机关中驱逐出去,即其最可靠的一部分,亦只能利用他们在敌人后方工作,绝不能位置他们于苏维埃政府范围内。"②在《苏维埃政权组织问题决议案》中规定,"对迷信与半迷信的农民武装组织(红枪会等)之关系",要"夺取其群众,孤立其首领,并乘机改编之"③。对于参加革命的土匪武装组织做转化工作,这是正常而且必要的,但把所有土匪及其类似组织和成员一律视为不可改造,而采取消灭武装、严厉镇压和完全歼除的方法,显然不正确。

但是,野蛮的土匪武装要想成为真正的红军,并不是一件容易的事,必须经过深刻的改造。在如何改造土匪武装的问题上,1928年夏天在莫斯科召开的中国共产党六大制定了较为粗糙、严厉的政策,特别提出对土匪首领要"完全歼除",这就足以把其他土

---

① 《共产国际代表罗明纳兹关于农民斗争决议案的发言》,1927年8月7日,《八七会议》,中央党史出版社1986年版,第74页。

② 《苏维埃政权组织问题决议案》,1928年7月10日,见中共龙岩地委党史资料征集领导小组编:《闽西人民革命史文献资料》第一辑,内部资料,1981年12月,第214页。

③ 《苏维埃政权组织问题决议案》,1928年7月10日,见中共龙岩地委党史资料征集领导小组编:《闽西人民革命史文献资料》第一辑,内部资料,1981年12月,第214页。

第二章 以工农联盟为基础的革命统一战线的建立与挫败

匪武装推到敌人一边。

不过,六大决议的原则也是有深刻依据的,初期以开放态度收编的大量土匪武装含有很多毒素,必须通过深刻的改造才能消除,否则将危及红军的信仰和组织原则,导致堕落和变质。土匪和革命者虽然同是现存制度的反对者,但是土匪与革命者有根本性质的不同。土匪的反抗是消极的,并没有建立一个新社会的宏伟理想,因此虽然人数众多,却不可能成为有组织的政治力量。土匪活动是破产农民自发反抗的一种,他们斗争的唯一目的只是满足自身的物质利益,凭借武装从事抢劫、奸淫等暴力活动,受害者既有地主、富商,也有普通的农民。他们很少遵循什么原则,往往随心所欲,具有很大的野蛮性和破坏性。由于他们并没有新的建设性理想,因此并不根本反对现存制度,只要统治者表现出宽容,他们很容易接受招安,摇身一变,成为现存制度的捍卫者,比如闽西大土匪郭凤鸣、陈国辉、卢兴邦等。

红四军在探索游击战术的过程中,也从土匪的经验中吸收了不少有益的成分,"上山学匪"是有真实内容的。井冈山原来有一个土匪首领叫朱聋子,政府军和地主武装很多年也无法消灭他。他的秘诀是,"不要会打仗,只要会打圈"①,意思是不要和对手硬碰硬,而要灵活的游击。毛泽东对这个口诀非常欣赏,反复向部队干部解说,并且把它改造为"既要会打仗,又要会打圈",逐渐形成了红军的游击战术——"打得赢就打,打不赢就跑,跑不赢就钻,钻不赢就化(化装成老百姓)"②,常让强大的敌军毫无办法。毛泽东甚至把"打圈子"这个词写进了给中央的正式报告,在1929年4月红四军前委给中央的信中明确提到,"强敌跟追,用盘旋式的打圈子政策"③。陈毅到上海向中央汇报红四军工作的报告中也谈到,"打圈子脱离敌人包围与穷追","大敌前来,我不能与之作战,则利用打圈子的办法向没有敌人的地方跑"④。可见,这个来自于土匪的"打圈子"战术已经在红军中成了深入人心的口头禅,成为红军游击战术中不可分割的组成部分。

红军是由共产主义者领导的武装集团,信仰上摒弃私有观念,有着推翻旧社会、建设新社会的宏伟理想,与现存制度没有任何妥协的可能,其信仰和组织与当时中国一般的军队有极大不同,更不是挣扎生存的土匪武装所能想象的。

毛泽东、朱德等高度重视土匪问题的解决。朱德指出:"只有肃清土匪,人民才能翻身,才能安居乐业。"⑤他们从苏区的具体情况出发,领导军民制定了积极、稳妥和灵活的策略与措施,对中共"六大"关于土匪的政策进行了自我纠偏和良性调整。

---

① 何长工:《何长工回忆录》,解放军出版社1987年版,第104~106页。
② 何长工:《何长工回忆录》,解放军出版社1987年版,第104~106页。
③ 《红军第四军前委给中央的信》,1929年4月5日,见中共龙岩地委党史资料征集领导小组编:《闽西人民革命史文献资料》第二辑,内部资料,1981年12月,第51页。
④ 《陈毅关于朱毛军的历史及其状况的报告》,1929年9月1日,见中共龙岩地委党史资料征集领导小组编:《闽西人民革命史文献资料》第二辑,内部资料,1981年12月,第128页。
⑤ 《陈奇涵传》编写组编:《陈奇涵传》,军事科学出版社1997年版,第55~56页。

针对反共的土匪武装,共产党和红军坚持予以打击和消灭。1929年3月,驻闽西长汀的匪兵郭凤鸣部得悉红四军将要进军闽西,急忙派兵进驻四都和长岭寨扼守。3月14日凌晨,红四军兵分三路向长岭寨发起总攻,经过激战,歼敌两个团,俘敌2000多人,缴获枪支500多支,迫击炮3门,匪首郭凤鸣被击毙。

为了更好地指导革命斗争,红四军进驻汀州城后,毛泽东在前委委员和长汀县委的协助下,在驻地"辛耕别墅"召开了老裁缝、老佃农、钱粮师爷、老教书先生、老衙役和流氓头目等社会上有代表性的六种人员座谈会。经过调查,摸清了长汀的政治、经济状况和民情风俗,对闽西的状况有了进一步的了解,为红军制定适合当地情况的斗争策略提供了依据。此后,红四军颁发了《告绿林弟兄书》等,阐述了共产党对绿林兄弟的政策。

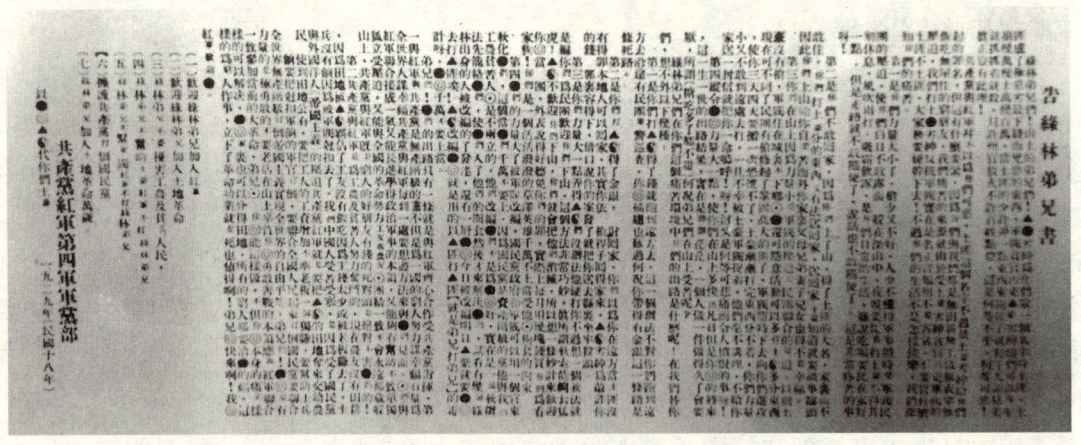

1929年春,红四军在长汀发布《告绿林弟兄书》

相比党的"六大",红四军的《告绿林弟兄书》体现出对收编土匪武装的真诚态度:"土豪劣绅为你们取一个名字叫土匪,土匪成了极恶劣最下贱而凶恶的东西",但是"共产党与红军并不以为你们可恶","因为你们与我们都是无田耕无工做无衣穿无饭吃无屋住的穷朋友"。《告绿林弟兄书》对土匪进行了循循善诱,启发土匪"生活不是怎样快乐,我们深知你们的痛苦"。这是因为"第一是你们的力量太小了,枪少又不好,人少又不懂得军事,随时受军阀民团的压迫";"第二是你们不敢回家,因为你们上了山,得了土匪的大名,家里面不敢住,你们打土豪分的东西没有法送回家";"第三你们在山上因为力量小,受军阀的压迫,受民团联合的压迫";"第四纵令你们力量大一点,使你们在山上多快活几日,但是你们的将来,这一生一世的出路结果,实在渺渺茫茫"。①

既然土匪生活痛苦危险,《告绿林弟兄书》给土匪指明了出路,"出路只有一条,就是与红军齐心合作,受共产党指挥","又能长进学得政治军事的本领,又能够有帮助不致单独孤立受压迫","家里也可以分得田地"。《告绿林弟兄书》最后热情地召唤:"弟兄们

---

① 红四军军党部:《告绿林弟兄书》,1929年,古田会议纪念馆馆藏文物,F418。

快来啊,我们红军欢迎你!"①

与此同时,1929年前后,中共闽西特委逐渐认识到收编土匪武装是壮大地方红军的重要手段,将"匪运"上升为与"工运"、"农运"、"兵运"并列的重要工作。闽西特委检讨以前的工作,认为"二月杀土匪八人,招致土匪群众之反对,是不对的","过去闽西一般的说都不注意土匪运动,并大部分都是仇视土匪,如蛟洋杀七匪等,尤其对城市流氓的取仇视态度,这在客观上是把土匪流氓群众让与豪绅阶级,使之进攻我们"。② 很快,"匪运"取得不小的收获,相当数量的土匪武装被收编入革命队伍,比如武平有土匪五六十人加入农会;永定一带土匪有几十人,在共产党指挥之下,土匪十余人投到八支队;溪口有一部分土匪被编为赤色游击队,后编入红四军第四纵队;龙岩刘烈波有土匪八十人,被委任为"赤色游击队",在红四军三打龙岩城之前叛变。后来红四军前委决定将长汀赤卫队、永定湖雷溪南游击队与一部分土匪及北四区五九团三部分都编入四纵队,包含许多原土匪成分的红四军四纵队逐渐成长为福建地方红军的主力。

争取其群众,孤立其首领是土匪武装工作中行之有效的策略,但不能简单地、机械地执行。因此,在贯彻党的"六大"关于土匪的政策上,以毛泽东、朱德为代表的优秀共产党人在实践中表现出更为真诚、耐心的态度,进行了行之有效的变通。他们在红军创建初期的实践中,在尊重六大决议原则的基础上,具体政策上做了温和的变通,否则很难改造土匪武装。当时红军在敌人围攻之中,与中央的联系时断时续,红军有很大的自主权,更重要的是红军面对危急复杂的形势,只有采取符合实际的政策才能生存、发展。依据新的信仰和组织原则创建一支新式军队绝非易事,甚至直到1929年6月,毛泽东对自己亲手缔造的、在红军中堪称模范的红四军仍然极不满意,在《给林彪的信》中指出:稍为进步一点的军队,就需要规律化,像红军本来这种"烂糟糟"现象,我们只好认它是一种原始的游民的队伍的现象,要极力和这种现象斗争。

相对于利用和争取土匪武装,改造土匪武装更为困难。土匪武装组织及成员在加入革命队伍以后,部分人员阶级意识模糊,更严重的是他们是政治观念不够强,游民习气严重。如果不能对这些缺点进行清除和改造,他们不但不能担负起革命的任务,还将对革命队伍产生消极的影响。

土匪武装有其在长期劫掠生涯中形成的恶习,也有其特有的组织结构,因此改造土匪武装是一件相当艰巨复杂的工作。把土匪武装变为真正的红军,首先要打破其原有的组织结构。土匪武装的组织结构大致可以分成四种:第一种是匪首专制,匪首有绝对的权威,这是发育到比较高级的组织,往往是大股土匪;第二种是比较平等的合伙制,权力分散,通过商量决定行动,抢劫所得按照枪支等来分成;第三种是从传统的宗族演化而来,通常在那些土匪化的地区,特别是闽西某些地区的土匪"是一种宗族组织。一房

---

① 红四军军党部:《告绿林弟兄书》,1929年,古田会议纪念馆馆藏文物,F418。
② 《中共闽西第一次代表大会之政治决议案》,1929年7月,见中共龙岩地委党史资料征集领导小组编:《闽西人民革命史文献资料》第二辑,内部资料,1981年12月,第140页。

的土匪,团结在一房的豪绅势力之下;一姓的土匪,团结在一姓的豪绅势力之下。无论哪一乡哪一村,都有土匪的组织"①;第四种是会党土匪,在闽中地区很普遍,如大刀会、童子团等。

以流氓为主体的土匪武装在加入革命武装之后,最大的问题就是流寇主义。由于最初对于土匪武装的收编,特别是对大股武装的收编往往保存其原有的组织和首领,这就给改造工作带来了困难。

土匪武装组织及其成员加入红军和参加革命,很多是军事投机行为。在闽西苏区,地方红军中某些土匪成分逐渐显露出危害性,不少收编的土匪如永定黄豺狗、龙岩刘烈波等先后叛变,带来很大损失。因此原来比较宽泛的与土匪合作及收编的政策不得不改变,1930年3月闽西第一次工农兵代表大会时,在《优待士兵条例》中公布了更为严格的政策:"集团土匪要求收编者,要有革命事实表现,如打土豪、枪毙反动等,始得予以收编";"集团土匪收编后,应遵守红军纪律,听从政府指挥";"集团土匪收编后,由政府派政治军事人才指导其工作";"帮助土豪打工农的土匪,政府应解除其武装,惩办其首领"。②

更为严重的是,由于土匪成分的影响,闽西某些地方党组织中竟出现了"土匪化"倾向,这也说明共产国际的担忧并不是毫无道理的。中共福建省委指出,为了解决经济上的困难,"闽西各县都有一种'视绑票为我们唯一的工作'的倾向",引起了"我们就要变成土匪党"的危机,严重影响了党在群众中的威信。于是,中共福建省委"特严重的指出,禁止进行绑票工作",认为解决经济问题的正当方法是"没收反动派的财产"、"同志职业化"和"到群众中去"。实在无法解决经济问题时,也只能抓"群众平素最痛恨的地主豪绅",而且"绝对不能把党的招牌公开出来"。③ 中共福建省委书记罗明在报告中指出:"永定、龙岩、平和等地的党中,绑票和暗杀的风气很普遍,这一问题很觉得严重。特别是绑票工作,可以使党受很大的危害","绑票取款是土匪的方法,我们做起来有两种恶影响",第一是容易使党员腐化,脱离群众工作;第二,"使群众对党的认识模糊","群众会把我们当作土匪"。④ 中共福建省委对龙岩县委的绑票活动提出严厉警告,明确提出:"绑票不是党的工作,是土匪的工作。省委前信已严厉的指出,并警告你们,以后的

---

① 《赵亦松关于福建工作情况的综合报告》,1928年7月29日,中央档案馆、福建省档案馆编:《福建革命历史文件汇集》(1928年下甲),内部资料,1984年,第90页。

② 《优待士兵条例》,1930年3月25日,江西省档案馆、中国共产党江西省委党校党史教研室编:《中央革命根据地史料选编》(下册),江西人民出版社1982年版,第79页。

③ 《中共福建省委对平和县今后工作的指示》,1928年12月25日,见中共龙岩地委党史资料征集领导小组编:《闽西人民革命史文献资料》第一辑,内部资料,1981年12月,第335页。

④ 《罗明关于闽西情况给福建省委的信》,1928年10月10日,见中共龙岩地委党史资料征集领导小组编:《闽西人民革命史文献资料》第一辑,内部资料,1981年12月,第317页。

胡乱行为,定予以严重的处分。"①

土匪成分和土匪作风甚至能起到毒化党组织的作用,对于党内关系也有严重的危害。以土匪手段处理党内关系,其危险是不言而喻的,中国共产党能在极其困难的条件下坚持战斗并发展壮大,就是靠由铁的纪律形成的党内团结统一。土匪作风的毒化作用危及党组织的生命线,因此土匪行为和土匪作风必须肃清。

随着根据地形势的发展以及土匪武装工作经验教训的总结,中国共产党对于收编以后的土匪武装成员提高了政治要求,加强了政治训练,同时对于收编者采取孤立其首领,解散其组织到红军中去的办法,从组织上促进改造和转化工作。

改造土匪武装组织及其成员需要耐心细致的工作,不仅要讲策略,而且要讲诚意,充分信任土匪武装的成员。对土匪武装的改造最后还要落实在组织和成分上,也就是派入革命干部和增加淳朴农民成分。中国共产党对于土匪武装的改造没有专门的文件。收编的土匪武装要成为真正的红军,更要经历一个思想和组织改造的过程,这是一个艰难曲折的信仰传播过程。1929年9月,红四军前委书记陈毅离开闽西,到上海向中共中央报告红四军情况中提到,四军对于投诚的土匪,"均欢迎其加入红军,红军是一个大炉子,可以把他们熔化",②而"熔化"的结晶,"常常是首领不干,群众自愿干,结果首领为他的群众所推翻。前委不主张硬性的消灭首领的办法,夺取了群众,首领自然成了废物"③。1929年12月28日至29日,彪炳史册的古田会议召开,通过了毛泽东起草的《古田会议决议》,其中《关于纠正党内的错误思想》,提出从政治上、思想上改造革命军队中的流氓土匪成分和各种非无产阶级思想,是当时中国共产党和红军建设的重要纲领,对于改造土匪、流氓、会党具有十分重要的意义。

古田会议之后,红军对收编的土匪武装进行了深刻的思想和组织改造,对难以改造的成分则不得不通过严厉的清洗加以解决。1930年,毛泽东指出,红军和地方党组织应对土匪成员主动实行"容纳训练"的政策,接着对他们以"教育训练"促成其思想向革命转化。④

红军是在动荡野蛮的农村中成长起来,在创建初期大力扩军之后,必然吸入大量的野蛮落后的因素,其中包括很多恶习难改的原土匪成分,通过温和的改造并不能解决全部问题,以严厉手段把信仰不坚定、不遵守纪律的分子清洗出去,才能创建一支信仰坚定、纪律严格的新型革命军队。实践证明,红军改造土匪武装的工作取得了相当的成功,来源于土匪武装的力量成为红军建军初期的重要组成部分。

---

① 《中共福建省委对龙岩县委意见的答复》,1929年1月4日,见中共龙岩地委党史资料征集领导小组编:《闽西人民革命史文献资料》第二辑,内部资料,1981年12月,第1页。
② 《陈毅关于朱毛红军的党务概况报告》,1929年9月1日,见中共龙岩地委党史资料征集领导小组编:《闽西人民革命史文献资料》第二辑,内部资料,1981年12月,第198页。
③ 《陈毅关于朱毛红军的党务概况报告》,1929年9月1日,见中共龙岩地委党史资料征集领导小组编:《闽西人民革命史文献资料》第二辑,内部资料,1981年12月,第198页。
④ 何友良:《中国苏维埃区域社会变动史》,当代出版社1996年版,第67页。

1931年以后,中央苏区逐渐巩固,红军越来越走向正规化。随着红军迅速壮大和严格整肃,除了苏区边缘的游击区,红军中的土匪成分越来越难以辨认了,红军逐渐成长为一支具有坚强信仰和严格纪律的革命军队。依靠着这样一支军队,共产党在广大农村建立了一种崭新的政治秩序,并最终通过农村包围城市主宰了中国的命运。

(三)闽西苏区成立后的土匪政策

如前所说,闽西在建立革命武装和开辟革命根据地之初,中国共产党对于土匪武装以利用、争取、联络策略为主,对势力较大的组织和首领予以形式上的保留。随着革命力量的壮大以及根据地的发展,特别是闽西苏区建立以后,中国共产党在解决土匪武装方面有了更多的主动性和选择,土匪武装工作在后期就偏重于改造和取消的策略。

1929年上半年,红四军入闽,会党和土匪成了各方争取的力量。由于统治阶级的挑拨,闽西的大刀会时常与红军发生冲突。由于闽西的革命力量比较薄弱,苏维埃政权尚未建立,在打击消灭政策不成熟的情况下,红四军曾采取了鼓励土匪武装势力中立的策略。1929年7月分兵期间,红四军二、三纵队曾送枪给土匪,让土匪帮助安置红军伤兵。①

关于对土匪的认识,1929年3月8日,中共福建省委在给中央的报告中认为,工农当土匪,是因为他们失业破产而又没有其他出路;对于我们来说,仇视土匪正是中了敌人破坏被压迫阶级统一战线之计。

为此,1929年7月,中国共产党闽西第一次代表大会通过的《政治决议案》规定了区别对待土匪的政策,"半失业与完全失业的不同。半失业的,即使一面做匪,仍可以参加革命;完全失业的,在闽西或做匪,或当民团,或在卢新铭部下当兵,或在城乡赌钱过活,以前大半是附属于反革命势力的。这个阶层在闽西各地占当地人口百分之二十五——一个不小的群众,对付他们是很要注意"。②

1930年3月25日,闽西第一次工农兵代表大会提出:"土匪官兵……觉悟归来时,与士兵一样待遇。集团土匪要求收编者,要有革命事实表现,如打土豪、枪毙反动等,始得予以收编。集团土匪收编后,应遵守红军纪律,听从政府指挥。集团土匪收编后,由政府派政治军事人才指导其工作。帮助土豪打工农的土匪,政府应解除其武装,惩办其首领,但对士兵仍一样优待。"③

红军以真诚的态度吸收土匪武装,以极大的耐心进行改造,但土匪问题的复杂性还

---

① 江西省档案馆、中国共产党江西省委党校党史教研室编:《中央革命根据地史料选编》(中册),江西人民出版社1982年版,第500页。
② 《中共闽西第一次代表大会之政治决议案》,1929年7月,见中共龙岩地委党史资料征集领导小组编:《闽西人民革命史文献资料》第二辑,内部资料,1981年12月,第140页。
③ 《闽西第一次工农兵代表大会宣言及决议案》,1930年3月25日,见中共龙岩地委党史资料征集领导小组编:《闽西人民革命史文献资料》第二辑,内部资料,1981年12月,第187页。

是超出了原来的预想。随着红军日益强大和走向正规化,纪律要求越发严格,红军领导者逐渐发现温和的改造并不能获得彻底成功,少数难以改造的成分最后不得不通过严厉的清洗才能最终解决。1930年6月,在长汀南阳召开的红四军前委和闽西特委联席会议,通过《流氓问题》决议案,指出"与流氓意识争取领导权是现在红军中最严重的任务"①,进而提出了严厉的"洗刷"政策。虽然决议中列出了多种流氓职业,不专指土匪,但其中列在第一位的是土匪。

从1930年下半年,受李立三"左倾"错误路线的影响,中国共产党统战土匪武装的工作开始"左"化。1930年7月30日,中国共产党闽西第二次代表大会在《政治任务决议案》中进一步检讨了过去对土匪成分过于宽容的政策,认为不可过分地看重土匪的革命性和武力,特别是当他们"打农民保土豪"时,更不能敷衍下去,提出"必要时可解决其土匪领袖甚至全部"的严厉措施。决议认为,"过去闽西党对流氓阶级的经济背景及其在革命中的动摇性认识不清楚,过分估量他们的革命性","只是一味拉拢土匪,无条件的收编为赤卫队";"甚至收编以后在地方上干出'打农民保土豪'的反革命勾当来","还依旧对他敷衍,不采取断然处置","有些土匪调到前方去的已经表现了动摇,也不先发制人,甚至被逃跑留为祸根"。"这是由于过分估量土匪的革命性,尤其是过分看重他们的武装力量","客观上是放弃了当地广大群众之发动,如龙岩先后收编刘烈波、谢老妈、谢田狗,永定收编黄豺狗等","结果,有些地方因土匪对于群众的压迫,丧失了党在群众中的威信。土匪因过惯了抢掠生活,不能受革命的纪律,终于投到反革命方面去,向我们进攻。以后应打破对于流氓土匪的幻想,虽然有时可利用,但须在不妨碍党争取群众的条件之下,在政治上不可有丝毫的让步,必要时可解决其土匪领袖甚至全部"。②

红军力量的强大,根据地群众工作的广泛开展,对于土匪武装采取打击、消灭的政策是个保障;但如果敌我斗争比较严重,统战土匪武装工作的左倾,不仅会造成中国共产党在根据地及其周边工作的被动,更严重的是给敌人造成利用土匪武装的机会。在李立三"左"倾错误在闽西苏区贯彻的前后,闽西刚刚组建的红二十一军冒险向敌人力量强大的广东东江地区出击,以实现所谓"闽粤桂三省总暴动"。当时,邓子恢、张鼎丞等认为,闽西苏区还有不少民团土匪,建议先集中红二十一军消灭团匪、巩固苏区,然后有阵地的逐步向漳州、厦门等附近的城市发展。但是,邓子恢、张鼎丞的正确意见却被压制下来,并被扣上"新右倾"的帽子,受到排斥和打击。红军冒险攻打广东东江地区失败后,闽西的土匪便乘机骚乱,造成了闽西根据地不稳定的局面。

1931年中国共产党四中全会后,闽西发生了莫须有的肃"社党"事件。闽西很多土匪出身的领导人就是以"社会民主党"等罪名加以杀害的。而左倾路线对游民、杂色武

---

① 《流氓问题——四军前委和闽西特委联席会议决议》,1930年6月,见中共龙岩地委党史资料征集领导小组编:《闽西人民革命史文献资料》第二辑,内部资料,1981年12月,第326页。
② 《中共闽西特委第二次代表大会政治任务决议案》,1930年7月30日,见中共龙岩地委党史资料征集领导小组编:《闽西人民革命史文献资料》第二辑,内部资料,1981年12月,第405页。

装、绿林会道门武装还采取了更加严厉的做法。

"左"倾路线对土匪武装的影响造成了根据地工作的被动,但由于敌我斗争的客观需要,各地的党组织自觉地对统战土匪武装工作的错误进行了纠正。1932年7月16日,中国共产党闽粤赣苏区省委发出《关于消灭团匪与土匪问题给各党部指示信》(以下简称《指示信》),认为"由于土地革命没有深入,对土匪策略不正确以及各地党部及政府一贯的依赖红军的机会主义领导,以致在红军为着实现他更重大任务暂时离开闽西的时期中,团匪即便乘机活跃,四处到赤区特别是边区来摧残群众屠杀群众,甚至几乎侵犯到赤区中心及交通要道(如河田馆前一带)"。

《指示信》总结了"省委检查了这一个多月来各地党部对土匪及团匪的斗争……的严重错误与缺点",主要是"没有从政治上来争取土匪及团匪的群众"、"不相信群众力量,不艰苦的去发动群众(特别是边区)来和土匪团匪斗争"、"对土匪团匪的战略,不能很活泼运用游击战术,有计划地来对付土匪团匪,来很勇敢的进攻土匪,集中力量首先消灭最弱的土匪团匪,而只是等待土匪团匪打到门口来了才去和土匪团匪打一下"。

《指示信》分析了造成这些"严重错误与缺点"的原因,一是"各县特别是边区各县,为着没有充分的了解土匪及团匪中阶级成分的结构,没有了解团匪土匪存在的政治上原因,因此,对团匪土匪没有站在阶级立场上去认识他们,反映着一种落后的农民意识——赤白对立的报复观念,以至在工作上对于从政治方面来夺取土匪团匪群众工作,是非常忽视,甚至完全没有做到。很少听到各级党部讨论怎样在土匪团匪群众中来扩大土地革命影响,来进行政治上宣传鼓动的工作。相反的我们有时还要做出一些脱离群众,给予反动派更扩大反革命影响的行动。(如有些地方的游击队及地方武装到了白区,便乱抢乱捉人牵牛,以及提出土匪家属不分田,扣留土匪家属,等)这无怪于群众要和土匪一起的拿长筒大炮来打我们(如吴家坊温坊),群众说土匪和红军差不多(吴家坊一带)"。二是"看到群众的禾将要被团匪割去了,群众的牛及家属为团匪捉去了,群众正是非常愤恨,而我们则置之不管不理,甚至有些地方的群众自动地起来打土匪,而我们的党及政府不去领导"。第三"尤其是错误地对土匪团匪的过分不正确估量,不站在整个革命发展形势来估量土匪团匪的作用,对土匪团匪表示恐惧,因此影响到战略上都是保守的甚至是失败主义的"。

《指示信》提出了相应的解决办法,包括:"从政治上夺取土匪及其影响下的群众,要拿土地革命来瓦解他们的群众,要在土匪中建立秘密组织来分化他们";"通过政治宣传,揭露土匪头子的罪恶";"土匪家属和工农一样看待,通过土匪家属做土匪的工作";"保护土匪区群众的利益,不乱抢土匪家里的财产";"建立一支坚强善战的游击队及地方武装,在消灭土匪的口号下争取他们的加入";"坚决向土匪和团匪采取进攻的策略,首先选出那些较弱的消灭他们";"深入开展土地革命";等等。

这表明,王明"左倾"错误路线关于土匪的政策,因在实践中行不通,闽西苏区党和政府进行了一定程度地纠偏。

此后,对于闽西地方土匪,闽西苏区党和政府采取大股拉、小股打,听招呼者拉、不听招呼者打的手段。"大股"、"小股"是指土匪武装的人数。小股几十人，一二十人，甚至更少，大股则成百上千上万。小股力量有限，大股力量不容轻视。通常所说的土匪，成千上万的比较少见，但像刀团匪那样的组织，人数则一般比较多。这也是中国共产党对于土匪和会党采取不同策略的原因之一。"拉"是指拉拢和争取，"打"则是指打击和消灭。所谓"听招呼者拉，不听招呼者打"，就是指不但要注意对土匪武装的争取，还要注意对土匪武装的斗争，特别是军事斗争。是采取"拉"的政策，还是采取"打"的政策，自身力量是最主要的依据。如果革命力量比较薄弱，"拉"就成了一般的方法；而当革命力量占优势时，"打"的方法则更易推行。无论是"打"还是"拉"，必须根据具体的敌我双方的形势做出选择。在剿匪中，苏区军民把军事清剿与政治瓦解有机结合起来，政治上争取不放弃，武力上进剿不放松。既重视消灭土匪武装，又注意采取政治攻势，瓦解分化匪帮，在群众中揭露其阴谋罪行。对待被俘的土匪处理得当，部分土匪弃恶从良、投诚。

同时，整个闽西苏区的民众也被严密组织起来，土匪再也没有生存的空间，在全国很多地区仍旧土匪肆虐的时候，苏区的土匪问题却得到了相当程度上的解决。中国共产党闽西第二次代表大会决议案提到，"闽西土地革命胜利已经有了一年的历史，在这一年中工农得到了很大的胜利，社会上盗匪绝迹、烟赌肃清，生产上大大增加，真是实现了夜不闭户、野无游民的现象"。① 这个说法当然过于夸张，但是也说明了闽西苏区关于土匪政策的成功。后来，中央苏区中央局在决议案也提到："中央苏区已有了贯通闽赣二十五县疆土，在这疆土上普遍的成立了苏维埃政权，有了相当的地方武装，没收了地主土地，并实行平分土地，消灭了土匪和乞丐。"②

二、解决流氓无产者问题

与土匪的滋生环境相类似，清末民初，严重的社会危机在产生大量土匪的同时，也出现了大量的游民，即流氓无产者。他们主要来自于破产的手工业者和生活无着的农民。在帝国主义和封建主义政治上、经济上的双重压迫下，这些人失去了赖以生存的正当职业和土地，不得不靠不正当的手段谋生过活，由此便形成了一个特殊的社会阶层。对于这个阶层的人数估计，1930年6月红四军前委与闽西特委联席会议的分析资料表明，中国南方诸省的游民无产者总数超过了1000万，闽西则特别多，与土匪一起，占总人口的四分之一。处于这个阶层的力量，具有革命性和破坏性并存的特点。在革命斗

---

① 《中国共产党闽西第二次代表大会政治决议案》，1930年7月，见中共龙岩地委党史资料征集领导小组：《闽西人民革命史文献资料》第三辑，内部资料，1981年12月，第363页。
② 《目前政治形势的分析与苏区的紧急任务》，1932年2月19日，江西省档案馆、中国共产党江西省委党校党史教研室编：《中央革命根据地史料选编》（中册），江西人民出版社1982年版，第337页。

争胜利的情况下,差不多整个游民阶层都有很大的革命性,并卷入革命运动,站在革命运动的前线。反之在革命低潮,特别是退潮与失败的情形下,游民阶层很容易被反动统治势力收买,用于反革命的活动。正是这个阶层具有革命与反革命的两面性特点,如何正确认识和对待这个阶层与革命的关系,成为革命进程中一个重要的棘手问题。

流氓无产者与地方绿林武装有着密不可分的联系。流氓无产者虽然没有武装力量,但是数量庞大,不务正业,堪称是绿林土匪的庞大"后备军",成为社会上不容忽视的一种势力。以毛泽东为代表的中国共产党人,明智地认识到绿林和流氓无产者与革命的关系,摆正了两者在创建革命根据地时期的位置,为党正确处置绿林和流氓无产者问题摸索出成功的经验。

对于游民无产者的阶级地位和现实作用,毛泽东有着正确的认识。1926年3月他在《中国各社会的阶级分析》一文中指出:"数量不小的游民无产者,为失去了土地的农民和失去了工作机会的手工业工人。他们是人类生活中最不安定者。他们在各地都有秘密组织……处置这一批人,是中国的困难问题之一。这一批人很能勇敢奋斗,但有破坏性,如引导得法,可以变成一种革命力量。"时至1927年,毛泽东在党的"八七"会议上讨论农民运动决议案时,就游民问题做了发言,认为对于游民土匪,不能只利用他们,而应当制定一个策略来引导他们,"只要我们实行土地革命,那一定是能领导他们的"。

井冈山朱毛红军成分,一部是工人、农民,一部是游民无产者。游民成分太多,当然不好。但因天天在战斗,伤亡又大,游民分子却有战斗力,能找到游民补充已属不易。在这种情形下,只有加紧政治训练的一法。毛泽东看到了游民问题的真实的一面,即红军队伍中游民成分的增加,就为流寇主义、盲动主义等非无产阶级思想创造了基础,必然对工农红军的内部建设产生消极的影响。因此,毛泽东的策略见解是红军中需要补充游民,但需要加紧政治训练。其结果是经过政治教育,红军士兵都有了阶级觉悟,都有了分配土地、建立政权和武装工农等常识,都知道是为了自己和工农阶级而作战。因此,他们能在艰苦的斗争不出怨言。

红四军离开井冈山,进入闽西以后,党和红军领导层从理论和政策上解决了流氓无产者的问题。1929年春,中共闽西特委逐渐认识到流氓无产者政策的重要性,将"匪运"上升为与"工运"、"农运"、"兵运"并列的重要工作。闽西特委检讨以前的工作,认为"对城市流氓的取仇视态度,这在客观上是把土匪流氓群众让与豪绅阶级,使之进攻我们"。①

1929年7月,在红四军前委的直接指导下,毛泽东、江华、曾志等出席中共闽西第一次代表大会,讨论到了游民的问题,得出的结论是"游民无产者仍可以参加革命",从而提出了"对流氓无产阶级政策":

"1、以抢劫为业,勾结豪绅资产阶级与革命为敌的土匪,党应坚决的解除他们的武

---

① 《中共闽西第一次代表大会之政治决议案》,1929年7月,见中共龙岩地委党史资料征集领导小组编:《闽西人民革命史文献资料》第二辑,内部资料,1981年12月,第140页。

装;2、虽以抢劫为业,但与豪绅资产阶级有冲突,动摇于革命与反革命之间的土匪,党应派人插入他们的队伍中,争取其群众反对其领袖(反动的不革命的)使之站在反豪绅资产阶级战线上来;3、对半耕田,半抢劫的土匪,党应把他们组织起来引导他们进攻地主阶级;4、在赤色区域城市中的流氓分子,应分配他们以田地或强迫他们做工,不要胡乱打击他们,但如系显著反动嫌疑的流氓领袖,应处以死刑。在白色区域中则应设法拉拢流氓分子,使之不为豪绅资产阶级利用。"①

中共闽西第一次代表大会通过的这些政策,明显有了分清对象、区别看待的理性认识,从而纠正了对游民无产者不加阶级分析、一并打击的党内"左"的做法。

在古田会议召开之前,流氓无产者是红军的重要来源,流氓习气在红军中相当浓厚地存在。在改造流寇思想、对待流氓无产者的问题上,红四军前委所持立场是一致的。1929年12月28日至29日在闽西古田召开的红四军第九次党代会(即古田会议)上,通过了毛泽东起草的《古田会议决议》,肯定了这样一个事实:游民成分的大量存在是红军中产生流寇主义、盲动主义等非无产阶级倾向的主要来源。"由于红军中游民成分占了很大的数量和全国特别是南方各省有广大游民群众的存在,就在红军中产生了流寇主义的政治思想。"②这些错误思想表现在:

"一、不愿意做艰苦工作去建立根据地,建立人民群众的政权,并由此去扩大政治影响,而只想用流动游击的方法,去扩大政治影响;二、扩大红军,不走由扩大地方赤卫队、地方红军到扩大主力红军的路线,而是要走'招兵买马'、'招降纳叛'的路线;三、不耐烦和群众在一块作艰苦的斗争,只希望跑到大城市去大吃大喝。"③

1930年6月上旬,红四军前委与闽西特委在长汀南阳举行联席会议,就游民问题做了专门讨论,对游民无产者的来源、地位、特点及社会作用进行全面分析,通过了《流氓问题》决议案,指出"与流氓意识争取领导权是现在红军中最严重的任务"④。决议列出了土匪、盗贼、赌棍、乞丐、讼棍、人贩子等30种流氓职业,罗列了九种流氓的恶劣特性,包括"反组织的(反纪律的、反团结的、个人自由的)"、"个人享乐主义(大嫖、大赌、大吃、大着)"、"雇佣性重"、"破坏性重"、"阶级意识模糊"、"反群众"、"反社会主义"、"盲动主义(大烧、大杀、大抢)"、"流寇主义(没有政权观念)"。因此,"可以断定流氓是没有积极的革命性的,反之,一般说来他们具有充足的反革命性。他们在不得已时可以投机加入

---

① 《中共闽西第一次代表大会之政治决议案》,1929年7月,见中共龙岩地委党史资料征集领导小组编:《闽西人民革命史文献资料》第二辑,内部资料,1981年12月,第140页。
② 毛泽东:《关于纠正党内的错误思想》,1929年12月,《毛泽东选集》一卷本,人民出版社1964年版,第83~93页。
③ 毛泽东:《关于纠正党内的错误思想》,1929年12月,《毛泽东选集》一卷本,人民出版社1964年版,第83~93页。
④ 《流氓问题——四军前委、闽西特委联席会议决议》,1930年6月,见中共龙岩地委党史资料征集领导小组编:《闽西人民革命史文献资料》第三辑,内部资料,1981年12月,第326页。

革命队伍,但他们始终是动摇的,随时有叛变作反革命走狗的可能"。① 为此,南阳会议制定了党对这一阶层的总策略:"把流氓从阶级底层夺取过来,给以土地和工作,强迫其劳动,改变其社会条件,使之由流氓变成非流氓。"②

为了实现这一总策略,《流氓问题》规定,在政治上,对流氓的反动性"不能有丝毫的让步",当流氓有反革命阴谋或活动时,"必须毫不犹豫地消灭他们";在组织上,要在党和红军中"洗刷"流氓成分,"有计划的以工农斗争分子代替流氓,坚决地反对党内庇护流氓";"在思想上,对由流氓成分产生的流寇主义、盲动思想和单线军事观点等错误的政治和组织观念"③,一定要大力地排除。

其中,决议案对"洗刷"政策做了详细规定,"在流氓具有反革命阴谋时,或有反革命可能时,或妨碍群众斗争,非除掉他们群众斗争就不能起来时,或假借革命旗帜压迫群众时,或坚决的反革命帮助统治阶级和革命群众作对到底时,都必须毫不犹豫的消灭他们,不但消灭他们的首领,必要时还须消灭他们群众的一部以至全部"。④

此后,闽西各级苏维埃政权为了保障土地革命顺利进行和保护苏区民众的生命财产,纠正了过去对这些派别组织的错误编向,坚定执行南阳会议制定的党对这一阶层的总策略,赋予广大流氓无产者平等的政治权利,经济上也给予大力扶持,如分配给他们生产资料、土地和工作机会,要求强制性劳动和工作,使他们由原先的长期脱离生产的状态,经过改造,成为自食其力的苏维埃公民。

在闽西苏区频繁的反"围剿"的战争环境中,在乡村流氓无产者大量存在的情形下,如何正确地对待绿林和游民无产者的问题,已成为党在闽西苏区统一战线中的重要方面。正是毛泽东等共产党人领导闽西苏区党和政府,创造性地制定了流氓无产者的正确策略,把流氓从统治阶级底下夺取过来,给予土地和工作,强迫其劳动,改变其社会条件,使之由流氓变为非流氓,从而有力地保障了闽西苏区的各方面建设的开展。

三、统战地方实力派人物

红四军在闽西期间,注重对地方实力派人物的统战,其中,对傅柏翠的统战工作,就是一个很好的例子。

傅柏翠,1896年生于上杭县蛟洋乡的一个地主家庭,7岁上私塾。1911年考入福建

---

① 《流氓问题——四军前委、闽西特委联席会议决议》,1930年6月,见中共龙岩地委党史资料征集领导小组编:《闽西人民革命史文献资料》第三辑,内部资料,1981年12月,第326页。
② 《流氓问题——四军前委、闽西特委联席会议决议》,1930年6月,见中共龙岩地委党史资料征集领导小组编:《闽西人民革命史文献资料》第三辑,内部资料,1981年12月,第326页。
③ 《流氓问题——四军前委、闽西特委联席会议决议》,1930年6月,见中共龙岩地委党史资料征集领导小组编:《闽西人民革命史文献资料》第三辑,内部资料,1981年12月,第326页。
④ 《流氓问题——四军前委、闽西特委联席会议决议》,1930年6月,见中共龙岩地委党史资料征集领导小组编:《闽西人民革命史文献资料》第三辑,内部资料,1981年12月,第326页。

高等预科学校,同年加入同盟会。1914年,入日本早稻田大学法政科。1917年毕业后回家乡,在家乡办起了律师事务所形式的"法学社",专替穷苦百姓办理法律诉讼,与社会上的恶势力和官府衙门做对。当时,闽西驻有北洋军阀福建陆军第三师,在所驻各县滥派军饷军需,地方上怨声载道。上杭县知事程道华在军阀的袒护下,贪污公款上万银洋,激起绅民公愤,不断有人找傅柏翠,要"法学社"予以支持。他联合一批热心惩恶的绅民,暗中查实程知事的贪污事实,上告省里,将这个贪官扳下了台。接着,傅柏翠又与一些人乘胜追查上杭中学校长丘嘉谟任知事期间侵吞军需公债五万元的大案。丘为上杭最大缙绅,又倚仗北洋驻军的威势,指挥底下的党羽组成"公民团",大闹县参议院。不少人畏其权势,退出查案。傅柏翠转到中学生中宣传鼓动,激发青年学生起来反对丘某。由于"法学社"以法律手段对丘的贪污事实取证,丘嘉谟最终落得身败名裂的下场。傅柏翠领导群众连续扳倒两个贪官,声名大震。1922年,在闽西地方军阀混战不休的情况下,为了抵御流氓土匪和游兵散勇的侵扰,傅柏翠在乡绅的支持下,组建了地方自卫武装——蛟洋民团。直至1928年夏,这支武装力量最终发展为蛟洋农民自卫军,成为傅柏翠领导蛟洋暴动的基本力量,拥有1000多人。1926年10月,他被委任为国民党上杭县党部主任秘书兼常委,在北伐军从广东出发向湖南、湖北战场扫击的时候,上杭县党部联合工农民众抓土豪游街示众,喊出"拥护共产党"、"拥护三大政策"的口号。翌年的四、五月,闽西的工农运动局势逆转,国民党右派以军队大肆镇压革命民众,傅柏翠紧急躲藏,上杭驻军司令部张榜悬赏这个"极左分子"。

不久,中共福建地下党负责人罗明,秘密来到蛟洋找傅柏翠,与傅相识,建立了私谊。是年8月中旬,南昌起义军由赣入闽,罗明闻讯赶来闽西与起义军接洽,随后再至蛟洋面见傅柏翠。罗明在蛟洋住了多天,通过与傅的多次交谈,动员他加入中国共产党,傅柏翠欣然愿意。

1928年春,傅柏翠在蛟洋及整个北四区开展减租减息的退租运动,自己带头执行。农民们看到傅柏翠共产革命了,群起拥护,纷纷加入农民协会。掌握了乡村政权的农民,很快把豪绅地主的威风打下去了。傅柏翠着手购买武器,拉起数百人的队伍,成为闽西重要的地方实力派人物。

镇守闽西的反动军阀郭凤鸣,眼见蛟洋傅柏翠势力坐大,便连连发兵进剿。第一次开来两个连,被傅柏翠的队伍打退。接着发兵两个营,从连城、上杭两路向蛟洋扑来。闽西的党组织得讯后,派邓子恢、郭伯屏等人赶来协助傅柏翠抵御敌人。傅柏翠在北四区广泛发动群众,以先退山上诱敌深入的战术,夜间频频袭击人生地疏的犯敌。敌人经不起傅柏翠零敲牛皮糖式的打击,狼狈逃去。从此,傅柏翠的名声越传越大。这年7月,傅柏翠应闽西特委要求,率部至永定太平区孔夫乡,协助地方党组织发动了"孔夫暴动"。1928年11月,郭凤鸣组织1个团对蛟洋进行袭击,傅柏翠指挥队伍在北四区的群众配合下,将郭部打得落花流水,大败而逃。从此,郭凤鸣部再也不敢进犯蛟洋。上杭县北部,特别是蛟洋,成了农民的世界。

红四军领导人毛泽东、朱德在转战赣南闽西过程中了解到傅柏翠的情况之后,产生了把傅柏翠争取过来的想法。1929年5月,红四军二度入闽,20日上午抵达连城县境的庙前。此间,红四军虽有向闽西腹地龙岩发展游击的战略意图,但所处的困境可谓不小:前有陈国辉第一混成旅把守,后有国民党军"第二路讨逆总指挥部"一个师紧追不舍,对红军构成随时可至的威胁。面临这种险情,毛泽东、朱德认为必须尽快与中共闽西特委取得联系,以了解敌情和取得地方党组织的各方面支持。

正在朱、毛为之焦虑之时,军部派出的小股侦察队赶来报告:在上杭县古田的游鱼坝,驻有一支数百人的地方武装,为首者的叫傅柏翠。于是,毛泽东在当天中午给傅柏翠写了一信,邀请前来会谈。当晚,傅柏翠赶赴连城庙前,在孔清祠受到毛泽东、朱德的热情接见。毛泽东在说明此次红四军攻打龙岩城的战略意图之后,给傅柏翠安排四项任务:第一,若敌人追来,傅柏翠组织自己的武装起码要阻击敌人四个小时以上;第二,探听敌人消息,看他们继续追赶与否,并将消息及时送到龙岩县委转给红四军前委;第三,赶快将古蛟的地方武装整编为红59团,随红四军行动;第四,后天赶到龙岩与红四军前委会面,接受新任务。

次日,傅柏翠组织了300多人在芋园路两旁举着小彩旗夹道欢送红四军,还专门有人放鞭炮、送茶水。红四军走后,傅柏翠派人探听到消息:敌李文彬已停止追赶,一个团回河田,一个团留在涂坊。上杭的卢新铭部从旧县到了白砂就停滞不前,还向上司报告假称朱毛红军已回赣南了。傅柏翠把侦察所得的情报及时报送给龙岩县委,却被龙岩县委书记谢绍武扣压耽搁了。后来,毛泽东知道了龙岩县委的错误做法,立即下令撤销谢绍武的职务,并给他留党察看处分。

6月8日,在红四军第二次攻占龙岩城后撤出的间隙,傅柏翠领导地方武装配合红四军胜利进行了白砂战斗。之后,毛泽东、朱德在白砂接见傅柏翠。傅柏翠报告了他于5月底在北四区委的支持下,成功将蛟洋和北四区的农民武装精简组编为红军第五十九团,共有380余人,傅柏翠为团长、曾省吾为党代表、罗瑞卿为参谋长,设一个主力营和特务连的情况。毛泽东、朱德商议后,决定将沿途和此次白砂战斗缴获的步枪交给傅柏翠,武装地方赤卫队,同时把缴获来的一批物资转交地方党组织处理。依据毛泽东的吩咐,傅柏翠与北四区区委书记傅希孟一起在蛟洋庄背村的两座祠堂开设了蛟洋红军医院(又称闽西红军后方医院),红四军军部专门拨出一笔经费。

红四军前委在连城新泉期间,决定正式组建红四军第四纵队。红四军三打龙岩城后,第四纵队进驻龙岩,在翁家花园进行编训,使该纵队真正初具规模,总人数达800余人,枪400多支。不久,李任予调二纵队工作,由谭震林任政治部主任。是年9月下旬,红四军攻克上杭以后,第四纵队第七、八支队改为第十、十一支队,十支队支队长张鼎丞、党代表赖连璋,十一支队支队长卢肇西、党代表丰小牛,全纵队共有7个大队,800余人,500多支枪,改由胡少海任司令员,傅柏翠任党代表,谭震林任政治部主任兼纵队党委书记,游端轩任参谋长。从此,第四纵队成为红四军的一支生力军。

在7月下旬召开的中共闽西"一大"上,傅柏翠关于土地、政权及暴动等一些思想主张受到中共闽西特委领导人的批评。在选举中共闽西特委委员中,傅柏翠落选,仅选任中共闽西特委下设的军委委员。9月,在攻打素有"铁上杭"之称的上杭城期间,傅柏翠以上杭县临时苏维埃政府主席名义号召各乡赤卫队参加围城作战,同时,红四军第四纵队也积极参加攻城战斗。21日,红军对上杭城的攻坚战打响。第四纵队一马当先,在数千群众的配合下,登越城墙,最终攻克400年来无人攻破的"铁上杭",守敌一个团的主力基本被歼。红四军进城后,中共闽西特委、上杭县委等机关随后迁入上杭城,先后成立了上杭肃反委员会、上杭县赤卫总队,均由傅柏翠兼任主任、总队长,并以傅柏翠"攻城总指挥"的名义张贴布告,告知城中军民要执行红军保护中小商人利益的政策。

1930年1月上旬,红四军前委决定带领四军离开闽西,返回赣南作战。傅柏翠向毛泽东提出,自己和第四纵队离开闽西后,家乡民众将抵挡不住敌军,要吃大亏,因而不想离开。毛泽东在多次劝说无效之后,就不再强求这位地方实力派人物。红四军撤离闽西后,傅柏翠于1930年春,在闽西苏区的核心蛟洋一带依照苏联农业集体化的方式,组织农民集体耕种。中共闽西特委认为这是破坏苏区的土地革命成果,而傅坚持要搞,双方闹得很僵。3月18日,闽西工农兵第一次代表大会召开,傅柏翠拒不参加,被选为闽西苏维埃政府执行委员兼经济委员会主任后又不肯就职,最终由闽西苏维埃政府主席邓子恢兼任经济委员会主任。

在这种情况下,闽西特委秘书长林一株来到蛟洋,向傅柏翠提出,如果不去参加苏维埃政府的工作,就应该交出武装。傅柏翠一气之下,轰走林一株,同时给邓子恢写了封信,表示极大的不满。邓子恢收到信后,以闽西特委的名义回信加以驳斥,并且把信印发到闽西苏区各地,从而将傅柏翠与特委的意见分歧完全公开化,双方的调和越来越困难。

1930年12月初,中共中央派邓发到闽西主持召开闽粤赣边区党的第一次代表大会。傅柏翠是大会代表之一,但他接到通知后,拒绝出席会议,引起闽西特委领导人的不满。林一株等在中共闽粤赣边代表会议上列举傅柏翠的"十大罪状",指责傅柏翠"对抗土地革命,对抗党组织,犯有重大思想路线错误",大会决定开除傅柏翠的党籍。同时,特委决定取消上杭北四区的苏维埃政权,借以消除傅柏翠的政治影响。

1931年1月,闽西苏区爆发了所谓的肃清"社会民主党"事件,一些受到冤枉的干部逃到蛟洋避难。担任闽西肃反委员会主席的林一株,凭空宣布傅柏翠为"社党"首领,"古蛟地区是社会民主党的巢穴",带领红军新十二军及赤卫队2000人"讨伐"蛟洋。傅柏翠被迫拥兵自卫,指挥所部和北四区的群众加以抵抗,双方对峙了八九天。林一株最终率队退走。

傅柏翠脱离革命队伍后,成为国民党南京政府及陈立夫、何应钦、刘建绪、李济深、蔡廷锴等各派势力争相抢夺拉拢的福建地方实力人物。傅柏翠所苦心经营的"古蛟独立王国"成为彰显一时的"世外桃源"。1931年5月,傅柏翠来到福州。国民党福建省主席方声涛和国民党中央组织部长陈立夫,都想把他拉到门庭下,傅柏翠均未买账,但还是与国民党第十九路军的蔡廷锴拉上了线。在其后的"福建事变"中,傅柏翠曾对红军给予过不小的帮助。

在瑞金的毛泽东了解到傅柏翠的惊变后,曾不无遗憾地对福建省委负责人罗明等人讲到:像傅柏翠这样的地方知名人物,要尽量团结他,绝不能将他往外推!1932年4月,毛泽东随东路军东征经过闽西时,还特意打听了傅柏翠的消息。

傅柏翠是一个地主家庭出身的知识分子,是中共领导下的相对独立的闽西的重要地方势力,不同于一般的收编土匪,他早在1928年6月蛟洋暴动时就已经参与了革命活动,1929年迎接红四军攻打龙岩,对闽西革命根据地的创建做出了重大贡献,红四军第四纵队成立后,成为红军的高级将领。傅柏翠的历史功绩是值得肯定的。但是,由于受到长期地方豪强生活的影响,傅柏翠虽然投身于革命,并且经历了许多斗争的考验,也发生了不小的转变,但是他一意孤行,最终还是难以达到共产党员和红军将领的严格标准,仍然没有完全摆脱私人军队的观念,这是他不能完全融合到革命队伍中的主要原因,也是被推向敌对阵营的重要原因。闽西特委和后来的闽粤赣边特委采取惩办主义的做法,将傅柏翠开除出党,致使其最终脱离革命队伍,北四区成为他的"独立王国",造成了革命事业的重大损失,这一历史教训是深刻的。

第六节 正确对待知识分子 发展苏区社会事业

知识分子是知识和文化的主要掌握者,是发展科教文卫事业不可或缺的力量,也是我党重要的统战对象。关于知识分子的重要性认识,党对此不是天生的,不是一蹴而就的,而是在革命实践中逐步提高的。

早期的共产党人认为,由于知识分子没有独立的经济基础,因此也就缺乏坚定的阶级性,这反映到革命斗争中即表现为他们的两面性,既有革命性,又有软弱性与动摇性。通过阶级分析方法,党在大革命时期在知识分子的阶级属性问题上已达成了共识。

大革命的失败,是党的知识分子政策发生变化的一个转折点。对于这次失败,党内进行了广泛的讨论与深刻的总结,其中的一个结论就是党内机会主义者的领导是大革命失败的主要原因,而知识分子的广泛加入又是机会主义产生的主要根源。在这一结论下,党内对知识分子的软弱性、动摇性以及非无产阶级意识的批判开始升级,从而直接影响到党对知识分子政策的制定。土地革命时期,闽西苏区党和苏维埃在对待知识分子的问题上,虽然不可避免地受到了王明"左"倾路线的影响,但是总的来看,以统一战线的指导思想和方略为前提,尊文重教,尊重人才,成为主流,苏区科教文卫事业得到长足发展。

一、制定正确的知识分子政策

随着南昌起义、秋收起义及广州起义的失败,共产党不得不将革命的重心转入到农村,并逐步调整不合时宜的各项政策。1927年11月,中共中央在《关于最近组织问题的重要任务决议案》中就指出：由于多数共产党的领导干部既不是工人，也不是农民，而是小资产阶级知识分子的代表，他们加入党的组织后，不仅没有将自身改造为彻底的无产阶级革命家，反而将他们政治上的不坚定、不彻底、不坚决的态度带到了组织内，使党的肌体受到侵害。因此，为了保证革命的顺利发展，中共中央决定实行将工农分子的新干部替换非无产阶级的知识分子之干部政策。对于这一政策，各级党委给予了坚决的贯彻与执行。但是，在落后的革命环境中，党的"干部工农化"政策在各根据地逐渐演变成一场广泛的"去知识分子化"运动，其结果是知识分子在党的领导层及组织中的数量急剧减少。

面对各地狂热的"去知识分子化"运动，党的领导层特别是毛泽东却保持了一种冷静与客观的态度。1928年7月10日，中共中央在《关于组织问题草案决议》中指出："党在继续这种工作当中，同时应该纠正有些党组织，对这一问题的曲解，曲解到对非工人出身的同志，一定要免职。这些决议是完全不对的，如以为每个知识分子一定要做出机会主义的错误，而每个工人一定能定出正确的布尔什维克的路线的观念，也是不对的。"

1929年2月，中央在批复福建省委关于"闽西斗争的经验教训问题"的信中批示道："不错，知识分子多是小资产阶级出身，轻易动摇，但有些知识分子的确能很正确的反映无产阶级的意识，所以我们在批评中不应当笼统地将一切责任归诸知识分子，而应详细的分析他们的社会关系，指出他们所以动摇的原因，以免同志看后发生反知识分子的倾向。"①中央的这一态度转变，确实在一定程度上影响了各根据地的知识分子政策，其中就包括1929年初毛泽东牵头制订了红四军关于知识分子的政策。这个政策是基于毛泽东组织旧式知识分子如农村私塾先生等对革命认识的调查基础上，逐步提升的。

1929年3月，为了更好地指导革命斗争，红四军进驻汀州城后，毛泽东在前委委员和长汀县委的协助下，在驻地"辛耕别墅"召开了老裁缝、老佃农、钱粮师爷、老教书先生、老衙役和流氓头目等社会上有代表性的六种人员座谈会。经过调查，摸清了长汀的政治、经济状况和民情风俗，对闽西的状况有了进一步的了解，为红军制定适合当地情况的斗争策略提供了依据。在此前后，红四军颁发了《告商人及知识分子》文告。

文告首先介绍了我党关于"民权革命"的三大任务，"第一个，打倒帝国主义。不许洋人在中国逞凶，中国归中国人管，不许洋人支配中国；第二个，打倒地主阶级，废止收租制度，田地平分与农民；第三个，打倒国民党政府，建立工农兵政府"。②

接着，在文告中，红四军重申了我党对于知识分子阶级属性的确定，即"半殖民地的小资产阶级"，分析了当前的国内形势，指出知识分子的出路，"也只有参加工农革命"。而中国共产党关于知识分子的政策是，"知识分子者肯参加革命，工农阶级均可收容他

---

① 《中共中央给福建省委信——关于闽西斗争的经验教训问题》，1929年2月5日，见中共龙岩地委党史资料征集领导小组编：《闽西人民革命史文献资料》第二辑，内部资料，1981年12月，第10页。

② 红军第四军军党部：《告商人及知识分子》，1929年3月，古田会议纪念馆文物，F172。

们,依照他们才干的大小,分派他们相当的工作。红军政治部正在招收大批政治工作人员,那些能够刻苦耐劳勇敢奋斗的革命的学生们教职员们,均可加入红军来做政治工作"。①

最后,《告商人及知识分子》文告号召"学生起来帮助工农阶级",欢迎"革命的知识分子加入工农革命的队伍里来"、"革命的知识分子加入红军政治部"。② 这些政策为知识分子指明了出路,为红军发动更多的知识分子和工农大众理解、支持和参加革命打下了良好的基础。

无疑,毛泽东和红四军在闽西发布《告商人及知识分子》文告中,所体现出的关于知识分子的政策,无疑是对此前各地狂热的"去知识分子化"运动的一种积极的自我纠偏,其效果相当明显。

中国共产党领导的统一战线,是团结一切爱国的阶级、阶层、党派和集团,包括当地那些著名的各方人士,而结成的政治联盟。在某种范围或某一时期,将一个著名人士争取过来,使之站到了民主联合阵线一边,成为不可多得、贡献卓著的栋梁之材,将给党的利益和革命事业带来莫大的帮助。而这些人士,一般都是知识分子。

毛泽东在汀州统战著名医生傅连暲,使之从旧社会基督教知识分子成长为中国工农红军卫生事业创建者、新中国医疗卫生战线领导人,无疑是贯彻红四军关于知识分子政策的典范。

傅连暲,字日新,清光绪二十年(1894年)八月十五日生于汀州城,少年时考入基督教会办的福音医院附设之亚盛顿医馆,学习西医,成为基督教徒。1915年冬毕业后,被聘为留院医生,后被聘为汀属各县旅行医生,到汀属各县行医,以医术高明、医德高尚,渐负盛名,不久被推举为汀州红十字会主任医师。1920年后,又兼任亚盛顿医馆教员。1925年"五卅"惨案爆发,福音医院英国院长慑于汀州反帝国主义运动的声威,逃离汀州。在汀州各县民众的拥戴下,傅连暲出任福音医院院长。1927年8月,周恩来、贺龙等率领南昌起义军南下,傅连暲腾出福音医院病床,发动汀城所有医务人员成立"合组医院",为起义军300余名伤病员治疗。起义军营长陈赓腿部负重伤,按常规应进行截肢,傅连暲出于对这位青年营长的同情和爱护,决然采取保守疗法,避免截肢,经过精心治疗,终于将他的伤腿治愈。其余多数伤病员,也在他的医治下短期内康复归队。1929年3月,红四军首次入闽期间,时值汀州城天花流行,红军中出现天花病人。傅连暲征得毛泽东、朱德的同意,及时为红军普种牛痘,预防了天花病在红军中蔓延。后来,傅连暲根据毛泽东的建议,在福音医院内创办工农红军看护学校、中央红色医务学校,并亲自讲授药物学、诊断学、急救学等课程,为红军培养了大批医生、护士。1933年初,傅连暲将整个福音医院和自己的全部家产献给工农革命事业,把福音医院从汀州迁往瑞金杨岗下,创立中央红色医院,他被任命为院长。《红色中华》为此表彰他为"苏区第一个

---

① 红军第四军军党部:《告商人及知识分子》,1929年3月,古田会议纪念馆文物,F172。
② 红军第四军军党部:《告商人及知识分子》,1929年3月,古田会议纪念馆文物,F172。

模范"。1934年9月,毛泽东在于都患急性疟疾,一连3天不进饮食。傅连暲闻讯后,星夜赶往于都抢救,使毛泽东转危为安。10月,主力红军被迫撤离中央苏区,开始长征。傅连暲随部队出发,一路上他克服重重困难,为伤病员急救医伤,为周恩来、朱德等领导人治病保健。在保障红军胜利到达陕北的征途上,他尽到了医生最大的职责。新中国成立后,傅连暲被授予中将军衔。傅连暲的转变成长,既是旧知识分子追求真理,以爱国主义热情投身革命的典范,也是众多的中国共产党人以统战的伟力,推动他走上革命道路的结果。

随着革命形势的不断发展,各根据地的巩固与建设越来越需要知识分子的参与。对此,苏维埃临时中央政府在瑞金成立之后,即对以往的"去知识分子化"运动进行了纠偏,并使党的知识分子政策朝正确的方向过渡。但是,限于对知识分子阶级属性的认识,各苏区内部的"吃知识分子"现象仍一定程度上存在。这一状况,直接影响到苏区的革命与建设。闽西的个别地方苏维埃政府,往往因负责人的文化程度太低,认识问题太肤浅,对于上级的命令和文件,多半不能了解,也就不能执行;或者政府本身的日常工作,不能有计划的推动和进行,甚至连本地方的具体问题都不能解决,因此大大减少了苏维埃政府的威信和作用。全国其他苏区也普遍存在类似的问题。在这种形势下,如何培养无产阶级知识分子的问题就提上了议事日程。鉴于各级苏维埃政权都是属于工农联合专政,因此,中共中央特别强调,要求采取一切的手段与方法来培养无产阶级的知识分子。

在如何来培养无产阶级知识分子的问题上,《中华苏维埃共和国宪法大纲》明确指出:中国苏维埃政权以保证工农劳苦民众有受教育的权利为目的,在进行国内革命战争所能做到的范围内,应开始施行完全免费的普及教育,首先应在青年劳动群众中施行,并保障青年劳动群众的一切权利,积极引导他们参加政治和文化的革命生活,以发展新的社会力量。但是,新的知识分子并不会从天而降,而是需要一个较长的过渡阶段。1933年9月,临时中央政府指出:"为了发展苏维埃文化教育工作,为了养成工农自己的知识分子,旧的知识分子(不论他的出身是地主或富农)的利用是绝对必要的。要能成功的去利用旧的知识分子,也正依靠我们对于培养无产阶级的知识分子解决的程度而决定。"①实际上,在当时的历史情境下,也只有团结和利用旧的知识分子,才能将文化、知识、专业、技能等从旧知识分子的手中逐渐地转移到无产阶级知识分子的手中。为了保证旧知识分子能够坚定地为新政权服务,苏维埃政府强调要利用政权与群众力量对它们进行批评与监督,以推动对旧知识分子的改造。

中央苏区作为一个历史上前所未有的崭新社会,苏维埃建设的各项事业,都离不开拥有知识的专业人才。对于这一点,苏区党和红军是非常清楚的,在"只有苏维埃政府,才是真正爱惜人才的政府"的响亮口号下,中共苏区中央局和中华苏维埃临时中央政府,制定了广泛招收专业技术人才,优待知识分子的政策,将大量的专业人员吸引到苏

---

① 张闻天:《论苏维埃政权的文化教育政策》,《斗争》第26期,1933年9月15日。

维埃来,发挥他们的专业才干,为苏维埃事业服务。

为了求得具有专业特长的技术人才,中华苏维埃临时中央政府专门发布了《征求专门技术人才启示》,郑重地宣布:"凡白色区域的医师、无线电人才、军事技术人才,同情苏维埃革命而愿意来者,请向各地共产党组织及革命群众团体接洽,并填写履历,转询中华苏维埃共和国中央政府内务人民委员会,即可答复并谈判条件,于订立合同后,护送入苏区。"①1933年9月,中共中央局常委、宣传部长张闻天在《斗争》上发表文章,论述了苏维埃的文化教育政策:"我们苏区在革命以前是一个文化落后的区域,然而旧的知识分子一直到现在还有不少。这些知识分子现在大都隐藏不出,或者做些体力劳动,或者摆小摊头过活……我们不但应该尽量地用这些知识分子,而且为了吸收他们参加苏维埃政府的文化教育工作(其他工作也是如此),我们还给他们以优待,使他们能够安心地为苏维埃工作。"②

1933年10月23日,中央苏区教育大会在瑞金召开。凯丰代表中华苏维埃政府在大会上阐述了党和苏维埃对知识分子的政策,首先表明了苏维埃政府的态度,"苏维埃政府是工人和农民的政府,它吸引一切愿意为苏维埃服务的人才——旧的教员、专门家,旧的知识分子以及各种自由职业家来工作"。

接着,凯丰阐释了苏维埃对知识分子的政策,"这里我们应该说知识分子不是一个阶级,他们中有各阶级不同的出身。对于那些从地主富农资产阶级出身而愿意为苏维埃工作的知识分子,苏维埃应当维护他们的生活,在可能的必要条件之下,可以给他们相当的薪水……对于中农和贫苦阶层出身的知识分子,我们应当争取他们完全站在苏维埃方面来,愈是这些分子接近我们,我们团结知识分子的工作愈能顺利进行"。可见,党这一时期对知识分子政策进行了调整,使这一政策比以往积极了许多,也进步了许多。

针对有人对苏维埃的知识分子政策产生误解,凯丰解释说:"有人说我们利用旧的知识分子,只能利用他们做技术工作,不能利用他们做负责工作。一般的这样说是不正确的……我们可以而且有必要吸收他们参加地方和中央的负责工作。"

1934年1月,毛泽东在第二次全国苏维埃代表大会上的工作报告中,更加肯定道:"为了造就革命的知识分子,为了发展文化教育,利用地主资产阶级出身的知识分子为苏维埃服务,这是苏维埃文化政策中不能忽视的一点。"③

中央苏区时期党和苏维埃在对待知识分子的问题上,虽然不可避免地受到王明"左"倾"路线的影响,但是总的来看,以统一战线的指导思想和方略为原则,尊文重教,尊重

---

① 《征求专门技术人才启示》,厦门大学法律系、福建省档案馆选编:《中华苏维埃共和国法律文件选编》,江西人民出版社1984年版,第8页。
② 张闻天:《论苏维埃政权的文化教育政策》,《斗争》第26期,1933年9月15日。
③ 毛泽东:《在第二次全国苏维埃代表大会上的工作报告》,1934年1月,《毛泽东选集》一卷本,人民出版社1964年版,第116~121页。

人才,成为主流。

二、社会事业全面发展

苏区时期,闽西党组织和苏维埃政府采取各种手段,充分调动知识分子的积极性,在社会事业方面,特别是文化教育、医疗卫生、体育事业等方面,取得了全面发展。

(一)文化事业

"文化工作是提高和涵养群众的革命情绪的一个最好办法",是"革命的一道重要防线"。① 闽西苏区各级党和政府在抓紧经济建设的同时,注重抓苏区文化建设,把苏区文化重要性拔到新的认识高度。

1929年,长汀、永定、龙岩、上杭等县苏维埃政府先后设置了文化建设委员会,领导文化建设。1930年3月18日,闽西苏维埃政府宣告成立,政府下设文化建设委员会,委员7人,委员会下设文化建设部,林一株为部长。在1932年3月福建省苏维埃政府教育部设立之前,负责苏区的文化、教育工作。闽西苏维埃政府规定,在闽西文化建设委员会领导之下,"区政府县政府应组织文化委员会,计划各种文化教育之进行"。②

从事文化教育活动,离不开知识分子。为此,闽西苏区政府积极举办小学教员训练班。为了加强对知识分子的政治引导与统战工作,1930年3月,闽西第一次工农兵代表大会规定各地教员要经过政府审查批准。

闽西苏区政府还重视倡导组织群众文化团体,如俱乐部、新剧团、列宁室、阅报社等,使群众积极参与投入到苏区文化建设上去,其中俱乐部影响最大。

俱乐部是苏区文化活动的重要阵地,是"广大工农群众自我教育的组织,是苏维埃社会教育的重要组织之一。俱乐部的一切工作,都是为着动员群众响应苏维埃每一号召,为着革命战争,凡是苏维埃公民都得加入他所在地方的俱乐部"。闽西第一次工农兵代表大会通过决议,要求"各区乡应尽可能开办阅报社、俱乐部"。③ 共青团闽西特委对俱乐部问题规定更为具体:"①各乡要设一俱乐部,找定地点,搜集全乡乐器,集中在一个地方,并且团委派专人去负保管责任。②俱乐部要搜集各种宣传品,供人阅览。③团每天要派同志或青年群众去做宣传,或谈笑话故事。④一区要有比较大规模的俱乐

---

① 《共青团闽西特委各县宣传科第一次联席会议决议案》,1929年12月26日,见中共龙岩地委党史资料征集领导小组编:《闽西人民革命史文献资料》第二辑,内部资料,1981年12月,第343页。

② 《闽西第一次工农兵代表大会文化问题决议案》,1930年3月25日,见中共龙岩地委党史资料征集领导小组编:《闽西人民革命史文献资料》第二辑,内部资料,1981年12月,第187页。

③ 《闽西第一次工农兵代表大会文化问题决议案》,1930年3月25日,见中共龙岩地委党史资料征集领导小组编:《闽西人民革命史文献资料》第二辑,内部资料,1981年12月,第187页。

部,经常开娱乐会。"①

于是,闽西各地纷纷创办俱乐部,例如,上杭才溪乡有俱乐部2个,工作人员50多人,并成立了一个有30多人的新剧团,长汀红坊乡有俱乐部2个,工作人员40人。俱乐部一般设有演讲股、游艺股、文化股,"每一俱乐部之下,按照伙食单位(或村庄)成立列宁室,每一列宁室至少须有识字班、图书室及墙报"。1933年6月,中央教育部颁布《俱乐部的组织和工作纲要》,规定了俱乐部的六项工作:(1)政治讲演会或谈话会,(2)科学演讲会和谈话会,(3)读报和讲报的工作,(4)运动和游艺,(5)出版墙报,(6)演戏及化装演讲等。

俱乐部的不断发展和完善,迅速地推动了苏区群众文化的开展,极大地促进了苏区文化及教育、体育等其他各项事业的发展。《红旗》第78期刊载定龙的文章,生动描述了闽西苏区以俱乐部为中心的群众文化繁荣景象:"它的作用不但供群众游玩,而且是教育群众最好的地方。四周墙壁贴满了标语与画报","每晚有人做政治报告,有人讲故事,说笑话,演新剧,唱歌,呼口号。此外还有各式各样的乐器。全乡男女老幼每晚相聚一堂,欢呼高歌,真是十分热闹"。②毛泽东在全苏第二次代表大会上也充分肯定了俱乐部的成绩,认为"农村中俱乐部运动,是在广泛发展着的"。③

闽西苏区文化建设委员会引导知识分子,开展革命歌谣创作活动。邓子恢、张鼎丞、阮山、范乐春、卢肇西、刘永生等许多闽西革命斗争的领导人,本身也是出身贫苦的知识分子,他们带头积极参与,在这场新兴的苏区革命歌谣运动中极力呐喊,起了旗帜和鼓手的先锋作用。当时担任上杭县委宣传部长的邓子恢非常重视利用人民群众喜闻乐见的山歌形式进行革命宣传,被称为"山歌部长"。

1934年,共青团苏区中央局机关报《青年实话》从大量的闽西苏区革命歌谣中选择了65首编辑为《革命歌谣选集》,其序言称"它道尽了农民心坎里面要说的话,它为大众所理解,为大众所传颂,它是广大民众所欣赏的艺术"。④

此外,闽西苏区的戏剧创作、新闻出版也活跃起来,为文化、教育的开展奠定了坚实的基础。

(二)教育事业

革命暴动之前,在闽西总人口中,文盲占80%,闽西教育之落后可见一斑。革命后,苏区人民在进行政权建设和经济建设的同时,积极开展文化教育建设,开办各种学校,"造就各种人才"。

苏区教育是在"一切给予战争,一切服从战争"的艰苦环境下不断发展起来的。上

---

① 《共青团闽西特委第一次执行委员会决议案》,1929年12月13日,见中共龙岩地委党史资料征集领导小组编:《闽西人民革命史文献资料》第二辑,内部资料,1981年12月,第326页。
② 定龙:《闽西的土地革命》,《红旗》第78期,1930年2月22日。
③ 毛泽东:《在第二次全国苏维埃代表大会上的工作报告》,1934年1月。
④ 《革命歌谣选集》,《青年实话》1934年1月6日。

杭县各区文化委员联席会通过的决议指出,"教育宗旨:扫除资产阶级的教育,彻底肃清残余思想,灌输革命的无产阶级文化,创造无产阶级文学,用马克思列宁主义来武装工农群众的头脑,造成大批革命模范人才,为推翻资本主义制度,争取苏维埃胜利而奋斗"。1930年7月23日,闽西苏维埃政府文化部教育委员会召开第二次全体会议,明确了苏区目前的教育方针是:

(1)养成在革命环境中所需要的革命干部人才。

(2)社会教育:普遍而深入地提高群众的阶级觉悟、政治水平、文化程度。

(3)儿童教育:采取强迫性的教育,凡6至11岁的儿童有必须受小学教育的权利和义务。施教方针为以养成智力和劳动力作均衡之发展为原则,学习与劳动相统一。

根据这一方针的指引,闽西苏区教育事业迅速发展,苏区大地出现了"区区有高级小学,乡乡有初级小学"的大好形势,呈现出一派"男女老少学文化,村村处处读书声"的繁荣景象。对儿童实施免费的义务教育和强迫性的教育,是闽西苏区执行的一项重要教育政策,也是苏区小学教育迅速发展的一个重要原因。但是,随着教育的发展和战争的扩大,苏区经济愈加困难,教育经费更显得缺乏,苏区政府因而提出政府领导、社会办学的指示精神,"教育经费过去所规定由土地税中抽出20%,应坚决地做到,用来做学校教育基金,不敷时向富农募捐,不过,主要还是要使群众自动起来关心学校,爱护学校,大家热烈捐助学校经费"。这样,通过政府拨款、群众募捐、富农摊派等多种渠道,有效解决了教育经费问题,另外还建立起创历史新意的教育基金,为发展苏区教育事业奠定了基础。

革命根据地逐渐形成之后,受尽无文化之苦的广大苏区工农群众强烈要求得到受教育的机会,渴望获得必要的文化知识,苏维埃政府也充分认识到在艰苦的革命战争情况下,必须使用一切方法和手段教育群众、宣传群众,提高群众的阶级觉悟和文化水平,使工农群众充分认识到革命的性质和意义,认识到保卫土地革命胜利果实的重要性,从而鼓动他们更加积极地参加革命斗争,更加自觉地为革命战争服务。因此,苏维埃政府千方百计克服困难,满足群众要求,大力倡导以扫盲为中心任务的社会教育,让广大工农群众真正成为教育的重要对象。

1930年8月,闽西苏维埃政府文委会召开第八次会议,决定开展扫除文盲运动,要求各县区乡厉行减少文盲运动,指出学校应定出一周为"减少文盲运动周","在此周中应张贴标语、演讲、组织十人识字团及其他一切方法,足以减少文盲者"。于是,苏区内党、政、军机关及团体、学校纷纷响应号召,设立了各种消灭文盲协会组织,如在乡、村苏维埃政府内设立识字运动委员会,在学校、俱乐部、列宁室、共青团和少先队组织内成立消灭文盲协会。苏区扫盲运动广泛开展起来,轰轰烈烈,形式多种多样。

为了适应革命斗争和地方武装力量发展的需要,为了提高部队的文化水平和军事素质,培养造就军事干部成为一项重要而紧迫的任务。1929年7月,中共闽西"一大"决定"建立和扩大闽西红军,开办红军学校,训练干部人才"。① 1930年初,在红四军随营学校的基础上,在龙岩创办了闽西红军学校,校长谭熙林、政委邓子恢,第一期招收学员200人,学习4个月后,毕业分配到红军中去工作。3月初,闽西红军学校改名为福建红军学校,并着手招收第二期学员400名。4月10日,中共中央同意将该校改名为"中国红军军官学校第一分校",12月因龙岩受侵扰,该校撤出龙岩迁至大池,改名为彭杨军事政治学校第三分校,校长萧劲光、政委张鼎丞。1931年春,第三分校又搬到永定虎岗,7月又迁至上杭白沙,9月初复迁入长汀县城,同月迁往江西瑞金,后与一、三军团随营学校合并成立了中央军事政治学校。该校主要培养排、连级干部。此外,在闽西苏区还创办了福建军区随营学校,主要培养地方武装干部,学员分配到部队或地方后都发挥了骨干作用。

为了培养师资力量,闽西苏区还注重抓好教育战线人才的培训,积极开展在职教师的轮训,每年暑、寒假,各县区都分别举办教员训练班,时间一般为20~30天,同时在闽西各地出现了培养教师的列宁师范学校,1929年10月,上杭县苏维埃政府首先提出开办列宁师范学校,造就教师人才。1930年7月,闽西苏维埃政府在龙岩创办了闽西列宁师范学校,闽西列宁师范学校是一所初级师范学校,主要是为了培养能运用新的教育、教学方法,从事实际的普通教育、社会教育的干部和教员,以短期培训为主,修业时间为6个月,在特殊情况下可缩短时间,一般至少在3个月左右。列宁师范这种短期速成、理论联系实际、学以致用的办学方式,为闽西迅速发展的教育事业解决了师资短缺的难题。

此外,闽西苏区党和政府还选送了一批工农群众、基层干部,分别到红军学校、共产主义大学、苏维埃大学、列宁师范学校、高尔基戏剧学校学习,大批地为革命输送了各类干部和人才。

(三)医疗卫生事业

闽西苏区党和政府重视发展卫生事业,强调"苏区的卫生运动,是为了解除群众的切身痛苦,为了增强革命的战斗力,是苏维埃战斗任务的一部分",要求卫生运动"天天做,月月做,年年做,家家做,村村做,乡乡做"。

1930年3月,闽西第一次工农兵代表大会通过的《建设问题决议案》指出:"各区乡政府要设立公共看病所,由政府聘请公共医生,不收医费。"②各级政府文建委员会直接领导卫生工作,后来,苏区政府还单设有卫生科,并在各区、乡、村以及机关、部队、学校

---

① 《中共闽西第一次代表大会之政治决议案》,1929年7月,见中共龙岩地委党史资料征集领导小组编:《闽西人民革命史文献资料》第一辑,内部资料,1981年12月,第140页。

② 《闽西第一次工农兵代表大会宣言及决议案之建设问题决议案》,1930年3月25日,见中共龙岩地委党史资料征集领导小组编:《闽西人民革命史文献资料》第三辑,内部资料,1981年12月,第187~219页。

都成立卫生委员会,卫生委员会之下设立卫生小组,按村民住所情况,四五或七八家编成一个卫生班,规定5天大扫除一次,住所厅堂不放灰粪,房前屋后水沟常清理,禁吃霉烂食物。同时,家与家、组与组、村与村、乡与乡、区与区,以至县与县、机关与机关、部队与部队之间展开激烈的卫生竞赛,优胜者奖锦旗、登报纸、上红榜,并给予物质奖励;落后者批评,限期改正。

苏区时期,闽西经济文化落后,百姓文化水平低,卫生观念淡薄,卫生状况极为恶劣。加上国民党的经济封锁,缺医少药的情况十分严重,对红军战斗力和工农群众的生命健康造成了巨大威胁。发展苏区医疗卫生科技,培养医疗卫生科技人才,成为摆在党和政府面前的重大课题。

闽西苏区通过自主培养与争取、团结旧医疗技术人员相结合,以满足医疗卫生队伍建设的人员需求。当时,闽西苏区医疗卫生人员的来源主要有:中央派到苏区的、同情革命投奔红军的、用重金聘请的、从俘虏人员中留下的,这些都是当时医疗卫生队伍的技术骨干,但人数极少,根本不能满足救助需求。为解决这一问题,毛泽东明确提出要发展医药学教育,培养大批自己的医疗卫生人才,并将建设较好的红军医院,兴办根据地的医疗卫生事业列为我党工作的重要内容。

1931年到1933年,傅连暲在医院开设了中央红色护士学校和中央红色医务学校,为红军培训护士60名,并为红军采办药品、医疗器械等。1933年福音医院更名为"中央红色医院"并迁往江西瑞金,同瑞金红色医务学校合并组建为中央红色医院。而中央红色医务学校则于1933年10月迁往瑞金,组建了新的中国工农红军军医学校。中国工农红军卫生学校是中央苏区时期最重要的一所医务学校,是中国共产党领导下开展医学教育的一面旗帜。据统计,截至1934年10月,红军卫生学校共培养了军医班学生181人,药剂班学生75人,看护班学生300人,研究班学生7人,保健班学生123人,共有686名毕业学员被分配到各战斗部队和根据地工作,大大缓解了红军部队和工农群众求医救治的困难。

(四)体育事业

闽西人民素有练武强身的历史传统,出现了拳术馆、国术馆等民间的群众性练武组织。在土地革命初期,闽西党组织的创建者邓子恢、张鼎丞、郭滴人等人就亲自组织过拳术馆、"铁血团",训练出一批既有强健体魄,又有杀敌本领的武装骨干,在革命暴动中发挥了积极的作用。革命根据地初步形成以后,苏区报刊经常刊载宣传体育运动的文章,报道开展体育活动的消息。文化部门、群众团体紧密配合,编写了不少宣传体育运动的歌曲。在学校,体育被作为重要教学内容之一。如《群众读本》道:"读书要紧,作工要紧,运动也要紧。整天没有运动,读书不好,身体健康也难保。"苏区妇女也不甘落后,积极参加体育活动,许多妇女成了体育活跃分子。

闽西苏区的广大军民因地制宜,因陋就简地开展内容丰富的体育运动,每逢重要纪念日或重大集会,苏区各地经常举行规模不等的体育大检阅或运动会,开展体育竞赛活动。竞赛除了田径、体操、球术等体育项目外,还结合有军事、政治、游艺和文化知识等方面的内容,通过竞赛,检阅各部门、各方面的工作,着力于全面提高军民的军事、政治和文化素质。体育竞赛还大大密切了军民关系,每当红军部队召开运动会,地方政府和群众总是送去慰问品,而军队也经常邀请地方武装、少先队、儿童团参加他们的竞赛活动,互相切磋,共同提高。

闽西苏区的体育竞赛活动的形式和规模,随着苏区的发展而变化,从1930年3月至1932年3月,共举行过十余次体育竞赛,由区、县、省、中央等各级政府分别组织领导。在福建省苏维埃政府未成立前,体育竞赛活动多数由县、区、乡组织,规模较小,竞赛项目也较少。龙岩县龙池区、湖邦区,上杭县太拔区、才溪区,长汀县河田区都举办过区级运动会,其中1930年5月23日至24日举行的龙池区运动会,由于领导重视,筹备工作做得扎实,所以开得很成功,秩序井然,运动员情绪高昂,得奖人数较多,体现了苏区体育运动的群众性。

苏区体育运动的具体组织机构主要是各级俱乐部。俱乐部内设立管理委员会,下设运动、游艺、集会、出版、展览委员会,组织较简单的俱乐部在管委会之下设演讲、游艺、文化股。其中游艺股主要负责组织各种体育运动的开展和体育游艺的竞赛。乡村俱乐部还须按伙食单位或村庄建立列宁室,配备运动场或游艺室设备。

闽西苏区体育也是服从服务于革命战争的,其目的是实行军事化,体育运动与军事训练紧密配合,体育运动和竞赛项目偏重军事训练。如1932年5月的武平全县体育总检阅,主要项目就是军事方面的,包括步法、举枪动作、刺杀、打靶,还有野外演习,爬山占领山头,攻克碉堡等等。同年的福建省少先队大检阅,主要检阅项目是军事操、野外演习、步法、举枪动作、刺枪等。1933年福建省赤色体育运动大会以及福建省第二次游艺体育运动大会都有许多军事方面的竞赛项目。

1933年秋,中央苏区中央局提出了"提高军事技术"与"体育军事化"的口号,指出:"提高军事技术,必须发展体育运动,锻炼强有力的健全身体,比如刺杀与投掷手榴弹的熟练与准确,是争取最后胜利的保证。"[1]1934年1月,毛泽东在第二次全国苏维埃代表大会上报告指出:"为着革命战争的胜利,为着苏维埃政府的巩固与发展,为着动员民众一切力量,加入于伟大的革命斗争,解除反动阶级所加在工农群众精神的桎梏,而创造新的工农的苏维埃的文化。"[2]

在党和政府的领导、支持下,通过团结和依靠知识分子,发挥知识分子的作用,闽西苏区的文化、教育、卫生、体育等各项社会事业都得到了蓬勃发展,反过来在一定程度上支援了苏区革命斗争,推动了苏区其他事业的发展。

---

[1] 《红色中华》1933年7月29日。
[2] 毛泽东:《在第二次全国苏维埃代表大会上的工作报告》,1934年1月,《毛泽东选集》一卷本,人民出版社1964年版,第122~127页。

第七节 "左"倾错误严重危害统战工作

1931年1月,中国共产党在上海召开六届四中全会,王明等"左"倾冒险主义者在共产国际代表米夫的支持下,以批判三中全会的所谓对于"立三路线"的"调和主义"为宗旨,强调反对"党内主要危险"的"右倾",决定"改造充实各级领导机关"。由于得到米夫支持,王明不仅被补选为中央委员,而且成为政治局委员,使得以王明为代表的"左"倾冒险主义在党中央领导机关内取得了统治地位。

王明"左"倾冒险主义特别突出地表现为教条主义。他们混淆民主革命与社会主义革命的界限,企图一举夺取社会主义革命的胜利;他们否认中间力量的存在,认为国民党各派和中间派都是"最危险的敌人",要一切斗争,整个地反对;他们推行"城市中心论",要求红军去占领城市,反对毛泽东在农村积蓄力量,以农村包围城市,最后夺取全国胜利的正确道路;他们打着"反右倾"的旗号,实行宗派主义,对不同意他们错误主张的同志进行残酷斗争,无情打击。在上述错误主张指导下,国民党统治区内党的工作出现了一片混乱,由于"左"倾冒险主义和关门主义的主观蛮干,使党在组织上和工作上都受到严重损失。至1935年,国民党统治区内的党组织除少数地方外都已破坏殆尽。在中央苏区,他们排斥毛泽东对中央根据地党和红军的正确领导,推行"左"倾冒险主义方针。在第五次反"围剿"中,他们放弃积极防御的方针,反对"诱敌深入",实行进攻中的冒险主义,主张"御敌于国门之外",去攻打敌人的坚固阵地。失败后,又转而实行防御中的保守主义,结果导致第五次反"围剿"的失败,中央红军受到了极大损失,不得不开始战略性的大转移,进行长征。

在闽西贯彻王明"左"倾冒险主义的前后,闽西苏区的统一战线工作既取得了重大的成就,也遭受过严重的挫折。一方面是"左"倾中央把指挥棒伸到中央苏区,对党在统一战线方面的工作形成干扰;另一方面是毛泽东、周恩来等人在实际中坚定地抵制"左"倾机会主义,在可行范围内实行统一战线的策略。因此,这两方面情形的存在,决定了一种矛盾的对立和斗争。

反"右"防"左",凝聚力量,是闽西苏区统一战线工作的一个宝贵教训。在党的统一战线工作中,必须保持清醒的政治头脑,严格区分敌我。

一、"肃社党"事件的严重危害

1931年,在贯彻王明"左"倾错误前后,闽西苏区开展了一场肃清"社会民主党"的运动。

1930年下半年,闽西红军连续出击东江失利,龙岩、汀州、永定、坎市等主要城镇陷落,使闽西苏区一时处于十分紧张和不利的状态,国民党反动派加紧反动宣传,苏区内外的反革命分子互相勾结,蠢蠢欲动。他们或造谣惑众,张贴反革命标语,动摇军心、民心;或阴谋杀害苏区的党员干部、积极分子,企图实行反攻倒算。红军中也存在着失败主义情绪,干部战士对上级领导产生不满,发牢骚,说怪话,思想上的自由主义倾向严重起来,边境地区甚至还发生投敌反水事件。为了巩固革命政权,肃清反革命,1930年12月,闽西苏维埃政府根据中共福建省委的指示,成立了闽西苏维埃政府肃反委员会,由闽西苏维埃政府裁判部长林一株兼任主席,接着各县也成立了肃反委员会。

在此前后,毗邻闽西的赣西南苏区正在开展肃清所谓"AB团"的肃反运动。闽西苏区的一部分领导人不免受到影响,他们不从实际出发,进行调查分析,而是以"左"的眼光去看待问题,把苏区内敌人的破坏活动与落后群众的消极情绪甚至党内持不同意见同志的正确批评混为一谈,一概认为是"反革命团体"的破坏活动。于是,一场错误的肃反运动就不可避免的发生了。

1931年初,红军新十二军召开纪念国际共产党运动先驱李卜克内西、卢森堡、列宁的大会。会上,当介绍李卜克内西和卢森堡是第二国际领导人、社会民主党党员时,吴拙哉等几个战士呼喊了"拥护第二国际"、"社会民主党万岁"等口号,这引起了新十二军和闽西党组织一些领导人的惊慌,他们把喊口号的人当作反革命分子逮捕,并由此牵连到团政委林梅汀以及江桂华、张德宗等人。

1931年2月21日,闽西苏维埃政府接连发出裁字第一号、第二号通告,号召各级政府集中火力进行"肃清社会民主党"(以下简称"肃社党")的斗争。3月1日,在永定虎岗召开"闽西工农兵审判反革命社会民主党分子代表大会",大会设立了以闽西肃反委员会主席林一株为主审的"革命法庭"。3月2日,林梅汀等17名"主犯"被判处死刑。"肃社党"事件逐渐发展为遍及全闽西的一场恶性运动。

"肃社党"运动给闽西苏区造成了严重的损失,大批优秀干部、战士蒙冤受害,根据地和红军元气大伤,闽西苏维埃政府35名执委被肃过半,新红十二军连以上干部也有半数以上被肃,闽西6000多人被错杀。其中包括一些闽西各县党组织最早的负责人和暴动的领导人。如长汀的段奋夫、王仰颜,永定的卢肇西、陈正,龙岩的陈锦辉、邓潮海、张双铭、张涌滨,上杭的邱伯琴、蓝鸿翔,武平的张涤心、练宝桢等。"肃反"造成党团组织和政权机构涣散,干部缺乏,红军士气低落;同时,也降低了党和苏维埃政府在群众中的威信,并造成反对知识分子的恶劣倾向,影响了工作的开展。在国民党军阀民团的加紧进攻下,杭、永、岩中心区域内许多乡镇相继失陷,根据地大为缩小。到1931年7月初,虎岗被敌人占领,中共闽粤赣边特委和闽西苏维埃政府被迫迁移到上杭白砂,苏维埃区域由48个区缩小到22个区,闽西根据地处在严重的困难中。在这场"肃社党"运动中,闽西苏维埃政府主席张鼎丞、闽粤赣临时省委组织部长罗明也被怀疑。此时,邓发已随新十二军前往汀州,赴中央局工作。闽西肃反委员会被撤销,另成立了以郭滴人为处长的闽西政治保卫处,主管肃反工作。罗明、张鼎丞、郭滴人等留守上杭,根据群众的揭发,发现林一株等人利用肃反大权为非作歹,便以他们是社会民主党的罪名,于1931年9月将林一株等处死。

闽西苏区肃反扩大化的后果是严重的,伤害了一大批革命干部和群众,离散了人心,模糊了界线,影响了党的威信,给革命根据地的武装斗争造成无法估量的损失,教训是极为深刻的。

二、王明"左"倾土地政策与闽西苏区查田运动

闽西土地革命,曾在毛泽东和闽西党组织的领导下健康发展,创造了许多宝贵的经验,为中国共产党的土地革命路线和政策的形成和完善做出了贡献,同时也造就了巩固的工农民主联盟。

1931年1月,王明"左"倾冒险主义者上台后,混淆了民主革命和社会主义革命的界限,"把反资产阶级和反帝反封建并列,否认中间营垒和第三派的存在,尤其强调反对富农"。① 因而在土地问题上,他们就否定和反对毛泽东关于"必须正确地对待中农和富农('抽多补少','抽肥补瘦',同时坚决地团结中农,保护富裕中农,给富农以经济的出路,也给一般地主以生活的出路)"②的正确主张,而提出"富农分坏田,地主不分田",消灭富农经济等过"左"的土地政策,将可以团结的对象推向了敌对阵营,给闽西苏区土地革命种下了严重的恶果。

1931年2月,王明发表《为中共更加布尔什维克化而斗争》的小册子,提出了一整套"左"倾的路线、方针和政策,其中包括"重分富农土地"和"富农分坏田"的主张。3月5日,王明又以中共中央的名义在《红旗周刊》第一期上发表《土地法(草案)》,全文14条,主要精神是地主不分田、富农分坏田、按照劳动力和人口混合进行分配,为后来"左"倾路线的土地法定下了政策的基调。

王明的这个《土地法(草案)》的精神是通过临时中央四中全会代表团传达到闽西的。3月20日,永定"虎岗会议"通过《闽西目前形势、党的工作及当前任务的决议》,在土地政策方面规定"分配土地应当按照劳动与人口混合的原则,应当按照国际关于土地问题及中央关于土地法令的草案去执行"。6月,闽西苏维埃政府颁布了《重新分配土地的条例》,基本上贯彻王明"左"倾错误的《土地法(草案)》精神。执行的后果,不仅扰乱了农村的阶级阵线,而且严重侵犯了中农利益,破坏了党关于工农民主联盟的统一战线。

1933年6月1日,在王明"左"倾错误的指导下,临时中央政府发出《关于查田运动的训令》。2日,苏区中央局做出了《关于查田运动的决议》,决定在中央苏区内进行"普遍的深入的查田运动"。6月12日,中共福建省委对查田运动做出决议,强调必须正确执行阶级路线,防止侵犯中农利益与任何消灭富农的企图。同月,福建省农业工人第一次代表大会通过《查田运动决议》,明确指出必须迅速"纠正消灭富农的错误,要同侵犯

---

① 《关于若干历史问题的决议》,《毛泽东选集》一卷本,人民出版社1966年版,第974页。
② 《关于若干历史问题的决议》,《毛泽东选集》一卷本,人民出版社1966年版,第974页。

中农利益的倾向作无情的斗争"。

但是,在"左"倾中央的逼迫下,闽西根据地在8、9两个月里的查田查阶级运动中,出现了许多"左"的倾向。宁化县查出地主、富农564家,没收土地14500余担;汀东县查出地主、富农220家,没收土地3100担;长汀县查出地主、富农180多家,没收土地2000余担。每户平均被没收的土地,宁化是25担半,汀东是14担半,长汀是11担。按当时闽西中农5口之家平均占有土地为30担进行比较,这就清楚地表明,查田运动查出的所谓地主、富农,其中大部分是中农、富裕中农,还有相当一部分是贫农,甚至雇农。

1934年5、6月以后,由于第五次反"围剿"战争形势的日益恶化,各地全力以赴搞扩大红军、支前运动等工作,查田运动无法进行。10月,红军主力被迫撤离中央苏区,一场查田运动至此不了了之。

三、反"罗明路线"斗争破坏党的统战与团结

1933年2月,王明"左"倾错误的执行者,首先在闽西苏区发动了一场反对所谓"罗明路线"的斗争。接着,又在江西开展反对所谓"江西罗明路线"的斗争。于是,这场错误的党内斗争便在整个中央苏区和其他一些苏区迅速扩展,历时将近两年,对中央苏区的第四、五次反"围剿"战争起到了极其消极的影响。

罗明是闽西党组织和革命根据地的创始人之一,当时担任中共闽粤赣省委代理书记。1932年10月间,毛泽东在长汀同罗明谈话时指示,福建应加紧开展广泛的地方游击战争,以配合主力红军的运动战,使主力红军能够集中优势兵力选择敌人的弱点,实行各个击破,消灭敌人的有生力量,粉碎敌人第四次"围剿"。毛泽东还指出,闽西很重要,杭永岩是老区,干部群众基础很好,要协助他们开展游击战争,牵制和打击漳州国民党的十九路军与广东军阀,粉碎敌人"围剿",保卫中央苏区。罗明随即召开省委会议,传达贯彻毛泽东的指示,与会者一致表示拥护,并决定派罗明到杭永岩当全权代表,指导各县开展游击战争。在罗明的领导下,边区积极开展游击战争,取得了良好的战果,以上杭白砂为中心,打了三次比较大的胜仗,给入侵的敌人以有力的打击。

根据杭永岩边区的斗争实际,罗明于1933年1月21日在新泉向省委写了《对工作的几点意见》的书面报告,随后,又在上杭旧县写了《关于杭永情形给闽粤赣省委的报告》。同时,新泉县委书记杨文仲也给省委写了信。罗明和杨文仲的报告和信,具体反映了边区斗争的实际情况,但是,"左"倾的中央领导人却视报告和意见为大逆不道,专横地指责为"对革命悲观失望的、机会主义的、取消主义的逃跑退却路线",并攻击"罗明路线"的形成绝不是偶然的,是有悠久历史根源和社会根源的,决定在组织上开展反对所谓"罗明路线"的斗争。

1933年2月15日,中共苏区中央局做出了《关于闽粤赣省委的决定》,认为"省委是处在一种非常严重的状态中,在省委内的一小部分同志中,显然形成了以罗明同志为首的机会主义路线",并宣布立即撤销罗明的省委代理书记及省委驻杭、永、岩全权代表的

职务,以陈寿昌、刘晓、钟友勋等为临时常委,陈寿昌任书记。中共苏区中央局同时宣布撤销杨文仲新泉县委书记职务的决定,立即在党内开展反对以罗明为代表的"机会主义路线"的斗争,还决定要严厉打击对这一路线采取腐朽的自由主义态度的闽粤赣省委,认为这种自由主义的态度与斗争的不坚决,实际上是对"罗明路线"的妥协与投降。2月20日,中共苏区中央局做出了《关于开展反对罗明路线斗争的决议》,决定改组福建团省委,同时,在全苏区团内开展反罗明路线的斗争。中共福建省委接到苏区中央局的决定后,于2月24日做出了《临时省委对〈中央局关于闽粤赣省委的决定〉的决议》。于是,反对"罗明路线"的斗争就在闽西苏区开展起来了。

反"罗明路线"的斗争首先在苏区省级机关展开,然后自上而下,由内到外,全面展开,一直蔓延到每一个支部、区乡苏维埃政府。对于对错误路线采取怀疑、不同意、不满意、不积极拥护、不坚决执行的同志,不问其情况如何,一律戴上"右倾机会主义"、"富农路线"、"罗明路线"、"调和路线"、"两面派"等大帽子,而加以"残酷斗争,无情打击",把对待敌人的斗争方式用来对待同志和进行"党内斗争",搞得人人自危,并严重破坏了党的政策和原则,伤害了许多好同志,严重破坏党内的团结与统一。与此相反,他们又轻率地提拔了一批只知盲目服从、随声附和、缺乏工作能力和经验,不联系群众的新干部和外来干部。这样,就严重地破坏了党内民主集中制原则和党的干部政策。

反"罗明路线"的斗争从1933年2月开始,一直持续到主力红军长征时才不了了之。

闽西苏区的反对所谓"罗明路线"斗争,实质上是反对以毛泽东为代表的正确路线,即先把大批执行以毛泽东为代表的正确路线的干部打下去,并肃清毛泽东在红军和根据地的影响,从而达到"改选各级领导机关",实现其宗派主义统治的目的,使"左"倾冒险主义在整个中央苏区全面贯彻、畅行无阻。斗争的结果,破坏了党的统战与团结,一大批党政军干部,特别是闽西苏区继"肃社党"运动之后剩下的为数不多的老干部,都遭到排挤和打击,这就严重地削弱了革命力量,极大地挫伤了苏区广大干部、群众的积极性,造成了根据地党内恐惧心理和社会不安定现象。同时,也在客观上帮助了敌人的进攻,到1933年四五月间,连城、新泉等大片根据地被敌人侵占,人民受到严重的摧残。因此,反"罗明路线"的后果是严重的,它给党和人民造成了极大的危害,对于反对国民党第五次"围剿"战争,也产生了极为不利的影响。

四、"左"的劳动、经济政策及其危害

1930年6月至9月,以李立三为代表的"左"倾冒险主义在党中央占了统治地位,使党受到很大损失。闽西也不例外。李立三"左"倾冒险主义除了给闽西苏区造成军事上的失败,在经济、土地、党团和政权建设等方面也造成了不同程度的损害。

在经济方面,由于李立三"左"倾错误否认民主革命与社会主义革命之间的界限,因而闽西苏区在这一时期规定了若干过"左"的经济政策,"盲目增加了雇工工资,在城镇

中则提高手工业工人工资,不适当地人为地提高手工业产品价格,这不仅打击了富农和手工业主,而且也侵犯了中农利益,因而引起中农不满,雇贫农相当孤立,这也是后来反革命活动群众惶惑的一个原因"。① 在城镇政策方面,闽西苏区违背了过去保护商业和守法商人,不得骚扰商店、鼓励商业流通等正确的法令,不适当地提高商品税,甚至规定"劳工监督资本",发动工人"镇压商业资产阶级的动摇",小商人不得参加政权等等。② 在反富农方面,不仅认为富农"自始至终是一个反革命的东西",而且把"反富农变成打富农,过去各地政府都采取打土豪方式去打击富农的,如派款、罚款、逮捕等,甚至看人家买猪肚而指为富农,这样只打击富农个人的方法,结果不独富农恐慌,一般中农贫农因受富农煽动,也同样发生恐慌"。③

李立三"左"倾错误在闽西苏区传达贯彻过程中,一开始就受到邓子恢、张鼎丞等闽西党组织领导人的反对,但由于当时中央强制推行这一路线,他们的抵制受到严厉的批评和压制。在高压强制下,闽西特委不得不服从上级组织决定,命令闽西红军出击东江。但是,他们在执行过程中采取了抵制的措施,尽量避免苏区的损失。

在这极为困难的时期,11月下旬,中共中央南方局巡视员陈舜仪来到闽西,传达中共中央于9月下旬召开的六届三中全会的决议精神,纠正了立三路线对于中国革命形势的极左估计。

1931年,王明"左"倾教条主义统治中央以后,其"左"的一套方针、政策陆续贯彻到各个方面。1931年11月,中华苏维埃第一次全国代表大会通过了《中华苏维埃共和国劳动法》。这部法律是在上海的中共中央政治局和共产国际远东局共同商议起草制定的,保障了工人阶级的权益和工会组织的权利。1932年1月1日劳动法生效以后,苏区工会组织在贯彻劳动法、改善工人劳动条件、改善生活待遇等方面做了许多工作,在一定程度上激发了工人生产和革命的积极性,支援了革命战争。但是,这部劳动法照搬了苏联的劳动法,没有从中国当时的农村革命根据地的实际出发,机械地规定成年工人一律每日工作8个小时,青工6小时,童工4小时。按此规定,如果一个贫农雇佣每日只许做工4小时的牧童,须雇佣两至三个牧童来放牛,贫农显然负担不起工钱。其结果,农民不再雇佣牧童,而使牧童失业。

这种错误政策延续了一年多时间,直到陈云等总工会领导人提出正确的主张,并在1933年10月25日,中华苏维埃共和国中央执行委员会重新颁布经过修改的《中华苏维埃共和国劳动法》,1931年12月1日颁布施行的劳动法才作废,期间已给苏区工商业和统战中间阶层工作带来了巨大的伤害。

---

① 邓子恢:《龙岩人民革命斗争回忆录》,福建人民出版社1961年版,第22页。
② 闽西第二次工农兵代表大会《反富农斗争决议案》,1930年9月,见中共龙岩地委党史资料征集领导小组编:《闽西人民革命史文献资料》第四辑,内部资料,1981年12月,第158页。
③ 闽西第二次工农兵代表大会《反富农斗争决议案》,1930年9月,见中共龙岩地委党史资料征集领导小组编:《闽西人民革命史文献资料》第四辑,内部资料,1981年12月,第158页。

1931年以后,以博古为首的临时中央坚持推行王明"左"倾路线,把反对民族资产阶级和反帝反封建并列,混淆了民主革命和社会主义革命的界限,在根据地推行"左"倾经济政策。按照"左"倾领导者的观点和要求,将地主兼营的中小工商业者当成革命的对象,予以毫不留情的打击。这就使地主和富农所经营的工商业受到侵犯,使许多私人工商业倒闭。

在中央苏区,"左"倾领导推行对中小商人打击过重的政策,虽然遭到了包括陈云、张闻天在内的很多领导人反对,以及更多苏维埃干部在实际工作中的抵触,但还是使党对私营工商业的政策出现了反复与曲折,抑制了苏区的商品流通和赤白贸易,打击了苏区众多工商业主的拥护热情,造成了苏区的经济困难和反"围剿"战争的困境。

第三章　游击战争中的统战工作与抗日民族统一战线的形成

　　1934年10月,由于王明"左"倾冒险主义的错误领导,导致第五次反"围剿"失败,中央红军被迫进行战略转移。留守闽西的红军游击队在敌我力量极其悬殊,环境十分恶劣的情形下,进行艰苦卓绝的三年游击战争。他们采取灵活机动的游击战术和机智巧妙的斗争策略,同几倍以至几十倍于己的敌人进行周旋,在战略上配合了主力红军的行动,为新四军的组建和开展华中敌后抗战奠定了胜利发展的基础。1937年在闽西坚持游击战争的方方去延安向党中央汇报请示工作,毛泽东于7月7日接见他时,对他说:"你们坚持了三年游击战争,保留了这么多干部,保留又发展了部队,保留了20万亩土地(注:指土地革命时分给农民的土地),保卫了苏区广大群众的利益,这是伟大的胜利!"①"你回去问候张鼎丞、邓子恢、谭震林各位同志。你告诉他们,你们三年苦斗有很大的功绩。"②

　　弱小的闽西党组织和红军游击队,团结一切可以团结的力量,争取一切可以争取的同盟者,建立和发展广泛的革命统一战线,不断发展壮大革命力量,最终赢得了艰苦卓绝三年游击战争的最后胜利。可以说,建立广泛的革命统一战线,是闽西三年游击战争取得胜利的一大法宝。

第一节　制定游击战争方针,灵活应敌

一、适时转变战略

　　1934年10月上旬,驻守在闽西境内的中央红军主力长征后,福建省级机关和所属独立第19、20团共4000余人,转移至长汀四都一带。中共福建省委书记、福建军区政委万永诚执行苏区中央分局的"保卫苏区,等待主力回头"的错误方针,拒绝了张鼎丞、毛泽覃、罗化成等关于"放弃四都,将部队编成几个支队,四出袭击敌人,领导中心转移

---

① 魏金水:《光明磊磊,奋斗终生——深切怀念方方同志》,《南方日报》1979年9月16日。
② 方方:《三年游击战争》,《红旗飘飘》第18集,中国青年出版社1979年版,第138页。

到闽粤赣边深山中去"①的正确建议,在四都山区与国民党军正面对抗。结果,4000余人只有100多人幸存,万永诚殉难,省委、军区机关全部损失。毛泽覃率领红军游击队在汀、瑞交界的山区也被敌包围,坚持与敌战斗到最后一枪一弹,壮烈牺牲。

同一时期,原直属中央军委指挥的在1934年春到龙(岩)漳(州)公路沿线和永(安)连(城)漳(平)地区破坏敌交通线的红八团、红九团在各地开展游击战争,站稳了脚跟。

红八团全团400余人,团长邱金声,政委邱织云(后伍洪祥),他们依据斗争环境的特点,抓住时机,运用灵活多变的游击战术,不断地打击国民党军队和民团,缴获敌人的武器装备自己,使部队迅速扩充到600多人。他们在漳龙公路两侧广大地区发动群众斗争,恢复和建立地方党组织和区乡苏维埃政府。至1934年底,红八团初步建立了以永定县金丰大山为中心的永东(永定县东部)游击根据地,以漳平县朗车为中心的(龙)岩南(靖)漳(平)游击根据地,以南靖县科岭为中心的(龙)岩永(定)(南)靖游击根据地。这3块游击根据地的开辟,为以后闽西坚持长期的游击战争奠定了基础。②

红九团全团1200余人,团长吴胜,政委罗桂华(后方方)。1934年春,红九团按照中央军委的指示,在永安、连城一带打击了大刀会、童子兵等地主武装,然后进至连城、宁洋、龙岩3县边境地区,开展游击战争。长汀、连城失守后,福建军区第3分区司令员兼政委朱森,率领分区机关和连城明光独立营300余人,转移到宁洋流水与红九团会合,加强了岩连宁边区的力量。11月7日,红九团在宁洋县苏一田建立了岩连宁特区革命委员会,创建了以宁洋成达社、陈东坑、凤村为中心的纵横300余里,人口约四五万的游击根据地。

1934年12月初,张鼎丞带领范乐春、刘永生、简载文、陈茂辉等干部,并动员永定在长汀的难民十余人,组成一支武装小分队,昼伏夜行,突破国民党军的层层封锁,于12月底回到永定古木督与中共永定县委、县苏维埃政府机关汇合。

张鼎丞了解到红八团经过8个多月的奋斗,已经在漳龙公路沿线及附近各县开辟了几块游击根据地,于是派中共永定县委书记郭义为赶到龙岩白土,向红八团传达了张鼎丞回到永定和红军主力转移的情况。不久,张鼎丞又获悉红九团已经从岩连宁边区南下,到达茫荡洋山区,立刻再派郭义为前往联系。3月间,红九团与红八团按照张鼎丞的指示,先后到达永定,在下洋的月流胜利会师。

闽西苏区被国民党军占领后,除红八团、红九团和明光独立营外,还有分散在龙岩、永定、上杭、代英(今属上杭县)、永东等县数十人至百余人的游击队,如在上杭县岩下山由钟辉元、涂坤荣领导的上杭游击大队,在双髻山由廖海涛领导的代英游击大队,在永定溪南由范钦洪领导的永定游击队等。这些游击队,也先后与张鼎丞取得了联系。

1935年3月,在张鼎丞、方方的提议下,在永定县下洋镇月流村召开由各红军游击队领导人张鼎丞、朱森、罗忠毅、赖荣传、吴胜、谢育才、郭义为、方方等八人参加的会议。

---

① 张鼎丞、邓子恢、谭震林:《闽西三年游击战争》,《八一》1959年10月。
② 伍洪祥:《坚持闽西三年游击战争的红八团》,《福建党史通讯》1986年第3、4、5期。

会议决定成立闽西军政委员会,统一闽西地区的军、政领导。以张鼎丞为主席,丘金声、邱织云、魏金水、廖海涛为委员。决定转变战略思想,尽量避免与强大的敌人硬拼硬打,要十分注意保存红军的有生力量。①

闽西军政委员会成立地点——永定下洋月流村

1935年2月中下旬,中共中央分局委员、原福建省委书记陈潭秋,原福建军区政委谭震林率领红24师第71团1个营由赣南向闽西突围,他们与先行从赣南突围的原中共闽西特委书记邓子恢等经过艰难跋涉,于3月底先后到达永定县仙师乡大阜村与张鼎丞会合。由于沿途不断受到国民党军的拦击,部队伤亡很大,到达永定后又受到敌军的突然袭击,最后只剩下约100多人。

为建立闽西南领导开展游击战争的统一机构,1935年4月12日,陈潭秋以中央分局代表的名义,在赤寨一个断墙残壁的瓦窑里,主持召开了闽西南党政军领导干部联席会议。参加会议的有陈潭秋、张鼎丞、邓子恢、谭震林、方方、简载文、温仰春、魏金水、邱

---

① 陈茂辉:《共擎南方一角天——回忆在张鼎丞、邓子恢、谭震林同志领导下坚持闽西三年游击战争的艰苦岁月》,中共福建省委党史资料征集编写委员会编:《福建党史资料》第5辑,内部资料,1986年。

金声、刘永生、范乐春、郭义为、罗忠毅、廖海涛、谢育才、朱森等。

永定西溪赤寨

会议开始,陈潭秋代表中央分局讲话。他首先分析了红军主力长征后的政治形势,鼓励与会同志树立革命必胜的信念。他指出:"以国民党反动派和地主豪绅对革命人民的猖狂反扑,并不说明敌人的强大,相反,只会激起广大工农群众对反动派的仇恨。只要我们坚决执行中央的指示,紧紧依靠苏区群众,开展全面游击战争,我们就一定能打垮反动派的进攻,使苏区逐渐恢复起来,迎接全国革命高潮的到来。"①他根据党中央给中央分局的电报指示,列举了闽西南开展游击战争的有利条件,指出:最近党中央指示,留在中央根据地的红军,要就地分散坚持游击战争,不要采取大兵团行动。闽西南地处闽粤赣三省边界,境内丛山峻岭,地形很好,是坚持游击战争的好环境。同时,张鼎丞、邓子恢等一批领导干部和群众有血肉相连的关系,各个红军游击队又有长期的游击战争经验,只要我们依靠群众,游击战争一定能胜利地坚持下去。陈潭秋提出闽西南当前的任务是:"开展广泛游击战争,调动进攻中央苏区的敌人向外撤退,同时并从保存有生力量的原则上作战。"

---

① 《陈潭秋》,《中共党史人物传》第9卷,中共党史出版社2010年版。

会议就今后的斗争的任务和策略问题展开了热烈的讨论。由于王明"左"倾错误的影响还未清除,一些同志的思想还停留在红军长征前的状态。在讨论中,有些同志不承认所处敌强我弱的形势,认为敌人虽然占领了苏区,但不等于第五次反"围剿"战争失败,不能放弃"保卫苏区"的口号;有的同志则不敢随意取消牵制敌人配合主力红军粉碎敌人"围剿"的任务,在斗争策略上也提出一些过"左"的阶级政策。这些都反映了王明"左"倾错误对干部的严重影响。

张鼎丞针对上述"左"的错误观念,旗帜鲜明地按照中央指示开展游击战争的问题做了发言。他指出:陈潭秋传达的中央指示,我们要认真地研究贯彻。目前情况十分严重,中央苏区已失守,主力红军已到贵州、云南。在这样的情况下,再提"保卫苏区"、"牵制敌人",不仅没有实际意义,也不利于保存自己的有生力量。我们要面对敌强我弱的现实,当前首要的任务是摆脱敌人的跟踪追击,保存我们的有生力量,才能有效地消灭敌人,恢复和发展革命根据地,坚持胜利的游击战争。至于怎样开展游击战争的问题,张鼎丞强调应该按照毛泽东、朱德在井冈山总结出来的"十六字诀",即"敌进我退、敌驻我扰、敌疲我打、敌退我追"和"集中以消灭敌人"、"分散以发动群众"的一整套游击战术原则,灵活机动,出奇制胜,逐步使游击武装发展壮大起来。他反对对敌对阶级不加区别地采取过"左"的政策,认为对地主富农以及自首变节的反动分子必须区别对待,不能乱抓乱杀。对他们中勾结反动派破坏革命的要坚决镇压,至于没有敌对行为的分子,则应争取他们做"两面派"、"守中立",以利于掩护群众和红军游击队,进行合法和非法的斗争。①

张鼎丞的发言,得到邓子恢、谭震林和许多同志的赞同。谭震林明确地表示:我们不是空谈家,当前面对的现实,就是如何发动群众,开展游击战争,保存自己的有生力量问题。

经过两天的讨论,统一了认识,会议确定了闽西南党组织和红军游击队的新方针新任务,即"开展广泛的、灵活的、群众性的、胜利的游击战争"的基本方针,"在军事上粉碎敌人的'清剿',保存有生力量锻炼现有部队,在政治上保持党的旗帜,保持党和群众的密切联系,在组织上保持党的纯洁性、战斗性,保持各地领导骨干安全与团结"。根据这一基本方针,就是要从保存有生力量出发,依靠现有局部地区,紧密地联系和领导群众扩大斗争,采取灵活机动出奇制胜的游击战略战术,逐步恢复和扩大大面积的地区,发展壮大红军游击队,造成有利形势,以开拓新的局面。

经陈潭秋的建议,将不久前成立的闽西军政委员会改为闽西南军政委员会,作为闽西南地区党政军最高领导机构。选出张鼎丞、邓子恢、谭震林、方方、魏金水、邱金声、邱织云、刘永生、范乐春、郭义为、简载文、谢育才、朱森等人为闽西南军政委员会委员。推举张鼎丞为主席、邓子恢为财政部长、谭震林为军事部长、郭义为任党务部长、邱相田任青年部长、温仰春任秘书长。

---

① 温仰春:《谈闽西三年游击战争情况》,1977年11月7日,现藏古田会议纪念馆。

为了适应游击战争的斗争形势,会议在军事上制定出各部队分散独立作战的部署,将闽西南地区划分为三个作战分区:第一作战分区,以红九团第二营和明光独立营组成,罗忠毅为司令员,方方任政委,温含珍任政治部主任,在龙岩、连城、宁洋三县边界地区活动;第二作战分区,由红九团第一、三营和永东游击队组成,吴胜为司令员,谢育才任政委,赖荣传任政治部主任,其主要任务是开辟永定、平和以及广东大埔、饶平等县边区,打通与闽南红三团的联系;第三作战分区,由红八团和龙岩游击队组成,邱金声任司令员,邱织云任政委,伍洪祥任政治部主任,在龙岩、南靖、漳平三县活动。第一、三作战分区的任务是尽可能地扩大游击区,选择条件较好的地区发展和建立新的游击根据地。张鼎丞,谭震林直接领导的红二十四师100多人、卓林大队以及永定、杭代、新汀杭等县独立营,则在永定、上杭地区活动。闽西南军政委员会领导人分散到各个分区一起活动,张鼎丞留在永定,邓子恢和郭义为到永定东部金丰大山,谭震林到上杭。陈潭秋会后转赴上海治病。

赤寨会议在闽西革命斗争转折的关键时刻,及时地实现了由阵地战、大兵团作战向全面开展游击战争的战略转变,对于闽西地方党组织和红军游击队坚持三年游击战争的胜利具有重大的意义:

一是纠正了王明"左"倾军事冒险主义的错误指导思想,摒弃"保卫苏区,等待主力回头"这个任务的束缚,确定在敌后开展广泛的、灵活的、群众性的、胜利的游击战争,并制定了与这一基本方针相适应的具体政策和作战部署,"可以说是党的正确路线在闽西恢复的开始,也是闽西游击战争顺利发展的开始"。

二是这次会议建立了闽西南党政军组织一元化的领导机构,使闽西苏区沦陷后分散在各地的革命武装有了坚强的领导和统一指挥,扭转了一度失去上级领导各自为战的被动局面,避免了被敌分割各个击破的危险。

三是会议形成了以张鼎丞、邓子恢、谭震林等坚持毛泽东正确主张的领导核心,他们在建立和发展闽西苏区的长期斗争中,深入实际,领导群众斗争,同群众同甘苦共患难,深得群众的信赖,这有利于保持党同群众的密切联系,对于保证闽西游击战争的胜利发展也是一个重要的关键。

由于闽西当时同党中央失去联系,对遵义会议的精神尚不清楚,因而这次会议只能从斗争实践中意识到"左"倾错误的危害而坚决摒弃其思想指导,不可能从思想上彻底清算"左"倾错误,要在干部中完全肃清在党内统治4年之久的"左"倾错误的思想影响,也不是一次会议所能完成的。但是,闽西南军政委员会确立了以毛泽东正确思想作指导后,创造性地把马列主义同闽西革命具体实践结合起来,在后来的斗争中,反复教育干部从挫折中吸取血的教训,不断克服"左"的错误影响,从而保证了闽西三年游击战争的胜利。

会议之后,闽西南军政委员会领导分赴各地,传达贯彻会议制定的方针任务,各个红军游击队分头转入指定的作战地区,从此,闽西南地区的游击战争全面地开展起来。

二、与土匪订立互不侵犯条约

闽西南军政委员会第一次会议召开后,方方、罗忠毅带领明光独立营即从永定赶回岩连宁边区。部队从金丰大山行将出发,国民党第一期"清剿"已经开始,国民党军第三师集中3个团的强大兵力向永东地区扑来,挡住了去路。方方、罗忠毅率领队伍匆匆从雨顶坪突破敌人的包围,在第二作战分区部队的配合下,转向永定、大埔边界出击,调动敌军掉头西向,让开去路,然后重新穿回金丰大山,由红八团的向导带路,越过漳(州)龙(岩)公路,甩开敌人的堵截和追击,安全进入岩东十八乡红八团的游击根据地,进抵岩东天宫山一带活动。

为等待向杭永转移的红九团第二营回来恢复编制和解决部队给养问题,罗忠毅先带明光独立营回到溪口、白沙一带活动。方方带领短枪队留在岩城附近筹款。此时,发生了朱森叛变投敌事件,他投敌后带领国民党军四处袭击根据地基点村。原来领导过红九团和明光独立营的朱森对第一作战分区活动的地区和部队情况尤为熟悉,这对第一作战分区的行动造成严重的威胁。方方立即召集龙岩县军政委员会及工作团同志开会,部署了狙击叛徒和防范朱森破坏的紧急措施,然后迅速赶回岩西北的斜背,找到明光独立营,红九团第二营也已前来会合。

在此期间,国民党军大举增兵,向岩连宁地区发起大规模进攻。国民党军第八十师一个团正在据点"清剿",第九师一个团进抵白沙,第十师调来二个团沿铜钵向溪口方向出击。敌军在根据地周围实行三光政策,大肆烧杀,摧残群众,形势十分严峻。

第一作战分区的部队正在准备分散隐蔽、避开强敌之际,闽赣军区宁化分区政委温含珍及参谋长邱尚聪前来找到方方。原来他们随同闽赣军区司令员宋渊泉、政委钟循仁带着十七、十八团向泉州前进途中,在大田附近为敌第九师设计包围,先头部队被打散,他俩断后带领余部400多人立刻撤退,辗转1个多月寻找红九团到此。方方将他们留下,增补温含珍为第一作战分区副政委兼政治部主任,邱尚聪为副司令员兼参谋长,继续收集余部,共同战斗。

为了打破敌人"清剿",在岩连宁地区坚持求得发展,方方主持召开了第一作战分区干部会议,根据闽西南军政委员会的指示和面临的形势,讨论当前的行动与任务。会议分析了敌强我弱的严峻形势,认为强敌正在四面"清剿",主动出击已不可能,老的据点被朱森引敌破坏,无法立足,收复老的根据地也不必要。当前最紧迫的中心任务是如何保存主力,如何安置被打散的十七、十八团的失散人员。会议决定,部队分散发展,独立自主作战,同时加紧组织群众,开辟新据点,落地生根,渡过难关,再图后举。邱尚聪与刘汉率领红九团第二营深入敌后永安、清流交界游击,温含珍同贺万得带领明光独立营在连城南部与宁洋山区活动,主要打击当地华仰桥、周焕文团匪及反动地主武装,避免同敌正规军作战。方方、罗忠毅率分区司令部掌握全局斗争,开辟新的据点,待敌情变化,形势好转,分散的部队再重新汇合。

第三章 游击战争中的统战工作与抗日民族统一战线的形成

部队分散行动后,国民党军将兵力集中到溪口、雁石、白沙、梅村等大乡村,形成大包围圈进行"清剿"。方方带领分区司令部警卫排、侦察班、通讯班等直属部队,在包围圈内灵活机动地与敌周旋,针对敌人推行保甲制度和堡垒政策,提出"变敌人的保甲制度为赤色联防、变敌人的堡垒政策为赤色据点"的口号,秘密组织群众以白皮红心应付敌人,保护群众不受敌人的摧残,并向岩东北一带发展,站稳脚跟。

岩东北地区山高林密,长期为绿林土匪聚众盘踞,形成不可忽视的力量。为在这片地区落地生根,方方对土匪进行了耐心争取和教育改造工作,以部队的威力作后盾,同他们以礼相待,以义说服,教育他们为人民做好事,在他们接受不受国民党收编、不收据点内群众保护费、不强奸妇女的条件下,同其建立互不侵犯和平共处的关系,取得他们的信任和群众的支持。土匪让出占据的小村庄,设立疗养所,安置了陆续收集来的十七、十八团伤病员40多人。同时,分区司令部派出政工人员在其据点周围活动,开展群众工作,建立联络点,组织地方游击小组,成立了岩东区委和几个直属党支部,很快地把周围百余里、大小数十村、人口数千的高山地区工作全部建立起来,开辟了以大罗坪为中心的游击根据地。

1935年8月,国民党军在闽西南地区发动了更为残酷的第二期"清剿",对在岩连宁地区的第一作战分区做出进攻的部署:白沙驻一个团,向大罗坪进击,阻止第一分区出击漳平;雁石驻一个团,向天宫山搜索,防止第一分区突过岩东十八乡与红八团联络;溪口驻一个团向赤高坪、焦营坑进攻,防止第一分区向连南挺进。

第一作战分区司令部从缴获敌人的机密文件中,获悉敌人的"清剿"计划和上述部署,说明敌人并不了解红军主力的位置,敌之计划只是迫使红军"上钩"的盲目行动。因此,方方、罗忠毅等决定利用敌人平均使用兵力的机会,留少数部队在内线牵制敌人,司令部则率领主力转移到敌军背后,在外线隐蔽整训,伺机找敌弱点,并防备敌人的突然袭击。

1935年8月中旬,国民党军果然按照原定计划,兵分三路向岩连宁游击根据地纵深地区发动进攻。第一作战分区司令部立即率领大部主力避开敌军锋芒,让出几个支点,转移到敌后的白沙据点附近,将部队分散成以班排为单位,在外线灵活机动地开展袭扰敌人的活动。司令部命令侦察班和警卫排伏击雁石反动民团后,做出佯攻白沙的态势,另以小股部队袭扰雁石,并通过同红军联合的绿林部队向漳平、安溪一带散发大批传单,以吸引进攻根据地的敌人转移目标。国民党军进入根据地后,盲目行动,处处扑空,发觉中了红军游击队的"空城计"。正当此时,适逢红八团从漳平转来,也集中兵力进攻雁石,准备策应第一分区佯攻白沙的行动。敌军鉴于外线局势吃紧,不到10天,即从根据地撤退。

时隔不久,国民党军紧接着调动全部力量,再次向岩东北一带进行"扫荡"。敌人将主力分布于龙岩的白沙、溪口以及宁洋的小溪、连城的姑田、永安的小陶,撒开一面大网,互相呼应配合,逐步向游击区据点推进。

国民党军进入根据地后,即进行更为残酷的"驻剿"。他们强制基点村的群众移民并村,将所有基点村焚烧一空,迫使群众移到大乡村的集镇去,建栅筑堡,派兵把守,限制群众出入。群众出村要持良民证或通行证,出行不得超过5里地,进山耕作不许带粮食甚至饭包,以防"济匪"。在纵横三四百里的根据地山区,构成渺无人烟的"无人"地带,企图困死、饿死红军游击队。

第一作战分区司令部在粉碎敌军第一次进攻后,率领部队潜回根据地,未曾预料到敌人的反复"清剿"来得这样快,缺乏应有的准备,也来不及指示分兵活动的第二营和明光独立营提高警惕,应付强敌的进攻。这两支队伍由于指挥失当,同时受挫,遭受严重损失。

在强敌全面进攻中,分兵到连南、宁洋山区活动的明光独立营,由于营长贺万得未能组织部队及时分散,转移阵地,反而错误地集中部队和强敌硬打硬拼。9月间,部队在龙岩万安梅子坪被国民党军第十师所部包围,营长贺万得在突围中壮烈牺牲,队伍被敌人冲散,邱尚聪与第一连连长邱立生只各带数十人冲出重围,分散活动。奉命向永安、清流交界游击的红九团第二营亦同时受挫。营长刘汉先带着侦察班外出侦察敌情,随后随营活动的分区政治部主任温含珍亦带通讯班前来与分区司令部联系,两位部队领导在敌人袭击时都不在部队,队伍因无人指挥作战,各自分散。刘汉所带侦察班在小陶行动时,从报上看到敌人制造的"分区政治委员已被捕牺牲"的谣言,战士信以为真,四散回家,仅刘汉只身回到分区司令部。这两支队伍的失散,增添了第一作战分区的困难。

红九团第二营和明光独立营溃散的队伍,由于分区司令部事前做了部队分散以班排为单位独立活动的准备,每个排班配有独立工作能力较强的军事政工干部和熟悉地形的向导,战士备有米袋、盐罐、菜筒等生活用品,每班自备面盆,可以煮饭。因此,溃散的队伍,仍由干部带上一班半班,各自分散坚持斗争。他们在敌人频繁搜山、生活失去接济的险恶环境里,以坚定的革命意志和顽强的战斗精神,克服了难以想象的困难,逐渐重新汇集起来。明光独立营的炊事班长带领两个炊事员与部队失去联系后,丢失所有东西,仅剩一根大柴用来生火留下火种,过了一个多月以野菜果笋充饥的野外生活,最后3个人都胜利归队。红九团第二营的一个班战士和主力部队离散后,他们带一个洋铁桶,用来烧水煮饭,昼伏夜出,一个多月,行程三四百里,避过敌人几十次的伏击,终于安全归队。方方、罗忠毅得知部队溃散后,分头到连城南部和宁洋西部去收集队伍。经过两个月,历尽艰辛,罗忠毅才集结了明光独立营五六十人,方方收集了红九团第二营七八十人,整个主力部队已经损失了三分之二。① 集结的余部重整队伍,继续坚持在岩连宁地区进行极端艰难的斗争。

在此期间,敌人疯狂地进行全面"搜剿",扬言"即使红军是一条针,也要把它找出来"。敌军到处追寻红军游击队的行踪,白天看火烟,夜晚寻火光,过水坑观察有无留下

---

① 方方:《洋游去战争》,中国人民解放军龙岩军分区政治部、中共龙岩地委党史资料征集研究委员会编:《闽西地方武装概略》,内部资料,1987年5月。

食物和粪便,走山路留心茅草倒向,在路口遍糊泥浆观察足印走向,一经发现红军的蛛丝马迹,就穷追不舍,轮番搜山。在搜山时,敌军先以主力部队抢占高峰山头,然后分路依山坎自下向上搜至山巅,路遇密林则用机枪扫射,见到草山就放火焚烧。这些狡猾的手段,给红军游击队的隐蔽活动构成严重的威胁。

但是,第一作战分区的部队坚持小股分散活动,纵横穿插在敌人的包围圈里,与敌"搜剿"部队兜圈子,捉迷藏。白天三二个人一个组,利用悬崖陡壁、大树、山洞等天然屏障作为隐蔽栖身处所,晚上辗转流动,避开敌人追寻。他们针对敌人的诡谲手段,采取了相应对付敌人的办法,做饭时,用干细易燃的柴草生火,使其白天不冒浓烟;晚上则用衣毯围着生火,使其不露火光;洗涤米菜碗筷不留残渣,大小便随屙随埋不留痕迹,涉水过河不留足印,通过山路把茅草拨转修直,走泥浆地将鞋倒穿逆行,遇上草山先在石头旁埋伏,以防火烧,穿过密林则俯卧静待,防备敌人扫射。就这样,红军游击队避过了敌人无数次的"搜剿",保存了有生力量,锻炼得更加顽强。以后,部队积累了对付敌人"扫荡"的经验,在敌人出动搜山时,就将部队分散到离敌防地不远处潜伏,以静制动,而不被敌人察觉,从而度过强敌疯狂"搜剿"的难关。

在对付敌人军事进攻的同时,第一作战分区想方设法保持同群众的联系,突破敌人的经济封锁,以解决粮食补给的困难。分区司令部抽调了一批同群众联系密切的地方工作干部组成岩连宁游击队,在地方党组织的配合下,小股分散活动,深入到万安、溪口一带去发动群众,筹粮筹款。在白色的恐怖下,当地群众仍然舍生忘死地想尽办法秘密支援红军游击队。他们为红军送情报、送粮食、送药品,掩护伤病员,做出了重大贡献。马家山、油水等地群众被迫移民时,将粮食埋藏起来留给红军游击队,梅村有的群众将毛竹打通竹节装进食盐,然后用来作篱桩打在围场边,通知红军寻机拔取,有的群众将滕上结成的葫芦瓜掏空,装满咸菜,让红军侦察员夜里经过随手摘走。第一作战分区的部队依靠人民群众的广泛支持和灵活机动、分散隐蔽的游击战术,度过了敌人疯狂"搜剿"的最为困苦的时期。

第二作战分区司令员吴胜、政委谢育才率领红九团第一、三营从永定南下,经广东大埔转入闽南平和县境。为了摆脱敌人的追袭,红九团不断变换行军方向,夜行昼宿,于6月底到达平和县三坪,与中共闽粤边特委及红三团胜利会师。这时,国民党在闽粤边境集中了第八十师和广东方面的独立第一师、第九师,分别向闽粤边各县红军游击队进攻。红九团立即与红三团分开行动,在永定、平和、南靖、大埔、饶平诸县边界展开游击战争。红九团勇猛善战,在短短几个月内消灭了许多反动据点,扩大了影响,并武装群众,组建地方游击队。7月,在广东饶平下善击溃粤军李汉槐部一个营,在平和县之犀牛岗击溃第八十师一个团;8月间,又消灭坪回民团,并在大芦溪击溃"清剿"之敌的数路进攻。这些战斗的胜利,震动了闽粤边境的敌人。

以红八团为主体组成的第三作战分区,由政委邱织云、参谋长王胜率领团部及第一、三、五连向漳龙公路两侧地区活动;政治部主任伍洪祥带领第二、四连为掩护团部行动,经罗桥、陆家地,到达龙岩以北铜钵一带与龙岩县游击大队会合,然后南下,穿越龙岩至长汀的公路,到达紫金山。国民党军发觉这一行动,立即调集大部队包围紫金山,伍洪祥率部选择敌重兵驻守而容易麻痹的龙岩龙门与赤水之间为突破口,乘着夜色奋力冲杀,突破重围,摆脱追击,与团部胜利会师。

红八团和红九团由于与地方党和群众关系密切,熟悉地方情况,又善于运用游击战术,破坏交通,袭击机场,拔除据点,搞得国民党军寝食不安。国民党虽然在军事上占绝对优势,但由于得不到群众的支持,就像瞎子和聋子,处处受到红军游击队的袭击。

三、制定"白皮红心"的对敌斗争策略

1935年夏,日本帝国主义者加紧侵略华北五省,并将其侵略势力伸向东南沿海,在厦门制造事端。1935年8月1日,中共中央发表了《为抗日救国告全体同胞书》,呼吁全国各党派、各军队、各界同胞团结起来,停止内战,共同组织国防政府和抗日联军,一致抗日。正在长征的中央红军第一方面军同红四方面军会合后,确定了北上建立川陕甘根据地的战略方针,一路胜利向陕北进军。蒋介石痛感追堵中央红军计划的失败,依然不顾民族危亡,继续加紧"剿共",且急于肃清南方各省的红军游击队,于1935年8月在闽西南地区发动了更为残酷的第二期"清剿"。

国民党军第一期"清剿"失败后,驻闽第二绥靖区指挥部深知红军游击队同群众的密切关系,非单靠军事行动所能消灭。因此,在第二期军事"清剿"中改变"集中兵力,分进合击"的战术,提出"三分军事,七分政治"的口号,军事、政治、经济"三管齐下"。国民党驻闽第二绥靖区指挥部将其兵力收缩,集中部署在岩永杭地区:以第十师驻龙岩中心区域,第九师驻龙岩的溪口、漳平,第三师驻连城,第五十二师驻永安、清流,第八十师驻南靖,第八十三师驻永定,广东军叶维浩团驻平和、大埔。重点"清剿"龙岩、永定和岩南漳、岩永靖、永和埔地区。军事上采用"驻剿"、"堵剿"、"搜剿"、"追剿"并用的战术,将部队分别编制为"驻剿"和"搜剿"部队。"驻剿"部队分驻交通道口、村镇要隘,筑堡据守,封锁交通,以扼制红军游击队的活动,并配合"搜剿"部队进行"堵剿"。"搜剿"部队则驻在机动地点,四处搜索红军游击队目标,轮番进行"搜剿"和"追剿",企图在整个游击区布下罗网,陷红军游击队于绝境。在政治上,强化反动统治。其中"连坐法"和"移民并村"是最为狠毒的两种。"连坐法"就是一户违反当局禁令,十户乃至整个村庄的人将被残杀。"移民并村"则是强迫各小山村群众迁居到大集镇,制造无人区,企图割断红军游击队与群众的联系。此外,还实行自首政策,颁发所谓"自首自新条例",引诱红军游击队中的动摇分子投降变节。在经济上,强制实行计口售粮、计口售盐,禁止外出劳动的群众多带粮食,断绝红军的粮油食盐,企图借助于政治暴虐手段,破坏红军游击队赖以生存和发展的群众基础,以达到其"剿灭"红军的目的。

尽管国民党军"清剿"手段极端毒辣,斗争异常残酷,但闽西南红军游击队在闽西南军政委员会的领导下,紧密地依靠人民群众,在军事上坚决执行群众性的游击战争的战略方针,在政治上则从一切为了群众的原则出发,创造性地运用符合群众要求的灵活策

略,领导群众采取合法斗争与非法斗争相结合,和平斗争与武装斗争相结合,反迫害斗争、保卫土地和反捐税斗争相结合等斗争方式,从军事、政治、经济上全面反"清剿",同敌人的"隔离政策"展开针锋相对的斗争,粉碎了敌人的政治瓦解阴谋。

闽西南军政委员会所属各作战区坚持开展广泛的、灵活的、群众性的、胜利的游击战争的战略方针,按照规定的任务,在指定的地区分散活动。第一分区的红九团直下闽南,开辟新区,与红三团会合。第二分区坚持在岩连宁,第三分区在岩南漳地区,将部队化整为零,分散游击,以打破敌人的军事"清剿"和政治经济封锁,相机求得发展,开辟新的地区。在反"清剿"的险恶环境中,红军游击队为求得生存和发展,运用灵活机动的战略战术,红八团创造的"散兵群战术"就是其中的一种。这种战术使国民党军防不胜防,处处被动挨打。如岩南漳游击队,在掩护群众收割中,用 6 发子弹打退了国民党军一个连的抢谷队;在岩永靖地区的一次战斗中,17 名战士以 200 余发子弹,打退了敌人一个团的进攻。后来,闽西南军政委员会将这种战术加以总结,印发给其他部队,发挥了很大的作用。

国民党军政当局采取移民并村的手段,强迫山区 50 户以下的小村庄群众全部迁到国民党军驻扎的大乡村去,随后把小村庄毁灭。群众移入大村庄后,即在周围用木栅或土围子圈起来,白天派兵把守,夜间关闭上锁,在周围遍筑炮楼监视群众行动,限制群众出入,企图以此切断群众同红军的联系,断绝红军粮食及一切交通接济。据不完全统计,岩永杭地区在第二期"清剿"中,有 500 多个村庄被移民,8000 多座房屋遭焚毁,成千上万的群众田园荒芜,流离失所。为保持同群众的联系,闽西地方党组织与红军游击队在群众被迫移民时,事前对群众交代了对付敌人的办法,移民中由地方党组织指派保留灰色身份的党员随同群众转移,继续秘密开展群众工作。移民后,地方党组织发动群众进行合法斗争,让群众向敌要求开给通行证,回原地耕作,从要求回去一天到二天、三天至更长时间,久而久之,敌人被迫逐渐放松控制,群众则自动回村种田,红军游击队依然得以保持同群众的联系。敌人撤离后,各地党组织就动员群众回到本村,并帮助群众恢复生产,重整家园。

国民党军政当局强制推行保甲制度和"连坐法",以此作为强化基层统治的政治手段,对群众进行严密控制和互相监视,防止"通匪"、"济匪"。保甲组织的主要任务是清查异动人口,监视居民言行,进行反革命的宣传和法西斯的"党化"教育;协助政府抓丁派款、修路筑堡,组织反革命武装,配合国民党军缉捕共产党人,封锁围堵红军游击队。保甲编制,以 10 户为一甲,设甲长,一村为一保,设保长,10 保为一联保,设联保主任,层层控制。在保甲内,实行"一户通匪,十家连坐"的"连坐法",由保甲长带领全保、全甲具结画押,互相监视,如有触犯,10 家以至全村群众将被残杀。为此,永定的内山有个山村,30 多口人被"连坐"杀绝。金砂、高南竹村,全村 260 多人,被"连坐"杀得只剩下 25 人。上杭县坑口乡的连塘村,全村 80 多人也因此全被杀光。即使保甲长触犯"连坐法"也难以幸免,龙岩的白土就有 10 多名保甲长为此被杀。

针对敌人的保甲制度,闽西地方党组织从维护群众的利益出发,1935 年春曾提出

"当保者杀"的口号,以粉碎保甲制度,这在当时曾使保甲制度一时难以建立。但后来,敌人采用威胁屠杀的手段,迫使群众重组保甲,不然就要毁灭全乡全村。在这种情况下,为了保护群众不受摧残,闽西地方党组织改变斗争策略,允许群众以"白皮红心"组织保甲,以便利用保甲的组织形式,作为掩护红军游击队和群众斗争的"两面政权"。由于担任保甲长的多数是群众和两面派分子,死心塌地追随国民党的反动分子只占少数,因而闽西地方党组织确定了争取利用保甲长的政策,区别对象,晓以利害,争取好的、团结中间的、打击坏的。从而,布置一批"身在曹营心在汉"的革命两面派充当保甲长,控制了保甲组织。对于与人民为敌、民愤极大的反动分子,红军游击队则应群众要求坚决镇压,然后让群众去向联保主任报告,使群众不至受到牵累。有些地方则采用写信向敌密告其"通匪",假手敌人将其除掉。以后,一般地富反坏分子不敢当保甲长,由当地党组织同意,推举同红军游击队有关系的人充当保甲长。经过长期耐心的工作,闽西地方党组织争取了 2000 左右的保甲长及个别区长在自己的周围,国民党的保甲制度无形中失去了作用。①

国民党军为配合其军事行动,维护其后方统治,还在各地强行编组壮丁队、筑堡掘守,组织联防,以对付红军游击队。他们强迫 16 岁以上至 40 岁以下的成年男子全部参加壮丁队,在各乡担负放哨戒严、清查户口、盘查行人、搜捕革命干部、堵截红军游击队过境、配合国民党军"清剿"等任务,企图以此分化瓦解工农群众的队伍,制造群众同红军游击队对立。闽西地方党组织对于壮丁队,也由维护群众的利益出发,采取争取利用的策略,进行分化瓦解。当壮丁队开始编组时,当地党组织即在群众中秘密组织反对编练壮丁队委员会,发动群众进行和平合法斗争,先由群众代表以壮丁少、有病、农忙等理由为借口向乡公所保长要求不编或缓编,以拖延时间。如乡保长迫得紧时,则向其提出如要强编,就让壮丁"当游击队去",并由红军游击队出面警戒反动分子,同群众的斗争配合。这样,使许多地方的乡保长不敢强行编组。对已经编组壮丁队的地方,则提出"赤色联防"的口号,通过壮丁的亲友采取各种办法,晓以利害,争取他们保持中立,或同红军游击队签订秘密协定,约法三章,不准危害党的工作人员和红军家属,不准摧残群众,敌人若命令其带路搜山时,可以照办,但必须事前报讯,或朝天打枪鸣警,红军游击队过境不得阻止。经过灵活策略的争取,闽西地方党组织使不少壮丁队驻守的"白色堡垒"成为红军游击队控制的"赤色堡垒"。

国民党军政当局实行自首投降政策,颁布所谓"自首自新条例",以高官厚禄引诱革命队伍中意志薄弱、立场不坚定的动摇分子投降变节,企图分化瓦解共产党组织和红军游击队。国民党军使用各种手段进行劝降活动,甚至胁迫红军家属写信动员战士回家,或挟持红军家属随同国民党军进攻部队到阵前呼唤其子弟脱离红军队伍。闽西地方党组织坚决开展反叛徒的斗争,以对付敌人的政治瓦解阴谋。各地党组织和红军游击队

---

① 《闽西南军政委员会关于目前新的形势与新的任务决议》,1936 年 1 月 5 日,古田会议纪念馆编:《闽西革命史文献资料》第九辑,内部资料,2013 年。

第三章　游击战争中的统战工作与抗日民族统一战线的形成

通过发布布告等形式,在群众中公开揭露叛徒的丑恶嘴脸及其被敌利用后的可耻下场,让群众洞悉敌人进行政治瓦解的卑劣行径,认识到肃清叛徒也是为了维护群众的利益,从而发动群众积极配合红军进行肃叛斗争。但闽西地方党组织反对一概捕杀叛徒的过"左"倾向,而是采取分化的策略,对死心塌地投敌危害革命的首要叛徒则组织肃奸队坚决予以镇压,凡是被叛徒指证被迫自首而未破坏党及群众工作的一般分子,则不以自首分子对待,并向他们解释清楚,消除其顾虑,给他们留下重新革命之路回头。

在反对敌人的"隔离政策"斗争中,闽西地方党组织和红军游击队十分注意根据当时当地群众的要求和斗争环境,从实际出发,采取相应的灵活的斗争形式,逐步组织发动群众发展武装斗争。当斗争开始时,往往引导和帮助群众提出合理的要求,采取与敌软对抗的手段,进行合法与和平的斗争,以提高群众的斗争勇气和水平,并通过建立不同形式的公开或半公开的群众组织,团结教育群众。地方党组织和红军游击队则以秘密的武装行动同群众的斗争配合,给予支持。通过组织发动群众,鼓励和吸收在斗争中勇敢坚决的积极分子秘密组成不脱产的游击小组、游击队,平时以群众身份出现,掩护群众斗争,一旦需要,则支持群众进行武装反抗,与敌展开直接斗争。如在反对编组壮丁队的合法与和平的斗争开始,党组织就注意吸收斗争中坚定的先进分子加入党团组织和秘密农会,作为斗争的骨干,随后打进壮丁队内部,进行分化瓦解的活动,团结壮丁,掌握武装,驻守碉堡,掩护红军游击队的活动,等待时机成熟,则带领勇敢精壮分子弃堡拖枪直接加入红军游击队。

闽西地方党组织和红军游击队领导的群众斗争,之所以能够得到群众的拥护和支持,是因为各地党组织始终从保护群众的根本利益出发,把反迫害斗争同保卫农民土地的斗争结合起来,让群众为保卫自己的切身利益而自觉地投入各种反迫害的斗争。

国民党军占领闽西后,为巩固其阶级统治,极力支持地主豪绅向农民收租夺田,猖狂地进行反攻倒算。闽西各县从县到区乡普遍组织"农村兴复委员会",在各地强迫农民重新登记土地,首先要农民在耕地上插标,注明原业主姓名,分清业佃关系,然后通过登记恢复地主的土地业权,迫使农民向地主交清租谷。农民从土地革命分得的土地面临得而复失的危险。

为保卫土地革命的胜利成果,维护农民的根本利益,闽西地方党组织和红军游击队提出"收租者杀"、"收回土地者杀"作为基本的斗争口号,以开展保田斗争为中心,同时把反对迫害群众的斗争带动起来。每到收成季节,"农村兴复委员会"则乘机加紧策动地主收租夺田,各地党组织及时帮助群众保护秋收、冬收,号召群众打倒支持地主反攻倒算的"农复会",同时指出区乡联保办事处、保甲制度、碉堡炮楼都是保护地主收租迫债、压迫工农的工具,必须同时予以粉碎。各地群众组织抗租队,发展游击小组,使保卫土地的斗争发展为全面的反迫害斗争。

由于敌人采取"竭泽而渔"的隔离政策,一旦发觉红军游击队的活动地区,即大肆移民并村,焚烧残杀。因此,红军游击队的行动,处处为保护群众不致遭受摧残着想,创造了许多对敌斗争的经验。初期,敌人发现红军游击队的宣传标语、传单,就要追究迫害群众。以后,红军游击队将标语布告交给群众,让他们晚上张贴,白天撕下去向联保主任报告,沿途还高喊布告内容。这样,红军的宣传口号通过群众宣传出去,又使群众免受牵累。在应群众要求肃反时,则在镇压得手以后,让群众去向国民党驻军报告,等到驻军来到,红军游击队早已撤离,敌人无法找到借口摧残群众。在进行分粮时,则先把反动地主全家看管起来,再让群众把分得的粮食悄悄搬走后,才将地主放出来。这样群众既得到实惠,又不被敌人察觉,免遭报复。因此,红军游击队得到群众的信任和支持。各地群众冒着生命危险,突破敌人严密封锁,从各方面积极支援红军游击队。敌人实行的政治隔离和经济封锁的暴虐政策,并没有达到离间群众和红军游击队的密切联系和困死红军游击队的目的。

1935年,闽西南红军游击队经受了严峻的考验,有效地打击了敌人,保存了自己,在闽西南地区10多个县建立了四大块游击根据地。到1935年冬,闽西南的革命局面逐渐好转,群众的情绪趋于稳定。革命武装力量,除了红八团、红九团和明光独立营外,永定、上杭、龙岩等县都有百余人的游击队,还组建了许多游击小组。在党的组织方面,恢复了各级组织系统,县以下建立了区委,有不少乡村建立了党支部。各县之间还建立了武装交通队,形成了一个交通网,把整个闽西南游击区联系起来,保障了闽西南军政委员的统一领导和指挥。经过血与火的洗礼,闽西南红军游击队终于战胜了敌人残酷的第二期"清剿",度过了游击战争中最艰苦的1935年,进入了稳定发展的1936年。

第二节 建立抗日讨蒋统一战线,夺取反"清剿"斗争的最后胜利

1935年冬,全国形势发生了急剧的变化。日本帝国主义策动"华北事变",企图继侵占东北三省之后吞并华北五省,并且兵不血刃地盘踞了冀察两省。空前严重的民族危机,激发了全国人民的抗日热忱,抗日救亡运动风起云涌,如火如荼。北平爆发了"一二·九"爱国学生运动,全国各地掀起抗日反蒋斗争的高潮。与此同时,中国工农红军胜利结束长征,到达陕北苏区后,随即强渡黄河,挥师东进山西抗日前线,奋战于民族解放的战场。

为了挽救民族危亡,中国共产党以民族利益为重,中共中央于11月13日发表《为日本帝国主义并吞华北及蒋介石出卖华北出卖中国宣言》。同月28日,中华苏维埃共和国中央政府和中央军委联合发出《抗日救国宣言》,提出了著名的抗日救国十大纲领,昭示"不论任何政治派别、任何武装队伍、任何社会团体、任何个人类别,只要他们愿意抗日反蒋者,我们不但愿意同他们订立抗日反蒋的作战协定,而且愿意更进一步同他们组织抗日联军与国防政府"。号召全国军民团结对敌,共御外侮。

一、闽西《抗日讨蒋纲领》的发布

闽西红军游击队经过浴血奋战,渡过了极端艰难困苦的 1935 年,迎来 1936 年的比较顺利的发展时期,依靠新的方针政策,开创了抗日反蒋的大好政治局面。

1935 年 12 月,闽西南军政委员会派往上海的地下交通员,从中共中央交通站得到中央《华北事变宣言》,即关于发展抗日反蒋统一战线工作的指示文件。中央"命令福建红军联合福建白色军队及全体民众团结起来,武装保卫福建,武装保卫漳州厦门,配合全国红军抗日讨蒋,以挽救中国的危亡"。闽西南军政委员会即于 1936 年 1 月 1 日在上杭双髻山召开第二次会议,传达学习中央文件,贯彻执行中央指示精神。

双髻山会议旧址

会议根据中央指示和全国的形势,认真分析了闽西南的局势,认为由于日本帝国主义加紧侵略和蒋介石的卖国投降政策,整个中华民族正处在生死存亡的万分危机之中。危石之下无完卵,闽西南地区乃至福建全省也不能幸免,一定要有危机感和使命感。国民党军政当局发动的对闽西红军游击队的第二期"清剿"虽然已经失败,但他们必定还要部署新的"清剿",斗争将是长期、尖锐、复杂而又残酷的。

会议于 1 月 5 日做出《关于目前新的形势与新的任务决议》,并制订、宣布了《闽西南民众抗日讨蒋纲领》,决定在闽西南全面推行抗日反蒋统一战线的新方针。会议提出闽西南军政委员会和红军游击队的迫切任务是建立抗日讨蒋统一战线,以"武装保卫福建"和"武装保卫漳州厦门"来动员群众,继续"广泛的开展群众的游击战争,彻底粉碎日本及其走狗对闽西南的新的清剿,使能更胜利地扩大和培养闽西南民众对日作战的武装力量,创造对日作战根据地"。①

会议要求闽西南各级党组织、军政委员会(苏维埃政府)和红军游击队各部,必须认清形势,明确任务,积极行动起来,切实做好各项工作,主要是:(一)系统全面、广泛深入地进行思想政治动员。向党内外群众宣传抗日救国纲领和红军北上抗日的胜利,呼吁武装保卫福建、武装保卫漳州厦门,积极做好粉碎敌人新清剿的准备,使中国共产党关于抗日讨蒋统一战线的策略思想和方针政策深入人心。(二)努力巩固和发展人民武装。精心研究、灵活运用游击战术,不断创建新基点,开辟更广阔的游击区,繁殖和建立更多的群众武装,壮大革命力量,争取白军、民团、壮丁队和绿林土匪武装成为抗日武装。(三)积极领导群众斗争。在农村,主要是因地制宜,开展反对捐税,反对收回土地,反对收租迫债,反对集训壮丁队,反对烧房搜山、移民并村、筑土圈子等群众性的斗争。在工人中,主要是组织要求增加工资、反对老板开除工人的斗争。(四)加强地方党组织建设,加强肃反与反叛徒斗争,以确保抗日讨蒋重大任务的顺利完成。

会议强调各级干部和红军游击队指战员,在新形势下要认真学习、研究新情况和新问题,大胆运用抗日讨蒋统一战线的新策略,不要局限于土地革命和恢复苏区,仅仅依靠工农阶级,而必须把一切阶级、党派、军队、团体、个人团结在抗日讨蒋的旗帜下。"特别要注意小资产阶级",并"团结一般学生、教员、职员、知识分子、小商人等"参加抗日讨蒋斗争,"大胆向知识分子开门",再"经过他们去在各阶级、各党派、各团体、各机关之间公开进行活动",壮大统一战线队伍。

为争取国民党军、民团、壮丁队和绿林土匪武装参加抗日讨蒋,会议还着重阐明了兵运、土匪工作的重要性和必要性,并规定了相应政策,指出党在敌军中的工作十分重要,不容忽视,要积极、稳妥地进行策反工作,"夺取敌人堡垒为我们的赤色堡垒";还要竭力争取民团常备队。对绿林土匪武装的政策是,"在不抢工农、不妨害我们的条件之下,与他们订立协定,逐渐争取他们到革命方面来"。

为加强领导工作,会议充实了闽西南军政委员会组织机构。以张鼎丞、邓子恢、谭震林、简载文、方方、谢育才、邱金声、伍洪祥、廖海涛、张思垣、黄火星等为委员,公推张鼎丞任主席,邓子恢、谭震林任副主席。

为更好地适应形势,落实各项任务,配合全国红军作战,会议决定将闽西南红色部队编成中国工农红军闽西南抗日讨蒋军,各分区红军部队编成6个支队,各县游击队则改称为人民抗日义勇军。重新部署队伍,规划作战地区。以岩连宁地区为第一分区,司令员罗忠毅、政治委员方方,辖一、二两个支队:第一支队支队长刘汉、政委邱尚聪、政治处主任王荣春;第二支队支队长李炳和、政委吴作球。以永定、(上)杭代(英)、永埔、新汀杭地区为第二分区,司令员简载文、政治委员黄火星,辖五、七两个支队:第五支队支队长刘永生、政委熊梦辉;第七支队支队长钟辉元、政委黄火星。以龙岩、岩南漳、岩永

---

① 《闽西南军政委员会关于目前新的形势与新的任务决议》,1936年1月5日,古田会议纪念馆编:《闽西革命史文献资料》第九辑,内部资料,2013年。

靖、永和靖地区为第三分区,司令员邱金声、政治委员伍洪祥,辖三、四两个支队:第三支队支队长邱金声、政委伍洪祥;第四支队支队长阮文松、政委李赤标。

双髻山会议根据新的形势和党中央的指示,改变与修订土地革命的基本任务,确定抗日反蒋统一战线方针,并制定出一系列具体政策,顺应了历史发展潮流,推动了抗日民族统一战线的发展,对闽西南游击战争起到积极的促进作用。

二、为促成抗日反蒋统一战线,制订系列新规

双髻山会议结束后,为保证会议精神的贯彻实施,闽西南军政委员会多次逐一专门研究各项工作,陆续做出决定、发出指示、制定纲要、订立计划、提出措施等。在会议决议的基础上,进一步完善了关于抗日反蒋统一战线策略方针的各项具体政策和做法:把"打土豪"筹款改为募捐抗日救国经费;在抗日反蒋的原则下,以停止"清剿"行动、不进攻红军游击队、不破坏中共党组织、不摧残群众为条件,同各阶级(包括地主、富农)、阶层,各党派(包括国民党、三青团),国民党军(包括中央军、保安团)和国民党区乡保长实行联合;争取一切可以争取的力量,使壮丁队成为抗日游击队,使白军成为抗日讨蒋军,使保甲长成为赤色保甲长,使敌人堡垒成为赤色堡垒,使绿林弟兄参加抗日讨蒋战线,使自新自首分子回头重新革命;保护商人和手工业主自由贸易,公平买卖,不没收他们的货物财产,维护他们的正当利益。

1936年3月25日,闽西南军政委员会在认真总结各分区红军部队、各县区军政委员会在反第一、二期"清剿"中,争取绿林土匪工作经验的基础上,做出《关于争取土匪工作的决定》,分析了闽西土匪发生、发展的社会、阶级和历史根源,指出这既是帝国主义、封建主义统治的必然结果,更是国民党军残酷"清剿",在蒋介石卖国残民政策下的产物。蒋介石的收编、缴械、屠杀政策不独不能消灭土匪,反而更加激起土匪的发展。只有打倒帝国主义,实行土地革命,消灭封建残余势力,才能根本解决闽西土匪的问题。在党的政策感召和红军游击队的影响下,一般土匪的抗日反蒋情绪日益增长,据此,红军游击队确定了对土匪工作的总方针:争取土匪成为抗日讨蒋游击队,领导他们参加打土豪、没收粮食、抗捐、抗税、抗债等斗争,以至进入分田,实行土地革命,建立苏维埃政权的阶段。同时强调,在争取土匪工作中,必须根据实际情况,十分讲究斗争艺术和工作方法,对土匪消极、破坏、劣根性的一面,一定"要小心戒备,随时提防土匪的叛变与陷害"。

同年4月1日,闽西南军政委员会专门做出《关于争取白军工作的决定》。根据抗日反蒋统一战线方针和"清剿"闽西南红军游击队的国民党军的总情况,制定了对国民党军开展斗争的纲领,部署了宣传、组织等工作,要求各县、区、乡分设兵运部、兵运委员会和兵运小组,健全机构,加强领导,经常讨论与执行这一工作。

对双髻山会议的《决议》和会后决定、指示的各项政策,各级军政委员会和红军游击队各部都热烈拥护,坚决贯彻执行。在闽西南军政委员会的统一领导、部署、指挥下,大

张旗鼓、不拘形式地宣传抗日反蒋统一战线的方针政策,发起了强大的政治攻势。闽西南军政委员会于1936年1月30日、2月15日和2月20日,分别发出《告闽西南民团壮丁队书》《告三十七旅官兵书》和《争取民团壮丁队标语》;2月5日,龙岩县军政委员会与第三分区联合发出《告龙岩、南靖、漳平壮丁队书》;2月16日,岩南漳县军政委员会成立并发布《关于抗日讨蒋布告》;2月20日,杭代县太平中区军政委员会与红七支队第二大队共同发表《告太平区工农劳苦群众书》;3月1日,永东县军政委员会成立并发布《布告》宣誓抗日讨蒋,永定县苏维埃政府发出新编第一号《布告》,杭代县军政委员会发出《为反对钟少奎开马路告上杭民众书》;3月,龙岩县军政委员会发出《告中央军三十七旅官兵书》;4月26日,永定县苏维埃代表徐衍潘、红七支队第四大队长刘永生和政委邓乃举联名致信两位乡保长,纷纷向三十七旅等国民党官兵、各保安团队、民团壮丁队、区乡所长和保甲长等呼吁以民族利益为重,团结抗日,共赴国难,号召他们起义哗变,拖枪倒戈,武装反抗国民党,在抗日反蒋的共同目标下,实现对红军游击队的停火、息战、谈判、联合,齐心协力挽救中华民族的苦难和危亡。

在"抗日反蒋"统一战线方针指引下,闽西南党组织武装力量在游击战争中实施了一些新的政策。如对各党派,包括国民党在内,既往不咎,只要赞成抗日反蒋,都主动团结他们抗日;对国民党军队和地方武装,只要对红军停止"清剿",红军就不再进攻他们;对国民党地方基层组织,改变斗争策略,采取争取方针;实行保护自由贸易、公平买卖政策,团结商人和手工业者。因此,这个时期对白军民团的工作,对联合共产党、青年团的工作,对争取知识分子、争取土匪工作有了不少成绩。

闽西红军游击队执行正确的阶级路线和经济政策,停止没收地主、富农财产,停止打土豪,改为劝募抗日经费。向富豪募款时以礼相待,生活照顾从优,耐心细致做好教育疏导工作。这样,他们虽然捐了款、破了财,知道红军游击队的基地、据点等情况,但很少有带敌人来搜山的。

红军游击队团结社会贤达、知名人士坚决反对国民党军用烧杀手段破坏闽西社会经济,反对打汽车、没收商品、侵犯商人利益,并限期封存、抵制日货,倡导爱国精神。许多商人感动至深,深明大义,从政治上同情和经济上支持红军游击队。龙岩溪口、永定下洋、上杭白砂、平和大芦溪等圩市的商家还主动送款援助红军游击队。龙岩溪口圩的商家甚至要求红军游击队去驻防,保护他们的安宁。有一次,红军游击队一部在龙岩的美丽溪阻截过往船只,宣传抗日反蒋统一战线政策,秋毫无犯,引起了龙岩城商界人士的震动和感佩。

在争取民团壮丁队、区乡所长、联保主任、保甲长、保安团队、绿林武装和碉楼堡垒、甚至国民党正规部队的工作方面,红军游击队也有了长足的进步,获得较大成效。在执行新的方针政策以后,除了最反动的某些支点(如梅村、雁石、小池等极少数村镇)之外,壮丁队完全站到红军游击队一边,他们的碉堡便变成赤色堡垒,保甲长也唯红军游击队之命是从。他们不仅将敌人消息报告给红军游击队,给红军游击队采办粮食,替红军游击队保护伤病兵,而且替红军游击队以谣言去欺骗敌人、调动敌人。这样,壮丁队、碉楼不但不能限制红军游击队,而且替红军游击队放哨,甚至部分可以秘密参加作战,扰乱敌人。特别是新汀杭地区的新泉、南阳、旧县、才溪以及永定的东溪等处的民团壮丁队相继哗变暴动,杀死反动的区乡所长、联保主任,烧毁炮楼,并武装游击队打击土豪劣绅,进行抗捐、抗税的斗争,产生了巨大的影响。

经过对新方针、新政策的广泛宣传和正确贯彻执行,闽西南党和红军游击队争取了许多保甲长、壮丁队、绿林兄弟与红军合作,这样,顽固分子更加孤立,民团不敢再猖獗,连地主富农也比以前老实了。

三、广泛发动群众开展合法的或两面政策的斗争

针对国民党军的残酷"清剿"和地方反动派的毒辣手段,闽西南军政委员会及所属新汀杭、杭代等县军政委员会分别发出《告工农群众书》,中共永东特区委向下级党组织和游击队发出《关于反对敌人烧杀移民政策的指示》,一致抨击了敌人大肆烧杀抢掠、逼迫移民并村的血腥暴行,对人民群众遭受的灾难表示了深切的同情和极大的义愤,并号召大家一致团结、武装起来,扩大红军游击队,消灭区乡公所、豪绅地主、反动武装,毁灭炮楼土堡,粉碎保甲制度,为恢复苏维埃而斗争。永东特区委除布置更积极开展游击战争外,还强调加强党团基层组织建设和扩大工会、农会等群众组织,要求切实做好当前形势教育、宣传抗日反蒋策略方针,重视地下工作纪律和严密党的组织等工作。新汀杭、杭代和永东地区的红军游击队各部四处打击敌人,遏制其猖狂进攻的势头,减少群众的利益损失。

闽西红军游击队各部都运用灵活机动的游击战术,不断打击、消灭前来"清剿"之敌,顽强抗击国民党军各师的进攻和对游击根据地的残酷烧杀,取得了一系列战斗的胜利,从而愈战愈勇,愈战愈强。

为反击国民党军第三师的烧杀抢掠、残酷"清剿",红军游击队以诱敌伏击战术,行程近百里,在小池黄坊通白石坑山路上设伏,仅二十分钟便无一伤亡地围歼了国民党第三师十六团所部一个连和一个营部,缴获大批步枪及新式机枪一挺,取得了圆满胜利。第三师一个团驻白土后,白土民团得其扶植又死灰复燃,十分猖狂。每到夜晚,敌人便出动埋伏袭击红军游击队,许多基点村被摧残。为避免损失,中共东肖区委带领游击队出敌不意地转移到靠近城镇的大乡村隐蔽。各区游击队组在县军政委员会和各区委的领导下,也积极开展游击活动,严惩了一批为虎作伥,带领国民党军破坏红军游击队的民团、土匪、反动地主、叛徒分子,屡挫敌人的锐气。岩南漳地区的红军游击队,竭力抗击第三师"驻剿"部队,保护党组织和群众。岩东游击队在科松岭和罗桥仔击毙敌连长,捕杀通讯兵。李炳和率领红军游击队一部攻克马家山炮楼,击毙壮丁队四人,俘虏十余人,缴获十余支枪,烧毁炮楼,解救了被关押的群众。在永埔地区,为了打破国民党军"清剿",红军游击队千方百计避其锋芒,躲过袭击,保存有生力量。

1936年春,闽西南军政委员会本着抗日讨蒋、求同存异的精神,积极主动地与拥兵

自重、严密控制着上杭县古田、蛟洋一带的地方实力派傅柏翠部进一步协调关系,缓和矛盾,使其减少、停止对红军游击队的敌对行动,有时还允许红军游击队撤入其控制区避险,给予一定的物质接济。苏区时期脱离革命的傅柏翠保留一支武装,控制着上杭古蛟地区,但他知道自己生存于国共两党斗争的缝隙之中,如果红军游击队失败,他也难以幸存。红军游击根据地双髻山紧靠古蛟地区,为了建立抗日反蒋统一战线,更好地开展游击活动,谭震林代表闽西南军政委会给傅柏翠写了亲笔信,由陈茂辉、蓝荣玉送给他。傅柏翠接到谭震林的信后,便派人到双髻山与红军游击队联系。傅柏翠与红军游击队达成保持中立,双方"互不相侵"的默契。游击队不到古蛟地区活动,傅也对红军游击队不禁粮,敌人进攻游击队时,他不积极配合,只是虚张声势敷衍了事。由于红军游击队采取了正确的政策,使国民党当局的保甲长、联保主任、壮丁队分化瓦解,在游击根据地双髻山、杭永边地区周围的乡村,建立了秘密联络点、接头户,不少壮丁队成为游击队的"耳目",使游击队争取了主动权,逐步发展壮大。

在联合抗日反蒋方针指引下,红军游击队通过言传身教和坚持不懈的努力,感化争取了在闽西各地占山为王、独霸一方的多股绿林土匪武装,使之归顺红军,变消极因素为有利条件。如南靖张河山部、永定黄豺狗部,上杭林昔伍部,连南周锐部,岩东及宁洋苏美山、林宗明、黄玉璋诸部,均被红军游击队团结争取过来,成为抗日反蒋的力量之一。红军游击队被允许在其控制区域活动、驻扎,开展工作。如南靖著匪张河山部,是岩永靖三县边区多股土匪中势力最大的一股,有一定影响力和代表性。国民党当局对其收编不成就陈兵围歼。红军游击队主动联系接洽,受到张部热烈欢迎,遂进入其控制区域,相安无事或配合行动。永定县抚市乡黄豺狗部,完全是被国民党当局"逼上梁山"的。乡里黄、赖两姓因封建宗族矛盾引起群众性械斗,国民党当局不调解纠纷、平息事态,而是悍然武装镇压,黄姓失败,黄豺狗妻离子散,家破人亡,陷入走投无路的绝境,被迫带着几十个人上山为"匪",反抗国民党的统治求生存。正因如此,他多次派人寻找共产党和红军游击队,找到了中共永定县委、永定县苏维埃政府驻抚市乡的工作团,要求派政治干部去指导。后黄部欣然接受闽西南军政委员会改编,成为"闽西南人民抗日讨蒋军第二十三大队"。

在抗日反蒋统一战线政策的感召下,入驻闽西、实施"清剿"的国民党军亦时有暴动哗变、弃暗投明之举。1936年3月,驻永东、龙岩白沙各一个连相继暴动。不久,又有驻连城新泉一部哗变。五十二师驻龙岩龙门的一个连逃跑殆尽。6月8日,伍洪祥率红三支队第三大队一个排和短枪班,在国民党独立三十七旅七一〇团一营二连一排三班士兵暴动策应下,攻克龙岩适中新祠堡垒,全歼守敌一个排,击毙排长。有六名士兵自愿参加红军游击队,并发表《告三十七旅兄弟书》,呼吁广大官兵迅速觉醒起来,团结起来,"同我们一样举行暴动,加入红军中来"。

由于抗日讨蒋是大势所趋,而进攻红军游击队则强奸民意、背离人心,国民党军士气低落,日渐厌战,逃亡成风。如国民党保安第六团驻大洋坝一连补充了24人,同时就逃亡了38人;驻岩南漳县象山区的国民党军下级军官和士兵,听取红军游击队的喊话宣传后，以各种方式表达对红军游击队的同情、理解和支持。许多地方驻点守线的国民党军发现红军游击队活动来往，不开枪、不报告，任凭他们安全通过。

第三节 执行"联蒋抗日"新方针，实现闽西第二次国共合作

在华北危急、全国掀起抗日救亡运动新高潮的形势下，根据国内阶级变化的实际情况，中共中央做出了从抗日反蒋转为逼蒋抗日的重大决策。1936年9月1日，中共中央向党内发出《关于逼蒋抗日的指示》。指示中说："在日本帝国主义继续进攻，全国民族革命运动继续发展的条件之下，国民党中央军全部或其大部有参加抗日的可能。我们的总方针，应是逼蒋抗日。"正当中共中央采取逼蒋抗日的方针，推动国民党政府实行抗日政策的时候，发生了震动中外的西安事变。同年12月12日，国民党爱国将领张学良、杨虎城率部扣押了来西安督促"剿共"的蒋介石，并通电全国提出停止内战、一致抗日的八项主张，全国形势由此发生骤变。中共中央以民族利益、抗日大局为重，极力主张并促成了西安事变的和平解决，从而为结束内战、一致抗日创造了条件。以西安事变的和平解决为时局的转折点，国共两党实行团结抗日已成为不可抗拒的历史潮流。西安事变和平解决后，中共中央于1937年2月10日发表《中共中央给中国国民党三中全会电》，提出国共两党合作抗日的五项要求和四项保证，在全国引起了巨大的反响，进一步推动了国共第二次合作的进程。

一、由"抗日反蒋"到"联蒋抗日"的转变

一直处在国民党军反复"清剿"之中的闽西南红军游击队，同中央的联系早已中断，无法直接获得中央的文件和指示。1936年9月，红四支队向闽南发展，打通了同中共闽粤边特委的交通联系，虽然从他们那里转来一些中央文件，却往往因为几经辗转而过时，贻误了贯彻执行的时机。对中央从抗日反蒋到联蒋抗日的重大政策变动，闽西南军政委员会在相当长时间内并不了解，所以，直至1937年春，"还是忠实于执行中央过去'反蒋抗日'的指示"，①而落后于全国形势的发展。

尽管如此，闽西南军政委员会领导人始终关注着全国正在变化的新形势，他们从所能获得的香港、汕头和国民党的报刊上有关中共的消息报道中，分析和揣摩中央的意图，以敏锐的政治眼光，审时度势，联系闽西南斗争的实际，主动地制定闽西斗争的新方针，加紧开展抗日统一战线工作，以求在闽西实现停止内战、联合抗日的局面。

---

① 《闽西南军政委员会为停止内战一致抗日给各级党的信》，1937年5月25日，古田会议纪念馆编：《闽西革命史文献资料》第十辑，内部资料，2013年。

粤军入闽"清剿"之后，闽西南军政委员会根据粤军受过西南抗日救亡运动的熏陶、有倾向抗日的可能，遂在军事上打击粤军的同时，采取积极争取分化粤军的策略，大力开展建立粤军中上层统一战线工作。他们以中国工农红军闽西南抗日讨蒋军全体指战员的名义，多次发出致粤军官兵的书信，号召广大粤军官兵继续过去西南抗日救国的光荣，反抗蒋介石的"清剿"命令，停止进攻抗日救国的红军游击队，站在民族的立场上，与红军携手共同抗日。

为团结一切可以团结的力量，闽西南军政委员会确定关于扩大抗日统一战线的方针，并于1936年12月20日发布第三号布告，表示将执行苏维埃中央政府修改后的土地政策，改变对地主和富农的策略，主动停止打土豪筹款，并将其改为向殷实富户筹募抗日基金，提出在对方停止进攻红军游击队、停止烧杀的法西斯政策、取消苛捐杂税，抵制日货、保障群众抗日救国的各项自由等条件下，红军愿意放弃对粤军及一切部队的敌对行动，与其订立抗日作战协定；呼吁各界人士互派代表，与红军共同商讨成立闽西南国防政府与抗日联军，在抗日统一战线的旗帜之下，团结起来，进行神圣的民族革命战争。为取得各界人士的支持，闽西南军政委员会同时发出《为联合救国致各界公开信》，向各界表达了红军真诚抗日的主张和愿望，希望闽西南各界同胞和爱国人士，消除猜嫌之成见，同红军共同发起组织各界救国联合会，筹划闽西南抗日政府和抗日联军的建立，转达和介绍红军与粤军实行停战的要求，以达到彼此停战及联合抗日的目的。

闽西南军政委员会领导人积极做好干部、战士的思想工作，引导干部、战士明白和顾全团结抗日大局。由于过去很长时间处于国民党军封锁的环境中，许多干部、战士对时局的变化与发展并不清楚，对"蒋介石刚活捉，又被放走了"的认识一时转不过弯来，发生离队出走的现象。这个情况引起了张鼎丞、谭震林的高度警觉，他们理解干部、战士的心情，同时也看到要使团结抗日这个大局真正为干部、战士所理解和接受，还需要做深入耐心的思想工作。军政委员会领导人亲自到各个大队，向全体干部、战士做报告。讲红军长征途中召开遵义会议纠正了博古、李德军事指挥上的错误，建立了新的中央领导，中央红军已经胜利抵达陕北；然后讲党中央为什么要采取和平解决西安事变的方针。这样，就把形势教育与党的路线、方针、政策的教育结合起来，统一了思想。经过耐心教育，干部、战士明白了道理，稳定了情绪，以高昂的斗志投入了新的斗争。

1937年2月初，中共闽粤边特委通过交通转来了中央《关于目前政治形势与党的任务的决议》《"八一"宣言》等文件和毛泽东1936年9月18日致章乃器、陶行知、沈钧儒、邹韬奋等人的函，以及周恩来写给张鼎丞、邓子恢、谭震林等人的信。周恩来这封信的全文是：

鼎丞、子恢、震林、诸同志：

一年来从报上，最近复从南来人口中得知你们的苦斗不懈，中央各同志对你们表示无限的敬意和欢慰，我们长征一年，由各方到陕甘北部，一年后二四方面军又续来，现亦抵甘肃南部，不久将可会合，中央到陕甘后即以建立统一战线号召全国，去年一、二月成立政治决议案,今春发布致全国各党各派各界各军公函,均主张停止内战,一致抗日,并向全国提议召开抗日救国代表会议,成立国防政府抗日联军以统一抗日领导。一年来,这一运动颇着成效,上下层统一战线均见开展,尤以西北红军之胜利及南方游击战之坚持,更推动了这一运动,现由八月二十五日中央又送致公函,向国民党申述愿谋两党合作诚意,主张为建立统一的民主共和国与抗日的国防政府而斗争。

此致!

周恩来
一九三六年九月二十二日陕北

从这些中央文件和信函中,张鼎丞等对全国抗日形势和党的策略有了更加明确的认识,意识到中国革命到了重大的历史转折关头。闽西南军政委员会遂于2月下旬召集部分委员和附近县委负责人开会。会议着重检查了过去的策略路线,认为闽西南红军游击队在执行党的统一战线工作中,存在着"左"倾的关门主义、等待主义与右倾的机会主义、游击主义,因而阻碍了党的统一路线的正确的、顺利的开展和目前粉碎敌人"清剿"的更大胜利。会议强调必须克服上述错误倾向,保证党的路线的正确执行。根据闽西南政治斗争的形势,会议于2月28日通过了《关于闽西南目前政治形势和党的任务决议》,决定大力发展闽西南的抗日统一战线,促成闽西南国防政府与抗日联军的建立,巩固与发展人民抗日根据地,加强党的建设,以适应全国抗日形势的迅猛发展。并"将中华苏维埃共和国闽西南军政委改名为中华苏维埃人民共和国闽西南军政委,抗日讨蒋工农红军改名为人民抗日红军,游击队改名为人民抗日义勇军"。这些决定表明,闽西南军政委员会顺应中央推动国共两党团结抗日的趋势,向前迈进了一大步。

1937年4月间,闽西南军政委员会收到中共闽粤边特委转来党中央关于民主共和国的决议及中共中央南方临工委于3月5日《给闽粤边特委的指示信》,从中获悉中央的方针已由"抗日反蒋"转为"联蒋抗日",国共两党高层谈判已经开始。来信明确在全国抗日救亡的新形势下,当前的方针已由抗日反蒋转为联蒋抗日,建立抗日民族统一战线,要求南方党组织与红军游击队"应加紧共同一致动员,向国民党军队进行协作谈判",并对谈判的内容做了原则指示。

为此,闽西南军政委员会随即于4月25日在永定与南靖交界的科岭下斜村紧急召开常委扩大会议。会议由军政委员会主席张鼎丞主持,邓子恢、谭震林、谢育才、温仰春、魏金水等同志参加了会议。会议检查了军政委员会一年来因得不到中央的指示而执行了与中央不同的策略方针问题,一致拥护中央的方针,讨论确定了闽西南在新形势下的行动方针,即积极动员、迅速开展"争取实现闽西内部和平"的运动,推动闽西地区抗日民族统一战线的建立,以迎接全国团结抗日高潮的到来。会议决定,根据中央的指示精神和闽西南的实际情况,在闽西南迅速开展和平运动,以推动国民党抗战,迎接全国的抗日高潮。

科岭会议旧址

会议确定了同国民党谈判的原则和要求：国民党方面，(1)国民党军队立即停止清剿，停止进攻红军和游击队；(2)实行民主自由，发动人民都起来进行抗日战争；(3)释放一切政治犯。共产党方面，(1)放弃苏维埃政权，包括各级军政委的活动；(2)停止没收地主土地，停止打土豪、分田地；(3)闽西南红军可改名为国民革命军或人民抗日武装，在政府统一领导下，共同抗日。闽西南军政委决定派谢育才为总代表，负责与入闽粤军及第六区行政专员公署谈判。同时，还决定将会议制定的方针政策，用宣言方式公布散发，号召各党各派各阶层人民一致行动起来，响应我党"停止内战、共同抗日"的主张，促成和谈。

科岭会议是闽西南的革命斗争由"抗日反蒋"转入"联蒋抗日"的转折点，它为此后在闽西南实现第二次国共和谈奠定了基础。会后，闽西南军政委员会制定《闽西南人民抗日救国纲领》，全面提出了抗日救国主张。纲领"要求闽西南内部团结，各党、各派、各军亲密联合，停止内战，一致对外"，尤其是"要消除红军与粤军及地方部队之间的敌对行动，使'清剿'与游击同时停止，以保存双方抗日力量，避免地方糜烂"，并进一步达到红军与粤军及其他部队联合抗日的目的。闽西南军政委常委分赴各地传达贯彻常委扩大会议的精神，组织学习领会党的抗日民族统一战线，对所属红军部队及各级党组织进行充分的政治动员，要求全党全军克服关门主义与等待主义的错误倾向，以闽西南人民抗日救国纲领作为动员群众以及人民救国政府的行动标准，为实现"停止内战、一致抗日"、"红军粤军联合起来"，确保闽西南抗日民族统一战线这一中心任务而斗争。

为统一红军部队和各级党组织的思想行动，闽西南军政委员会发出了指示信，命令所属红军部队忠实执行既定的新方针和新政策,除了必要的自卫手段外,停止对粤军及地方部队的一切攻击行动,纠正对壮丁队、区乡公所采取扑灭手段的错误行为;以最大的诚恳和宽容的态度,欢迎过去的敌对阶级分子自新转变,克服任何形式的报复主义和过左行为;大力争取各部队同各地驻军和地方部队之间首先实现和平合作,以促成总谈判的成功。同时,强调各级党组织和红军部队加强自己的主观力量,巩固与扩大苏区和游击区,以保证党在抗日民族统一战线中的领导作用。

二、发起和平运动,创造合作谈判气氛

在执行联蒋抗日政策的过程中,红军游击队内部遇到很多人反对。不少人认为,抗日谁都没有意见,可是对打了十年内战的"蒋该死",现在却忽然要拥护他,许多人思想不通。

针对这种情况,闽西南军政委员会一边做深入细致的说服解释工作,一边迅速展开和平合作运动。军政委负责人张鼎丞与邓子恢、谭震林联名向闽西南国民党各公署、各县党部、各团派及各界人士发出了《为停止内战一致抗日致闽西南各界人士书》,郑重申明:"我们愿意捐弃前嫌,不论任何人过去在对内问题上与我们有过任何纠纷以至深仇大恨的,只要他今天赞成抗日救国,我们都愿意把他忘记;我们今天只要求各党各派在抗日救国问题上与我们大体一致,对其他问题的不一致,已经不为我们所过分重视。"并要求闽西南地方当局及各界人士,共同向粤军呼吁和平,共救危土。

同时,闽西南军政委发出了《为停止内战一致抗日三致粤军公函》和《致闽西南各界人士书》,分别提出同粤军和地方部队合作的条件。其中,向粤军提出的五项要求是:(1)粤军立即决定抗日。(2)粤军及地方部队立即拒绝南京亲日派的误国政策,自动停止向闽西南红军及义勇军的"清剿"和对游击区的烧杀。(3)开展闽西南人民救国运动,扶助各界人民群众生活改善的要求。(4)保证闽西南人民居住、行动、宣传、集合、结社、出版等民主自由,允许共产党及其他救国党派的政治活动与组织自由,释放一切政治犯。(5)在合作后,双方各自保存宣传鼓动及对于对方批评的自由,以克服在抗日救国中所发生的不良现象和不正确的倾向。在粤军接收上述最低要求时,闽西南红军愿意执行四项和平条件:(1)停止对粤军及一切地方部队的敌对行为。(2)在粤军抗日行动中,在军事上愿受粤军统一指挥,但红军的编制、纪律、人员不受任何干扰。(3)在未接到红军总司令部调动命令之前,由双方商定红军驻防地区,划界自守,互不侵犯。(4)红军对日作战,需要进入粤军及其他友军区域时,只要给养保证,红军不干涉当地行政制度,并遵守友军一切关于社会的法律和法令。闽西南军政委员会提出上述和平条件时,申明了自己的原则立场,即闽西南红军绝不会接受南京亲日派所宣称的投诚改编办法,闽西南红军绝不让人解散或混编,共产党绝不能被溶解于任何党派。

为了争取国民党地方当局和各界人士促成同粤军和地方部队的谈判,闽西南军政委员会在给他们的信中,诚恳地表示闽西南红军愿意捐弃前嫌,只要求各党各派在抗日

救国问题上同红军大体一致,在细节和其他问题上则采取宽容的态度,希望大家能够消除成见,携手联合。

在闽西南军政委员会的统一部署下,闽西红军游击队和各级党组织积极采取行动,迅速展开一场声势浩大的争取和平的运动,红军各主力部队和地方党组织将闽西南军政委员会的函件大量翻印,广为散发,直接或间接分送到粤军一五七、一五八师的师部直到基层的排班中去,闽西南各县区公署直至保甲长以及各团体、学校、报社、知名人士都一一送到,征求答复意见。并组织了工作队、宣传队、喊话队,运用群众,广泛开展政治宣传。这些宣传队伍,利用一切机会去接近当地驻守的粤军和壮丁队,开展工作,在农村集镇、圩场公开集会,在公路、码头拦截车船,散发传单,向广大群众宣传解释党的联合抗日主张,发动群众联合向粤军及地方当局呼吁和平,城乡各地很快形成一股强大的敦促国共合作抗日的声势。张鼎丞、邓子恢还以个人名义,分别向漳州、厦门、汕头、广州、香港、南雄、赣州等地的闽西旅外同乡会、知名绅士、同学、亲友发出专函,说明中共的联合抗日主张,请他们维护桑梓和平,多方推动国民党闽西军政当局接受和谈。

上述做法产生了积极的效果,使粤军中不少中下层军官和士兵厌倦内战,要求尽快结束内战局面,枪口一致对外,共御强寇,也赢得了闽西南各界人士和社会舆论的同情和拥护。旅居厦门、漳州的各界人士召集同乡会,讨论张鼎丞等人的公函,通电国民党福建省政府,呼吁和平合作抗日。甚至连一贯反共而移居漳州7年的龙岩大绅士郑笔山也感动地说:"我是第一个反共的坚决分子,可是反了10年,也没反出什么名堂,现在共产党提议和平合作抗日,我们就应该赞成。"郑笔山还通过关系向闽西南军政委员会表示:"如果国民党当权的军政人员不愿和平的话,我们地方人士和你们谈判停战,实现和平合作。"由于停止内战、一致抗日已成为各界人士的强烈要求,所以,闽西南军政委员会发起的合作抗日运动,在闽西南地区造成一股强大的抗日救亡的声势,既让部队从实际工作中看到,只有这样才能联系广大群众转变思想,又给国民党军政当局造成了强大的压力。

三、闽西国共和谈成功,抗日合作局面形成

闽西南军政委员会和平合作运动的开展,使闽西国共和谈的条件逐步趋于成熟。可是,如何打开和谈局面,闽西南军政委员会积极寻找同粤军的联系线索。

这时,因参加反蒋的"福建事变"失败后避居香港的原十九路军营长谢再发,回到龙岩适中洋邦村家中。他出身贫苦,同闽西地方党组织有过密切的联系,接到闽西南军政委员会给他的信函后,找到适中区委谢开华,表示愿意利用粤军的老关系,从中搭线,促成同粤军的和谈。

通过谢再发的居间推动,粤军四六九旅驻适中的营长吴琪同意和红军接触谈判。谢再发将吴琪约请代表见面的信件交给谢开华,通过秘密交通站的姜茂生送到闽西南军政委员会。闽西南军政委员会决定抓住这一时机,派岩南漳军政委员主席魏金水出

面同吴琪接触。

5月间,会谈在谢再发家中举行。经过磋商,达成两条协议:一,双方在所管辖的范围内先行停火;二,这次会谈情况,由吴琪向一五七师师长黄涛报告,闽西南军政委员会准备接受更高一级的会谈。

闽西南军政委员会听取魏金水汇报适中会谈的结果后,决定利用这次打开同粤军接触和谈之门,进一步推进全面和谈的进程,指派原红九团政委谢育才为谈判的总代表,准备同粤军一五七师师长黄涛的高层谈判。

根据适中局部会谈的成功经验,闽西南军政委员会指示各主力支队、各级地方党组织主动派出代表与国民党县区公署、联保办事处、保甲长及当地驻军就地进行局部和谈,谈判条件局限在局部问题,如"停止双方军事行动"、"被移民群众回家去"、"给养问题"、"双方停止捉人"等。各县区委、主力支队积极行动,利用送达公函的机会,派出代表同当地驻军和地方实力派接触,联络感情。有些地区乘机谈判,达成局部和平的协议。中共龙岩县委和红军部队首先做到普遍派出代表到各地去谈判,立刻取得全县各区"停止清剿"、"移民群众即准回原乡村去",停止检查来往路条和"良民证"等具体成果。岩南漳县委在岩城附近,通过联保公开召集保甲长和邻近联保前来商谈,立即到了几百人,气氛非常融洽,当即达成在附近取消检查路条、停止捉人的协议。岩连宁地区的红一支队派代表到白沙乡,同粤军陈营、黄营和区公所谈判,得到热情的支持,他们立刻帮助红军向商家筹募给养。

永定县湖雷镇长张民权、上杭丰稔联保主任陈自强都同红军游击队达成局部和平协定,并在粤军及地方当局之间,从中斡旋。闽西南军政委员会及时派温仰春去永定县城同粤军一五八师曾友仁部谈判。后到龙岗乡叶维浩旅部谈判。双方表示:"先停止一切敌对行动,其他事等待上级来决定。"后来,温仰春还去叶旅部2次,带去了张鼎丞、邓子恢的亲笔信,表示保证停止敌对行动。这些局部和谈的顺利进行,为推进高层谈判创造了良好的气氛。

6月15日,闽西南军政委员会派谢育才为谈判代表,由吴琪、谢再发陪同抵达漳州,同粤军一五七师师长黄涛进行和平谈判。谢育才到漳州的当天,获悉中共闽粤边特委同粤军谈判中,领导机关遭其袭击,特委书记何鸣被捕,粤军正要挟他接受整编条件,引起谢育才的警惕。谢育才面见黄涛会谈时,向其提出了闽西南军政委员会确定的条件,并要求同何鸣见面。黄涛表示同意和谈,但要谢育才回龙岩同其驻岩部属四六九旅的旅长练惕生具体谈判,对会见何鸣一事则托辞拒绝。

回龙岩后,谢育才向闽西南军政委员会汇报了上述情况。闽西南军政委员会正好收到中共代表张云逸6月3日发自香港的信,叮嘱闽西方面不要等待,继续把和谈进行下去,但要吸取闽粤边特委在和谈中的经验教训。于是,闽西南军政委员会决定由谢育才进龙岩城继续进行谈判,并提高警惕,密切注视闽南和谈的发展。

6月底至7月初,闽西国共和谈在龙岩县城进行。闽西南军政委员会的代表谢育才同粤军四六九旅旅长练惕生、国民党第六区行政督察专员张策安就停止内战、联合抗日进行具体谈判。

谢育才提出了闽西南军政委员会根据中共中央给国民党三中全会电文的原则所确定的具体条件，对国民党方面的要求是：(1)立即停止"清剿"，停止对红军游击队的敌对行动；(2)立即取消对红军游击队的封锁，允许被移民并村的群众回原地居住；(3)必须开放党禁，实行民主，必须承认共产党组织及抗日工作为合法；(4)保障抗日言论、集会、结社、出版、信仰的自由，并释放政治犯；(5)实行救济灾民，抚恤革命军人家属，并取消苛捐杂税；(6)土地革命时期所分配的土地应保持原状，未分配土地的地区应实行减租减息；(7)红军游击队停止打土豪后，国民党政府应发给经费和弹药，以利进行抗战工作。闽西南军政委员会做出的保证条件是：(1)自动停止对国民党的攻击行动，但如国民党军进攻我们，我们有权坚决自卫还击；(2)自动停止土地革命，停止打土豪筹款的行动；(3)取消红军番号，自动改名为闽西人民抗日义勇军。在抗日合作中，在独立担任一定战线作战任务的条件下，接受抗日指挥部的统一指挥；(4)取消闽西南军政委员会的组织，以便建立统一的地方民主政权。

国民党闽西军政当局对和谈并无诚意，他们扬言：共产党只能来投诚，不能讲合作，对红军游击队只能"收编"，不能"点编"。练惕生、张策安提出极为苛刻的条件：(1)张、邓、谭等即日来岩表示诚意；(2)取消共产党红军苏维埃等组织并停止一切活动；(3)即日发表投降自新宣言；(4)全部投诚，有枪者点编，徒手遣散，并保证以后闽西南长汀、连城、上杭、永定、龙岩、宁洋、漳平、华安、南靖、平和等11县不得再有残留部队骚扰地方。

在谈判过程中，练惕生、张策安撇开国民党政治上必须保证的条件不谈，单拿军事问题来谈，要红军停止军事行动，把各地同中共有关系的武装部队包括在内，在限定的时间和地点内全部集中点编，而国民党军要在谈判成功后才停止"清剿"。练惕生和张策安各怀鬼胎，都想借和谈来吞并红军，以扩充自己的实力。张策安是国民党省政府当权的中统派系的重要骨干，更是有恃无恐，蛮横无理，狂妄地宣称红军收编后，张鼎丞可以到省政府做厅长，邓子恢可以出洋，其他人由政府发给路费出门或开荒生产。对此无理要求，谢育才坚持拒不接受，同张策安争执不下，谈判陷入僵局，被迫暂时中断。

1937年7月7日，卢沟桥事变发生，抗日战争全面爆发。中华民族处于生死存亡的紧急关头，全国人民抗日救亡的情绪空前高涨。经受长期内战痛苦的闽西人民强烈要求国共携手言和，合作抗日。龙岩商会、各界人士积极居间推动，要求国民党当局及早恢复地方和谈。国民党闽西军政当局迫于全面抗战的形势和社会舆论的压力，不得不把和谈继续进行下去。练惕生发函邀请邓子恢进城谈判。此时，闽西南军政委员会领导机关由永定迁驻龙岩的适中乡石门炉村，就近领导和谈，乃决定派邓子恢亲自进城谈判，以打破僵局。

7月10日，邓子恢、谢育才由谢再发陪同自适中驱车进城，下榻三千旅社。然后由龙岩商会长李联昆、县财委主任郭荣圻陪同去见练惕生。这一天，正逢东北军收复卢沟桥，又是深孚众望的中共代表邓子恢前来和谈，满城群众鸣放鞭炮，夹道欢迎，情绪至为热烈。

谈判在练惕生旅部进行。邓子恢、谢育才同练惕生的谈判中,对停止敌对行动等方面没有什么争论,军费推到点编以后再讨论。争论的焦点在红军游击队集中的地点问题上,练惕生坚持要红军在离城不远的白土一处集中,邓子恢警惕国民党当局利用红军集中趁机包围缴械的阴谋,提出要在离城九十里的龙岩白沙和永定的金丰分两处集中,这两地是红军的游击基地,离城较远,交通不便,国民党军队不可能一下子开来。为此,双方各持己见,争执不下,僵持到7月中旬犹未解决。加上张策安从中作梗,7月9日,他还派白土民团到邓子恢家里抓人,企图破坏谈判,使矛盾更为复杂。

就在此时,7月16日发生了"漳浦事件"。闽南红三团是中共闽粤边特委所属的一支武装。根据上级指示,红三团于6月间同粤军一五七师谈判,达成合作抗日协议。由于红三团团长兼政委何鸣不能正确执行党的统一战线政策,对国民党顽固派的反动本质与阴谋认识不清,失去警惕,造成一五七师不费一枪一弹就把近1000名红军游击队的武装缴械的"漳浦事件"。"漳浦事件"充分暴露国民党当局一边搞和谈,一边加紧"剿共"的真实面目。消息传至龙岩,邓子恢立即对粤军背信弃义的卑劣行径提出强烈抗议,并表示对闽西红军集中地点问题绝不让步。他对练惕生说:"由于贵军背信弃义,制造了漳浦事件,部队很不放心,因此坚决主张分地集中。兄弟个人是相信闽西不会有漳浦事件发生,但对部队很难说服。"

7月18日,闽西南军政委员会就此发表《为反对日寇进攻,发动对日抗战宣言》,要求"军政当局发还闽南红军何鸣、吴金部之枪械,恢复其组织",重申闽西南共产党和红军坚持联合抗日的一贯主张和态度,敦促军政当局迅速实现闽西内部和平。同时,张鼎丞、邓子恢派谢开华携带致闽西旅外人士的专函到漳州,同他们商谈促进和平及联系筹募红军临时给养问题,揭露当局破坏和谈之行径。龙岩旅漳厦同乡会,立即召开代表会议,发起募捐帮助红军给养,并通电国民党福建省政府呼吁早日实现和平。

闽西南军政委员会的原则立场和坚定态度,使练惕生不得不重新考虑,私下派龙岩商会长等地方人士出面找邓子恢说项。邓子恢据理力争,揭露粤军企图吞并红军的阴谋。这些地方人士也同声谴责黄涛言而无信,做事太悖情理。练惕生自感理屈,只好做出让步。经过地方人士的斡旋,双方反复商谈,7月29日,在龙岩商会由地方人士参加做最后谈判,达成基本按照中共所提条件的协议。关于双方停止敌对行动等军事条文按原规定不变,红军游击队集中的时间和地点,商定于8月13日分别在龙岩的白沙、苏邦和永定的芦溪、下洋两处集中,从9月1日起,红军游击队按实有人数照国民党军的平等待遇按期发给军费,并决定至11月底为训练时间。邓子恢、谢育才代表闽西南军政委员会,练惕生代表粤军,张策安代表国民党第六区行政督察专员公署和福建省政府,三方在协议上签字生效。至此,和谈告一段落。

四、巩固和平局面的斗争与红军游击队改编北上抗日

闽西国共合作和谈成功后,闽西南军政委员会遵守协议,命令散驻闽西各县的红军

各主力支队和地方游击队,按期开赴指定点编地点集结,等候点编。

1937年8月20日前后,各地红军游击队分别开至点编地点集中完毕。在龙岩白沙集中的部队有红一、红三、红七支队和由龙岩独立营改编的红二支队,以及龙岩、上杭、岩连宁、岩南漳等县地方游击队。在平和芦溪集中的部队有红四、红五两个支队,以及永定、永浦、永和靖等县的地方游击队。

在部队集中点编前,国民党当局发下国民党军的黄色军服,要红军穿戴整齐接受点编。红军指战员见了国民党军的军服都是一肚子火,大家不愿意换装,认为"国民党和我们打了十年内战,'五角星'同'十二角星'斗了十几年,国民党天天叫嚷要消灭红军,我们也天天喊打倒国民党,可今天却和他合作,这是为什么?"显然,不首先解决思想问题,就不可能把队伍内部的认识统一到抗日民族统一战线上来,就不可能以新的姿态奔赴抗日前线。闽西南军政委领导人分赴各地进行思想动员,向战士解释党的抗日民族统一战线的方针政策,说明阶级利益服从民族利益的道理,教育全军从抗日大局出发,准备点编后转赴抗日战场,保家卫国,为神圣的民族解放战争而战。经过部队领导耐心说服教育,战士勉强换了装,有的人在换装时抚摸着红五星和红领章流下了难过的眼泪,有的人把八角帽和军装叠得整整齐齐地珍藏起来。红军换上国民党军服,又招致驻地群众的误解和不满,他们气愤地责怪红军说:你们穿黄军服了,投降了,叛变了。甚至不愿再让红军驻扎,要把红军借用的床板、稻草等拿回去。部队耐心地向群众说明,义勇军仍然是红军,仍然是共产党的队伍,穿黄军服是为了打日本,绝不是投降、叛变,群众情绪才逐渐平静下来。

8月底,粤军一五七师派政训科长陈柏麟、国民党福建省政府派第六区行政督察专员公署保安副司令韩遇隆为代表前来点编。27日,陈柏麟一行十人,在谢育才陪同下先到龙岩白沙点编。次日,在白沙圩场对岸的广场举行点编大会,红军战士昂扬肃立,怒目而视。邓子恢、韩遇隆、陈柏麟相继讲话。邓子恢在讲话中代表闽西南军政委员会重申共产党抗日救国的坚定立场。他说,现在和平已经实现,红军抗日有路,准备将热血洒到华南抗日前线去,不管环境如何变化,将言行一致,始终不渝,来完成抗日救国的艰巨任务,取得中华民族的彻底胜利。

8月30日,白沙点编完毕。9月1日,陈柏麟一行转赴平和芦溪,4日开始点编。为防止突然袭击,这里的红军游击队采取了"兵不厌诈"的对策。事前,布置地下交通站的交通员,分头去附近村庄活动,动员了130多名青壮年,暂充"点编"战士,进行了操练。"点编"的当天,谭震林要求所有人员做到"内紧外松",稳住情绪,以静制动,不露声色,并把精悍的有战斗力的部队,布置在操场四周的山头设下埋伏,而让动员来的群众,穿戴起国民党的军装军帽,配上旧的枪支,又把红军游击队的政工干部、侦察战士和司号员等穿插其中,排起了队伍。9时过后,陈柏麟带着人马前来"点编",气氛顿时紧张起来。埋伏在山头上的战士们,个个紧握手中枪,密切监视着"点编"现场,随时准备投入战斗。谭震林则从容镇定地迎上前去,然后一起走上操场致辞,检阅队伍。总计在白沙、芦溪两处点编的红军游击队共有1100多人,有步枪600余支、驳壳枪120多支、杂

第三章 游击战争中的统战工作与抗日民族统一战线的形成

闽西红军游击队集结改编地点——龙岩白沙

色短枪100多支、重机关枪2挺、轻机关枪7挺、手提机关枪8挺。

集中点编后的红军部队按团的建制,编为1个支队,下辖3个大队。支队长谢育才、政委邓子恢、参谋长罗忠毅。在白沙点编的部队编为第一、第三大队。第一大队长廖海涛、副大队长刘宪,第三大队长陈叶珍、副大队长伍洪祥。支队部及第一、第三大队驻在白沙。在芦溪点编的部队编为第二大队,大队长黄火星、副大队长陈麟振,下辖3个中队,分驻平和、芦溪和永定。支队部对部队干部做了精密的配置,配备了一批党团员骨干。全体指战员阶级意识坚强,警觉性很高,保持着高度的戒备。部队除了就地整训外,积极开展驻地周围的群众工作,争取社会各方面力量的支持。红军在群众中享有很高的威望,群众说如果要当兵,"我们就立刻跑到张鼎丞部队里去,无论如何不去当白军"。因此,部队加紧进行扩大工作,使队伍壮大起来。

闽西红军游击队完成点编后,国民党军政当局吞并红军的阴谋活动并未就此罢休。点编时,黄涛和张策安即通过点编代表提出,要张鼎丞、邓子恢去漳州会见黄涛,并要派政训员插进红军部队。闽西南军政委员会坚持独立自主原则,断然拒绝。国民党当局又迟迟不给红军定下正式番号,故意拖欠军费,每日只发给军官4角、战士2角,5天发一次,多方刁难红军。张策安秉承国民党福建省政府主席陈仪的意旨,力图将闽西红军游击队编为省保安团,调往福州东湖整训。9月底,他邀省保安处副处长叶成来到龙岩,强令红军全部集中龙岩县城,重新按册点编。闽西南军政委员会以已经点编为由予以拒绝。张策安即以停发军费相要挟,扬言如果不编者,将调6个保安团重新进行"清剿"。双方僵持,形势顿时紧张起来。岩城群众惶惶不安,担心和平破裂。各界人士要求双方克制,并由龙岩商会长再三出面调停,以免矛盾激化。

为了维持和平避免冲突,闽西南军政委员会做出让步,派邓子恢同邱金声等率领驻白沙的一个大队,开到龙岩南门城外溪南一带重新点编。这里与城里隔河相望,地势比较安全。同时,把排哨派到几十里路以外,监视漳州方向的动静,部队做好战斗的准备,然后让叶成检阅,应付了事。当日检阅过后,叶成邀邓子恢进城到专署谈判。他力劝红军编为保安团,并要邓子恢到福州面见陈仪。邓子恢以编制大事,要由国共两党中央商定、下级党组织不能做主为由,婉言拒绝。叶成无奈,当日就离岩回省复命。

为表明红军独立自主的原则立场,闽西南军政委员会主动确定红军番号为"闽西南抗日义勇军第一支队",支队长谢育才、参谋长罗忠毅,并颁布旗号印信,宣告正式成立。同时,在闽西各地公开发动筹措经费,以解决部队给养问题。提出"有钱则出钱","政府领到款返还"的行动口号为号召,说明如果当局不发给军费,就不停止筹措经费的征借运动。

此时,日军窥视福建,闽南前线抗日战事吃紧,驻岩粤军练惕生旅已调赴闽南。国民党在龙岩筹备成立汀漳师管区,派曾赴延安参观的涂思宗为司令,10月5日抵岩就职。邓子恢即与涂思宗、张策安继续就红军番号和经费问题进行谈判。涂思宗根据国民党军政部长何应钦电令集中点编后的闽西南红军游击队"归师管区负责整训,给养由省府发给"的指示,极力要将红军划归自己控制,以扩充实力。而张策安不愿放弃将红军编为省保安团归省保安处指挥的企图,他提出如果编为保安团,可以月给军费1.5万元,如归师管区指挥,只能月给1.2万元。邓子恢利用涂思宗自诩到过延安伪装进步的一面和他同张策安的矛盾,在三面会谈时做出某些让步,答允两个新条件:一、同意红军在10日内全部集中龙岩境内,以雁石、白沙、铁石洋三处为驻地;二、接受师管区派员指导。涂思宗和张策安也只好承认红军"闽西南抗日义勇军第一支队"的临时番号,比照保安团的待遇,按月由第六区行政督察专员公署发给经费1.5万元。问题暂时得到解决。

为巩固和谈成果,适应全国日益发展的抗日形势,1937年10月成立中共闽粤赣边省委,并将在溪南检阅后的红军部队移驻龙岩城东40里之雁石,留在白沙的部队也移驻苏邦,向雁石靠拢,就地抓紧整训,扩大队伍。同时保持警惕,做好种种应变准备,在城郊各地布置了秘密工作,特别是对白沙、龙岩城、适中等地的电话线务员做了工作,要他们一有国民党军的异常情况,随时通知红军,以便对付不测事件的发生。

10月26日,金门失守,厦门告急。当日,国民党福建省政府主席陈仪急电"张邓部着即拨归一五七师黄师长指挥,希迅饬集中待车输送,所需车已由黄师长准备"。黄涛也电告中共闽粤赣边省委将派车接运部队到漳州。省委对此意图研究再三，认为以调赴抗日前线为名，理应执行，但必须警惕国民党当局心怀异谋，藉抗日之名，借刀杀人，或者重演"漳浦事件"故伎，集中漳州乘机缴械。为了争取政治上的主动，省委当即决定电复黄涛，将以闽西抗日义勇军驻芦溪的第二营先行出发，步行取道永定、平和，转漳浦到达东山前线，不经漳州城，不必派车来接，要求一五七师划出防区，以便并肩作战。同时，公开发表《中共闽粤赣边省委为对日作战保卫漳厦宣言》，向社会公众表明红军本着抗日救国的一贯主张，准备开赴前线与日军决一死战的决心。国民党当局先是强人所难，10月30日来电限令部队必须在11月1日赶到漳浦，随后又匆忙来电要"张邓部及平和营均停止开拔"，说什么"不得擅自移动，恐滋误会"。

国民党军政当局对迫使红军就范的几次阴谋未能得逞十分恼火。张策安背弃三方协议由他负责按月发给红军经费的承诺，借故拖欠，多方留难。自红军集中点编以来，专署发款没有一次按期发足，总是三百五百的发，或延期拖欠。10月17日，邓子恢到岩城交涉，张策安却于18日不告而别，避往福州。邓子恢向各界揭露张策安扣款不发的无理行径，吁请地方人士出面支持。在致公债劝募委员的知名绅士郑丰稔的信中，邓子恢请他"协同岩城各界向专员及某某兄等代为说项，使部队得安全达到抗日目的，桑梓和平得以巩固"。龙岩商会发动商家筹借了5000元垫支部分经费，还是不足以维持。中共闽粤赣边省委不得不在各地向殷实富户借款，说明政府发下经费后如数归还。11月初，张策安自福州回来，为此大发雷霆，增兵戒严，制造紧张气氛。7—8日连续在《闽西日报》和党政军联合纪念周会上发表咄咄逼人的谈话，诬蔑共产党"宣传赤化"、"诋毁政府"，指责"红军未奉命令立即进驻雁石准备进攻岩城"，制造"三个月来已发经费3万元"的谎言，并预示"将有不幸事件发生"。谈话发表后的当晚，龙岩城通往雁石途中的见龙桥被纵火烧毁。张策安反诬是红军烧桥准备攻城，即于9日令保安第三团混成营匆忙向雁石开来，并借口剿匪要派兵一连进驻白沙，要闽西抗日义勇军退出雁石、白沙一线。同时，在龙岩构筑工事，架设机关枪警戒，命令涂思宗调动军队"相机进剿"，形势十分紧张。龙岩城里盛传"雁石已经开火"的谣言，满城风雨，人心惶惶，大有内战再起之势。

中共闽粤赣边省委审慎研究了当前形势，认为是当局有意制造摩擦，只要一放枪，就会中其奸计，重开战祸。为维护和平，避免冲突起见，省委决定仍然坚持和平方针，进行有理有利有节的斗争。省委考虑雁石地势复杂，缺乏工作基础，如有战事于己不利，乃将驻雁石的部队于11月10日午后主动后撤至苏邦，让出雁石防地给保三团混成营进驻，并告诫其如再敢进犯，定给予毁灭性打击。该营大队长深为共产党顾全大局、克己忍让的行动所感动，对张策安制造无稽谎言也表不满，当面向红军表示："我如果打你们就是汉奸。"

随后，省委发动政治攻势，揭露张策安制造摩擦、破坏和平的真相，争取社会公众的支持。11月15日发刊的《前驱》报，发表《是借端构陷还是言行矛盾》《如何避免不幸事件》的短评，驳斥张策安挑起战端的言行，呼吁各界人士仗义执言，共同维护和平。同时,刊载邓子恢《答复张专员在党政军联合纪念周的报告词》一文,列举事实批驳张策安扣饷不发、制造事端、造谣中伤的谎言。11月20日,省委发表《为巩固和平反对内战一致抗日告各界同胞书》,重申党的抗日救国的一贯主张,谴责张策安"不顾民族利益,忍于同室操戈"、"借端构陷,推浪兴波,调兵布阵,筑垒构栅,制造不幸事件",呼吁各界响应巩固和平主张,立即开展广泛的反对内战运动,召集各种反对内战会议,向当局通电、请愿,呼吁和平,并发起反对内战签名运动。宣言印制一万多张,广为散发。同日,张鼎丞、邓子恢还以个人名义向地方知名人士去信,表明"断不愿再有内战爆发,以危国家,摧残桑梓,就使真的'不幸事件'到来,弟等亦始终坚持和平方针"、"除不得已的自卫手段外,决不敌视任何武装部队",希望"地方人士向当局条陈意愿,呼吁和平"。省委忍让求全、维护和平的努力,取得广大群众和各界人士广泛的支持。广大群众交口称赞共产党和红军部队信守协议、维护和平的真诚行动,连张策安视为左右手的龙岩商会和财委的负责人也对共产党表示好感。借款给红军的富户都骂张策安捣鬼,说"你们不负责就不要挂空名,由我们地方来负责"。一些地主和迁来内地的资本家也都表示相信共产党的抗日主张,说"不要怕红军会来打土豪"。国民党当局在政治上更显孤立。

同时,省委加强同区乡联保的联络工作,争取地方实力派反对内战,同红军合作抗日。在闽西南拥有军事实力的傅柏翠、华仰侨、黄国泰以及一些拥有地方武装的联保,都同红军订立互不侵犯及联合抗日的条约。涂思宗要集中傅柏翠的队伍时,傅说:"抗日我坚决参加,内战我不同意,打张邓部队我是反对的。"涂思宗则害怕仗打起来,自己的有限队伍会大批投向红军,为巩固自己的实力,也不得不表示:"我不愿意做内战的发动者。"

1937年12月,新四军军部电告中共闽粤赣边省委:闽西南红军游击队编为新四军第二支队,经费由军部拨发,要做好部队集中北上的准备。张鼎丞、邓子恢立即动身来南昌商量工作。省委接电后,即派谭震林往南昌。同时,命令驻各地的部队开到龙岩白土集中,待命改编。

1938年1月底,谭震林从南昌军部接受关防命令回到闽西。28日,张鼎丞颁布命令,宣告新四军第二支队正式成立。支队司令员张鼎丞,副司令员谭震林,参谋长罗忠毅,政治部主任王集成,邓子恢调新四军军部任政治部副主任。支队下属2个团:第三团由在白沙点编的部队和汀瑞游击队编成,团长黄火星,副团长邱金声、参谋长熊梦辉、政治处主任钟国楚。下辖3个营:一营营长邱金辉、教导员王荣春,二营营长杨洪才、教导员钟德胜,三营营长郑贵卿、教导员何志远。第四团由在金丰集中的部队和闽南红三团编成,团长卢胜,副团长叶道之、参谋长王胜、政治处主任廖海涛。下辖3个营,一营营长池义彪、教导员廖成美,二营营长陈麟振、教导员黄庆义,三营以后由浙南的游击队在安徽岩寺编成。全支队共2000多人。

1938年2月27日下午,新四军第二支队全体指战员及各界代表和当地群众共6000余人,在龙岩白土镇举行北上抗日誓师大会。会场气氛热烈,抗日情绪空前高涨。会上散发了《国民革命军新编第四军第二支队全体战员为出发抗战告别父老书》,向闽粤赣边父老乡亲表达了勇往直前、抗战到底的坚强决心。

3月1日,新四军第二支队全体将士2000多人在张鼎丞、邓子恢、谭震林率领下,从白土整装出发,经小池、大池、古田、新泉,一星期后到达汀州城。7天后,二支队绕道经于都至赣州,再乘船到樟树,经过一个多月的长途跋涉,到达安徽歙县岩寺,与新四军一、三支队胜利汇合,投身民族解放的战场。

第四章 坚持抗日民族统一战线与开展反顽自卫斗争

第一节 大力开展抗日救亡运动

一、抗日救亡团体的普遍建立和救亡报刊的涌现

1937年7月7日,抗日战争全面爆发后,日本侵略者进犯闽粤沿海,金门沦陷,漳厦告急,闽西人民抗日情绪随之高涨起来。早在1937年7月15日,中共中央曾发出《关于组织抗日统一战线扩大救亡运动的指示》,号召"共产党员应实际上成为各地救亡运动与救亡组织之发起人、宣传者、组织者"。同年10月,中共闽粤赣边省委指示各地党组织"把救亡运动开展为各党派各阶级运动",并"在一切救亡团体中建立支部和党团组织",①以加强党对抗日救亡运动的组织领导。省委宣传部长邓子恢连续发表了《我对龙岩民众抗日救国的意见》《怎样开展闽西南民众抗日救亡运动》等文章,就闽西、龙岩民众迫切的抗日救亡工作提出具体意见,要求国民党当局把救亡运动同改善工农大众生产,实行民主政治结合起来,将抗敌后援会改造成有广泛群众基础的组织;号召各界人士行动起来,投入抗日洪流。

随后,在党的领导和推动下,千千万万的群众行动起来了,数以百计的抗日救亡群众组织和进步团体诞生了。闽西"抗日义勇军宣传队"、"火线剧社"首先在龙岩城内及中心乡镇开展抗日宣传,发动群众。各县抗日救亡团体纷纷建立。

龙岩县委利用国民党县党部的龙岩抗敌后援分会的合法组织,深入基层,组织了白土、龙门、适中、雁石等抗敌后援支会,成立了以东肖、红坊、城区文化支部为基础的抗日服务团,不断推动抗日救亡运动。

长汀县于1937年7、8月间组织成立了抗敌后援会。11月,厦门大学内迁长汀后,在厦门大学战时后方服务团的带领下,长汀县各个中学相继建立了抗日救亡团体,走街

---

① 福建省档案馆、广东省档案馆编:《闽粤赣边区革命历史档案汇编》第三辑,档案出版社1988年版,第34页。

串巷,深入农村开展抗日宣传,激发了闽赣边界广大人民的抗日情绪。

1938年11月间,国民党福建省党部、省抗敌后援会、闽浙监察使署、省农业改进处、省立师范等党政机关学校先后迁入连城。在此后的几年内,省抗敌后援会便以连城为中心(连城县党部及连城抗敌后援会亦分别设在省党部及省抗敌后援会内),发动全县人民开展了轰轰烈烈的抗日救亡运动。

永定县委为了加强对抗日救亡工作的领导,成立了抗日救亡运动指导小组,随后,各区乡也成立了相应的组织。县委号召各党派各阶层群众"团结一致,共同抗日",要求各级党组织利用抗敌后援会的合法组织形式,发动群众性的抗日救亡运动。并通过会议、通信、训练班、夜校等活动形式,培训抗日救亡干部,以适应全县抗日救亡运动的需要。永和靖县委在太平寨和中川举办"下金抗日救亡干部训练班",培训抗日救亡干部50余人。他们结业后到金丰各地工作,从而使金丰地区很快成了全县开展抗日救亡运动的中心。

在上杭,党组织发动群众组织抗日救亡团体,进一步开展抗日救亡运动,在城关成立了全县各阶层爱国人士组成的上杭抗敌后援会,出版《锄寇先声》刊物,报道抗敌消息,动员群众"有钱出钱,有力出力,共赴国难",掀起了抗日救亡运动的热潮。

抗日救亡报刊是推动抗日救亡运动的舆论工具和号角。抗战全面爆发后,闽西各地为了宣传民众,扩大抗日宣传,出版了《前驱》《团结》《统一》《大成日报》《闽西日报》《汀江日报》《唯力》《呼声》《火线》《漳平简报》等30多种报刊。

闽西党组织创办的最早而又最有影响的抗日报刊,首推《前驱》半月刊。它是在原党的机关报《红旗》的基础上,于1937年11月15日以福建龙岩前驱社的名义创办的中共闽粤赣边省委党刊。每期发行两三千份,最多时达4000份。该刊的首要任务是宣传党的团结抗战主张,促成抗日民族统一战线在福建的实现。在创刊号上,集中发表了中共闽粤赣边省委书记张鼎丞的《为闽南红军请命》、省委宣传部长邓子恢的《福建抗战的基本问题》、省委组织部长方方(樨华)的《闽西南共产党应该停止抗日的活动吗》等文章,以及前驱社的《对龙岩抗敌后援会进一言》《如何避免"不幸事件"》《警告破坏红军者》等系列短评,揭露国民党地方当局破坏团结抗战的恶劣行径,表明闽西南党组织"一贯的光明磊落为国家民族奋斗委曲求全的真诚态度"。① 随后其他各期上,又陆续发表了《由"庸人自扰"说到"讳疾忌医"》《泉州事件》《不幸事件》等等,不断申明中共闽西南地方组织维护抗日民族统一战线的严正立场。同时大量刊发有关发动民众投入抗日救亡运动方面的文章报道,探讨解决统一战线和抗日救亡工作中出现的新问题。

随《前驱》创办之后而起的是闽西人民抗日义勇军司令部的《火线》报,这是由原闽西南军政委员会属下的抗日战讯社所办的《抗日战讯》改刊的,主要报道全国各地抗日斗争讯息和闽西人民抗日义勇军的抗日主张。同一时期,中共龙岩县委创办了《团结》和不定期小册子《世界动向》。中共永定县委也出版了《统一》油印小报,随后又创办了

---

① 《前驱》创刊号,1937年11月15日。

《青年战报》《民众报》等。

在党的报刊的影响下,以学生为主体的各个校园报刊,如雨后春笋般涌现,形成了声势浩大的抗日救亡舆论。早在1936年,漳平菁城中心小学校长主办《漳平儿童》,以学生抗日救国的优秀文章(作文)选择刊载,借重儿童的呼声唤醒各界人士。1937年10月,中共龙岩城区文化支部书记张栋赐,就在丰江学校发动一批青年学生,编印《丰江》半月刊,抨击时弊,宣传抗日,只出了3期就被当局停刊。但闽西其他地方的学生报刊仍在发展。特别是沿海大批大中学校内迁后,给内地抗日救亡运动注入了勃勃生机。在长汀,由厦门大学学生救国服务团和旅汀厦大毕业同学出版委员会分别创办的《唯力》和《厦大通讯》,对当地的抗日救亡运动产生了广泛的影响。省立福州工业职业学校长汀分校战时服务团出版的月刊《呼声》,遵循"激发一般民众之爱国热诚,共同走上民族解放之斗争途径"之办刊宗旨,慷慨激昂,大声疾呼,起到了宣传教育民众,团结民众鼓舞斗志,一致抗日的重大作用。

与此同时,龙岩的国民党官办报纸《闽西日报》于1937年7月30日,也发表了闽西南军政委员会代表邓子恢关于坚持国共合作抗日的书面谈话;国民党漳平县党部创办的《漳平简报》也及时报道抗日战场战况。

所有这些报纸和刊物,在动员民众抗战中发挥了喉舌的作用。

二、抗日救亡活动如火如荼

抗战爆发后,闽西党组织根据中共中央关于抗日民族统一战线的方针政策,发动、组织各阶层人民,团结各党派和抗日团体,深入开展群众性的抗日救亡运动,使活动不仅声势浩大,而且内容丰富,形式多样。

为了扩大抗日宣传,早在龙岩白土整编期间,新四军第二支队政治部把来自各地的青年知识分子和从缅甸、泰国、新加坡归国的华侨爱国青年100多人,组成抗日宣传队,队长王直,下设3个分队,由彭冲、蔡宗英、洛频3人分任队长,前往各地宣传演出,配合各地方党组织开展抗日群众运动。由沈尔七率领的菲律宾归国华侨抗日义勇队近28人,编入第二支队政治部,改称"菲律宾华侨归国随军服务团",沈尔七任团长,戴血民任副团长,俞炳辉任指导员。他们在岩城开展宣传活动,团长沈尔七还同国民党龙岩县政府的官员举行座谈,介绍海外侨胞抗日救国的满腔热忱,希望国共两党精诚团结,举国一致,抗战到底。

闽粤赣边省委为了使干部对新的形势、新的环境、新的任务和新的工作方式有正确的了解认识,连续举办了3次党员干部训练班,每期平均30人,由张鼎丞、邓子恢、谭震林、方方、王集成等人分别讲授中国革命基本问题、党的建设、抗日民族统一战线、群众工作及游击战争与军队政治工作等问题。这些学员毕业后,大部分充实到部队随军北上抗日,有的则派回地方从事抗日救亡工作。

在新四军第二支队集中整编期间,龙岩白土成了令人瞩目的抗日救亡运动中心,吸引了许多知识青年、进步分子和回国参加新四军的华侨青年。这里"热闹得很,抗日救亡的空气十分浓厚,形成了华东沿海的一个抗日基地"。

新四军二支队抗日誓师大会

新四军第二支队北上抗日后,闽西人民在中共党组织的领导下,组织抗日剧团,深入城乡宣传。戏剧是闽西宣传抗日的主要形式之一。在龙岩,中共龙岩县委在建立文化支部的基础上,组成抗日服务团,下设宣传队、演剧队;在永定,各地学校和夜校师生组织起来,成立宣传队,开展演戏、歌咏、讲故事等;在上杭,有萃英小学的警钟剧团、臻成小学的先声剧团等;在连城,成立了省抗敌剧团、明耻中学教战剧团等;还有长汀的商工剧团、漳平战地妇女宣传队、武平象洞小学宣传队等等。他们走上街头,深入农村,演出《小英雄》《放下你的鞭子》《红心草》《火焰》等抗日戏剧,教唱《义勇军进行曲》《流亡三部曲》《黄河大合唱》《保卫大福建》等抗日救亡歌曲,广泛发动群众,激发民众的抗战热情。

闽西党组织以教育为阵地,组织宣传活动。如永定县委通过县抗敌会发动各地学校用各种形式宣传抗日。全县有20多个书店、书摊或学校销售进步书籍和报刊;连城明耻中学组织了40多人参加的"明耻晨呼队",每天清晨沿街呼喊抗日口号,高唱《义勇军进行曲》;象洞党组织以各小学为阵地,发动师生订阅《新华日报》《抗战》《前驱》等进步刊物100多份。

闽西各地还采用壁画、漫画、宣传栏等形式进行抗日宣传。如连城文川桥上的宣传栏,每逢圩天,赶集群众络绎不绝,观看的人很多。宣传栏按月定期出刊,有文、诗、漫画,图文并茂,生动活泼,引人入胜。

通过多种形式的抗日救亡宣传活动,大大地激发了各行各业和各界人士的爱国热忱,使他们深刻认识到"国家兴亡,匹夫有责",从而采取各种方式踊跃支援前线抗日。

为了筹集资金,支援前方将士英勇杀敌,闽西各界群众纷纷踊跃劝捐、捐献,除了积极担负救国公债、国防公债和国难防务捐外,还不断自动慷慨捐输,积极献金,募捐劳军。在龙岩,1938年底,中共龙岩县委干部深入各地,动员党员、群众完成特委提出的200件棉衣的募捐指标;中共龙连汀汽车公司工人支部书记吴永乐在义卖场上,用200元买下一张《闽西日报》,带动公司工会职工实现献金5000元的好成绩。在永定,县委发动全县性的"为抗战捐献一个铜板"活动;在上杭,庐丰区一次就募捐了800双布鞋和几百件棉背心等。

群众性的募捐献物活动,不仅在经济上为前方募集了大批物质,更在政治上进行了一次广泛的抗日救亡大宣传、大动员。"穿衣要穿爱国布""用物要用中国货",这是闽西人民的共同心声。为了反抗日本帝国主义,他们纷纷以实际行动起来抵制、销毁日货。如连城的莒溪、莲峰小学学生提出要争当"抵制日货"的主力军。在商店里抄出的许多日本仁丹、清凉丸、草席,在学校里学生将日本生产的文具铅笔集中起来,每隔几天就有堆积如山的日本货被付之一炬。

抗战时期,闽西党组织积极在广大农村领导开展各种形式的抗日救亡运动。闽西各地成立的抗敌后援会、妇救会等抗日团体,深入到各乡村开展演讲会、报告会等多种宣传形式,号召民众有钱出钱,有力出力,筹集募捐的布草鞋、棉背心等物资支援前方抗战,激发广大人民的抗战热情。

闽西各种抗日剧团、文艺团体,不但开展戏剧演出,而且经常组织演讲队、歌咏队,除在市区公演外,还派出小分队来到偏僻小山村巡回演出,把抗日救亡的思想传播到千家万户,振奋了群众的抗战精神。如龙岩县白土抗日服务团组织的抗日剧社、歌咏队经常到农村各地巡回演出。闽西各地抗战剧团,既是文艺演出队,又是抗战宣传队,将抗日救亡的火种在闽西大地点燃。

闽西党组织还积极动员青年参军参战。在闽西各地党组织的动员下,闽西各地兴起了父母送子、妻子送丈夫踊跃参军的热潮。龙岩红坊区一次报名就有50多人,东肖区委干部深入农村,逐户动员,发动了几十名青年参军;1940年4月,连城姑田约20多人参军。同时,党组织还积极组织群众努力生产,支援前线。中共闽西南潮梅特委发出"搞好冬种春耕,增加生产,支援抗战"的号召,组织各县群众生产活动,取得了显著的成绩。龙岩在内战时期因移民荒废的田地大部分已恢复耕种,部分地方还开垦荒地种上杂粮。1939年春,县委结合保田斗争,深入各乡动员农民搞好春耕,增加生产,支援前线,从而使农村的春耕生产搞得热火朝天。永定1939年春耕,在开荒上,仅湖雷、丰稔二区,就开了850多担,荒了6年的荒山都重新开垦种竹子,其中高地村共开发了130多担,还修了30多条陂渠,以供灌溉;此外,湖雷、丰稔、岐岭等地党组织,组织义务耕田队,帮助抗日家属耕种,做好优待抗日军人家属的工作。总之,在全民抗战精神的鼓舞下，闽西群众生产热情空前高涨，克服了困难，渡过了难关，为支援抗战做出重大贡献。

第二节 争取团结一切抗日力量，巩固和扩大抗日民族统一战线

一、抗日战争中的闽西华侨

全面抗战爆发后，闽西华侨迅速团结在抗日民族统一战线的旗帜下，以空前的爱国热情同祖国人民一道共赴国难，他们在舆论、人力、财力和物力等方面都积极支援祖国抗日，为伟大的民族解放事业做出了重大的贡献。

抗日战争爆发前夕，闽西华侨人数猛增至约5万人，占当时龙岩全区总人口的4.2%，主要分布在马来西亚、新加坡、印度尼西亚、菲律宾、缅甸、泰国、文莱等东南亚国家一带，即华侨通常所说的"南洋"。旅外人数最多的是永定，约占闽西华侨总数的62%，其次为龙岩，约占29%。

闽西华侨虽然处境各不相同，但经过长期艰苦创业，涌现出许多诸如槟榔屿著名侨领胡泰兴和"百货巨子"吴德志；马来西亚"锡矿大王"胡子春；马达维亚"百万富翁"游霖孙；印度尼西亚的"岩侨三杰"翁锦使、张茂萱、傅志川以及"爱国爱乡侨领"、"万金油大王"胡文虎等杰出人物。闽西华侨由此成为华侨社会中有影响的部分。

爱国侨领陈兰生，抗战期间经常在《仰光日报》发表社论，积极宣传团结抗日，反对倒退投降，力主国共合作，反对分裂内战。为了加强宣传工作，他还开了一间书店，发行进步书刊，如鲁迅的著作、毛泽东和朱德的肖像等，同时销售《毕业歌》《开路先锋》《卖报歌》《打回老家去》《松花江上》等抗日歌曲唱片。陈兰生先生的议论和行动，鼓舞了华侨，推动了华侨的抗日救亡活动。

龙岩华侨张旭高、郑惠英夫妇在菲律宾从事教育事业。夫妇俩积极参与侨居地的抗日宣传鼓动工作，遭日本宪兵杀害。龙岩华侨苏振寿积极响应陈嘉庚先生和"南洋总会"的号召，在曼谷组织侨胞为支援祖国抗战义捐，并带头慷慨解囊。1938年，奇沙兰埠华侨为支援祖国的抗日战争，赈济祖国受难的同胞，在"南侨总会"的领导下，组建了"筹赈会"，龙岩华侨张蔼庭兼任总务、财政等职。1942年日寇南进，他参加了海外"反帝大同盟"组织，转入地下工作，经常秘密抄收延安、莫斯科

胡文虎

及旧金山广播的电讯,印发传单,报道八路军、新四军及同盟军的胜利消息,用以鼓舞侨胞的斗志,坚定胜利的信心。但不幸被汉奸告密,遭日宪兵拘捕,受尽酷刑,折磨了三个月,濒于死亡,后由邱清德(华人总侨长)担保出狱。嗣后转入乡间,置身农田,躬耕自食。

上杭华侨游子炫、兰汀应等于1932年在新加坡合资开设了一家书店。当时旅居新加坡的著名文化人士郁达夫常与之来往,且亲笔题写了"星洲书屋"店匾。该书店紧密配合当时的形势,大量发行抗日救亡读物,成为宣传抗日的重要阵地。

闽西华侨还组织抗战宣传队利用壁报、白话文告和漫画等多种文艺形式,宣传抗日救国。他们由城市转到偏僻的山区进行巡回演讲,动员广大侨胞投入抗日洪流。龙岩华侨组织的"岩青口琴队"、"岩声中乐队"、"岩光剧团"在抗日宣传中颇有鼓动力和感染力。

抗战爆发后,胡文虎先生以救国公债劝募委员会常务委员、香港客属崇正总会会长、南洋客属总会会长名义,以客属总会为核心,以由他组织资助成立起来的53个客属分会(即客属公会)为基点,以他在华侨特别是闽西华侨中崇高威望和巨大影响力,大力开展抗日宣传和捐献运动,以各种形式宣传抗日救亡活动,来激发广大侨胞的抗日救国热情,号召侨胞捐资献物,支援祖国的抗日大业。胡文虎创办的《星洲日报》《星岛日报》《星光日报》等星系报,被誉为特别响亮的抗日宣传号角。

闽西华侨还利用各种形式开展筹款工作,以实际行动支援抗战。胡文虎先后认购救国公债260万元,连同捐献救灾难款40万元共计300万元。此外,他还赠送4辆救护车,数万筒纱布,7000余磅药棉,8大捆绒布,共计74件,另还捐虎标药品上百万包。

1939年,槟城龙岩会馆组织"筹赈祖国抗战伤兵难民委员会",抗日筹款8000元(咖币),为槟城各社团之冠。

永定月流村旅居马来西亚的华侨吡叻客属公会负责人曾昭周除在当地带头慷捐巨款外,还在国内以其胞兄曾昭源名义捐献抗日救国款1500元大洋,永定县政府授给他家"千金报国"的牌匾。永定中川村旅居马来西亚的华侨积栽客属分会负责人胡日皆也捐巨款支持抗日。永定下洋旅居马来西亚督亚冷同汉小学的学生胡善津,除参加卖花募款救国外,还把每天家长给他的2分早点钱,拿1分钱投入募捐箱内。马来西亚怡保的永定华侨戴汉杰,为了支持祖国抗日战争,于1940年将8岁的儿子钢芬卖掉,得款折合银300元,全部捐献给怡保筹赈会。其拳拳赤子之心,天地可鉴!国民政府特颁给戴汉杰一枚勋章,表彰其卖子救国的爱国义举。正是因为华侨各阶层的共同努力,才为抗战汇集了巨款。海外闽西华侨以国家民族利益为重,在捐款抗日中涌现的慷慨牺牲的壮举不胜枚举。

抗战爆发后,中国共产党的全面抗战主张及其领导的军队英勇抗战,在国际上及华侨中的影响愈来愈大,有不少华侨身心向往中国共产党领导的抗日根据地。抗战期间,大批闽西华侨青年,为民族解放,毅然放弃自己的学业,辞去自己的工作,告别亲爱的妻子儿女,离开温暖舒适的家庭,万里跋涉,经过重重困难,甚至冒着生命危险回到祖国,奔赴战火纷飞的战场,以自己的血肉之躯,为抗日战争的最后胜利做出了重要的贡献。

龙岩华侨黄复康,1937年担任设在荷属印尼东印度苏岛亚"南洋华侨筹赈祖国难民委员会"沙汗分会的秘书长兼宣传主任,团结广大侨胞积极工作,遭殖民者的横加干涉,被迫离境。1938年回国,他回到家乡后不顾身体虚弱,主动参加湖邦区抗敌后援会支会工作,同许多进步青年教师一起在群众中进行宣传、发动青年参军抗日,捐献款物慰问抗日将士。

1938年初,永定华侨胡守愚和龙岩华侨黄薇参加范长江组织的"战地记者访问团",回国奔赴延安,参加革命队伍。8月,永定华侨李旦容等被"新加坡抗日宣传队"录取,随即回到祖国投身抗日事业。同年,马来西亚怡保的永定华侨青年学生曾昭生、曾巨浪、曾艾特、曾瑞练等从海外回国前往延安,投身抗日。

1938年春,缅甸归侨陈康容回国投身抗日救亡运动,后任中共永定岐岭支部宣传委员,1940年秋被顽固派逮捕,受尽毒刑拷打,仍坚贞不屈,就义时,年仅25岁。

侨居地是华侨的第二故乡。为了消灭共同的敌人,保卫第二故乡,闽西籍华侨和当地人民团结战斗在一起。

永定华侨胡知芳、胡跃才、胡玷钦、胡荡芳、胡启堤等多人参加了新加坡"星华抗日义勇军"。胡知芳(又名胡铁君)以其声望和指挥才能被推荐为副司令,少校军衔,协助义勇军总司令达利(J. D. Dalley)上校(英国人)指挥战斗。1942年2月4日下午,军巡逻队乘坐橡皮艇在新山长堤海域游弋时,埋伏在那里的义勇军第一连一举击沉了其中的数艘。这一消息马上被新加坡各华文报纸刊登,极大地鼓舞了当地民众的抗战信心。2月7日,胡知芳指挥义勇军在裕廊律、巴丝班让、后港一带击退日军的多次进攻,坚守阵地到最后一刻,成为星洲人民抗日斗争的榜样。义勇军英勇战斗,不畏牺牲的精神深深感动了华侨社会。义勇军解散后,胡知芳进入马来亚的吡叻山区,继续从事抗日游击斗争,直至抗战胜利。

在沙巴地区,以华侨为主体的抗日游击队一直坚持斗争到1944年。1944年10月10日,沙巴游击队在亚庇市区的一场战斗中,游击队副司令陈金兴以及杨金兴、廖玉清、吴本金、郭德宝、林亮海、黄柏兴、章绍辉、魏柏发、魏木海、林必然、林天芳、林柏兴等13名龙岩旅居马来亚吡婆罗洲地区的华侨壮烈牺牲。后来,亚庇龙岩会馆为烈士树碑纪念,烈士遗骸葬于华人公墓。

在中华民族处于生死存亡之际,包括闽西华侨在内的千百万爱国爱乡侨胞,在抗日救国的伟大旗帜下,团结一致,共赴国难,为祖国抗战的胜利做出了巨大的贡献,创造了许多可歌可泣的英雄事迹。华侨在抗日救国斗争中所迸发出的爱国主义光辉,是中华民族的骄傲。华侨支援和参加祖国抗战的伟大壮举,光照人间,彪炳史册。

二、李友邦与台湾义勇队在龙岩的抗日活动

1942年10月,在中国共产党抗日民族统一战线政策推动下,台湾义勇队在李友邦

将军率领下,移驻龙岩,开展抗日活动。

李友邦,生于1906年,早年即怀报国之志。因不满日本统治,成年后奔赴大陆投考黄埔军校,是黄埔二期毕业生。抗战爆发后,1939年2月,李友邦在中共浙江省委和国民政府浙、闽两省政府的具体帮助下,在浙江金华成立台胞抗日武装——台湾义勇队(后称台湾义勇总队)。它是抗战期间由在大陆的台胞组织起来的一个人数最多的抗日团体。1940年6月,台湾义勇队得到国民政府军事委员会政治部的正式批准,李友邦被委任为少将总队长兼少年团团长,还编写了队歌和团歌,著名音乐家贺绿汀为队歌谱曲。从此,它的歌声响彻祖国大地。

时值日本帝国主义侵占我国东南沿海,一些地区相继沦陷。台湾义勇总队开赴浙江前线,以支援抗战的社会宣传活动入手,在战斗中不断成长,威震敌胆。1942年5月,"浙赣战役"爆发,李友邦率台湾义勇总队从金华撤退,经过四个多月的长途跋涉,于10月中旬转入龙岩,队员由165人增至301人,改称"台湾义勇总队",总队部设于龙岩中山东路连家祠堂,各区队分驻郊区。国民政府军委政治部再委李友邦为总队长,晋升为陆军中将。

李友邦进驻龙岩后,将队伍整编成三个区队、九个分队,另附设有"台湾少年团",总人数达381人。同时积极开办了三期"干部培训班",每期60人,受训二个月,从居住在大陆的台籍青年和闽粤祖籍地的青年中招募新队员进行培训,为收复台湾做干部准备。干部训练班采用军事管理,施以严格的军事训练,结训后,将学员分编三组,出发至闽南一带巡回活动,以"保卫祖国,收复台湾"为任务,增强两岸同胞的抗敌决心,此举对发动侨寓闽南一带的台胞积极抗日,起了很大的作用。龙岩知识青年苏禄洲、杜忠元、苏年湘、郑炳尧、章仕开、苏振文、谢启武、陈曼、魏军养、郑攸天、谢露珊等受训后参加了台湾义勇总队。

李友邦在龙岩期间,还成立对敌巡回工作团,深入日寇占领区,散发传单,张贴标语,组织日语喊话队,宣传抗日,瓦解敌人。1943年6、7月间,台湾义勇总队三次突袭厦门。7月1日,乘日军在厦门召开庆祝伪政府成立3周年之际,在会场投下多枚炸弹,炸死日伪军数十名;他们还配合漳州抗日组织,进行一次武装袭击日军战斗,毙伤日伪军100多人。

李友邦曾亲自率领少年团及二、三区队各一部,筹募文化事业基金,从龙岩出发,抵龙溪、同安、晋江等地公演募捐,总计募集10余万元。在重庆、桂林、金华等地,台湾义勇总队创办发行过《新港》《台湾先锋》等刊物。到龙岩后,又设台湾青年报社,出版《台湾青年》(周刊),宣传抗日和收复台湾。内容以宣传抗日、揭露台湾及日本的内部矛盾、报道抗日前线及敌后的斗争事迹为主,编排新颖,甚受欢迎。销售数由500份增至2000份。还编印了《台湾现状摘要》《台湾复员对策》《台湾革命运动》《日本军政人员评论》等书籍,都得到闽西报印刷部的协助。

台湾义勇总队虽属国民党抗日部队,队长李友邦信奉中国共产党的抗日民族统一战线政策,"皖南事变"后,仍想方设法保护台湾义勇总队中的中共党员。1945年7月,

"羊枣事件"发生后不久,《台湾青年》编辑、中共党员陈学铨和台湾义勇总队秘书潘超在龙岩被捕,关押在"龙岩清剿指挥部"土牢里,后经李友邦保释出狱。

李友邦和台湾义勇总队在岩三年,以龙岩城为基地,活动遍及城乡。抗战胜利后,这支身经百战的队伍于1945年9月离开龙岩,迁移至漳州下坛里,不久即被台湾当局解散。台湾义勇总队在大陆抗战六年,大半时间依托龙岩。台湾义勇总队在抗战中表现出来的爱国主义精神,永留青史。

三、战时"工合"运动

闽西人民为了支持前方抗战,开展了以"工业合作社"为中心的生产运动。"工合"是中国工业合作社协会的简称。"工合"是抗战时期在国际著名友好人士埃德加·斯诺(美籍)、路易·艾黎(新西兰籍)倡导下,和国内爱国人士宋庆龄、胡愈笙、卢广绵和吴去非等响应支持下于1938年8月在武汉成立的。其目的是在自由中国包括城镇和农村,建立一条抗战时期的经济战线,使受战争祸害影响从沦陷区转移来后方的农民和工人,发扬"五四"运动的爱国精神,并将抗战进行到底。

1939年4月,路易·艾黎以"工合"国际委员会执行联络员和"国民政府行政院技术总顾问"的身份,带领美国化学工程教授黄文炜,技师蔡醒华、蔡慎聆等人,从赣州"工合"东南区办事处所在地来到长汀城筹备"长汀工业合作社协会"。1939年5月4日,"东南区工合长汀事务所"在长汀城修家祠正式成立,路易·艾黎亲自担任"工合"长汀事务所主任,范绍康、黄佐泉为指导员。随后,又进入连城开展工作,初时由长汀事务所人员兼管筹备工作,作为它的一个分支机构。后来选派了连城项信熹、江衍桢等人参加"东南工合讲习班"学习,毕业后返回连城工作。1943年,连城姑田镇建立了一个由共产党员毕平非任主任的事务所。事务所是"工合"的组织指导机构,它宣传、指导社员根据社章组织起来进行生产;帮助各单位制订业务计划,核放货款,完备会计制度进行财务监督;进行技术研究,帮助发展产品,举办社员教育和福利事业。

"工合"长汀事务所成立后,在中共地方组织和爱国进步人士的支持、帮助下,大抓战时工业、手工业生产。到1942年,城区从开始时的机器、印刷、雨伞、染织等4个工合社,发展到34个,并根据长汀的自然资源,在乡村组建了13个纸业社。城乡共计货款13万余元,社员600多人,认购股金23000余元,事务所货款13万余元,全年产值可达100万余元。

当时长汀工合社生产的斗笠和油纸,与瑞金"工合社"的麻鞋,宝鸡"工合社"的军毯一同成为前方抗日将士的"三件宝"。长汀特产玉扣纸,年产量达六七万担,运销广州、南洋。其他供应市场需求的生产用品,达数百种之多,深受群众欢迎。长汀印刷社许多老工人,苏维埃时期曾在共青团中央《青年实话》印刷所工作过,他们在共产党员、"东南工合"办事处课长毕平非和印刷社党员的直接帮助与指导下,以高度的政治热情,积极印刷抗日宣传品,为抗日救亡做出不可磨灭的贡献。

中国工业合作社协会长汀事务所旧址——汀城连邑公所

连城姑田事务所成立后,为了联系业务,办理纸张外运等事宜,在永安和南平两地分别设立了办事处。他们针对抗战时期宣传用品、纸张紧缺的情况,首先发起组织了"连城县纸业协会",由协会人员分头到姑田、曲溪、莒溪、赖源等地发动纸业工人,恢复和新建了13家纸业社。在事务所的指导下,改变原来以生产连史纸为主的传统,主要生产抗日前方急需的价格较为低廉的仿道林纸和粉连纸。"工合"事务所的工作人员大多数是共产党员。在他们的带动下,广大纸业工人自愿为支援抗战多生产纸张,多做贡献。

在长汀、连城的"工合"事务所及工业生产合作社中,许多共产党员直接参与或领导"工合"工作,起了坚强的核心作用,有力地推动了工业合作生产运动的发展。同时,"工合"这一合法组织又掩护了党员的活动,"工合"运动在抗日救亡以及抗日反顽斗争中起到了特殊的作用。

第三节　开展抗日反顽斗争

一、反共摩擦事件与反逆流的斗争

1938年3、4月，新四军二支队北上抗日后，国民党顽固派破坏协议，下令取消二支队龙岩后方留守处，大肆捕杀共产党人和进步人士，指使地主夺田倒算。国民党闽西各地军政当局采取各种措施限制共产党和抗日团体的活动，蓄意制造反共摩擦。龙岩县长陈石派员到区乡各地，清查户口，整编保甲，开办保甲训练班，秘密宣传防共办法，收罗反共分子、联保长，进行反共活动。7月21日，中共龙岩县委林映雪等人就被当局以莫须有的罪名逮捕。龙岩小池区委书记吴裕昌惨遭暗杀；国民党当局强令解散白土、黄坊（红坊）抗日服务团，查禁中共闽西南特委和龙岩县委的机关报《前驱》《团结》等，抓捕基层共产党员。同时，永定县政府下令强行解散岐岭、下洋、湖坑、湖雷、坎市等地的抗日救亡团体，包围突袭南溪等县区委机关驻地；12月，国民党连城县政府派民团包围了在丰图宣传抗日的工作人员十多人，中共连南县委组织部长李斯元在突围时中弹牺牲，制造了丰图事件。此外，国民党顽固派还在龙岩、永定等地大肆搜查抗日禁书，排挤进步教职员，压制抗日救亡运动。

面对国民党顽固派的倒行逆施，闽西党组织坚持既联合又斗争，既统一又独立的抗日民族统一战线策略，采取了以下相应措施：一是坚持党的正确路线，在拥护政府巩固统一、艰苦地开展统一战线，坚持团结抗战的方针下，用高度的理智，制止党内冲动的情感，保证全党上下一致；二是对国民党制造的每一个谣言，都以忠实于民族和抗战的精神，迅速地找出事实给以回答，及时揭穿其阴谋；三是主动帮助和配合当局消灭土匪，维持治安，募集棉衣及开展献金、慰劳等活动，以实际行动粉碎造谣生事者的阴谋，使当局某些要员更加了解和相信共产党。有些区乡联保主任还主动找上门来，要求给予帮助，中共党组织及党员在各界人士、地方领袖中更加获得他们的信任。

从1939年1月开始，闽西各地反共事件和反共摩擦层出不穷。1940年春，国民党福建省政府积极响应蒋介石发动的第一次反共高潮，除了规定把防止共产党的活动作为中心工作外，还特别拨出专款，支持龙岩、永定等县国民党当局进行反共活动。因此，闽西的国民党顽固派变本加厉地反共反人民，从策动地主收租夺田发展到阴谋捕杀共产党人。2月，国民党地方保安包围龙岩县中心基点村连坑，抓捕中共龙岩县委委员吴潮芳和湖邦区委书记彭涌金、委员连木顺等党员17人，并杀害了彭、连等人，制造了连坑事件。5月，在永定县国民党顽固派的阴谋策划和指使下，由仙师大阜乡联保主任郑良坤等设下圈套，借口商讨合作抗日事宜，诱捕并杀害了永定县委常委兼中心区委书记马永昌，制造了震惊闽西的"马永昌事件"。8月，国民党保安第九团在永定岐岭下山，逮捕了从缅甸回国参加抗日活动的女共产党员陈康容,并于9月17日将其杀害于抚市。

针对国民党的反共摩擦活动,闽西党组织给予了坚决的回击。1939年7月30日,中共闽西南潮梅特委向所属党组织发出《关于目前政治形势特点报告大纲》,提出,反逆流、反击反共顽固分子,是巩固团结、坚持抗战,争取最后胜利的必要步骤。报告大纲根据当前面临的严峻形势,提出了组织上五项紧急任务:(1)全党组织转入地下,一切工作以群众的面目出现,巩固扩大党的组织,加强各级党的领导力量;(2)彻底转变工作作风,不张扬突出,多埋头做下层工作,支持并参加友党一切救亡运动,避免独树一帜,以减少摩擦;(3)加强党内教育,特别是党的建设、中国革命运动史及统一战线基本教育,增强阶级警惕性;(4)巩固党内团结,反对无原则的斗争;(5)开展两条战线的斗争,保证工作的顺利转变。

中共龙岩、永定县委根据党中央的有关方针政策,在坚持团结抗战的同时,同国民党顽固派的投降反共活动进行了严正的斗争,对国民党当局提出强烈抗议和严正警告,向社会各界揭示顽固派的反共暴行,从政治上反击国民党顽固派的进攻。1940年5月,龙岩县委在龙头、西山、西墩各乡组织群众集会,声讨汪精卫集团的投敌卖国和揭露闽西国民党顽固派的反共分裂、破坏抗战的罪行,要求当局释放连坑事件被捕人员,并以民众大会名义通电国民党当局,呼吁立即停止反共分裂行为,严惩民族败类。6月10日,中共闽西南潮梅特委发布《致闽西南各地父老同胞书》和《为追悼马永昌同志告工农群众书》,向社会各界公开揭露国民党顽固派逮捕和杀害、关押闽西南共产党人的罪行,强烈谴责国民党顽固派在抗战的严重关头制造反共摩擦,同室操戈,抵消抗战实力,指出这种行为无异于响应敌寇的进攻。特委负责人方方、谢育才、魏金水对当时闽西南时局发表重要讲话,申明闽西共产党将始终坚决执行团结与抗战的政策。但是,对国民党顽固派的反共摩擦活动,将采取"人不犯我,我不犯人;人若犯我,我必犯人"的自卫原则,随时准备对顽固派的反共摩擦给予还击。6月12日,中共龙岩县委组织抗日武装到连坑村,镇压了连坑事件的告密者。随后,永定县委军事部长刘永生带领武装人员50多人,严惩了反共顽固派郑良坤的壮丁队,击毙杀害马永昌的凶手马占林、郑庆恩。

7月,国民党当局颁布了《非常时期治安紧急法》,在全国各地进一步加紧反共活动。闽西南潮梅特委为了对付国民党顽固派日益严重的挑衅,在广大党员干部和斗争群众要求武装自卫呼声越来越高的情况下,决心巩固扩大自卫武装,为应付可能发生的地方性突发事变,做好充分的准备,指出"深入动员农会会员,坚定其信心勇气,准备武装","扩大地方武装自卫","准备充分力量,在必要时痛击暗杀分子,声讨其罪行,制止其得寸进尺"。"要有战斗准备,要有磨而不裂的准备"。① 根据特委的指示和工作部署,龙岩、永定县委在原有以壮丁队、社训队、国术馆、打猎队、自卫队等形式控制的部分武装的基础上,发动群众购置枪支,扩充地方自卫武装。龙岩有的区乡每亩田地献5箩谷或每个人1桶谷,全县共募捐约12万斤稻谷,购买了一批枪支弹药,扩建了一支精干的基

---

① 龙岩市委党史研究室编:《闽西人民革命史》,中央文献出版社2001年版,第498页。

干武装,多数区委也建立了武装基干队。永定县委也掌握了100多人的地方自卫武装,以应付可能发生的重大突然事变。此外,特委为加强龙岩、长汀、连城内地山区基点工作,以利于自卫武装斗争的开展,于1940年冬成立岩西北县委,由游荣长任书记。县委成立后,恢复了连城县新泉和上杭县古田一带的工作,同时建立了一支20多人的基干武装。

二、闽西的保田斗争

土地问题是抗日战争时期农村最基本与最严重的社会问题。使广大的农民群众的抗日与生产积极性最大的发挥起来,而同时又使各抗日阶级更加团结一致共同抗日,这是抗日战争时期中国共产党所倡导的解决土地问题的基本方针。根据闽西国共和谈达成的协议,规定土地革命时期所分配的土地应维持原状,未分配土地的地区应实行减租减息。但自新四军第二支队北上抗日后,闽西国民党当局就开始不断策划支持地主、豪绅进行反攻倒算、逼租夺田,妄图恢复农村封建土地所有制。在中共闽西南潮梅特委的领导下,闽西人民针锋相对地与顽固派和地主豪绅展开了有理、有利、有节的斗争。这时,仅龙岩维持分田之面积达20.08万余亩,占全县耕地面积四分之三。闽西国民党当局认为这是其政治上的一大"污点"。因此,新四军第二支队北上后,国民党福建第六行政督察区(龙岩)专员张策安即提出重新讨论土地问题,策动地方豪绅反攻倒算,企图收回土地。对此,魏金水代表中共闽西南潮梅特委同国民党龙岩当局谈判时,严正指出:土地问题,双方已有协议,除履行协议外,没有商量的余地。总之,保卫老游击区群众过去分得的土地,既是保卫土地革命的胜利果实,也是维护农民的政治经济权利的关键。但是国民党当局一意孤行,首先在龙岩县强行收租,并选定以条围村和后田村为突破口。条围村是特委谈判代表、中共龙岩县委书记魏金水的家乡,国民党顽固派唆使苏溪乡地主杜应江带领2名持枪的随从,闯入魏家,强迫魏金水的父亲魏根木交租。魏根木在中共西陈区委与条围党支部的支持下,理直气壮地声明不交租是国共合作时签订了协议的,强迫收租就是破坏和平协议。邻近农民也齐集魏家助威,斥责杜应江一伙反攻倒算的行径,迫使其向魏家赔罪道歉。随后当地农民组织严密,斗争坚决,本村地主早被农民制服,外乡地主更不敢前去收租。

国民党当局仍不死心,到了夏收季节,又策动其他乡村"业主团"向农民收租。中共龙岩县委适时地提出:"还税不还租,给地主以合理生活"的斗争口号,并"与当局商定保持土地原有现状,缴交土地税,以充抗战,租额应扣除农民已缴的土地、房屋税,代粮及减租条例(事实等于抵消)"。① 各地农民在党组织领导下,通过合法斗争,合理处理土地问题,争取多数同情者的支持,分化瓦解了地主的营垒。这时"豪绅地主力量尚未巩

---

① 福建省档案馆、广东省档案馆编:《闽粤赣边区革命历史档案汇编》第四辑,档案出版社1987年版,第82页。

固的集结,同时碰到厦门失守,敌情紧迫,目标转移对外",①使业主团企图大规模发动收租的阴谋未能得逞。

1939年秋天,以国民党龙岩专员韩涵和龙岩县党部书记高玉书、县长石有纪为代表的顽固派,不顾过去收租夺田阴谋的破产,再次策动顽固派地主豪绅组织"业主团"和地主武装,企图在秋收时用武力强行收租夺田,并请省保安处增派一个保安团来龙岩驻防,支持武装收租。

对于当时闽西南地区内部的阶级斗争现状,中共闽西南潮梅特委意识到:"逆流势力存在和发展,成为今较严重的现象。"②因此,要求各级党组织"以极健壮的精神和敏捷的手段来把握和引导当前的形势",同时要求"各种工作准备,应与秋收运动密切配合,以群众的面目、群众的力量对付业主武装收租及收全租的企图"。③龙岩县委遵照特委的指示精神,率先提出了土地"维持现状,还税(土地税)不还租"的斗争口号,并通过召开乡村农民会议和张贴标语,广为宣传,为发动群众性的抗租保田斗争做充分的舆论准备。

秋收前后,龙岩县的广大农民掀起群众性的抗租保田斗争,城乡各地到处张贴反收租标语。当群众斗争形成热潮时,龙岩县委又从抗战的需要和本地实际情况出发,灵活运用各种策略,分化瓦解地主的力量,根据其表现的好坏,采取不同的斗争方式。对表现好的地主采取说理的态度;对生活有困难的地主则分给谷子,以维持生活,但申明不是还租;对最顽固的地主则坚决打击之。由于当时的抗租保田斗争"是整个群众的行动,而且方法灵活,因此,许多地主动摇,业主团解体,武装组织不成,最坏地主曾向当局请兵帮助其收租,但当局(龙岩县府)见势头不好,恐惹大事,不敢答应,因此一般可以说是达到了完全胜利"。④

9月14日,中共闽西南潮梅特委和龙岩县委负责人谢育才、魏金水在对时局发表书面谈话时,又重申了闽西党组织对土地问题的严正立场,指出愿以协议的方式合理地解决龙岩、永定一带"业主"与农民的纠纷,既不造成农民的过分要求,使有些业主回来没有饭吃,也不赞成"业主"对土地问题企图来个重新变更,过分的加重农民负担,或者改变土地现状,要求在这时候,大家都以个人的阶级利益,服从民族国家抗战利益。这一原则立场和合情合理的解决办法,深得闽西社会舆论的广泛支持。

1939年深秋,国民党顽固派策动业主团受租夺田阴谋失败后,又以龙岩县政府的名义,强行圈占龙岩城郊罗桥、大洋两村42户农民的120多亩良田,开办所谓"试验农场",这实际上是变相夺田。中共龙岩县委负责人魏金水、吴作球等意识到国民党企图

---

① 福建省档案馆、广东省档案馆编:《闽粤赣边区革命历史档案汇编》第四辑,档案出版社1987年版,第87页。
② 《中共闽西南特委报告》第七号,1939年7月20日,龙岩市委党史研究室著:《闽西人民革命史》,中央文献出版社2001年版,第500～501页。
③ 龙岩市委党史研究室:《闽西人民革命史》,中央文献出版社2001年版,第501页。
④ 龙岩市委党史研究室:《闽西人民革命史》,中央文献出版社2001年版,第501页。

以此为突破口,进而全面变更现有土地所有权,这将是一场关系到数十万亩土地革命成果能否继续保留在农民手中的重大斗争,必须坚决抵制。因此,县委立即召开区、乡基层党组织负责人会议,研究对策,决定运用合法与非法相结合,公开斗争与秘密斗争相配合的方式,发动群众反对国民党顽固派的变相夺田。于是,在龙岩县委魏金水,吴作球等的精心领导下,一场声势浩大的群众性保田斗争,在龙岩城乡爆发。

首先,龙岩县委通过罗桥、大桥两村党支部,发动土地被圈占的农民不顾政府"禁令",于秋收后照旧在自己土地上种麦子。国民党龙岩县政府恼羞成怒,派出荷枪实弹的保安队,在农田四周警戒,强行犁掉农民已经种上的60多亩麦田。结果,激起了农民的极大愤怒,他们冲进农田制止,把麦田被毁的场面,拍成照片并放大在城镇中公开展出,揭露国民党当局破坏国共两党关于土地协议和强占农田的罪行,争取社会各界的同情与支持,为扩大保田斗阵做舆论准备。

龙岩各界民众保田示威游行

接着,龙岩县委于1939年12月1日发动有各界民众参加的请愿示威游行。队伍从罗桥出发,沿途群众纷纷加入,从出发时的二三百人,到龙岩城内时已汇合城一支2000多人的浩大队伍。他们沿途高呼"反对政府破坏抗日谈判协议","反对政府没收农民土地","我们要吃饭"等口号,张贴"人多田少,生命攸关"等标语,游行队伍先后到国民党龙岩县党部、县政府和龙岩专署门前示威并递交请愿书。面对强大的抗议浪潮,龙岩专属专员韩涵和龙岩县石有纪不得不表示缓办农场。

请愿胜利后,国民党龙岩县政府竟又食言,仍告示继续办农场。广大农民群众对此更为愤怒,农田被占的农户继续在被圈占的田里抢种小麦,以示绝不屈服。石有纪先是派保安队下乡弹压,继而又亲自到罗桥村召集农民开会游说,农民群众软硬都不怕,最后他不得不做出让步,提出以下解决方法:(1)田地由政府租用3年,每年亩租金16元;(2)农场的农活雇用当地农民来做;(3)肥料向本村农民购买。农民代表坚持要田不要租金,决不做农场雇工。县政府无奈,只好到外地去招工人,并把监牢里的犯人押来,在所圈占的土地上强行耕种。对此,中共龙岩县委再次发动农民,一方面,断其田水,使之无法耕种;另一方面封锁龙岩城,绝其物资供应,也不进城挑粪和清垃圾。仅仅3天,龙岩城里就闹米荒、柴荒、菜荒,粪便运不出去,到处臭气冲天,迫使当局最终放弃了办农场的企图,还田于民。农民的保田斗争又一次取得了胜利。

但是国民党顽固派并不肯善罢甘休,他们深知其收租夺田的各种计划之所以一再受挫,是因为共产党在群众中的有力领导和支持。于是,1940年春,国民党龙岩县当局通过白土区区长邀请中共龙岩地方组织代表魏金水进城谈判,企图威逼龙岩党组织就范,"恢复民国十八年前的土地制度,收足全租"。魏金水在谈判桌上义正词严地指出:"希望政府恪守国共合作谈判协议,土地维持原状不变,不要违背协议,支持地主收租,破坏团结抗战局面,否则社会上出了乱子,治安出了问题,全由你们负责。"① 谈判虽然陷于僵局,但国民党龙岩当局慑于共产党领导的群众斗争的威力,最终不敢悍然恢复龙岩县土地革命前的土地租佃制度。

中共龙岩县委在领导农民保田斗争的同时,还领导了一场反征收"军米"的斗争。1940年4月青黄不接时节,国民党龙岩县政府以支援抗战为名,要农民每亩田交120斤"军米",并决定从东陈、西陈、铁山3个区收起。然后在全县普遍征收。中共龙岩县委及时揭穿了国民党这一变相收租的诡计,发动农民坚决与之斗争。先是指示东陈等3个区的党组织利用其掌握控制的保甲长,并争取联保主任,通过他们出面到国民党区乡政府为民请命,申诉无法上交军米的各种理由。接着,在早稻收成季节,组织发动3个区的数千农民向地方当局请愿,强烈要求免交"军米",许多农民还同国民党派到乡下催收军米的军警发生冲突,各区区长因此纷纷向县政府告急,县长石有纪无计可施,只好把收买军米的责任推到国民党江彰师管区。于是,这3个区的党组织又通过30多个保甲长出面,到师管区请愿。国民党军政当局眼看征收军米不但困难重重,并且搞得民声鼎沸,怨声载道,不得不放弃这一计划。于是,反征收军米的斗争又取得了胜利。

中共永定县委在革命基点村领导群众开展的保田斗争,采用合法与非法相结合,经过尖锐复杂的斗争,也取得了胜利。在杭永边、岩永边、永和靖边的金丰、湖雷等部分基点村,农民群众基本保留了土地革命战争时期所分到的土地。特别是西二乡所属的赤寨、肖地、芹菜洋、七桥、江坑等十多个自然村的3000多亩土地,全部保持在农民手里。

---

① 龙岩市委党史研究室:《闽西人民革命史》,中央文献出版社2001年版,第503页。

中共闽西各地组织通过发动群众进行不懈的斗争,即使在党组织被迫上山隐蔽斗争的岁月里,各地秘密农会仍然坚持抗租保田而没有停止过,打破了国民党顽固派一次又一次的夺田阴谋,使部分土地革命分田果实一直保留在农民手中。

国民党福建省政府在策划、支持闽西当局收租夺田、占田办农场及征收军米的阴谋失败后,于1943年春天,决定把龙岩作为推行所谓"扶植自耕农"土地政策试点,企图消除隐患,然后推之全省、全国。早在1942年春,国民党福建省政府主席刘建绪,派林诗旦出任龙岩县长,要他研究解决龙岩土地问题的办法。林诗旦上任后,经过一年的调查了解,认为以往国民党恢复土地业权之所以失败,是因为办法不合实情,计划未臻完善,以致决而难行,行而鲜效。他参考了1940年龙岩县未能实施的《龙岩土地问题调整方案》,提出一套所谓"扶植自耕农"的方案。其具体办法是将有纠纷的土地,由政府依法实施征收,转售与需要土地的农民,其所需资金向中国农民银行贷款,以领地人分期缴付之价款归还原业主。这样做的实质就是强迫农民交出土地,而后向政府买田,政府再将农民买田的地价款归还业主。这就是从根本上否认了这一区域农民在土地革命分田后所拥有的土地所有权,以恢复土地革命前的地主所有的土地制度。

林诗旦拟定的这个方案,为国民党福建省政府所采纳,并正式下达。1943年6月龙岩县政府专门组建了土地经济调查队,省政府派屠剑臣亲临督导,接着便分赴各区、乡,按保逐个调查摸底。9月,又成立了县地权调整办事处,由县长林诗旦兼任处长,并设立扶植自耕农协会,于各乡镇组建农协进会及地价评估委员会。从1943年9月开始,分5期在20个乡镇实施。第一期,先从紫岗(今红坊)、白土2个乡镇着手,征收耕地27916亩;第二期在曹连(今曹溪)、大同、合作(今城区)、西墩(今西陂)4个乡镇,征收耕地26920亩;第三期在大池、小池、铜江(今江山)、龙门4个乡镇,征收耕地7020亩;第四期在平铁(今铁山)、厦和(今厦老)、雁石、内山(今岩山)4个乡镇,征收耕地51974亩;第五期在白砂、美和、象和、适中、溪口、梧新6个乡镇,征收耕地82008亩。

"扶植自耕农"政策的实行,遭到广大农民的坚决反对,就连地主们也透过各种组织,利用各种方式,给予攻击、阻挠与破坏。特别是一些乡村中小地主,整个生活是寄托在地租收入之上,在政府办理扶植自耕农,征收土地时,他们恐惧生活失去稳固的保障,或认为出卖土地是一种耻辱的行为,因而出面反对。一些开明地主和工商业者,则表示不愿再收地价,因此也不赞成这种做法。而只有那些顽固的地主,认为过去收不到地租,现在可以收回地价款了,而且政府又规定原业主有优先承领自有土地之权,他们可以乘机从佃给农民的土地中收回好田,而将公田、坏田转卖给农民,从中得到好处,因此积极赞同。

国民党的这一政策的推行,牵涉到千家万户,关系着广大农民的命根子——土地问题。这引起了中共闽西地方组织的高度重视。虽然这时党组织还处于隐蔽状态,但是党组织的存在,并且有自卫武装作为后盾,对广大农民就是有力的支持。分散在各地农村的党员和秘密农会会员,依然在组织领导农民秘密进行反对"扶植自耕农"的斗争。他们总结了过去"保田"斗争中"争取多数,打击少数、利用矛盾、各个击破"斗争策略,针对地主内部的不同表现及同国民党政府之间的矛盾,分别采取不同的方式进行斗争。对表示不收地价的开明地主,则争取他们出面承认土地已经分给农民的事实,说明不必再搞征收土地,收缴地价这一套了;对于因为地价过低而不赞成这个办法的中小地主,则暂时采取分化中立的对策,并让他们为了地价去同国民党政府抗争;对于顽固地主则集中力量给予警告打击,让他们不要忘记在收租斗争中受到挫败的教训。

国民党龙岩县政府在推行扶植自耕农政策遇到重重阻力的情况下,不得不动用保警协同征收员下乡强制征收。分散在各乡镇的共产党员就秘密串联各家各户,发动农民采用拖、避、不理等办法进行抗争。政府人员来,就同他们进行说理斗争,软磨硬顶,一拖再拖,或者事先派人在村头放哨,发现收地价款的人员来了,即发出信号,大家避开,让他们扑空。有时还利用县政府与地主之间的矛盾,两面推托,寻机应付。在农民的抗争下,扶植自耕农的首步工作征收地价就搞不起来,许多人借故拒交地价款。在这种情况下,龙岩县政府提出资金可由政府向中国农民银行贷款解决,农民分 15 年归还。第一期征地试点的白土、紫岗两个乡镇,可贷 574 万元,结果,在征收土地 27916 亩中,有 19740 亩作为自有土地承领而抵销,其余征地 278 起,地主不敢领取地价,而由政府代收存储银行里。国民党龙岩县长林诗旦召集白土、紫岗的乡镇保长开会,宣称:地价款农民交不交,地主收不收,县府不管,只要形式上算是这 2 个乡镇已经实施了这个政策就行了。国民党的所谓扶植自耕农的试点就这样草草结束了。

此后,由于国民党当局采取各种行政手段与军事压力强制推行这一土地政策,在党组织力量较为薄弱的乡镇,有些农民被迫倾家荡产缴交地价款。但是,到了 1943 年 10 月,闽西党组织重建武装,成立了闽西经济工作队,开展武装自卫斗争,为农民的"保田"斗争撑腰,到了 1944 年秋天,又发展成为王涛支队,几次挺进龙岩,有力地支持了农民反对"扶植自耕农"的斗争。国民党拖到 1947 年底,只好连"扶植自耕农"的办事机构也取消了。

三、闽西反共事变与抗日反顽自卫斗争

1941 年 1 月中旬,中共南方工作委员会委员兼闽西特委书记王涛从湘南辗转抵达闽西后,在龙岩县白土镇后田畲头村召开中共闽西代表会议,正式成立闽西特委,王涛任书记,魏金水任组织部长,陈卜人任宣传部长,张昭娣任妇女部长。特委下辖龙岩、永定和岩西北 3 个县委。会议分析了近期以来国民党军队在龙岩、永定、上杭等县的调动与驻防情况,国民党地方当局频繁的清查户口的举动,估计到闽西国民党顽固派将会利用"皖南事变",可能会在近日发动大规模的反共事变。因此,特委当即决定采取应变措施,要求参会代表立即赶回驻地,通知各区乡党组织集中武装,掩护干部,党员撤退上山,应付突然事变。特委机关人员同时迅速转移到山上隐蔽。

1 月 20 日凌晨,国民党顽固派 2 个团兵力,向中共闽西地方组织及其基本地区发动全面军事进攻。与此同时,国民党保安第九团还纠集地方反动武装,向龙岩的铁石洋、

山马、东陈、白沙、湖洋、小池、大池、铜石本、紫冈等区乡发动进攻,顽军还在各区乡大肆抓捕基点村群众几百人。在龙岩县城,顽固派还以查户口为名,逮捕进步人士。仅1月20日这一天,龙岩县就有500多人被捕,数十人罹难。在此期间,永定县也接连发生严重的反共暴行。这是继1941年"皖南事变"后,国民党顽固派制造的又一突发反共事件,被称为"闽西事变"。

闽西事变发生后,国民党顽固派又推行自新自首政策,采取政治胁迫手段,限令共产党员和农会骨干登记自新,在龙岩设立自新招待所,开办自新培训班。国民党《闽西日报》还利用个别共产党的动摇变节和自新分子,进行反共宣传,企图从政治上瓦解中共闽西地方党组织。

面对国民党顽固派的军事进攻和政治诱骗,闽西特委进一步贯彻中央关于"隐蔽精干"的方针,坚持反顽自卫斗争,以克服闽西事变后出现的严重困难局面。具体应对措施如下。

第一,在政治上,把揭露国民党顽固派反共反人民的罪行同坚持抗日民族统一战线的方针结合起来。为了使闽西各界人士和广大人民了解事件真相,闽西特委发表《为反对内战,反对投降紧急宣言》,揭露国民党顽固派在岩永杭等地捕杀共产党员和人民群众的暴行,要求国民党当局立即悬崖勒马,停止反共反人民的暴行,无条件释放被捕的共产党员和群众,实行民主政治,改善人民生活,坚持抗战到底。针对国民党顽固派诱骗党员群众自新的诡计,发表《该不该向亲日派自新缴枪》一文,号召共产党员和农民群众不要受骗上当。同时,闽西党组织仍然十分注意做好抗日民族统一战线工作,团结和争取不赞成反共分裂的中间力量,包括地方实力派、开明绅士、商家和区乡联保甲长。一些进步人士为基点村的党组织和困难群众捐赠粮食、衣物、药品;有的商绅还冒着生命危险为党组织提供情报,甚至帮助埋藏枪支和保管经费。

第二,在工作方式上,闽西特委和龙岩县委为了保存力量和巩固党组织,彻底转变党的工作作风,尤其是转变保田斗争期间过于张扬的作风。一方面及时转移党领导机关驻地,将闽西特委和龙岩县委机关迁到龙岩县境内山高林密、地形险要的九峰岽大山隐蔽,同时,通过建立秘密交通站,与龙岩基层党组织和永定、岩西北县委保持联系,继续开展工作。另一方面,对于闽西事变后各地被迫上山的党员和群众,除留下少数人员组建自卫武装外,大部分人员则分散下山,就地隐蔽,转入地下,坚持基点村工作。

第三,在军事上,闽西特委加强武装自卫,反击顽固派的军事进攻。闽西特委和龙岩县委、永定县委分别组建了数十人的武装基干队。4月,龙岩县委武装基干队配合各区委武装骨干,分别在白土、肖坑等地,惩办了一批民愤极大的反动分子,打击了顽固派的嚣张气焰,为群众伸张正义。夏收季节,在党组织的领导和武装基干队的配合下,各地农民继续坚持抗租保田斗争,张贴标语,反对地主收租,使顽固地主慑于共产党自卫的声明而不敢轻举妄动。虽然由于顽军的封锁,山上机关、武装人员给养十分困难,但龙岩、永定基点村群众,在自身粮食紧缺的情况下,依然节省下几万斤口粮,冒着生命危险,不断秘密运送上山,帮助特委、县委机关和武装基干队渡过难关,充分体现了党和人民群众的血肉联系。

1941年夏秋之季,国民党顽固派又加紧了对闽西党组织及其武装的再次"清剿"。8月11日,龙岩县委设在坑头的交通站首先被袭击,山马区委龙金宝及工作人员陈林娇当场牺牲。闽西特委机关因为周围环境日益恶化,移驻马坑与合溪交界的十八湾油房坑。为了扩大流动隐蔽地区,特委和龙岩县委先组织了一个工作团,向漳平县永福和城郊一带扩展,后又由魏金水率领一部分人员,到岩东十八乡和永福的朗车一带老基点村恢复工作。王涛则率领保卫班20多人驻守机关,与龙岩县委配合行动。9月21日,保安第十一团第三大队在叛徒引路下,包围袭击龙岩十八湾房坑的闽西特委驻地,特委书记王涛不幸中弹牺牲。不久,南委决定由魏金水代理闽西特委书记,继续领导闽西的斗争。

顽固派除了军事进攻外,还加紧欺骗宣传、胁迫自新、利用叛徒收买内奸等办法对付共产党组织和革命群众。为了粉碎顽固派政治瓦解的阴谋,整顿党的队伍,闽西特委在1941年11月向各县委、区委发出《关于应付奸顽瓦解我们的方针的指示》,要求各级党组织加强对党员和基本群众的阶级教育,认清形势,坚定信心,警惕顽固派的新阴谋,巩固革命队伍。12月,特委又发出《关于深入讨论中央"增强党性的决定"的指示》,针对事变以来党内出现的各种违反党性的倾向及其表现,要求各级党组织和全体党员对照与学习中共中央的指示,开展普遍的党性教育,开展批评与自我批评,增强党性,坚定阶级立场和革命信仰。通过学习贯彻中央有关精神,从思想上组织上进一步稳定和巩固了党的各级组织。由于中共闽西特委采取正确的反顽斗争策略和有效的应变措施,紧紧依靠老苏区人民群众,到1941年底,取得了反顽自卫斗争的基本胜利。在斗争中保存了各级党组织的大部分主要干部及基干武装,保存了大部分的基点村,开辟了部分新区,保持了党与基点村群众及统战人士的联系,挽回了90％以上的自新分子,瓦解并争取了顽固派组织的大部分业主收租团和老民团,保卫了土地革命的果实。

1942年6月,设在广东大埔县境内的中共南方工作委员会机关因叛徒出卖而遭到严重破坏,史称"南委事件"。这是国民党顽固派制造的又一个严重反共事件。南委事件发生后,中共南方局及时地多次发出指示,要求各地党组织要采取有效措施,制止事态的进一步扩展,以保护广大干部和各地党组织。南方局领导周恩来指示:一要继续贯彻"长期埋伏,积蓄力量,等待时机"方针;二要放弃有色彩突出暴露的党组织;三要撤退暴露的干部;四要暂停党组织活动;五要白区工作服从武装斗争;六要把未撤退的党员实行职业化、社会化、合法化,并开展勤学、勤业、勤交友的活动。

根据南方局的指示精神,南委结合闽粤边区的实际,做了具体部署,决定支点保留特委、县委(取消党委制,改设特派员制);区委以下组织解散,区设联络员,支部设观察员;白区党的组织全部解散,停止活动。对国民党顽固派的武装进攻,采取有理有节的斗争,以求保存和积蓄力量。此后,党在闽西的斗争进入了抗日战争时期最艰苦的岁月。

根据南委的决定,闽西特委所属的龙岩、永定、岩西北3个县委仍然保留,改设特派员制。魏金水为闽西特派员。特委机关留驻龙岩,在丘地建立生产单位,保留一个武装班,隐蔽生产。闽西的工作在上级的指示下,以争取群众,精干隐蔽,蓄力待机为总方针,积极开展斗争。首先,闽西特委采取建立生产基地的办法,就地隐蔽干部。在隐蔽生产期间,广大党员干部与周围群众亲密相处,同甘共苦。他们经常白天参加生产劳动,晚上深入群众家中访贫问苦,做抗日救亡的宣传工作,帮助群众耕田插秧,砍柴烧

闽西特委干部转入隐蔽斗争时开垦的梯田之一——上杭梯田

炭,运木盖房等,取得了群众的信任和支持。其次,闽西特委采取向外布点放线的形式,组织部分县区干部疏散外出,实行分散隐蔽。根据特委布点放线的战略意图,岩西北县委派游长荣等人向闽粤边寻找职业掩护,开展点线工作,他们先后在长汀县的厦门大学、长汀连城农村,取得立足点;龙岩县委先后派郑金旺等人到永福等地,取得了职业的掩护;龙岩县委还派李居民到上杭县,丘锦才、章永木到武平武东、十方地区建立点线工作,永定县委也派干部向粤东的大埔县和西南方向放点等。

总之,南委事件后,闽西党组织坚决贯彻中共南方局和南委有关应变指示精神,结合实际,采取了一系列卓有成效的措施,使闽西的党组织最终度过了最为危险的阶段,获得了生存,为后来恢复闽西各级党组织打下了良好的组织基础。

闽西各级党组织停止活动转入隐蔽生产后,国民党顽固派失去了军事进攻的目标,转而改为加紧施展政治手段,强化党团反共组织,严密保甲制度,加强反共活动。1943年5月,国民党福建省保安处第一指挥部(闽西)指挥官王成章召开反共检讨会议,决定发动夏季攻势,进行全面搜剿。会后,国民党保安团在各乡镇壮丁队配合下,进行了大规模的搜山。龙岩、永定县委的生产基地大多遭到破坏,即将收成的稻子被抢割一空,生产工具和生活物资被洗劫;岩西北县委组织部长兰生才在铁山生产点被包围,在突围

中牺牲,龙岩县委副特派员潘九三和山马区委书记张木良等3人被保安团包围壮烈牺牲。从闽西疏散撤退到外地去的部分党员干部,有些同志因为人生地不熟、语言不通或找不到合适的职业,隐蔽不久即被捕,有的被杀害。

严酷的斗争现实教育了闽西南党组织,靠单纯的上山隐蔽生产或分散隐藏,是不能有效地对付国民党顽固派长期而残酷的军事"围剿",只有拿起枪杆子进行武装斗争才是出路。为此,中共闽粤赣边委领导人朱曼平和魏金水等,当机立断,在1943年10月在平和县芦溪乡成立武装经济工作队闽西南总队,以刘永生为总队长,范元辉为政委。接着,在永定县黄生棋山上成立了经济工作总队闽西分队,由经工总队政治部主任陈仲平兼任指导员,巫先科任队长。11月,经工总队在刘永生带领下开赴闽南活动,闽西的经工分队则活动于岩永杭和粤东一带。

闽西经工分队的活动打击了国民党保安团,缴获的枪支弹药用以武装自卫,逐步恢复了老基点,深入发动群众,争取乡保长,建立白皮红心的两面政权。在斗争中加强了队伍建设,提高了队员的政治社会思想觉悟和军事技术水平,培养了一批军事骨干,闽西的形势朝向有利于我方的方向发展,党的力量不断巩固和发展壮大,为抗日战争后期更大规模的抗日反顽武装斗争的开展创造了有利条件。

1944年3月,日军为了摆脱在太平洋战场的困境,发动了打通大陆交通线的战役,进犯闽粤沿海地区,逼近粤东赣南腹地边境。国民党顽固派不顾大敌当前,继续推行消极抗战、积极反共的政策,加紧在闽粤赣边区对共产党的进攻。5月,福建省军政当局在龙岩设立闽西绥靖区指挥部,调省保安第三团少将团长陈珊兼任指挥官,统一指挥龙岩、永定、上杭等县国民党地方武装,开始"清剿"行动。8月,原岩西北县委委员陈土坤和龙岩县委派到外线的区委干部林汉章、章永木等先后被杀害。还悬赏通缉闽西著名共产党领导人魏金水、刘永生等人。

为了对付国民党顽固派的"清剿"行动,闽西南武装经济工作总队决定壮大武装队伍,放手发动群众,加强抗日反顽武装斗争,巩固闽西南这一南方重要战略支点。10月25日,在上杭、永定边境的梅镇乡楮树坪,魏金水代表中共闽粤边委正式宣布成立王涛支队。这支队伍以原南委委员兼闽西特委书记王涛烈士的名字命名,由闽西南经济工作总队和闽西经济工作分队合并扩编而成。中共闽粤边委任命刘永生为支队长,巫先科为副支队长,范元辉为政委(未到职),陈仲平为政治部主任(代政委),全支队人员49名,大多是久经考验的共产党员和武装骨干。不久,闽西特委通知一些隐蔽生产的党员前来参加支队,人数发展到100多人。

王涛支队成立后,靠着对闽西人情、地形和敌情的熟悉,在地方党组织和人民群众的大力支持下,主动灵活地开展了武装反顽自卫的斗争。11月,永和靖县委在金丰大山建立了一支以女共产党员陈康容烈士的名字命名的武装游击队康容支队,由陈永安任支队长,熊克庭任指导员。康容支队成立后,收缴地方反动武装的枪支,深入发动群众,在永定雨顶坪、白腊坑、下山等地镇压了一批为非作歹的反动分子,打开了金丰大山周围乡村的局面。1945年2月,康容支队编入王涛支队。王涛支队为了培训梅州地区党组织选派来的党员骨干设立了教导队,又将龙岩、上杭、武平各县一批青年战士编进教导队学习。此时,王涛支队已是一支拥有150多人枪的武装部队。

本着"打击消灭进攻"的武装自卫方针,王涛支队先后组织了奇袭上杭县丰稔镇,歼灭顽军保三团机枪中队,以及龙岩肖坑田螺形战斗等重大胜利,狠狠地打击了国民党顽固派的嚣张气焰,振奋了闽西人民的抗日斗志。

为了总结闽西南党组织前一时期的工作,研究部署今后党组织自卫武装的斗争方针,中共闽粤边委于1945年6月中旬在金丰大山召开了闽西南党的领导干部会议(即金丰会议)。会议认真总结了闽西南党组织过去斗争的经验教训,认为党的生存发展离不开武装斗争,革命斗争的胜利也离不开统一战线,而斗争要深入、持久、广泛,就一定要搞好党的建设。会议通过检查总结,从理论与实践结合上加深了对武装自卫斗争、统一战线和党的建设的认识,肯定了当时扩大抗日反顽武装斗争的必要性和正确性。会议在认真分析当时闽西南地区的政治、军事形势和各种力量对比后,明确提出巩固闽西,向闽南发展和创造梅蕉杭武新阵地的行动方针,同时对闽西南党组织和王涛支队今后的斗争任务做出了具体部署。会议还认为必须深入发动群众,破仓分粮,满足闽西南群众的经济要求,促进斗争的发展。会议决定成立中共闽西南特委和军事委员会,由魏金水任书记兼军委会主席,陈卜人为副书记、范元辉为组织部长、卢叨为宣传部长,朱曼平仍为闽粤边委书记兼闽西南军事委员会副主席。金丰会议后,王涛支队进行了整编。支队改为司令部;将各班扩编为3个大队,共260人。

经过整编后的王涛支队,根据金丰会议的部署和顽军反共态势,1945年6月,由司令部率领一、三大队挺进闽南,尽可能挺进至沦陷区,争取与日寇直接作战,创建敌后抗日民主根据地;第二大队留在闽西和闽粤赣边界杭武蕉梅地区活动,发动群众,开展反顽自卫斗争,迷惑敌人,策应一、三支队的行动。

金丰会议后,闽西各级党组织认真传达了会议精神,并研究贯彻中共闽粤赣边委对闽西工作的具体部署,加强武装工作队的建设,在王涛支队第二支队的配合下,继续寻找机会打击顽军,争取中间力量,推进民主运动,领导民众进行反暴政求生存争民主斗争,推广一乡一村的和平,创造同情革命的乡保"白皮红心"的两面政权,巩固原有基点,推进抗日反顽斗争进入新阶段。

1945年8月15日,日本政府宣布无条件投降,中国人民的抗日战争取得最后胜利。闽西人民同全国人民一道,欢庆抗战的胜利。在抗日战争中,中共闽西党组织和人民革命力量经受了严峻的考验和锻炼。根据上级指示精神,闽西党组织适时转变自己的斗争策略,以民族利益为重,积极为促进抗日民族统一战线在闽西的实现而斗争。抗战初期,闽西各级党组织利用合法的地位积极发动各阶级各阶层开展轰轰烈烈的抗日救亡运动。后来,国民党当局推行"消极抗日,积极反共"的方针,不断制造摩擦事件,闽西党组织为维护统一战线的根本原则,也为保存党的有生力量,保存革命武装,又实行有计划、有组织、有领导的退却,由公开转入秘密,由城镇转入农村,分散隐蔽,开展生产自救。但国民党顽固派并没有停止反共活动,在这种形势下,中共闽西地方党组织不得不重新武装自己,依靠秘密工作与合法斗争来掩护武装自卫,实行主动灵活的反顽自卫斗争。实践证明,中国共产党离开了武装斗争就不能生存,人民就会失去依靠,而顽固派的进攻绝不会因为共产党舍弃武装而停止。在整个抗日战争时期,闽西党组织正确处理民族矛盾和阶级矛盾关系、国共关系、统一战线和独立自主关系,公开合法斗争和武装自卫关系,既对顽固派的进攻予以坚决有力的自卫还击,又坚持从团结抗日的大局出发,做到"有理、有利、有节"。这样不仅保存了党的组织和人民武装,而且遵循了毛泽东关于"发展进步势力,争取中间势力,反对顽固势力"的策略,保护了人民群众的利益,也发展了两面政权,最终取得了闽西人民抗日反顽斗争的最后胜利。

第五章 解放战争时期的统战工作

第一节 争取和平民主的斗争

一、抗战胜利后的形势及中央关于边区斗争方针策略的指示

抗日战争胜利后,国内形势发生了新的变化。阶级矛盾上升为中国社会的主要矛盾。以蒋介石为首的国民党统治集团在美国的支持和帮助下,一方面与中国共产党玩弄和平谈判的政治阴谋,企图诱使共产党交出军队,放弃武力;另一方面又发出"剿共"密令,调兵遣将,加紧内战准备,妄图通过发动内战达到消灭人民革命力量,继续维护其独裁统治的目的。

国民党福建军政当局,秉承蒋介石的意志以"反共内战"为唯一目标。他们伙同地方反动势力紧锣密鼓、千方百计地企图消灭闽西共产党和人民武装。国民党福建省政府主席兼保安司令刘建绪指示保安团、地方军警武装必须加紧"清剿",并在闽西南地区重新调整了反共部署:把省保安第二、第三团增调到闽西南,在龙岩设立福建省第三绥靖区指挥部,任命省保安第三团团长陈余珊为指挥官。拟订"汀杭武三县剿匪实施计划",制定闽西三个月的"清剿"方案。1945年10月初,为加强统一指挥,国民党福建省军政当局又将第三"绥靖区"分设为第二、第三两个"清剿区",多次召开会议,制订实施办法,策划一系列反共反人民的"清剿"行动。国民党闽西军政当局还电令各县区自卫队应把"剿匪"工作视为中心之中心,务必在2个月内,彻底肃清共产党组织及其革命武装。此后,国民党闽西及各县军政当局不断开展"清剿"活动。各地反动派还不断强化联保连坐保甲制度,颁布惩治"通匪、窝匪、济匪"等反革命法令,建立情报网络,设置情报人员,对闽西人民实行白色恐怖。

由于闽粤赣边区共产党组织领导的闽西党组织和人民武装长期孤悬于国民党统治区,敌我力量极为悬殊,国民党统治当局又顽固坚持内战、独裁的反动方针,因此,闽西所面对的形势是十分严峻的。为此,就必须遵照中共中央确定的"向北发展,向南防御"的全国性战略方针和做出的部署,并结合闽西的斗争实际,确定闽西党的正确斗争方针策略。

1945年8月28日至9月3日,中共闽粤边委员会在平和水尖山召开紧急会议。会议从边区的斗争实际出发,确定了关于争取和平,反对内战,保存革命力量的新的任务。决定闽粤边的王涛支队以大队为单位分散活动,"执行扩大队伍,解决经济和创造新支点"的任务,[①]同时确定配合各县执行分散发展、隐蔽斗争的方针,坚决粉碎国民党军政当局的军事"清剿"计划,不断巩固老据点,发展新据点。会议特别指出闽西各级党组织必须采取十分谨慎的态度,精简隐蔽,整顿组织,避免碰硬,争取中间分子,利用合法形式,在力求生存而斗争的基础上,建立反卖国、反内战、反独裁、反特务恐怖的广大阵线,才能为最后推翻国民党的反动统治,打下坚实的基础。

水尖山会议关于分散发展的决策及其确定的具体任务,同两个多月后闽粤边委接到的《中央转发了方方同志关于闽粤赣边区工作的意见》的指示精神,基本上是一致的。这一文件指出:(1)目前形势决定你处不是集中大搞,而是分散发展的时期,因此不必成立庞大的领导机关,但为着有计划与有配合的发展工作及干部的互相调剂,暂时成立闽粤赣边区临委。采取正副特派员制度,以转达中央指示,帮助下层工作布置。(2)在有安全保证的条件下,闽粤赣边区临委可以召开会议,总结过去的斗争经验,并讨论和执行以下的斗争方针策略:(甲)乘国民党福建省政府迁回福州的有利时机,把发展革命隐蔽据点的工作重点放在闽西北的长汀、瑞金、宁化、清流、归化和闽南的安溪、南安、永春等县。(乙)王涛支队目前应采取分散行动,以班排为单位,配合工作人员向三年游击战争据点恢复工作。兵力分布以能够对付土匪及地主反动武装,同他们讲和平、讲统一战线为主,做好群众工作和保护群众利益,避免打仗,特别不要打较大没有把握之仗。(丙)必须慎重保护群众的革命情绪,避免再受严重"清剿"的打击,才能蓄力待机而不过早遭受挫折。(丁)对漳州、厦门、汀州各城市及厦门大学等部门工作,须另行派出不暴露党员去重新建立,单独受临委领导,采取短小精干隐蔽政策,长期埋伏。可能发动的民主运动,必须是群众性行动。在斗争中应采取有理、有利、有节的胜利原则。

中央的指示十分明确,摆在闽粤赣边共产党组织面前的首要任务,是争取和平民主与保存武装、保存干部,并经受国民党反动统治的严峻考验。为此,闽西各级党组织和人民武装,认真地贯彻执行中共中央的指示,坚持分散发展、武装自卫,争取和平民主。

二、闽西党组织从分散发展、武装自卫转入分散隐蔽、保存力量

遵照水尖山会议确定的方针任务和具体部署,王涛支队所属各大队迅速分散进入指定地点活动。通过积极发动群众和地方党组织的密切配合,王涛支队各大队不但有效地巩固了老据点和开辟了一些新据点,而且进一步密切了同群众的联系,解决了给养问题,同时开展统一战线工作,建立了一些由共产党控制的"白皮红心"基层政权。各级

[①] 福建省档案馆、广东省档案馆编:《闽粤赣边区革命历史档案汇编》第五辑,档案出版社1987年版,第66页。

党组织通过"白皮红心"政权,保护了党员干部和革命支点群众的安全,"把群众斗争从非法的转到半合法的或合法的"形式,减轻了群众的田赋、捐税负担。

根据中共中央的指示,1945年11月10日,正式成立了由魏金水任特派员的中共闽粤边区临时委员会,取代了原由闽粤边委的领导责任。闽粤边临委成立时还根据中央转发方方的有关工作意见,进一步部署了王涛支队的分散发展工作,并于11月20日起草了《闽粤赣临委致中央信》,信中指出:(1)坚决执行中央分散发展的新指示……保存发展力量,完成中央给我们指定的任务。(2)继续在农村中建立和发展"白皮红心"的政权,把开明绅士影响到这一政权的周围,把群众组织在游击小组、农会、妇女会、民主同盟中,采取合法斗争形式,以此"避免敌人之进攻,造成星罗棋布的斗争阵地"。(3)健全各县的党组织及其领导,整顿区委和支部。(4)抽调党的干部,加强国民党统治区的地下活动与斗争。

从水尖山会议召开到传达贯彻中央批转的方方关于闽粤赣边区工作的意见后的近半年时间里,由于闽粤边(临)委及其下属的闽西各级党组织和王涛支队正确地实行了分散发展的方针,缩小了军事行动目标,没有同国民党军队发生大的战斗,闽西地区的敌情一度比较缓和。因此,不但保存了党组织和人民武装的有生力量,而且还开辟了一些新的活动据点,建立了一些由共产党控制的两面政权。

在坚持分散发展与巩固扩大农村革命据点的同时,闽西党组织还针对国民党统治区日益严重的通货膨胀和经济危机,适时地在闽西农村进行反饥饿斗争,把群众的求生存斗争和粉碎国民党向我进攻的斗争联系起来。在斗争中尽量避免一开始就提出过"左"的口号和出现党的面目,从小处从合法入手,使反动派难以借口摧残群众。闽西各级党组织和人民武装通过采取发动饥饿群众向地主富农借粮、借钱,或组织群众要求平粜与分配乡、社的公粮,或组织饥饿请愿团,向地方的各级政府请愿,要求救济和平粜谷仓粮食等等不同的斗争方式,解决了部分群众的求生存问题,促进了农村革命据点的巩固,密切了党组织和人民武装同群众的联系。

1946年6月26日,蒋介石在美帝国主义的支持怂恿下,悍然撕毁"停战协定"和"政协协议",大举进攻中原解放区,在全国挑起了大规模的内战。国民党先后颁布了"动员勘乱令"、"勘平共匪叛乱"和各省市"防范共匪办法"等法令。在福建的国民党反动派按照蒋介石旨意,指示各地成立"清剿委员会""清乡会",组织联队、特种队开展大规模的"清乡"。国民党残酷地、全面地"清剿"闽西南共产党组织,更加猖狂地向各革命据点进攻。7月29日傍晚,驻合溪、汤湖、西溪的国民党省保安团纠集300多人分数路突然包围了合溪半山,袭击中共闽西特委机关和杭永县委机关,造成严重流血事件,特派员马发贤等5人不幸牺牲,其他6人被捕后投入永定监狱。接着,国民党反动派又对永定合溪、西溪、金砂等革命据点进行大规模搜捕,100多名无辜群众遭逮捕、杀害。此后,国民党采取更恶毒手段对付闽西人民,主要是:(1)政治瓦解先于军事进攻;(2)利用叛徒、特务政策重于军事扫荡;(3)零星个别的消灭代替大规模的围歼;(4)离间党群关系,造成党群对立,实行经济封锁;(5)追踪侦察重于盲目搜山,建立地方武装代替分兵把守。妄图通过种种办法"抽水捕鱼"彻底消灭闽西共产党。

根据这一严酷的斗争形势,于8月间在岩永边的赤峰溪重建了中共闽西特委。此后,闽西党组织深入贯彻中共中央关于目前华南的局势及华南党组织分散隐蔽、蓄力待机的方针策略,从此,闽西地区未再发生大的战斗。虽然国民党地方军政当局的反共气焰极为嚣张,但是,地方党组织和人民武装力量均得到有效的保存。

1946年11月上旬,魏金水主持召开了闽粤边临委和闽粤赣中心县委领导人及有关干部会议,会议最后宣布撤销闽粤边区临委,正式成立以魏金水为特派员、王维为副特派员的中共闽粤边区工作委员会,统一了闽西南和梅州两地区党组织的领导,并通过了《中共闽粤边区工作委员会决议》。决议在检查总结几年来边区党组织斗争经验教训的基础上,确立了各项具体工作的政策与策略。

对于统一战线工作,决议规定了详细而又切合实际的统一战线政策及措施:(1)对地方上的统战对象实行分级分人管理,特殊的上层统战对象要由工委负责联络,严格保密工作;(2)妥善处理和使用统战对象的关系,不要给予过高或过"左"的任务,关心保护他们的安全;(3)当前要特别重视并多做革命支点周围基层保甲长和有正义感的社会贤达、开明绅士的工作,以保护、巩固革命支点保护群众利益;(4)要充分利用党员干部的社会关系,建立和发展新的统战关系。

闽粤边区工委成立后,闽西党组织和人民武装随即按照《中共闽粤边区工作委员会决议》的部署开展各项具体工作,并将闽西特委改为闽西地委,由林映雪任特派员。

从抗日战争胜利到1946年冬的一年多时间里,闽西党组织及其领导的人民武装,根据本地区的斗争实际,经历了由分散发展、武装自卫和分散隐蔽、蓄力待机的曲折复杂艰难困苦的斗争,保存了武装,保存了干部,从而为时局好转后党在闽西地区及时发动领导公开的革命游击战争保存了力量,准备了有利的条件。

第二节 人民民主统一战线的巩固与扩大

一、闽西游击战争的全面开展

从1946年11月起,国民党军队大批北调,造成华南大后方兵力空虚,这就为人民游击战争的恢复和发展提供了十分有利的条件。中共中央抓住这一有利时机,于1946年11月6日发出了《对南方各省工作的指示信》,提出了关于恢复和开展武装斗争的指示精神。闽粤边工委于1947年2月在永定县河凹头村召开干部会议进行了传达。会议认为,中共中央关于在南方条件成熟的地区公开开展游击战争,建立根据地的指示是及时和正确的,闽粤边工委及下属各级党组织必须适应革命形势的迅速发展和变化,坚决贯彻中央的指示与决定,重新确定今后的斗争方针和任务,适时实行由隐蔽待机转到发动公开游击战争的斗争策略。

3月8日,中共中央又发出《关于在蒋管区发动农村武装斗争问题的指示》,指出"在蒋管区发动与组织农村群众武装斗争的客观条件与时间是完全具备的",要"从敌人力量薄弱的地方发动武装斗争,求得生存和发展……"3月9日,闽粤赣边工委(1947年3月上旬由闽粤边工委改称)向各地委发出《关于新形势与新任务的指示》,提出边区党的主要任务是集中最大力量去积极发动群众,准备发动广泛的群众性的游击战争。因此,要求闽西各地都要"开展灵活性、广泛性和群众性的游击战争","在群众中进行广泛的宣传攻势,以揭露敌人的欺骗、怀柔、威胁、镇压、恢复反动政权,恢复三征的阴谋",要"利用敌人阵营内的矛盾,来分化瓦解、争取、孤立敌人,削弱敌人的力量",①并要求将现有的武装人员、干部适当配备,在各县组成许多能独立活动的游击小组开赴老区去,一部分可以挺进到外围去,全力发动群众,帮助地方建立群众武装,掀起广泛的群众性的游击战争。

5月上旬,闽粤赣边工委在永定河凹头的园头山召开扩大会议。会上,闽粤赣边工委负责人魏金水传达了中央的指示精神和经中央批准的关于在闽粤边开展游击战争,以粤东为主要出击方向,先从粤东发动的意见。会议最终确定"以粤东为重点,先粤东后闽西南",广泛放手发动群众,普遍开展游击战争的战略方针。

为了贯彻闽粤赣边工委扩大会议精神,1947年8月20日,中共闽西地委在永定金丰大山雨顶坪召开会议,决定成立中国人民解放军闽粤赣边总队闽西支队(简称"闽西支队"),支队下辖3个班;有成员40余人,长短枪20多支。根据闽粤赣边区工委关于闽西地区要"积极小搞,镇压反动派,发动群众,发展新区"的指示精神,闽西支队决定先从打击、消灭国民党基层政权开始,从开展小规模战斗开始,逐步恢复老区创造新区,以锻炼部队发展队伍,武装自己。此后,闽西支队在一年零四个月里,经历大小战斗80多次,消灭国民党自卫中队2个、乡武装人员数百人,摧毁国民党乡公所12个,警察所1个,毙敌92人,俘敌250多人。闽西支队一连串的胜利,大大地振奋了周边群众,使永定、龙岩、平和等县的人民群众纷纷起来,积极开展反"三征"和打击反动头子的斗争。很快地恢复、开辟了永定的源坑、歧岭、下洋,平和的芦溪、象湖,大埔县的岩上、西河、维新(东塘)等一批老区和新区,与原埔永梅边县工委和游击队开辟的青溪、长治、大宁、松东等相连接,并在原老区和部分新区建立了民兵、农会等组织,实行减租减息。到1948年4月,永和埔边区已成为闽西地区的第一块游击根据地,纵横100华里,支队本身得以发展壮大,到1948年底,闽西支队已发展到650人。② 闽西地区游击战争的普遍开展和根据地的建立,使游击战争、政权建设、群众斗争和群众组织,有了可靠的依托,也为粉碎国民党军队的"六路进攻",为闽西解放战争的胜利开展,奠定了坚实的基础。

---

① 福建省档案馆、广东省档案馆编:《闽粤赣边区革命史档案汇编》第五辑,档案出版社1987年版,第285~287页。

② 《闽粤赣边纵队史》编写组编:《闽粤赣边纵队史》,广东人民出版社1995年版,第136页。

二、中共闽粤赣边区党代会的召开和统战工作方针的制定

在闽粤赣边区游击战争胜利开展的大好形势下,1948年6月,中共中央香港分局决定成立中共闽粤赣边区委员会(即闽粤赣边区党委)和中国人民解放军闽粤赣边纵队。香港分局还决定,由闽粤赣边工委负责筹备与召集中共闽粤赣边区代表会议和成立边区党委工作。

为了做好边区党代表会议的准备工作,闽粤赣边工委于1948年7月底8月初认真总结了一年多来边区党的各方面工作,并形成了《中共闽粤赣边工委关于过去一年工作总结》的报告,准备提交边区党代表会议审议。这个报告全面总结了闽粤赣边区从1947年3月恢复公开武装斗争一年多来的工作所取得的成绩、不足之处和存在的问题,并明确了下一阶段的战略部署,对统一边区各级党组织的认识,明确任务,增强信心,开好边区党代表会议,都起到了积极的作用。

1948年8月7日至24日,中共闽粤赣边区党代表会议在大埔县光德乡樟溪村召开。出席这次会议的有原闽粤赣边工委和粤东、潮汕、闽西、闽南地委的主要领导人,他们代表着边区的2300多名党员。会议以毛泽东和党中央的新民主主义革命总路线总政策和今后战略任务的精神为指导思想,全面总结过去一年来闽粤赣边区党的工作,特别是闽粤赣边工委第一次执委扩大会议以来的工作。会议集中研究了边区革命斗争的经验教训,上升到理论和政策的高度来加以认识。会议根据1948年8月香港分局《半年工作总结和今后方针任务》的指示精神,深入地讨论了边区党今后的总任务,以及在军事斗争、群众斗争、统一战线、党的建设、宣传和财政经济等方面工作的具体任务和方针策略。经过代表们充分的讨论,会议通过了《中共闽粤赣边区第一次党代表会议决议案》。

《中共闽粤赣边区第一次党代表会议决议案》充分肯定了边区一年来的工作成绩,指出"一年来闽粤赣边党(包括闽西、闽南、兴梅、潮汕)在全党全军共同努力,广大人民热烈参加和同情者拥护帮助之下,坚决执行正确方针政策,开展了闽粤赣边革命斗争的新局面,获得了很大的胜利与成绩"。决议强调指出:指导边区游击战争,必须采取大胆放手,分散发展,避重就轻,进退有据,耐心坚持,待机决战的方针。而目前阶段的基本任务,是粉碎重点进攻,为建立和发展边区根据地而斗争。

关于统一战线工作。决议指出,全党要认识到,由无产阶级领导的,联合农民、小资产阶级、民族资产阶级以及从地主阶级游移出来的开明士绅,去反对帝国主义、封建主义、官僚资本主义的统一战线,是我党整个新民主主义革命阶段中的总路线和总政策,是我党在现阶段革命的战略方针。而我们边区今天基本上还是处在敌人后方的,国民党统治的、环境尚不安定的游击区,在这样的地区,还不能一下子把整个的社会力量集中于消灭国民党武装力量和政治上最反动的恶霸分子。因此,目前边区党的统战工作方针是:团结农村人口百分之九十以上的人民包括农民、小资产阶级及其他各革命阶层

的力量,缩小打击面,扩大和巩固反帝反封建反官僚资本主义的统一战线;不要侵犯中农、独立生产者、自由职业者、知识分子、民族资产阶级、华侨以及开明士绅的合理利益。统一战线内部斗争的方针是:调节各革命阶级间的关系,联合一致对敌斗争;要有团结有斗争,斗争是为了团结对敌的总目标。为加强统战工作,区党委、地委、县委应设立统战部,受各级党委领导,纵队与各支队政治部应设立统战科,选调优秀的干部负责统战工作。

闽粤赣边区党代表会议最后选举成立了闽粤赣边区党委,以魏金水为书记,朱曼平为副书记,林美南为副书记兼宣传部长,王维为组织部长。闽粤赣边区党委下辖闽西、闽南、梅州、潮州、韩东5个地委。在闽粤赣边区党委成立的同时,宣布组建中国人民解放军闽粤赣边纵队,下辖直属部队和梅州、潮汕、韩江、闽西、闽南等5个支队,刘永生任纵队司令员,魏金水兼任政委,朱曼平兼任副政委,林美南兼任政治部主任。同年12月27日,中央军委批准了闽粤赣边纵队的建立及其领导人名单。

闽粤赣边区党代表会议的召开和边区党委的成立,是边区历史上一件具有重大意义的事件。它在关键时刻统一并加强了边区党组织和人民武装的领导,更有利于整个边区人民革命斗争的协调与发展。它在深刻总结过去一年来革命斗争经验教训和贯彻香港分局有关指示精神的基础上,总结了边区革命斗争的特点、规律和指导方针,在此认识的基础上,全面部署了边区党组织和人民武装今后的斗争方针策略及其任务,把武装斗争、党的建设、统一战线、群众斗争和根据地建设等工作推向一个新的发展阶段,对粉碎敌人的第二期"清剿",转入战略反攻,夺取边区革命的胜利具有重大的意义。

三、巩固与扩大人民民主统一战线

在人民解放军转入战略反攻并取得重大胜利,华南各省人民游击战争迅速发展的新形势下,闽粤赣边区党组织和人民武装通过深入贯彻中共中央与香港分局的统一战线方针策略,进一步巩固和扩大了边区的人民民主统一战线。

1947年12月,毛泽东在《目前形势和我们的任务》的报告中指出:"联合工农兵学商各被压迫阶级、各人民团体、各民主党派、各少数民族、各地华侨和其他爱国分子,组成民主统一战线,打倒蒋介石独裁政府,成立民主联合政府。"并强调,没有一个包括全民族绝大多数人口的最广泛的统一战线,革命的胜利是不可能的。

1948年3月17日,香港分局书记方方在《致尹林平等并报中央电》中,就如何利用国民党地方军政当局内部的矛盾和反蒋势力,分化瓦解与收编国民党地方军队,争取国民党军政人员起义等问题做了具体指示。其中要求闽粤赣边区党组织必须加紧对潮汕、闽西两地区的国民党专员及保安第十二团、第十三团的统一战线工作,争取他们起义和接受改编。

闽粤赣边区党组织和人民武装认真贯彻执行了中共中央和香港分局的上述方针策略。闽粤赣边区党委成立时,专门做出《关于扩大和巩固统一战线工作的决定》。伴随着人民解放军战略进攻与战略决战的胜利,边区的人民民主统一战线迅速巩固与扩大,发挥了巨大的威力。

在农村开展游击战争,建立游击根据地,实行正确的土地政策是关键的一步。边区党组织区别解放区的不同情况,在边区农村暂不实行土改,而是实行减租减息为中心的逐步削弱封建势力的政策,这就有利依靠贫雇农,团结中农,中立富农,分化地主,在新区团结广泛的社会力量,孤立最反动的极少数敌人。

边区各地党组织和人民武装在放手发展游击战争、打破国民党军事"清剿"的过程中,不但严格地执行保护华侨和工商业的政策,而且尽可能地团结争取中间力量,分化反动营垒,使人民民主统一战线不断巩固发展,力量迅速壮大,反动营垒日益缩小。在边区解放区建立的许多民主政权中,都有民主人士和包括开明绅士在内的各界代表参加,由此产生了很大的政治影响。此外,还在许多游击区及其边缘地区建立了两面政权。这些两面政权是乡长、保长,都是党和人民武装通过统战工作后争取过来的,他们在暗中支持党和人民武装活动,提供情报和部分粮食,在条件较好的一些乡村还实行了减租减息政策。建立了两面政权的地区,事实上已成了党和人民武装的半控制地区,从而为游击战争的胜利发展和打破国民党的军事"清剿",创造了极为有利条件。

1948年4月30日,中共中央提出巩固和扩大人民民主统一战线,团结各民主党派、各人民团体、各社会贤达,为打倒蒋介石、建立新中国而共同奋斗。同时号召召开没有反动分子参加的新的政治协商会议,筹备建立民主联合政府。这一号召,得到各民主党派和无党派人士的热烈响应。闽西南地区的各民主党派人士,积极参加旨在分化瓦解直至推翻国民党地方反动统治的斗争。他们有的遵照香港分局和地方共产党组织的意图,劝说地方国民党当局或已解职返乡的国民党军政人员尽早弃暗投明,这些政策对后来促成边区各地国民党军政人员的起义,起了积极作用;有的积极帮助地方共产党组织和人民武装搜集情报;有的主动设法营救共产党员及进步人士出狱;等等。

在全国和闽粤赣边区解放战争胜利发展的大好形势下,1949年1月20日至23日,中共闽粤赣边区党委在广东省大埔县大埔角召开党委会议。会议传达了香港分局书记方方的指示,结合边区的实际情况和过去工作经验教训,认真讨论和研究了军事问题、组织领导问题、农村政策和群众运动问题、财政经济问题、统一战线问题,确定了今后斗争的方针和政策,并提出了各项具体任务。

关于统一战线问题,会议提出统一战线工作的目的是要联合和团结更多的社会力量,调动一切积极因素,去孤立、打击少数敌人。军事斗争的胜利使国民党营垒更加分化瓦解,越来越多的人靠着共产党,这对搞好统一战线工作是十分有利的。因此,各地必须有目的、有计划、有专门机构和专人去开展统一战线工作。(1)加强调查研究,要对社会上层人士进行全面调查,对反动堡垒进行深入研究,实行记功办法和加强宣传教育工作,促使国民党营垒加速分化。(2)必须站在人民的立场上讲话,一切为了壮大自己。(3)实行宽大政策,缩小打击面。宁可错放,不可错杀。

这次会议是在边区革命形势根本好转,闽粤赣边区纵队经中央军委批准正式成立之后召开的。它根据边区的实际,及时正确地贯彻了香港分局的指示,确定了新的斗争方针任务,规定了各项工作的主要政策和措施,使各地党组织和一切人员有了更明确的方向与目的,成为以后全部斗争的指针,对夺取边区革命的最后胜利具有重大的指导意义。

按照闽粤赣边区党代表会议和闽粤赣边区党委会议确定的统一战线工作方针策略,闽西党组织大力开展了人民民主统一战线的巩固与扩大工作。

闽西党组织在普遍建立的地方工作团中,以部分老党员作为骨干,由县委派出干部直接领导,或指定专人负责,同时吸收一批已经投身革命的知识分子参加,组成精干的工作队伍。各地工作团建立后,在宣传发动群众,开展反"三征"(即征兵、征粮、征税)斗争;筹集粮款物资,支援解放战争;收缴乡保武器,发动青年参军参战以及恢复和建立交通线,深入敌后,开辟新区和巩固老区等等方面做了大量的工作。

从1949年初,中共闽西党组织在各地加强了群众组织工作,由下而上、由上而下地建立了农会、青年团、妇女会的筹委会,以统一与加强下层组织。各级党政军组织十分重视农会的组织工作。在民主政权建立之前,主要通过反"三征"及开展减租减息斗争的锻炼,在提高阶级觉悟的基础上,把农民组织起来,成立了村农会,并代行政权职能。在新解放区,县民主政权成立之后,则由县政权工作团深入到未建立农会的农村,按照《农会组织章程》进行组建。各地农会在农村根据地中发挥着重大的作用。

闽西的妇女在历次革命运动中,发挥了巨大的作用。在1948年、1949年的两年来党领导的反"三征"、破仓分粮、减租减息、清债赎业等斗争中,妇女不但和男子一样积极参加,有的还起了带头作用。为了加强对边区妇女工作的领导,进一步发挥边区妇女在解放战争中的作用,边区党委于5月5日召开边区妇女干部会议,并于5月8日通过了《闽粤赣边区妇女工作初步总结》。《总结》提出了边区妇女工作的具体任务是:动员妇女积极参加支前、后勤运输、担架队和各种劳军工作,支援解放战争;发动妇女积极参加生产和为改善生活而做的各种斗争;关心妇女的福利事业,照顾和解决她们的切身利益与特殊需要,创办夜校和识字班,提高妇女文化水平;开展城市妇女工作;自上而下地迅速筹备成立各级妇女联合会,建立统一的妇女领导机构,开办各种训练班加紧培养妇女干部和专业人才。

1949年春,闽西各地建团工作普遍开展,主要在学校、部队和根据地的农村中,吸收符合团员条件的先进青年入团,建立了团支部,然后由上而下成立团地委、团县委领导机构。

闽西游击根据地基本上都是在农村,只有一些分散的手工业工人,很少单独成立工人组织,主要是吸收他们到农村的其他群众组织中,或选进基层民主政权中,以发挥他们的作用。到5月份,闽西南解放的县城和市镇中,有了较多的工人、店员和学徒等,因此在接管时,把工人迅速组织起来,参加各种斗争,发展生产,改善工人生活条件,支援解放战争。各地在接管城镇之后,一般都注意做工人的工作,积极筹建工会等组织,使工人力量得到发展。

闽西党组织对少年儿童的组织工作也很重视。各地根据少年儿童的特点,成立了儿童团,组织他们学习文化,儿童教唱革命歌曲,利用节假日,开展各种宣传活动,还安排他们站岗放哨,了解情况,传递信息等,为支援解放战争和根据地建设增添了一分力量。

民兵是农村根据地的群众武装组织;它担负着配合主力部队作战,保护群众利益的重要任务。自开展武装斗争以来,闽西各地在建立游击队的同时,在农村组织民兵。随着解放战争的胜利发展,根据地的扩大,民兵组织也日益壮大。民兵不仅在配合主力部队作战和在根据地的各项斗争中发挥着重要的作用,而且是边纵各部队的后备军。

农会、青年团、妇女会、儿童团、民兵等群众组织,在革命斗争中虽有各自特殊的作用,但概括起来,其主要的功绩是在各级党委领导下,贯彻执行党的减租减息等各项政策,协助党和政府做好各项宣传鼓动工作;站岗放哨、探敌情、送情报;肃奸除特,打击反对动分子;参军参战,保卫家乡;组织人力、物力、财力,支援前线等。许多群众为了支持革命斗争,不惜把自己家里仅有的一点口粮也献给了部队,有的甚至付出了全家生命。他们的英勇献身精神,可歌可泣!

闽西党组织十分重视团结争取华侨和侨属,支援革命斗争。在解放战争时期,闽西南地区有大量的海外华侨,他们十分关心祖国和闽西的解放事业。闽西党组织把保护、照顾华侨和侨属,作为重要政策加以贯彻执行。在关于农村政策中,边区党委提出:"对困难之华侨家属在可能的范围内设法予以照顾;返乡华侨进出我们的区域要妥为保护。"这些优惠政策和规定,得到了海外广大华侨和在乡侨属的热烈拥护,使他们更加同情和支持闽西的革命事业。因此,解放战争时期不仅有许多华侨参加闽西的解放战争,还通过舆论和财力、物力支持革命。他们经常给家乡的亲属寄回大量的侨款,许多归侨和侨属把海外寄回来的钱拿出部分捐献或购买粮物,支援革命。

为了适应革命斗争形势发展的需要,针对侨区的实际,闽西各地党组织加强了对归侨和侨属的宣传教育工作,坚决贯彻执行对华侨和侨属的保护政策,对有些地方分浮财等斗争中侵犯了某些华侨、侨属的利益,则迅速予以纠正,取得他们的真诚的拥护和支持。党组织还动员广大侨属行动起来,开展反"三征"斗争,加入各种群众团体,支援和参加解放战争。通过党的宣传教育和组织发动,许多侨属迅速觉醒,有的为革命慷慨捐献物资,有的投身革命,成为部队和地方的重要力量。

第三节 策动国民党军政人员起义，加强接管和建政工作中的统战工作

一、策动闽西国民党军政人员起义

在国民党败局已定，其内部矛盾日益加剧，官兵厌战，众叛亲离，动摇分化日甚的形势下，中共中央香港分局多次指示各地党委，要抓住有利时机和各种有利条件，广泛深入地开展敌人内线工作，施以强大军事压力和政治攻势，加速分化瓦解国民党地方党、政、军人员，"争取一个中队起义"，进而"在有利条件下争取敌人较大兵力在阵前或后方起义"，"或者在某一地区，起义足以改变整个敌我形势——如起义能使我战略地区连成一片。如果存在着这种有利条件又为我所必需的，而不灵活运用则是错误的"。还指出"争取若干城市走北平式的解放"，在客观形势上的可能性一天天增多。

闽粤赣边区党委和边纵通过会议和发文件，积极贯彻了香港分局的指示精神。3月上旬，边纵政治部在《关于形势问题的指示》中，指出国民党政府已处在总崩溃之中，反动阵营里面四分五裂，一片紊乱，各打各的主意。要求边纵各部队以进行军事斗争为主的同时，必须充分利用敌人的空隙和矛盾，运用各种形式和方法，"对敌人和武装部队、政权机关、各阶层人士展开政治攻势，争取其消极，中立逃跑，起义或和平改编"。指示中强调"这些工作做得好，是会减少我们许多流血及减少许多社会财富的消耗的"。贯彻上述指示精神，最终促成了闽西国民党军政人员起义。

中国人民解放军取得三大战役胜利后，国民党内部进一步四分五裂，众叛亲离，陷入了极大的混乱和总崩溃的境地。在这种情况下，福建国民党中的一些人，也在考虑自己的前途和出路。早在1949年1月，刚上任3个多月的国民党福建省第七行政公署专员兼保安司令李汉冲，眼看国民党大势已去，为了寻找出路，亲赴香港，与中共中央香港分局取得联系，表示在解放大军渡江南下之后，决心同国民党反动派决裂，投向人民，从事民主革命工作，受到欢迎与鼓励。

李汉冲返回龙岩后，采取了一些开明的措施，以实际行为为人民做了些好事；利用各种会议，揭露贪官污吏，抨击国民党的腐败；释放全区政治犯；缓征兵粮，减轻人民的负担等。同时，他还派人直接与边区党委取得联系，商洽有关起义事宜。

3月20日，边纵司令员刘永生、政委魏金水联名致信李汉冲，对他不愿意继续与国民党同流合污，决心投向人民，拥护共产党领导，从事民主革命工作，以及释放政治犯的正确选择，代表闽西人民和革命家属表示欢迎，并要他派出全权代表前来谈判，共商革命大计。24日，边区党委致信闽西地委，指出：由于李治冲、丘启荣等均来接头，策反工作已见成效，因此，闽西地委必须以更多的注意力来加强政治斗争，争取瓦解或孤立敌

人,把军事斗争与政治斗争紧密结合起来。

遵照边区党委的指示,闽西地委积极地沟通了同李汉冲和地方实力派傅柏翠的联系,李汉冲也派出专员公署视察吴德贤为全权代表,到永和埔根据地同边区党委与闽西地委代表范英杰(范元辉)、吴潮芳、赖祖雄等会谈。边区党委代表着重讲清形势,要他们打消顾虑,早日起义,投向人民方面来,就有光明前途。吴德贤表示回去将如实向李汉冲传达。在谈判过程中,李汉冲又与傅柏翠等联络,加紧准备起义事宜。

4月中旬,由于李汉冲的言行引起国民党福建省当局的不满,被免去第七行政公署本兼各职,委派原广东省第六行政区保安副司令练惕生接任。练惕生籍贯武平县,对国民党当局也存有不满,他与李汉冲、傅柏翠等都是闽西人,早就认识。于是,他们经商议之后,趁练惕生到武平接任之机,由李汉冲召集武平、上杭、永定、连城县县长及龙岩县县长代表等到上杭县的郭车,以迎接新专员的名义,举行秘密聚会,商讨起义有关事项,并做出了各项决定的起义宣言,一旦时机成熟即发动闽西各县同时起义。驻闽西的闽保安第四团团长李玉,虽未能到会参加,也去信表示服从会议的一切决定。

郭车会议以后,按分工各自行动,练惕生到龙岩出任专员,到福州领取枪械;李汉冲赴香港向中共华南分局汇报起义准备情况并请示起义时间;傅柏翠留在地方负责各方面的部署、联络;各县县长回县布置起义工作。曾经担任过中共武平县委书记,后投靠国民党担任武平县县长的练平,积极参与李汉冲、傅柏翠、练惕生发动的闽西起义的准备工作,他还到象洞与中共粤东地委宣传部长谢毕真会晤,具体商谈起义事宜。

此时,中国人民解放军已胜利横渡长江,解放南京,南下大军势如破竹,蒋家王朝即将彻底灭亡。为了进一步分化瓦解敌人,5月2日,中国人民解放军闽粤赣边纵队司令部发出命令,奉告国民党军政人员,认清形势,投诚起义。在强大的军事压力和政治攻势下,5月中旬,粤东梅州地区的粤保安独立第一营、保安第十三团、第十二团、独立第九营等国民党地方武装相继起义,广东大埔、蕉岭、梅县、兴宁、五华等县解放。5月20日,国民党武平县象洞乡乡长练延年起义,中共杭武蕉梅边县委派谢启发率领象洞工作团20余名成员,前往象洞圩接收国民党象洞乡公所,象洞区和平解放。随后,闽西地区第一个区级基层人民政权机构"象洞区人民民主政府"正式成立。

5月中旬,闽西形势急剧变化,国民党溃军第五十五军等部从闽赣边撤退到连城,胡琏兵团正向赣南逃窜。国民党福建省政府电令闽西专署快速筹备军粮,以供部队休整使用;驻岩的国民党新编第九军硬要闽西火速征送壮丁五六千名,以补充兵员。在这种情况下,李汉冲、傅柏翠、练惕生等认为起义时机已经到来,练惕生即以下乡催兵粮为名,提前率专署一批工作人员到上杭郭车,专署自卫总队随带部分军用物资秘密到达上杭白砂,与傅柏翠会合,随后开进上杭城。5月22日,由傅柏翠、练惕生、李汉冲等率龙岩、永定、上杭、武平4县县长与省保安第四团等官兵4100多人,在上杭宣布起义,通电脱离国民党统治,接受中国共产党领导。将起义部队改称闽西义勇军,成立闽西义勇军临时行动委员会,受理地方军政事宜,推举傅柏翠为临时行动委员会主任委员,练惕生、李汉冲为副主任委员,练平为秘书长,同时设立闽西义勇军司令部,练惕生兼任义勇军司令员,林志光为副司令员,赖作梁为副司令员兼参谋长。原保四团改为起义主力基干团,共辖12连,各县地方武装编成9个独立团,各县自卫中队改为县支队。上杭关帝会的全体成员也参加起义,编为闽西义勇军直属支队。

闽西国民党军政人员起义后,闽西地委和第七支队派政治部主任胡伟、第十五团副团长李白克和政治处主任温仁怀到上杭联系。粤东地委也派地委宣传部长谢毕真到上杭与闽西起义人员联系。闽西义勇军临时行动委员会也立刻派代表吴德贤,前往广东大埔向中共闽粤赣边区党委报告闽西起义的经过,请求派员前来接收部队和地方政权机构。边区党委对闽西起义人员弃暗投明表示欢迎,但对其自改番号,不经报告批准提出批评,希望他们要为人民立更大更多的功。在此前后,李汉冲由香港回到揭阳县灰寨会见了华南分局书记方方和边纵政治部领导。方方指示:起义部队应向北推进,迎接南下大军,地方行政照旧维持,听候接收,财政税收由地委统一接收掌握。6月2日,中国人民解放军闽粤赣边纵队以领导人名义发出命令,要起义部队北进,迎接南下的人民解放军。6月6日,李汉冲在梅县面受边纵政委魏金水的指示后,回杭布置起义部队北进事宜,边纵并派司令部参谋主任王汉杰到上杭指导具体实施。

6月中旬,李汉冲等在上杭县城召开军事会议,传达华南分局及边纵指示,部署北进。决定由林志光、赖作梁、吴德贤组成前敌指挥部率主力沿汀江向长汀城进发,武平起义武装由汀江左翼进兵,牵制江西瑞金方面国民党溃军。起义的独一团向北进兵连城,配合张友明于6月21日解放了连城;起义的独七团则向清流、明溪方向运动,准备解放永安。此时,国民党福建省政府已委派卢新铭为第七区行政督察专员,将专署迁往长汀,企图负隅顽抗南下的人民解放军。

6月23日,由起义的基干团、武平支队和独三团、独二团一部共3000余人组成的第一挺进队,兵分三路进军长汀城。29日,挺进队在城郊南坑与国民党胡琏兵团残部代号"黎川"团的一个营相遇,将其击退。当晚,长汀城守敌全部退出城厢。30日,挺进队向城关挺进,进城不久,遭到敌人从东南北三面的包围。在装备悬殊、敌众我寡的情况下,挺进队经过激战以后,死伤官兵百余人,武平支队连长梁昭阵亡,只好撤出长汀城。此后,起义部队分散开展游击活动。在国民党溃军退扰闽西期间,闽西义勇军除少数叛逃外,大多数指战员都能坚持人民立场,与敌人进行战斗,虽因敌我力量悬殊,闽西"义勇军遭受挫折,然犹坚定不移"。傅柏翠、练惕生的家园财产,遭受国民党溃军摧残,亦"未曾因此而动摇丧志,与敌周旋到底,此说明领导起义诸先生经得起对敌斗争之考验"。[①]8月1日,边纵令部传令嘉奖了义勇军作战有功人员。

闽西国民党军政人员起义,瓦解了国民党在闽西的反动统治,削弱了地方反动势力,减少了闽西人民的损失和痛苦,对配合大军南进起了一定的作用。

---

① 《闽粤赣边纵队史》编写组编:《闽粤赣边纵队史》,广东人民出版社1995年版,第136页。

二、接管和建政工作中的统战工作

闽西起义后,为了适应革命形势的迅速发展,加强地方行政领导,做好支前和城市接管工作,统一并加强闽西南地区人民武装及起义部队的作战指挥,加速闽西南的全面解放,闽粤赣边区党委和边纵司令部决定并经华南分局批准,于6月3日在永定的湖雷成立了中国人民解放军闽粤赣边纵队闽西南临时联合司令部,由邱锦才任司令员,范元辉任政治委员,李仲先、陈水锦任副司令员,卢叨、陈文平、罗炳钦任副政治委员,吴扬任参谋长,卢叨兼任政治部主任。后又增补练惕生为副司令员。第七支队、第八支队和起义部队统一归属联合司令部指挥,并将永定、上杭、龙岩和长汀游击大队,分别扩编为第七支队独一团、独三团、独五团和独七团。联合司令部的成立,把闽西南的武装部队,包括闽西的起义部队,置于联合司令部的统一指挥之下,使起义部队在国民党溃军胡琏兵团窜犯时与我协同作战,配合南下大军彻底解放闽西南广大地区。

闽西国民党军政人员起义后,反动的政治机构已不复存在,建立人民政权的条件已完全具备,并且成为一项重要的任务。在这关键时刻,5月30日,中共中央及时地给方方、林平、魏金水发来电示,提出:在你们已占领的地区,如已站稳,"可建立行政公署,委派各县县长,逐步组织区乡政府"。① 这一指示对边区各级党委和武装是一个极大的推动力。

为了建立新政权,首先必须接管旧政权。所以,当闽西起义军代表吴德贤前往边区党委驻地报告起义经过并商议以后,6月2日,边区党委立即以边纵名义命令,起义队伍代为接管长汀、连城两县,等候接收;永定、上杭两县县乡(镇)听候第七支队派队接收,武平县乡(镇)听候第一支队派队接收,龙岩县暂由章汤铭负责保管,听候接收。② 6月3日,边区党委决定成立闽西南临时联合司令部的同时,由边区党委机关和大埔县军管会各单位,抽调力量组织的闽西南接管团也在组建之中,同时还成立了永定县军事管制委员会,以江岩为主任,赖祖雄、卓禹轮为副主任。并派出全县9个区的负责人,准备接收国民党县、乡镇政权。

6月13日,闽西南临时联合司令部在大埔县太宁乡排楼坝召开北上接收闽西南誓师大会,参加大会的有十三、十七团全体指战员,闽西南干校、韩江干校和大埔县军政干部训练班部分学员,以及大埔县军管会抽调参加接管团的干部等1000余人。会上宣布成立闽西南接管团。总团长由范元辉兼任。下辖闽西、闽南两个接管分团。闽西分团团长吴潮芳,副团长卓禹轮、丘善余。同时,对接管永定的组织机构和各科、处、团的负责干部也做了规定和任命。14日,接管团随同闽西南临时联合司令部及十七团等1000

---

① 《中共中央关于广东工作给方方等同志的指示》,1949年5月30日。
② 福建省档案馆、广东省档案馆编:《闽粤赣边区革命史档案汇编》第六辑,档案出版社1989年版,第292页。

余人,从大埔出发进入永定县城。永定县军管会主任江岩率领永定独一团从岐岭赶至永定城会合,次日军管会开始接收国民党县乡镇政权,组建群众组织;筹措粮款,解决给养;为了稳定市场,闽西南临时联合司令部在永定建立了闽粤赣边区军民合作社闽西分社,发行五分、一角、一元和十元面额的"闽西军民流通券",同时还发行"爱国军粮公债券",并开办永定干校,招收学员100余人,学习一个月,为县乡人民政权的建立培训输送了一部分干部。①

6月下旬,闽西南临时联合司令部又从永定军管会和闽西南干校抽调力量组织上杭接管团,并成立了上杭县军管会,以罗炳钦为主任,卓禹轮、蓝汉华为副主任,于7月3日由永定转入上杭县境内的丰稔准备进城接管。

国民党武平县县长起义后,按边纵司令部命令,边纵第一支队于6月下旬在支队长郑金旺、副政委王立朝率领下,从梅县北上接管武平县城,新成立的中共武平县委和由独立第七大队一部分扩编而成的第十团一同前往接管。随即,成立了武平县军管会,任命一支队第二团副团长谢抡攒任军管会主任,饶奕昌任副主任,并开始接管工作。

与此同时,在闽西起义影响和安溪等地游击战争胜利发展的形势下,漳平国民党参议员、县三青团干事长刘子熙,派人到安溪与安溪中心县委联系,表示愿意适时起义的意向。安溪中心县委派出一部分人员组织武工队到漳平县城郊乡镇开展工作,建立游击据点。6月20日,闽粤赣边纵第八支队第四团第一营,在漳平县武工队和民兵的配合,以及刘子熙等人策应下,围攻漳平县城。国民党漳平县县长率所属人员逃往永福,县自卫队一个分队被民兵包围投降。21日,第四团第一营和漳平县各乡1000余人进城,漳平首次解放。闽南地委从安溪中心县委抽调钟炎等20多人组织中共漳平县临时工委和县政工作团,任命钟炎为中共漳平县临时工委书记,林江为副书记,邹永贤为漳平县政工作团主任,林敏为副主任,于6月下旬前往漳平县城接管,并于6月26日成立了漳平县人民民主政府,刘子熙任县长,曾文光(1950年上山为匪被击毙)任副县长。

漳平县城解放以后,八支队第四团将漳平武工队和部分民兵整编为第五营,同时立即组织宁洋地方工作团和宁洋游击大队。7月6日,游击大队在群众配合下攻进县城,歼敌70余人,宁洋地方工作团接管县城。

至此,在不到2个月时间内,闽西地区除长汀、龙岩外,6座县城先后被解放,并部分地开始了接管建政工作,使闽西和闽南、潮汕、梅州、韩江根据地连成一片,形成了闽粤赣边的广大解放区,为进一步打击逃敌,消灭一切反动派,彻底解放全边区创造了良好的条件。

6月12日,华南分局向中共中央报告5、6两月的战绩。6月24日,毛泽东以中央军委的名义,将华南分局的《战绩报告》批转给各野战军首长:"五、六两月粤东闽西胜利极大,请将华南分局已发文电转告所属以励士气。"毛泽东还亲自为中共中央拟稿给华

---

① 《中国人民解放军闽粤赣边纵命令(解字125号)》,1949年6月2日,见福建省档案馆、广东省档案馆编:《闽粤赣边区革命史档案汇编》第六辑,档案出版社1989年版,第292页。

南分局复电:"庆祝你们的伟大胜利。"并提出应争取时间迅速巩固这些胜利,可在闽西等地招收大量青年学生,开办学校,以培训大批干部,为准备接管城市之用。中共中央和中央军委的指示,极大地鼓舞了边区,特别是闽西军民的战斗意志。

正当中国人民解放军闽粤赣边纵队闽西南临时联合司令部及粤东一支队所部全面准备或正在接管闽西国民党各县政权时,国民党军第十二兵团(胡琏兵团)四个支队4万多人,在人民解放军南下大军追击之下,从赣南一带分两路窜扰梅州、闽西,使闽西敌军数量一时剧增,敌我力量悬殊。为此,闽西南临时联合司令部停止了接管各县的工作,转入了反抢粮,保家乡,配合南下大军歼灭南逃敌人的战斗。为了减少损失,保存力量,上杭接管团和军管会于7月8日由上杭丰稔撤回永定仙师、城关一带,以后又随闽西南临时司令部和永定县军管会转移到岐岭、湖坑、奥杳及平和县芦溪等地活动,伺机打击敌人。武平县军管会亦于7月上旬撤离县城转移到中赤、下坝、岩前、象洞等地山区活动。

与此同时,原驻龙岩的国民党第九军残部在章汤铭起义后,收拾残局,扶持林寄鹏上台充任国民党龙岩县长。后因该军人数不多,征不到兵,又没有粮食吃,只好放弃龙岩,于6月下旬撤往漳厦。随后,国民党第八兵团(刘汝明兵团)的第五十五军3万余人从闽北窜到漳平、龙岩县城及附郊一带。因此,章汤铭等亦于6月下旬率起义部队转到龙岩溪口一带活动。漳平县政工作团和漳平县人民民主政府则于7月中旬撤至新桥、溪南一带的山区活动。

8月中下旬以后,由于中国人民解放军南下大军压境,南撤闽西的国民党溃军在闽西南联合司令部所属主力部队、各县独立团及地方武工队、民兵的不断袭击下,不敢久住,分别逃往潮汕和闽南一带。闽西义勇军及各县独立团各部等抓住战机,沿途截击逃敌,从而使闽西人民的生命财产少受损失。8月23日,永定宣告解放。9月1日,闽西重镇龙岩宣告解放。9月13日,收复漳平县城。10月1日,宁洋解放。10月17日,收复武平县城。10月18日,长汀宣告和平解放。11月6日,连城解放。

随着闽西各县的先后解放,接管和建政工作也随之展开。永定于8月23日重获解放后,中共永定县委和县军管会随即在湖雷筹建永定县人民政权机构。随后,根据闽粤赣边区党委决定,中共永定县委重新改组,由江岩任书记,同时撤销县军管会,在湖雷成立永定县人民民主政府,江岩兼县长,罗恭照、赖祖雄为副县长。县府设立秘书、民政、财粮、民运、治安、文教等科和秘书处、县政工作团。

上杭于8月27日收复后,中共上杭县委机关从白砂迁入上杭城,并重组县委领导班子,由张昭娣任书记。9月13日,闽西义勇军临时行动委员会上杭分会向上杭军管会移交。17日,上杭军管会撤销,正式成立上杭县人民民主政府,由张昭娣兼任县长,卓禹轮、蓝汉华任副县长。同时,分别设立县委、县政府机关工作机构,建立正常的工作秩序。并着手筹建县总工会、团县委、县妇联、县农民协会等群团组织。

9月1日,龙岩城区解放后,实行军事接管。9月8日,龙岩军事管制委员会成立,9月中旬,随着龙岩全境解放,县委、县军管会迅速配备班子接管乡镇政权,并着手组建村政府,开展宣传发动群众,恢复生产、支前、稳定社会秩序等项工作。11月10日,龙岩县人民政府正式成立。

国民党漳平县长陈祖仁于9月13日率部投诚后,漳平再次获得解放。随后,闽西南临时联合司令部与陈祖仁部签订了《和平解放漳平全境的暂行决议》,规定:陈祖仁部及各乡保甲长,暂住原有防地(永福官田),负责维持社会治安,保护公共财产、武器弹药、文件档案等,并造就清册,听候接收。闽西南临时联合司令部于最短期间内派出军事代表团到漳平负责调查和处理漳平和平接收的准备工作。10月中旬,以张震东为主任,林敏为副主任组成的漳平县军事代表团前往漳平接管。同时,中共漳平县临时县委与县军代团会师,组成中共漳平县委,由张震东任书记,11月中旬,县政工作团与县军事代表团合并。从此,漳平党组织由闽南地委移交闽西地委管辖。在漳平县军事代表团接管漳平期间,以刘子熙为县长的漳平县人民民主政府同时存在。1950年8月,漳平县人民民主政府移交给军事代表团,改组成立漳平县人民政府,由张震东代理县长。

长汀于10月18日解放后,19日正式宣告成立长汀县人民政府,同南下解放大军第四野战军驻瑞金部队第一四四师指派边纵独七团政委游荣长为县长、吴德贤为副县长,于20日开始接管工作,并设立政府工作机构,成立区、村人民政府,组建人民团体。为尽快肃清长汀境内的反动武装残余势力,迅速确立革命秩序,保障人民生命财产安全,维护社会安宁,11月1日,福建省第八军分区司令部命令对长汀实行军事管制,任命刘大夫为军事代表团主任,饶良新、游荣水、游梅耀为副主任,并配备了经济、文教、民政、军事等方面工作人员100余人,于2日从龙岩赴汀,按系统予以接管。

进驻会昌的南下大军四野一四四师四三一团一部于10月17日,收复武平县城后,任命第二营某连指导员杨考锡为武平县临时县长,主持政府工作,出布告稳定民心。退往象洞的中共武平县委、县军管会获悉南下大军已收复武平县城,即于19日在县委副书记谢启发率领下,重新进入县城办公,独立十团也随之接替武平防务。四三一团部队将一切交接完毕后,押着俘虏,班师回会昌县城。从此,中共武平县委正式由梅州地委划归闽西地委领导。11月7日,武平县人民政府正式成立。

11月6日,以戴炳辉为团长,陈梅光为副团长的连城军事代表团进驻连城后,即于7日发布了对连城实行军事、政治、经济、文化管制的布告,9日,召开了机关旧职人员会议,宣布各项政策。经过几个月紧张的工作,系统接收了国民党统治时期连城县各机关、团体,迅速地安定了社会秩序,统一了军事力量,同时胜利地开展了建政、建党等各项工作。1950年6月1日,连城县人民政府宣告成立。

在闽西各县纷纷解放的胜利进程中,闽西党的最高领导机关——中共闽西地委于1949年9月4日,随闽粤赣边区党委、闽粤赣边纵及闽西南临时联合司令部进驻龙岩城。8日,在城关西宫设立地委机关,隶属中共闽粤赣边区委员会。10月下旬,根据中共中央华南分局和福建省委指示,中共闽西地委改为中共福建省委第八地方委员会,隶属中共福建省委,统一管辖龙岩、永定、上杭、武平、长汀、连城、漳平等七个县委。与此同时,第八行政督察专员公署、第八军分区在龙岩成立。由范元辉任地委书记兼军分区政委,陈仲平、杨德明分任专员、副专员,王胜任军分区司令员,郑金旺任副司令员,张玉辉任副政委。此后,在军分区领导下,组建了警备团,并将各县独立团改编为县大队。闽西义勇军和易启基部,整编为军分区直属部队,编余人员按政策量才录用或作复员安置。11月,闽西南临时联合司令部即告撤销。至此,闽西各级党政军机构基本组建完备,闽西人民开始以崭新的面貌进入社会主义革命和建设的新时期。

附 录

附录一 大事记

1919 年

5月31日 长汀召开万人大会,响应北京"五四"爱国斗争,青年学生、商人及工农群众等各界爱国人士纷纷参加。会后,各校学生举行了爱国游行示威。

1921 年

春 邓子恢、陈明等在龙岩白土桐冈小学组织奇山书社,传播新文化、新思想。

1922 年

8月 北京工业专科学校化学系毕业生王仰颜回到长汀,开设"实业公司",意欲"实业救国"。

1923 年

春 永定县在厦门集美学校师范部读书的进步青年在永定中川犹兴学校成立了进步团体"晨钟社",并于同年12月创办社刊《钟声》。
9月1日 奇山书社创办的《岩声》刊物正式出版。

1924 年

1月 孙中山领导的中国国民党在广州召开了全国第一次代表大会,实现了第一次国共合作,有力地促进了闽西国民革命运动的开展。

5月 黄埔军校在广州成立,并公开向各地招收学生,先后招收8期学员。闽西籍的李云贵、林野等52人考入黄埔军校深造。

秋 永定籍进步青年阮山、卢肇西等人在湖雷成立了国民党永定县党部筹备处,并在各乡发展国民党员。

1925年

2月 成立了国民党永定县临时县党部,阮山为负责人。

6月7日 1000多名青年学生在长汀县城南寨广场集会,声援"五卅"惨案,声讨帝国主义罪行。

6月中旬 在长汀的英国教会传教士及亚盛顿医馆的英籍医生撤离长汀,医院改名为"福音医院",傅连暲为院长。

6月25日 长汀学生联合会组织青年学生和城郊、新桥的部分农民,举行反对地方当局的游行示威。

8月 上杭城区求实小学教员罗大准发起组织"上杭青年读书社",提倡新文化,反对旧教条。

秋 国民党上杭临时县党部在庐丰水尾村成立。

1926年

初夏 中国共产党永定支部在上湖雷羊头村"万源楼"正式成立,阮山任支部书记。这是闽西最早的共产党组织。

5月30日 龙岩各中小学学生及各界群众千余人举行"五卅"周年纪念大游行。

5月 国民党中央派丁超五为特派员到福建改组了国民党福建省临时省党部,共产党员李觉民、罗杨才、阮山当选为常务委员。

10月8日 国民革命军北伐军第一军第三师进攻永定,先后击败军阀周荫人、孙云峰部。10日,占领永定县城。随后,国民党永定县党部负责人阮山、林心尧等赶到县城,与东路军政治部主持召开了千人的庆祝大会。

10—11月 北伐军东路军攻占了长汀、上杭、武平、永定等县,结束了北洋军阀在闽西的统治。

10月底 国民党漳平县临时县党部成立。至此闽西各县国民党临时县党部均已建立,标志着闽西第一次国共合作正式形成。

11月 长(汀)(上)杭武(平)永(定)政治监察署在上杭成立,共产党员谢秉琼为政治监察员,共产党员林心尧为秘书。

12月 (龙)岩(漳)平宁(洋)政治监察署在龙岩城关成立,政治监察员张旭高,秘书林仙亭。

1926年冬至1927年春 在上杭成立了"上杭县临时农民协会",并以国民党上杭县党部的名义发动和组织工会,先后成立了缝衣等13个工会和"上杭县总工会筹备处"。

1927 年

年初 在北伐军东路军的帮助下,永定、长汀、连城、武平等县先后组建了农会、工会、学生会等各群众团体。

1月 长杭武永政治监察署扩大为汀(州)属八县政治监察署。

1月 中国共产党龙岩县总支委员会成立,陈庆隆任总支书记。

2月26日 汀属八县政治监察署在上杭县城召开联席会议。会议通过了党务、政治、民众运动、教育、文化等39项决议案和大会宣言。

2月 中共龙岩总支在龙岩举办岩、平、宁宣传人员养成所,张旭高兼任所长,共有学员20多人。

3月23日 汀属八县社会运动人员养成所在上杭正式开学,共有来自长汀、上杭等八县的学员160多人。

3月 撤销原国民党上杭县临时县党部,共产党员罗大准重新筹建新的国民党上杭县党部。

4月1—3日 岩平宁政治监察署会同国民党龙岩县党部召开龙岩县各界代表联席会议,通过二五减租、保护工人权益、解放妇女、禁止纳妾、破除迷信、禁赌禁烟禁娼等决议。

4月3日 国民党右派分子在福州南校场举行"拥蒋护党大会"政变。随后在全省各地通缉共产党员和国民党左派。

4月15日 继国民党蒋介石发动"四一二"反革命政变后,龙岩国民党右派分子实行"清党",捣毁国民党县党部,围攻岩平宁政治监察署,制造"四一五"事件。龙岩国共两党第一次合作遭破坏。

5月7日 上杭国民党右派实行"清党"反共,杀害周继英、包究生等共产党员及工人运动领导人,制造"五七"事件。至此,闽西国民革命运动转入低潮。

5月8日 汀属八县社会运动人员养成所被强行封闭解散,部分师生被捕。中共上杭县支部书记林心尧被捕杀害。

9月初 国民党龙岩县党部恢复,共产党人邓子恢、郭滴人、谢宝萱分别担任秘书、组织委员和宣传委员,龙岩国共两党再度合作。

9月6—9日 南昌起义部队途经汀州,帮助建立了中共长汀特别支部,选举段奋夫为书记。

9月10日 南昌起义军进驻上杭。周恩来和朱德等人接见了中共闽南特委宣传部长罗明及闽西各县党组织的部分领导人,帮助建立了"上杭县临时政府"。

9月中旬 国民革命军新编军第一独立团团长陈国辉奉"反共、防共"指令,率部进驻龙岩。

10月25日　中共永定县第一次代表大会在金砂公学举行,大会宣布成立中共永定县委,选举罗秋天为书记。

10月　中共武平特别支部成立,任命钟武为书记。12月底,中共武平特支在象洞张天堂召开全县党员会议,决定撤销武平特支,成立中共武平临时县委,练文澜任书记。

1928 年

1月12—17日　共青团永定县委在永定岭头湖塘小学成立,胡炽基为书记。

1月　中共上杭临时县委在庐丰成立,郭柏屏任书记。

3月4日　中共龙岩临时县委领导后田农民举行武装暴动,打响了福建农民武装暴动第一枪。

3月8日　朱积垒等领导长乐乡农军500余人举行了平和暴动。

5月30日　邓子恢在上杭蛟洋主持召开了农民协会会员代表大会,提出了"实现耕者有其田"等口号。

6月25日　郭柏屏、傅柏翠等领导蛟洋农民自卫军和群众800余人举行蛟洋暴动。

7月1日　张鼎丞、阮山、卢肇西等领导了永定农民武装暴动。

7月15日　龙岩、永定、上杭、平和4县党组织负责人在永定古木督开会,成立中共闽西临时特委,郭柏屏任书记。

8月中旬　在永定县金砂金谷寺召开溪南区工农兵代表大会,会议宣布成立闽西第一个苏维埃政权——溪南区苏维埃政府,并制定了一整套的土改分田的方针、政策和办法。

10月　中共长汀特支在县城开办"训政人员养成所"。

11月12日　在永定召开闽西特委扩大会议,确定了闽西斗争的总策略是"争取群众,准备游击战争,同时发动小斗争,并扩大党的宣传,巩固民众组织"。

12月　中共闽西特委和永定县委机关遭受敌人破坏。特委书记郭柏屏逃离闽西,特委机关迁驻上杭县水南。

1929 年

2月　中共长汀特别支部改为中共长汀临时县委,段奋夫任书记。

3月14日　红四军主力在长岭寨击溃了国民党福建省防军第二混成旅郭凤鸣部2000余人,解放了长汀县城。随后创建了赣南闽西第一个县级红色政权——长汀县革命委员会,邱潮任主席。

3月16日　红四军前委书记毛泽东在"辛耕别墅"召开了老裁缝、老佃农、钱粮师爷、老教书先生、老衙役和流氓头子等社会上有代表性的六种人员座谈会,指导红四军政治部颁发了《告商人及知识分子》文告和《告绿林弟兄书》,规定了红军对商人、知识分子和土匪的政策。

3月17—19日　长汀福音医院接待了红四军中的部分伤员。此后,院长傅连暲在红军的影响下,在福音医院内创办工农红军看护学校、中央红色医务学校等,为红军培养了大批医生、护士。

3月20日　红四军前委扩大会议在"辛耕别墅"召开,勾画了创建中央革命根据地的宏伟蓝图。

5月19日　红四军第二次入闽。

5月25日　红四军解放永定县城。当晚,召开红四军前委和永定县委联席会议,决定成立永定县革命委员会、动员群众拆毁城墙、召开万人群众大会。27日,红四军前委与永定县委在县城南门坝召开万人大会,会上宣布成立永定县革命委员会,张鼎丞为主席。

6月3日　红四军第二次攻占龙岩县城,并配合地方武装搜捕反革命,没收地主土豪财产,分给劳苦群众。

6月19日　红四军第三次攻占龙岩县城,在中山公园召开有3万余人参加的祝捷大会。21日,龙岩县革命委员会成立,邓子恢被选为主席。

7月20—29日　中国共产党闽西第一次代表大会在上杭蛟洋文昌阁召开,会议通过了《政治决议案》《土地问题决议案》《苏维埃政权决议案》等,规定了土地、对待商人和土匪等问题的政策。大会选举邓子恢为中共闽西特委书记。

10月6日　红四军攻下武平县城。召开中共武平县第一次代表大会、武平县第一次工农兵代表大会,选举陈道任县委书记,练宝桢任县苏主席。

10月26日　永定县工农兵代表大会召开,宣布成立永定县苏维埃政府,选举阮山为主席。大会发布了"永定县工农兵代表大会成立宣言"和"十大施政纲要"。

11月22日　段奋夫领导"古城暴动",镇压了国民党长汀县政府的8名官员,宣布成立了汀西革命委员会。

11月下旬　共青团闽西特委成立,曾志任书记。

12月28—29日　中共红四军第九次代表大会(即古田会议)召开,大会通过的《古田会议决议》,提出从政治上、思想上改造革命军队中的流氓土匪成分和各种非无产阶级思想,对于改造土匪、流氓、会党具有十分重要的意义。

1930年

2月6日　闽西苏维埃政府筹备处颁布了《苏维埃政府组织法》和《工农兵代表大会选举条例》,规定凡在闽西赤色政权所及地方,年满16岁以上的劳动男女均有选举权和被选举权。

3月18日　闽西第一次工农兵代表大会召开,会议通过了《闽西第一次工农兵代表大会宣言》和军事、经济、财政、文化、建设等 5 项决议案及商人条例、合作社条例等 16 项条例。大会决议成立闽西苏维埃政府，选举邓子恢为主席。

6月至12月　闽西苏区贯彻李立三"左"倾冒险主义，造成了军事上的挫败，并在经济、土地、党团和政权建设等方面也造成了不同程度的损害。

6月12—22日　毛泽东、朱德在长汀县南阳（今属上杭）主持召开中共红四军前委和闽西特委联席会议，会议讨论通过了《富农问题》和《流氓问题》两个决议案，制订了对富农和流氓问题的正确政策，并在分田政策中增加"抽肥补瘦"的原则。

7月23日　闽西苏维埃政府文教委召开第二次全体会议，提出对儿童实施免费的义务教育和强迫性的教育。

7月30日　中共闽西第二次代表大会调整了过去对土匪成分过于宽容的政策，提出"必要时可解决其土匪领袖甚至全部"的严厉措施。

8月1—11日　共青团闽西特委第一次代表大会在龙岩召开，会议通过了组织、宣传、教育、军事、青年、青妇、儿童等问题决议案。大会选举曾志任书记。同时宣布成立闽西少先队总部和闽西儿童团总部。

8月　闽西苏维埃政府文委会召开第八次会议，决定开展扫除文盲运动。

12月　闽西苏维埃政府肃反委员会成立，随后各县也成立了肃反委员会。

12月　中共闽粤赣边区特委成立，由邓发任书记。

1931 年

1月15日　新红十二军在永定虎岗召开纪念李卜克内西、列宁、卢森堡大会，会上呼喊"社会民主党万岁"等口号的红军战士后被当作"社会民主党"分子杀害。由此，闽西苏区开展了一场长达 1 年零 3 个月错误的"肃社会民主党"运动。

2月27日　邓发主持召开中共闽粤赣特委第一次常委扩大会议。会议错误地肯定了闽粤赣党的代表大会以来破获的所谓"社会民主党"的胜利，强调要运用群众的力量消灭所谓的"反动政治派别的组织和活动"。

3月1日　闽粤赣特委、闽西苏维埃政府在永定虎岗召开"闽西工农兵审判反革命社会民主党分子代表大会"，设立闽西肃反委员会革命法庭，错误地判处红十二军 100 团政委林梅汀等 17 个所谓"社会民主党主犯"死刑。

3月20日　闽粤赣边特委第二次常委扩大会议在永定虎岗召开，会议传达贯彻六届四中全会通过的王明"左"倾决议，确定闽粤赣边党的任务是以深入土地革命为中心和以肃反为中心，粉碎敌人进攻，保卫虎岗。

4月4日　中共中央给闽粤赣特委发出指示信，认为闽西"社党"活动十分严重，要求采取最严厉的手段加以镇压，并要在"肃反"斗争中反对右倾。

5月14日　中共闽粤赣边特委做出《关于彻底肃清社会民主党、AB 团的决议》，限令在两个月内肃清社会民主党。从此，闽西"肃社党"的错误进一步升级。

6月18日　闽粤赣临时省委(由闽粤赣边特委改称)常委会通过有关重新分配土地问题的决议,开始在闽西苏区贯彻王明的"地主不分田,富农分坏田"的"左"倾土地政策。

7月15日　根据中央指示,取消闽西肃反委员会,设立闽西苏维埃政府政治保卫处,郭滴人任处长,林一株任副处长。

8月21日　中共苏区中央局做出《关于土地问题的决议》,要求根据地按照中央的土地法令,实行"地主不分田,富农分坏田"和重新分配土地的政策。

8月30日　闽西苏维埃政府发出93号通知,允许商人自由贸易,以促进苏区经济的繁荣。

11月7日　在江西瑞金出席全国工农兵代表大会的张鼎丞、郭滴人向毛泽东和苏区中央局汇报了闽西肃反中的错误做法。毛泽东听后严肃指出立即停止"肃社会民主党",还拨了5000多元作为善后救济。张鼎丞回闽西后,立即传达了毛泽东的指示,开始纠正闽西的"肃反"错误。

12月18日　周恩来从上海到中央苏区途经闽西时,严肃指出了闽西苏区肃反工作的严重错误。他到中央苏区后采取坚决的措施,纠正了闽西"肃社党"错误。

1932年

2月7—13日　闽赣两省工人代表大会召开。福建省职工联合会和雇农工会成立。

3月14日　中共闽粤赣苏区第二次代表大会在汀州召开。大会宣布将闽粤赣临时省委改为福建省委(有时与闽粤赣省委并称),选举罗明为代理书记。同时宣布成立共青团福建省委,陈荣任书记。

3月18—21日　福建省第一次工农兵代表大会在汀州召开,会议决定成立福建省苏维埃政府。22日,选举张鼎丞为主席。

7月3日　福建省委致各级党部信,决定全闽西举行检查土地运动。

7月16日　中共闽粤赣苏区省委发出了《关于消灭团匪与土匪问题给各党部指示信》。

7月　福建省苏维埃政府颁发了《检查土地条例》,宣布在福建苏区开展检查土地运动。

1933年

年初　傅连暲把福音医院从汀州迁往瑞金,改编为中央红色医院,并被任命为院长。

2月15日　中共苏区中央局做出《关于闽粤赣省委的决定》,决定在党内开展反对"罗明路线"的斗争。

2月24日 闽西苏区开展了一场反对所谓"罗明路线"的党内斗争。

6月1日 临时中央政府发出《关于查田运动的训令》,决定在中央苏区内进行"普遍的深入的查田运动"。

6月12日 中共福建省委对查田运动做出决议,强调必须正确执行阶级路线,防止侵犯中农利益与任何消灭富农的企图。

6月 福建省农业工人第一次代表大会通过的《查田运动决议》,明确指出必须迅速"纠正消灭富农的错误,要同侵犯中农利益的倾向作无情的斗争"。

10月10日 临时中央政府颁发《怎样分析农村阶级》和《关于土地斗争中一些问题的决定》,提出了科学的划分农村阶级成分的标准,纠正了过去在分析农村阶级方面的偏向。

11月22日 国民党十九路军将领蔡廷锴、陈铭枢、蒋光鼎与国民党内李济深等一部分反蒋势力,发动福建事变,发表《人民权利宣言》,成立抗日反蒋的"中华共和国人民革命政府"。

11月27日 十九路军代表与中华苏维埃共和国临时中央政府代表等签订了《闽西边界交通条约》。但是,由于实行王明"左"倾"关门主义"政策,错失了军事统战良机,致使十九路军最终于1934年1月被蒋介石消灭,从而失去了一个革命同盟者。

1934年

3月15日 临时中央政府人民委员会发布《关于继续开展查田运动的问题》,错误地推行过"左"政策,产生了不仅消灭地主,而且消灭富农的严重倾向。

10月上旬 中央红军第五次反"围剿"失利,红九军团从长汀中复村出发开始长征。

12月 张鼎丞等从赣南回到永定,领导开展游击战争。

1935年

1月至6月 国民党军对坚持在闽西的红军游击队发动了以军事进攻为主的第一次"清剿"。

3月 张鼎丞在月流主持召开红八团、红九团的领导干部会议,成立闽西军政委员会,张鼎丞任主席。

4月12日 闽西地区党政军代表大会在永定赤寨召开,成立以张鼎丞为主席的闽西南军政委员会。会议决定"开展广泛的、灵活的、群众性的、胜利的游击战争",打击敌人,保存自己,开辟游击根据地。

5月 国民党军队对苏区采取军事、政治、经济的"清剿",强行"保甲联坐"、"移民并村"、颁布"十杀令",修筑炮楼224座。

12月底 闽西南军政委员会通过地下交通与上海中央局交通站取得了联系,得到了《中央关于抗日讨蒋统一战线策略的指示》。

1936年

1月1日　闽西南军政委员会第二次会议在上杭双髻山召开,讨论通过了《关于目前新的形势与新的任务决议》,确定在闽西南开展抗日反蒋统一战线的新方针,建立广泛的抗日反蒋的统一战线。

1、2月间　闽西南军政委员会制订了《告闽西南民团壮丁书》《关于争取白军工作的决定》《关于争取土匪工作的决定》,宣布我党开展抗日讨蒋统一战线新方针,号召闽西南各党派各团体各界群众及白军民团壮丁队等共同抗日讨蒋。

2月15日　闽西南军政委员会发表《告三十七旅官兵书》,号召该旅官兵和红军联合起来,共同抗日讨蒋。

2月　闽西南军政委员会先后发出《关于春荒斗争的决定》《关于反移民斗争的指示》,部署各级党组织大力扩大红军游击队,组织武装群众,积极领导春荒斗争。

3月　龙岩县军政委员会发出《告中央军三十七旅官兵书》。

春　闽西南军政委员会积极主动地与拥兵自重、严密控制着上杭县古田、蛟洋一带的地方实力派傅柏翠部进一步协调了关系,缓和了矛盾,使其减少、停止了对红军游击队的敌对行动。

3、4月　闽西南军政委员会又发出《关于在学生知识分子及城市小资产阶级中抗日工作的指示》《关于争取白军工作的决定》《关于妇女工作的决定》《关于职工运动工作的决定》等七个决定,开展了一系列的统一战线工作。

6月9日　闽西南军政委员会发表《为反对闽南傀儡自治告闽西南民众书》,号召一切民众立即行动起来,为反对闽南傀儡自治,为武装保卫福建、保卫漳厦的光荣任务而战斗。

6月22日　闽西南军政委员会做出了《关于西南事变与目前党的紧急任务的决定》,并发表了《为西南事变宣言》。

7月1日　闽西南军政委员会做出《关于秋收斗争决定》,提出了"武装保卫秋收"的口号。此后,各县军政委员会均做了相应的决定与布置。

9月4日　杭代县军政委员会发出《反对法西斯蒂烧杀掳抢奸淫告全杭代工农群众书》。

9月22日　周恩来致函张鼎丞、邓子恢、谭震林,介绍中央关于建立抗日民族统一战线的政策,使与中共中央失去联系近两年的闽西党组织对全国的抗日形势和党的策略有了更加明确的认识。

11月30日　闽西南军政委员会根据中央的指示精神,发出《为执行抗日统一战线中土地政策给各级党与苏维埃红军的指示》。

12月20日　闽西南军政委员会发出第3号布告,坚决贯彻中共中央关于抗日民族统一战线的土地政策。同时发出《为联合救国致各界公开信》，向各界表达了红军真诚抗日的主张和愿望。

1937 年

2月28日　闽西南军政委员会在《关于闽西南目前政治斗争形势和党的任务决议》中要求"一切党员应参加本业的救国团体的组织与工作，未有抗日民众组织的，应指定党员根据实际情形去建立，以增强救国会的下层基础"。

3月15日　闽西南军政委员会通过了《关于闽西南目前政治形势和党的任务》的决议，决定进一步建立和发展抗日民族统一战线，同愿意联合抗日的党派、武装进行谈判，订立抗日协定。同时决定将闽西南抗日讨蒋军改名为人民抗日红军，游击队改为人民抗日义勇军，并提出派代表与国民党当局驻闽部队进行正式谈判，建立抗日人民政府和人民抗日革命军问题。

4月25日　闽西南军政委员会在南靖县上科岭村召开常委扩大会议，决定贯彻执行中央联蒋抗日的方针，在闽西南开展和平运动，创造合作和谈气氛。

5月15日　闽西南军政委员会发布《关于闽西南人民抗日救国纲领》《为停止内战一致抗日三致粤军公函》等文告，再次表明我党和红军以民族利益为重，要求停止内战，合作抗日的诚意，并提出具体的五项要求和四点保证。

同日，张鼎丞、邓子恢、谭震林发表《为停止内战一致抗日致闽西南各界人士书》，号召闽西南各党派、各团体、各界人士共同走抗日道路。

5月　闽西南军政委员会派魏金水、吴作球为代表，与国民党驻军代表吴琪进行首次会谈，达成局部停火协议。这是闽西走向国共合作的重要开端。

6月15日　闽西南军政委员会派谢育才为代表，到漳州与粤军第一五七师师长黄涛商谈国共合作。

7月10日　邓子恢、谢育才到龙岩与粤军代表练惕生做进一步谈判，国民党方面原则上接受了闽西南军政委员会提出的停止敌对活动、供应红军经费、释放政治犯、不准收回土地、共产党公开活动等条件。

7月12日　闽西南军政委员会机关报《红旗》发表了邓子恢的《在为和平而奋斗的两个月中》和张鼎丞的《对国民党的新认识新态度》等文章，表明了闽西南党组织对国共合作谈判的诚意。

7月18日　闽西南军政委员会发表对日抗战宣言，再次提出合作抗日的主张，并要求国民党军政当局返还红三团被缴枪械，释放被捕人员。

7月29日　邓子恢、谢育才与粤军代表练惕生、国民党专署代表张策安三方在龙岩正式谈判达成协议并签字生效。至此，闽西地区基本上形成了第二次国共合作的局面，抗日民族统一战线初步形成。

7月30日　邓子恢在《闽西日报》上发表了坚持国共合作抗日的书面谈话，表明闽西共产党人在抗日民族统一战线的旗帜下,愿与国民党合作,实行革命的三民主义,为抗日救国做出贡献。

7、8月间 长汀县组织成立了抗敌后援会。

8月上旬 闽西南军政委员会和永定县委同国民党永定军政当局在永定县城孔庙举行国共合作谈判成功,签订了和平合作抗日协议。

8、9月间 根据闽西国共和谈协议,闽西各地的红军游击队改编为闽西抗日义勇军第一支队,谢育才任支队长。

10月 中共赣粤边特委派代表与瑞金国民党当局谈判,并达成合作抗日的协议。

10月9—15日 中共闽粤赣边临时代表会议在龙岩白沙召开,会议宣布取消闽西南军政委员会,成立中共闽粤赣边省委,并提出坚持在国共合作中"不能妨碍我党政治上组织上的独立性与宣传批评自由"的原则。

10月12日 中共闽粤赣边省委指示各地党组织"把救亡运动开展为各党派各阶级运动",并"在一切救亡团体中建立支部和党团组织"。

10月18日 中共闽粤赣边省委秘书长温仰春到江西大余向项英、陈毅汇报闽赣边国共和谈情况和部队改编问题。

10月28日 中共闽粤赣边省委发表《中共闽粤赣边省委为对日抗战保卫漳厦宣言》,号召闽西南人民团结起来,对日抗战,保卫漳厦、保卫福建。

11月8日 国民党顽固派派兵进攻雁石的闽西抗日义勇军,制造"见龙桥事件"。为顾全大局,我方主动将部队后撤五华里,并揭露事件的真相,粉碎了顽固派的阴谋。

11月11日 汀瑞游击队与国民党瑞金县当局签订了谈判协议书,同意设立新四军二支队驻瑞金办事处,游击队改编为汀瑞抗日游击支队。

11月15日 中共闽粤赣边省委原机关报《红旗》改为《前驱》半月刊,主要任务是宣传党的团结抗战主张,促成抗日民族统一战线在福建的实现。

11月20日 中共闽粤赣边省委发表《为巩固和平反对内战一致抗日告各界同胞书》,重申党的抗日救国的一贯主张。

11月 在内迁到长汀的厦门大学战时后方服务团带领下,长汀县的各个中学相继建立了抗日救亡团体,走街串巷,深入农村开展抗日宣传,激发了广大人民的抗日情绪。

11月 中央军委代表张云逸抵达龙岩县抗日义勇军驻地,指示在改编北上之前一定要保持部队的独立性,不能让国民党收编和指挥。

12月3日 张鼎丞、邓子恢、谭震林等联名致信国民党省主席陈仪,抗议"漳浦事件"的肇事者,痛斥顽固派破坏团结抗日的罪行。

12月中旬 中共闽粤赣边省委与瑞金国民党当局谈判达成协议,汀瑞游击队改编为汀瑞抗日游击支队,全支队300余人。

12月30日 邓子恢在《前驱》发表《怎样开展闽西南民众抗日救亡运动》一文,号召组织闽西南民众抗日总动员委员会,以推动整个抗日救亡运动的迅速开展。

1938 年

1月15日　国民党军制造了严重的"瑞金事件",扣押谭震林、胡荣佳、钟民等红军干部,枪杀办事处主任萧忠全。

1月28日　闽西、闽粤边、闽赣边和闽中地区的红军游击队奉命改编为新四军第二支队,由张鼎丞任司令员。

1月　首批由28人组成的闽籍"菲律宾华侨归国抗日义务队",在沈尔七、戴血民的率领下,回到厦门,转赴闽西,被编入新四军第二支队,更名为"菲律宾华侨回国随军团",沈尔七任团长,后随二支队奔赴皖南抗日前线。

2月22日　中共闽粤赣边省委在龙岩后田村召开第一次执委扩大会。会议决定争取设立新四军二支队留守处,加强上下层统一战线工作,巩固和平合作局面。

2月27日　新四军二支队全体指战员及各界群众代表6000余人,在龙岩白土举行北上抗日誓师大会。国民党军政当局负责人涂思宗、张策安等应邀出席了大会。

3月1日　张鼎丞、邓子恢、谭震林率领新四军第二支队全体官兵从龙岩白土出发经上杭、连城、长汀开往苏皖抗日前线,沿途得到群众的热烈欢送。

3月2日　新四军二支队龙岩留守处在白土成立,主任谢育才、副主任魏金水。

3月8日　厦门大学战时后方服务团宣传队到河田进行一周的抗敌宣传活动,受到民众的热烈欢迎。

4月中旬　中共闽西南潮梅特委第二次扩大会议在龙岩县东肖乡龙泉村召开,确定了当前中心任务是加强秘密工作,谨防国民党用各种方式阴谋暗算。

6月　中共闽西南特委召开第三次执委扩大会,提出"建设下层为基础,去推动上层的统一战线,以实现武装保卫漳泉、潮汕,保卫华南"的方针和任务。会议根据中共中央长江局意见改中共闽粤赣边省委为中共闽西南潮梅特委。

9月　中共闽西南潮梅特委领导革命基点村进行减租斗争。龙岩、上杭、永定等县的基点村按照不同情况,分别实行了"二五"、"三七"、"五五"减租。

冬　国民党福建省党部、省抗敌后援会等机关团体内迁连城县,连城也相应成立了县党部、连城抗敌后援会,发动全县人民开展了轰轰烈烈的抗日救亡运动。

1939 年

1月21—25日　中共闽西南潮梅特委在龙岩县白土乡后田村召开第五次执委扩大会议。会议提出了"一切为着准备游击战争"的政治口号和具体任务,决定深入进行抗战动员,加强抗日运动的领导,巩固抗日群众团体。

2月　国民党秘密颁布了《限制异党活动办法》《共产问题处置办法》等反动法令,并无理解散各地抗日救亡团体,龙岩白土抗战服务团被迫解散,闽西各地抗日救亡活动逐步转入低潮。

5月4日　中国工业合作协会东南区长汀事务所正式成立,东南工合办事处主任由路易·艾黎兼任,在长汀广泛组织工业合作社,生产军需民用物资,支援抗日战争。

5月26日　中共中央发出《中央关于在国民党统治区保存党员干部的指示》,指出:"中央要求国民党统治地区的党的干部坚决采取长期埋伏、积蓄力量、等待时机的工作方针,认真地决心地将党的力量有计划地隐蔽和撤退,把党和群众工作的中心,放在利用一切可以利用的社会习惯、政治法令和合法组织(如保甲联保等)方面,去进行与群众联系的长期埋伏工作。"

7月30日　中共闽西南潮梅特委向所属党组织发出《关于目前政治形势特点报告大纲》,指出投降妥协是目前政治形势的主要危险,并制定了指导党内外斗争的方针和策略。

8月　中共闽西南潮特委根据中央指示,通知各级党组织一律转入地下开展隐蔽斗争,并制定了党员秘密工作条例和领导机关秘密工作条例。

9月14日　针对国民党闽西顽固派在龙岩、永定进行夺田倒算的活动,闽西南潮梅特委负责人谢育才、魏金水发表书面讲话,敦促龙岩、永定一带的土地问题,必须遵守协议,维持现状,不得变更,从而击破顽固派夺田的阴谋。

9月19日　厦门大学在长汀组织闽南工作队,在闽南各县广泛开展抗日救亡宣传,深受当地群众热烈欢迎和好评。

11月　中共闽西南潮梅特委召开第六次扩大会议,贯彻落实中央关于在国民党统治区党的工作必须"隐蔽精干"的方针。

1940 年

2月22日　国民党保安团在龙岩连坑逮捕中共龙岩县委委员吴潮芳、区委书记彭涌金等党员和群众17人,制造了"连坑事件"。

5月21日　中共永定县委常委马永昌在大阜参加商讨溪南、丰稔两地合作抗日事宜时,被当地联保主任郑良坤杀害,制造了震惊全省的"马永昌事件"。

6月10日　中共闽西南潮梅特委发布《致闽西南各地父老同胞书》和《为追悼马永昌同志告工农群众书》,向社会各界公开揭露国民党顽固派逮捕和杀害、关押闽西南共产党人的罪行。

6月12日　中共龙岩县委组织抗日武装到连坑村,镇压了"连坑事件"的告密者。

7月1日　中共闽西特委常委谢育才、范乐春等为"马永昌事件"致函永定县政府当局,揭露国民党顽固派假抗日真反共的罪恶,要求严惩凶手。

7月18日　国民党政府公布《非常时期治安紧急法》,地方当局加紧反共,龙岩、永定继续发生共产党员被捕被杀事件。

9月14日　中共闽西南潮梅特委和龙岩县委发表书面讲话,重申闽西党组织对土地问题的严正立场。

9月17日 永定爱国归侨、中共岐岭支部宣传委员陈康容被国民党当局杀害,年仅25岁。

10月9日 刘永生率永定县委基干队在大阜击毙了杀害马永昌的凶手,严惩了反共顽固派的壮丁队。

11月初 爱国华侨领袖陈嘉庚回到闽西,慰问抗日军民,给闽西人民以极大鼓舞和关怀。

1941年

1月中旬 中共闽西代表会议在龙岩白土召开,成立中共闽西特委,王涛任书记。会议分析了形势,指示各区乡党组织集中武装掩护干部,党员撤退上山,应付突然事变。

1月20日 国民党顽固派发动了震惊全省的"闽西事变",闽西国共两党合作局面遭破坏。

1月25日 中共闽西特委就闽西事变发表了《为反对内战,反对投降的紧急宣言》,揭露国民党顽固派捕杀共产党员和人民群众的暴行。

6月17日 中共中央发出《关于大后方老苏区老游击区工作方针的指示》,指出:"大后方老苏区老游击区,目前一般不与国民党作武装斗争,但当国民党向我武装进攻时,在必要与可能武装自己并可坚持的条件下,武装自己也可以,并应有不怕武装斗争扩大的决心,其目的仍在求和平、保存党的力量。"

9月21日 中共闽西特委机关突遭国民党福建省保安袭击,特委书记王涛不幸牺牲。

11月10日 中共闽西特委向各县区委发出《关于应付奸顽瓦解我们的新方针的指示》,要求各地党组织在党内和群众中加强阶级教育,利用具体事实进行反对叛变自首的斗争,巩固革命队伍。

1942年

2月 中共闽粤边委员会成立,朱曼平、张昭娣任正、副书记。

5月下旬 中共南方工作委员会组织部长郭潜在广东韶关被捕叛变,使南委副书记张文彬和宣传部长涂振农也被捕。随后,南委领导下的粤北、广西等省委也遭受破坏,造成了严重的"南委事件"。

6月 "南委事件"发生后,面对国民党顽固派的武装进攻,中共南方工作委员会书记方方指定李碧山为南委联络员,负责与南方局和闽西、闽南、潮汕地区的联系,采取有理有节的斗争,以保存和积蓄力量。

10月8日 中共闽粤边委书记朱曼平针对闽西老区党组织和群众基础较好的形

势,要求各县党组织以休养生息为工作中心,隐藏和锻炼干部,逐步取得经济自给,伺机再动。

10月 台湾义勇队在李友邦将军率领下,移驻龙岩,创办报刊,培训干部部,为民众诊疗治病,开展抗日救亡活动。

10月8日 中共闽粤边委书记朱曼平针对闽西老区党组织和群众基础较好的形势,要求各县党组织以生产生息为工作中心,隐藏和锻炼干部,逐步取得经济自给,伺机再动。

11月17日 中共闽西特委书记魏金水做《对汀连边工作意见》的讲话,布置"生产自给运动"具体措施。

1943年

春 国民党福建省政府把龙岩作为推行所谓"扶植自耕农"土地政策试点,企图解决土地问题,消除隐患,然后推广到全省、全国。

夏 闽西的顽固派屠杀共产党的干部,破坏共产党人的隐蔽生产基地,洗劫基点村,强迫移民并村,制造了一系列极其严重的反共事件。

5月5日 国民党福建省保安处第一指挥部(闽西)指挥官王成章召开反共检讨会,决定发动夏季攻势,对共产党实行"全面搜剿"。

7月至8月 岩永杭边100多个村庄遭受国民党的严重摧残。上杭严坑、龙岩小池的牛眠石等10多个村庄被迫移民。

10月7日 闽西南武装经济工作总队在平和县成立,刘永生任总队长。接着在永定县黄生棋山上成立了经济工作总队闽西分队,着力解决经济问题。

10月 中共闽西特委领导农民抵制龙岩县国民党政府提出的"扶植自耕农"方案,组织农村党员和秘密农会会员同国民党当局抗争。

11月 闽西经工分队在岩永杭和粤东一带打击国民党保安团,恢复老基点,支持闽西各地农民反对国民党所谓"扶植自耕农"的斗争。

1944年

5月 福建省国民党军政当局在龙岩设立闽西绥靖区指挥部,统一指挥龙岩、永定、上杭等县国民党地方武装,企图消灭闽西的共产党组织及其武装。

8月中旬 中共闽西特委在南溪恢复建立了中共永和靖县委,范云辉任书记。

8月 岩西北县委委员陈士坤和龙岩县委派到外线工作的区委干部林汉章、章永木,以及从外地返回龙岩县山马区的原区委书记张木良等,先后被国民党顽固派抓获并杀害。

10月25日 闽西南武装经济工作总队和分队合编为王涛支队,支队长刘永生,政委范元辉。支队成立后,开展"有理、有利、有节"的反顽斗争,保存和发展人民抗战力量。

11月21—23日　国民党在闽西成立"闽粤赣边第一联防指挥部",分驻岩、永、杭等县的重要据点,不断进犯闽西革命基点村。

11月间　中共永和靖县委在永定金丰大山建立康容支队。支队成立后,在永定雨顶坪、白腊坑、下山等地镇压了一批为非作歹的反动分子,打开了金丰大山周围乡村的局面。

12月7日　魏金水以中共闽西特委特派员名义发表《为申明本党主张,推进抗战、团结、民主告龙岩各界书》。

1945年

3月4日　"闽西绥靖区指挥部"调动保安三团一个机枪连进驻上杭丰稔市,向永定、上杭边境大举"扫荡"。

3月6日　中共中央发出《关于开展潮梅、闽西南工作的指示》,指出:闽西应在群众中继续巩固党的基础。

4月13日　刘永生率领王涛支队利用上杭丰稔圩期的有利时机,全歼国民党保安三团一个连,取得丰稔战斗的重大胜利。

4月20日　闽西特委发出《丰稔战斗快邮代电》,要求国民党当局立即停止屠杀同胞的内战政策,呼吁各界人士与我党亲密合作,共同抗战到底。

5月1日　中共闽粤边委机关报《新民主》创刊,号召各个抗日阶层团结共同抗战到底,共同改造独裁政治,实现闽西南的真正和平。

6月14日　中共闽粤边委在金丰大山召开闽西南军政会议,宣布成立中共闽西南特委,魏金水任书记。会议通过检查总结,加强了对中国革命三大法宝的理论与实践的认识,肯定了当时扩大抗日反顽武装斗争的必要性和正确性。

8月15日　日本宣告无条件投降,闽西的共产党人迅速转入为争取和平民主建立新中国的斗争。

8月27日至9月3日　中共闽粤边委在平和县水尖山召开边委紧急扩大会议,会议针对国民党对王涛支队发动进攻,提出了分散发展的方针。

9月15日　闽粤边委书记朱曼平在《新民主》上发表社论,揭露国民党当局进攻闽西南人民武装,摧残群众的罪行,宣布我党实行"犯我者击之,友我者友之"的政策。

10月14日　闽西南军分区司令部在永定龙门村成立,刘永生任司令员。随后,司令部直属武装在上杭梅镇、庐丰、横岗、茶地等处粉碎国民党反动派的进攻。

12月12日　中共闽粤边临委发出指示,要求各级党委和部队,采取合法与非法相结合,把群众求生存斗争和粉碎国民党反动派的进攻结合起来。

1946 年

1月9日　中共闽粤边临委发出《关于革命新时期的当前任务》的指示,要求一面继续贯彻"分散发展,以待时机"的方针,一面坚决创造战略出击,以取得应有的政治地位与经济的解决。

1月20日　中共闽西南特委发表《为和平建国宣言》,要求福建反动当局停止对我根据地的疯狂进攻并解散反动组织,释放一切政治犯和革命军人家属,承认中共闽西南组织的合法地位,保障人民的民主自由。

2月24日　魏金水在临委机关会上作《掀起闽西南和平民主的热烈运动》的报告。报告提出:党要从群众的切身要求入手,领导广大群众走上反对内战,推行民主的政治斗争的道路。在军事上开展有理、有利、有节的军事自卫斗争。

5月20日　中共闽粤边临委发出《给各特委、支队负责同志的反映(指)示信》,指示各级党组织和人民武装做好地方士绅、乡长、保甲长的统一战线工作。

7月19日　中共闽西特委和杭永县委机关在合溪半山遭国民党军队袭击,特委副特派员马发贤、杭永县委特派员谌春生等牺牲,黄月英等负伤后被捕。

11月上旬　中共闽粤边临委召开会议,撤销闽粤边区临委,正式成立中共闽粤边区工作委员会,并通过决议规定了详细而又切合实际的统一战线政策及措施。

1947 年

3月8日　中共中央发出《关于开展蒋管区在农村游击战争的指示》,中共中央香港分局即通知中共闽粤边工委负责人魏金水前往香港,接受任务和研究开展游击战争的计划部署。

4月　中共闽粤边工作委员会扩大会议在永定召开,魏金水传达了中共中央和香港分局的有关决议,确定了"放手发动群众,开展武装斗争"的战略方针,并把工委特务队和粤东特务队合编成立中国人民解放军粤东支队。

5月30日　魏金水在《学习》上发表了《为创造闽粤边区而斗争》的文章,号召广大党员干部一切按照实际办事,与群众的切身利益相结合开展武装斗争,为创造闽粤赣边民主根据地而努力奋斗。

6月18日　中共闽粤边工作委员会在广东大埔县召开第一次执委扩大会议,制定了"放手发动群众,创造闽粤边区人民解放军及解放区"的总任务。

7月3日　中共闽粤边工委发出《告各界人士书》,号召边区人民开展抗丁、抗粮、抗税的斗争,实行保护人民利益,保护工商业,保护华侨政策,欢迎国民党党政军人员参加闽粤赣边区人民解放军。

8月20日　中国人民解放军闽粤赣边总队闽西支队在永定金丰大山雨顶坪成立,

蓝汉华任支队长。

9月14日　中共闽粤边工委发出《致总队及各地委的信》，提出"加速准备力量，迎接大军南下，壮大人民武装，配合全国总反攻，解放闽粤赣边苦难人民"的口号。

9月18日　中共闽粤边工委指示闽西南党组织及游击队贯彻"普遍小搞"的游击战争方针：从"普遍小搞"中发动群众，扩大武装队伍，解决经济问题。

1948年

1月5日　中共闽粤边工委发出《关于发动年关斗争的意见》，要求各党委、各部队利用群众斗争日益高潮的有利条件，采取各种形式，大胆地、普遍地发动年关斗争。

3月15日　国民党在大埔县大麻镇召开"闽粤边各县军事会议"，制订了所谓"十字扫荡"的进攻方案。

4月18日　中共闽粤边工委发出《为粉碎敌人的进攻》的指示，号召各地党委、各部队提高警惕，加紧准备，以粉碎敌人的军事进攻。

6月18日　中共闽粤边工委做出《我们已基本上胜利粉碎了敌人之进攻》的总结，号召闽粤边全党全军要"壮大主力，巩固阵地"。

8月7—22日　中共闽粤赣边党委召开了边区第一次党代会，会议充分肯定了边工委第一次扩大会议所确定的"创造闽粤赣边区人民解放军和解放区"的总任务，"放手发动群众，开展游击战争"的方针和"由外而内"出击等战略战术的正确性。会议做出了《关于粉碎重点进攻，为建立和发展边区根据地而斗争决议案》。

1949年

1月1日　中共闽粤赣边区成立中国人民解放军闽粤赣纵队司令部，刘永生任司令员，魏金水任政委，并发表《闽粤赣边区人民武装打倒蒋介石政府十项主张》。

年初　国民政府第七行政督察区专员李汉冲亲赴香港与中共华南分局书记方方商议准备发动闽西起义事宜。

1月20—23日　中共闽粤赣边区党委召开会议，传达学习中共中央香港分局关于《加紧准备，迎接胜利》的指示，讨论了边区的军事、组织领导、农村政策、群众运动、财政经济、统一战线等问题。

2月17日　中共闽粤赣边区党委给各地委发出指示信，要求选择分散孤立的敌人加以消灭，或袭击其防御薄弱的城镇，消灭敌人的有生力量，加紧压缩敌人的退守点。

2月28日　中共闽西地委、第七支队领导和中共永定县委在永定河凹头召开负责人会议，会议确定"壮大自己，发动群众斗争，使各县连成一片，有力地配合兄弟部队行动，迎接大军，为解放闽西人民而斗争"的方针。

3月20日　刘永生、魏金水致信国民党福建第七行政区专员李汉冲，对其投向人民,接受共产党领导,从事民主革命工作和释放全区所有政治犯的正确选择表示欢迎和谢意。

3月 李汉冲密令国民党龙岩、永定、上杭等县县长,释放在押游击队员和家属。

春 中共龙岩县委执行军事斗争与政治斗争相结合的策略,敦促国民党福建省第六专署专员李汉冲和继任专员练惕生率部起义。

4月5日 中共闽粤赣边委员会召开政权工作会议,会议认为在新的形势下,必须建立边区政权。

4月 李汉冲、傅柏翠、练惕生和上杭、武平、永定、连城县长及《闽西日报》社长陈天祥等11人,在上杭郭车秘密商议起义事宜,随后又派出代表与闽粤赣边区党委、粤东地委联系,同时加紧起义前的准备工作。

4月底 中共闽粤赣边区党委对城市地下党组织提出四项战斗任务:(1)打进国民党党政机构搜集情报,鼓励起义;(2)加紧宣传我党对城市工商业所采取的方针政策,调查城市内部情况,以便接管;(3)领导群众向反动派做斗争;(4)大量开辟据点,培养干部。

5月2日 闽粤赣边纵队司令部对国民党军队的官兵和国民党政权的各级人员发出"立即停止军事行动和三征活动,把一切武器等物资加以妥善保管,听候接收"的命令。在我军强大的军事进攻和政治瓦解下,蒋军官兵纷纷弃暗投明。

5月5日 闽粤赣边区党委召开边区妇女干部会议,通过《闽粤赣边区妇女工作初步总结》。

5月19日 国民党武平县象洞乡长练延年率部起义成功。

5月21日 龙岩县长章汤铭在龙岩江山村尾率部起义。

5月22日 国民党福建省第七专员公署新任专员练惕生和傅柏翠、李汉冲等人率龙岩、上杭、武平等地方武装与省保安四团等官兵4000余人在上杭宣布起义,接受共产党的领导。随即成立"中国人民解放军闽粤赣边纵队闽西义勇军司令部"。

5月23日 国民党武平驻军及县政府官员通电脱离国民党政权,拥护中国共产党的领导举行起义,武平县城和平解放。

6月2日 中国人民解放军闽粤赣边纵队司令部命令闽西义勇军向长汀、连城两县推进,并接管该两县,以及到龙岩、连城、长汀公路两侧,堵击歼灭向南逃窜的国民党军刘汝明残部。

6月3日 中国人民解放军闽粤赣边纵队闽西南联合司令部在永定县湖雷成立,邱锦才任司令员,统一指挥边纵第七支队、第八支队和闽西义勇军以及各县的游击队和群众武装。

6月4日 闽西第一个区级人民政权——象洞区人民民主政府宣布成立。

6月20日 永定县军管会在县城中山公园召开军民联欢大会,庆祝胜利接管永定。

6月21日 漳平国民党参议员、县三青团干事长刘子熙率部发动起义,首次解放了漳平县城,随即成立了闽粤赣边区漳平县人民民主政府。

6月24日　国民党连城县县长张友民宣布起义,成立中国人民解放军闽西义勇军临时行动委员会连城分会。

6月26日　中共闽粤赣边区党委成立"迎接大军支援前线动员委员会",并制定了《闽粤赣边区各级迎接大军支援前线动员委员会组织规程》。

7月15日　中国人民解放军闽粤赣边纵司令部、政治部发出《告边区同胞书》《告国民党官兵书》,欢迎国民党起义成功。

8月27日　上杭县城宣告解放,同时成立了上杭县军事管制委员会。

9月1日　中共永定县委在湖雷詹屋坪召开庆祝永定解放暨永定县人民民主政府成立大会。中共闽粤赣边区党委书记魏金水到会并做了重要讲话。

9月4日　闽粤赣边区党委、闽西地委、闽西南联合司令部率领部队和工作人员3000余人开进龙岩县城,在中山公园举行"庆祝龙岩解放军民联欢大会"。

9月17日　上杭县人民民主政府正式成立,由张昭娣任县长。

9月　国民政府长汀督察专员卢新铭、龙岩县长林寄鹏、漳平县长陈祖仁等及其部属官兵700余人先后向中国人民解放军投诚,龙岩全境解放,闽粤赣边区党委书记魏金水约见各界民主人士,勉励他们为巩固人民政权做贡献。

10月3日　龙岩各界在中山公园隆重庆祝中华人民共和国中央人民政府成立大会。

10月15日　国民党福建第五"清剿"区指挥官易启基在长汀宣告起义。

10月17日　中国人民解放军第四野战军一四四师四三一团,击溃了国民党驻守武平县城的杨炯部队,收复了武平县城。

10月18日　第七行政督察专员兼保安司令卢新铭率部投诚,长汀和平解放。

10月19日　长汀县各界人士一万余人,在南寨广场举行庆祝长汀人民解放大会,正式宣告成立长汀县人民政府。

11月1日　为尽快肃清长汀境内的反动武装残余势力,福建省第八军分区司令部对长汀实行军事管制,任命刘大夫为军事代表团主任。

10月中下旬　中共闽西地委改为中共福建省委第八地方委员会,隶属中共福建省委,统辖龙岩、永定、上杭、武平、长汀、连城、漳平等7个县委。

11月6日　以戴炳辉为团长的中国人民解放军军事代表团进驻连城,进行接管。

11月7日　武平县人民政府成立,县长饶奕昌。

11月10日　龙岩县人民政府正式成立,吴潮芳任县长。

附录二　闽西统战工作杰出领导人简介

王贯三(1895—1962)

又名自严、如年。浙江省嘉兴县人。1924年,在嘉兴筹组中国国民党县党部,后当选为执委。次年,加入中国共产党,不久,任国民党浙江省党部(左派)秘书长。大革命失败后,他转入秘密斗争。1928年因病以"革命友人"身份转入教育界,先后在广东潮州、汕头的学校任教,并支持学生抗日救亡运动,掩护过不少革命师生。1942年5月,任永定侨育中学校长。在侨中,曾亲自出面帮助掩护中共党员和进步青年多人。1948年9月,前往新加坡、马来亚各地为侨中募捐基金。1949年回国后任商业职校副校长及某子弟学校校长。新中国成立后,在长汀师范担任领导工作。先后被选为长汀县和福建省的人大代表,担任长汀县政协副主席。1957年7月,王贯三被错划为右派分子,下放新桥长汀四中"劳动改造"。1962年4月,含冤逝世。1979年5月,经福建省委统战部批复,撤销对王贯三错划为右派分子的决定。

王奎福(1907—1931)

福建省永定县坎市镇洽溪村人。1926年夏,参加第六届农民运动讲习所学习,并加入了中国共产党。结业后任国民党中央农民部特派员,随北伐军东路军回到永定,在下洋公学建立中共金丰支部。1927年3月底,以中央农民部汀漳办事处特派员身份参加"长杭武永四县党部及民众代表联席会议",被选为"汀属八县社会运动人员养成所"筹备委员。1929年5月被选为洽溪乡苏维埃政府主席。后调任永定县总工会秘书长,并兼县民船工会秘书,多次代表工会与商家谈判,维护船工的利益。后来,调到闽西总工会筹备处担任秘书,负责组建闽西总工会。11月,在闽西工人第一次代表大会上被选为闽西总工会秘书长。1931年8月,因"肃社党"事件中被错杀。新中国成立后被追认为烈士。

王源兴(1910—1974)

又名王健初。福建省龙岩县(今新罗区)西陂大洋村人。1926年春南渡新加坡谋生,1931年受雇于印尼巨港一商号当经理,翌年在巨港与人合资开设恒丰公司,任经理。抗战爆发后,在侨居地参加各种爱国活动,先后任巨港中华总商会会董、巨港华侨筹赈总会副主席,开展筹赈活动,支援祖国抗战。新中国成立后,曾当选广州市侨委主任、北京市政协副主席、全国人大代表、全国侨联副主席等职。1974年2月,在北京病逝。

毛泽东(1893—1976)

湖南省湘潭县人。伟大的马克思主义者,伟大的无产阶级革命家、战略家和理论家,也是中国共产党统一战线理论的奠基人和实践政治家。从1929年3月开始到1933年11月,毛泽东前后六次来到闽西,通过在闽西的革命实践活动,毛泽东站在夺取革命胜利的历史高度,对中国革命道路,党和人民军队的建设,农村革命根据地的土地革命、政权建设、经济建设、统一战线、党的思想路线等毛泽东思想的重要内容做了理论上的探索和概括。1929年3月,毛泽东在长汀召开了钱粮师爷、老衙役等六种人参加的调查会,从而制定出打土豪、筹款的具体政策。同时,颁布了《告商人及知识分子》,规定了红军关于商人和城市的政策。1929年12月,在《古田会议决议》中提出从政治上、思想上改造革命军队中的流氓土匪成分和各种非无产阶级思想。1930年6月,在他主持的南阳会议上通过的《富农问题》和《流氓问题》决议,在中国革命史上第一次正确而深刻地解决了我党对富农和流氓的政策问题。

方方(1904—1971)

原名方思琼。广东省普宁县(今普宁市)洪阳镇西村人。1925年加入共青团,1926年春转为中国共产党党员。1930年,调闽西苏区工作,先后担任中共闽粤赣边区省委职工委员会书记、汀连县委书记、杭武县委书记、上杭中心县委书记兼杭永岩游击纵队政委、福建省委常委兼宣传部长、军事部长、福建省委代理书记。参加了中央苏区第二、三、四次反"围剿"。中央红军长征后在闽西南坚持三年游击战争。1937年至1942年,先后任闽粤赣边区省委(后改称闽西南潮梅特委)常委兼组织部长、闽粤赣边区省委书记、南方工作委员会书记。在这期间,积极贯彻执行党的抗日民族统一战线的方针,广泛争取一切可以团结的力量开展抗日救亡斗争。1943年6月,到延安中央党校学习,参加整风运动。1945年5月,出席党的第七次代表大会。1947年5月后历任中共中央香港分局书记、华南分局书记、第三书记,大力开展人民民主统一战线工作。新中国成立后,历任广东省人民政府副主席、中共中央统战部副部长、中华全国归国华侨联合会副主席等职。"文革"期间,受到残酷迫害,1971年9月21日含冤去世。

邓子恢(1896—1972)

又名邓绍箕。福建省龙岩县(今新罗区)东肖镇人。1917年赴日本留学,1918年回国。1925年参加革命,1926年加入中国共产党。1928年3月领导龙岩后田暴动,建立闽西第一支农民游击队,开始了创建闽西苏区的斗争。1929年4月任中共闽西临时特委书记。7月任闽西特委书记。1930年3月当选为闽西苏维埃政府主席,先后兼任中国工农红军第9军、12军和20军政委。1931年11月当选为中华苏维埃共和国临时中央政府财政部长,并兼任代理土地部长。1934年红军主力长征后在闽西南坚持三年游击战争,任中共苏区中央局委员、闽西南军政委员会副主席兼财政部长。抗日战争爆发前后,同闽西国民党当局达成和谈协议,实现了闽西南第二次国共合作。抗日战争时期,任新四军政治部副主任、主任兼江北指挥部政治部主任,津浦路东人民抗日联防办事处主任,新四军第四师政委,中共淮北区党委书记,领导开辟了皖东抗日根据地。1945年在中共"七大"上,当选为中共第七届中央委员。解放战争时期,任中共中央华中分局书记、华中军区政委、中共中央华东局副书记兼华东军区副政委、中原临时人民政府主席、中共中央中原局第三书记、第四野战军第二政委。新中国成立后,历任中共中央中南局第二书记,中南军区第二政委,中南军政委员会副主席,中南行政委员会副主席,中央人民政府国家计划委员会副主任,中共中央农村工作部部长,国务院副总理,全国政协副主席等职。1972年12月10日在北京逝世。

卢其中(1904—1931)

福建省永定县岐岭乡陈东大陂人。1922年到厦门集美师范读书,期间参加革命。1926年加入国民党。毕业后回乡开办平民夜校和国术馆。1927年8月脱离国民党加入中国共产党。随后奉命组建农军。1928年6月被选为永定暴动委员会委员,参与领导金丰暴动。1929年5月任永定县赤卫团团长,同年7月当选中共闽西特委委员。1929年夏,毛泽东在闽西养病期间,负责安全保卫工作。1930年2月任永定县苏维埃政府常委、军事委员会主任兼县赤卫团团长。此后历任中共闽西特委青年科科长、闽西红军独立第3团团长、红12军三团副团长、红21军第三纵队司令员等职,参加了创建闽西苏区和反"围剿"斗争。1931年6月,在虎岗因"肃社党"事件中被错杀。新中国成立后被追认为烈士。

卢肇西(1906—1931)

福建省永定县陈东乡大陂村人。1923年入厦门集美师范读书,1924年加入国民党并在永定湖雷建立国民党永定县临时党部。1926年冬加入中国共产党,随即回永定创建了中共金丰支部。1927年春参加国民革命军东路军的北伐行动。同年10月,参与创建中共永定县委,任中共永定县委委员、军委委员、县委常委。1928年6月参与领导永定农民暴动,任暴动副总指挥。1929年6月任中共闽西特委军委书记、红四军第四纵队八支队支队长,同年12月参加了著名的古田会议,任红四军四纵政治部主任。1930年3月,被选为闽西苏维埃政府执行委员。后任闽西红二十军军长兼第一纵队纵队长、红二十一军第三纵队纵队长,率部参加巩固扩大闽西革命根据地的斗争。同年11月,被选为闽粤赣边区革命委员会委员。后被派往上海,建立了由上海经潮汕到中央苏区的地下交通线。1931年8月在"肃社党"运动中被错杀。1945年中共七大时被追认为革命烈士。

李汉冲(1908—1972)

广东省梅县人。1932年7月,任国民党十九路军七十八师区寿年部上尉书记。1934年任国民党省保安第六团上尉副官。1936年12月,任国民党军九十五师上尉作战参谋、少校参谋。1944年后,任第四战区司令长官张发奎的随从高级参谋、参谋处少将处长、参谋处长。1946年夏,多次以国民党代表身份参加为解决中国共产党东江纵队北撤问题的和平谈判。1948年6月,任福建省政府主席。7月,任福建省第七区(龙岩)行政督察专员公署专员兼第三清剿指挥部指挥。上任后,通过新闻媒介发表治理闽西十大施政方案,调整闽西各县县长,制订《闽西土地改革计划》,实行减租减息,释放在押政治犯,积极做武装起义的准备。1949年5月23日,与傅柏翠、李汉冲等人率龙岩、永定、上杭、武平等县地方武装与省保安四团等官兵4000余人在上杭宣布起义,接受共产党的领导。新中国成立后,任广东省人民政府参事室参事、省林业厅副厅长兼森工局局长。1972年3月22日病逝于广州。

李觉民(1902—1970)

福建省永定县岐岭乡湖河村人。1921年进入厦门集美师范读书。在校期间,建立"星火社",出版《星火周刊》。1925年6月,任共青团厦门支部书记。1926年初,作为国共合作的国民党厦门市党部执行委员,赴广州出席国民党全国第二次代表大会,并加入了中国共产党。1926年5月,出席国民党福建省第一次代表大会,被选为省党部执委,并参加省党部工作。后来,在江西南昌市税务部门担任职员。新中国成立后回到家乡,1970年去世。

伍洪祥(1914—2005)

福建省上杭县泮境乡元康村人。1927年参加农会、工会活动。1928年11月加入共产党人领导的"铁血团"。1929年4月投身于闽西农民武装大暴动。1930年4月加入中国共产主义青年团,1932年10月转为中国共产党党员。1933年4月任少共粤赣省委宣传部部长。红军主力长征后,留在闽西坚持三年游击战争,历任红军独立第八团政治部主任、政委,闽西南军政委员会委员,闽西南第三作战分区政治部主任、政委。抗日战争时期,奉命留在闽粤赣边区,领导粤东、闽西军民开展抗日救亡运动,历任中共闽粤赣边省委青年部部长、韩江工委副书记兼组织部部长、梅县中心县委书记、永定中心县委书记。1945年4月出席党的七大。解放战争时期,历任华中野战军第八纵队副政委、第一师第三旅政委,华东野战军第四纵队第十二师政委,第三野战军第七兵团第二十三军六十九师师长、政委等职。新中国成立后,历任青年团福建省委书记,中共龙岩地委书记,福建省委组织部部长,福建省委副书记、书记,福建省副省长,中共福建省纪委书记,福建省第五届政协主席。2005年9月14日在福州逝世。

朱积垒(1905—1929)

福建省平和县九峰镇上坪村人。1923年就读于厦门集美学校师范部,在校期间积极投身学生运动。1926年3月,到广州第六期农民运动讲习所学习,同年6月加入中国共产党。10月受命以国民党中央农民部特派员的身份,随北伐军回到平和开展工农运动。1926年12月在上坪村组建中共平和支部,任书记。1927年1月中共闽南特委成立,任特委委员。大革命失败后转入农村开展农民运动,组织武装斗争。同年9月任中共平和县委书记兼县农民协会会长。1928年2月组建福建工农革命军独立第一团,任团长兼"平和暴动"委员会总指挥。3月8日率部攻打平和县城。暴动受挫后,率部转入平和西北山区开展游击战争,组建中国工农红军第二营,创建革命根据地。1928年8月,奉命赴广东大埔工作途中被捕。1929年4月在广东大埔县英勇就义。

朱曼平(1911—1985)

原名朱士熙。广东省惠阳县淡水镇洋塘围村人。1928年3月在香港加入中国共产党。1929年后在马来亚参加反帝活动。1932年回国后,到闽粤边游击区工作,历任闽南红军独立第三团宣传员、侦察员,边区反帝大同盟党团书记。1935年任中共靖和浦中心区委书记,1936年任漳州人民抗日义勇军指挥部政治部主任、中共闽粤边特委巡视员。1937年"漳浦事件"后,主持边区特委工作。1938年起历任中共漳州中心县委组织部长、漳州中心县委书记、闽南特委书记、闽粤边委书记,领导组织武装经济工作队,开展反顽自卫斗争,保存骨干,扭转闽西南革命困难局面。抗战胜利后,历任中共闽粤边临委副书记、闽粤赣边委副书记兼宣传部长,以及闽粤赣边区总队副政委、中国人民解放军闽粤边区纵队副政委。新中国成立后,历任中共潮汕地委书记,潮汕军分区政委,广东省交通厅第一副厅长,国家侨委副司长、司长、机关党委书记。1985年3月8日在北京逝世。

江董琴(1888—1933)

原名江栋卿。福建省永定县高头乡高北村人。1910年因参加反清革命事泄,只身逃往南洋,追随孙中山从事反帝反封建斗争。1923年任广东梅县县长。1924年参加国民党第一次全国代表大会。会后作为孙中山的代表,前往厦门筹建国民党福建省临时党部。1925年春,任国民党福建省临时党部执委会主任委员。同年年底,赴广州参加国民党第二次全国代表大会。1926年4月,任国民党福建省党部主席。同年7月任北伐东路军政治部主任。1927年"四一二"反革命政变后,到武汉参加左派国民政府,任汉口公安厅厅长,不久前往南昌任叶挺独立团政治部主任,参加了"八一"南昌起义的前期准备。1928年与邓演达联手创建中华革命党。1930年该党改组为"中国国民党临时行动委员会",江董琴担任中央委员。1933年11月,赴广州联络陈济棠参加"福建事变"时,被陈济棠部将缪培南杀害。

江德贤(1906—1930)

福建省永定县高头乡高北村人。1926年进入武昌中央军事政治学校学习,同年加入中国共产党。1927年参加"八一"南昌起义任排长,同年9月随军转战闽西,后奉命留在永定担任中共闽南特委(后为福建省委)永定交通联络站站长,负责闽西南和粤东党的联络工作。1928年6月参与领导闽西著名的永定暴动,担任暴动总指挥部委员。同年秋被派往厦门、漳州搞学运。1929年秋担任中共福建省委特派员,并被派往福建泉州一带恢复泉州党的组织工作。同年9月组建中共泉州特支,任书记,为泉州党组织的创建人之一。1930年4月在泉州被捕,后英勇就义于福州。

刘永生(1904—1984)

福建省上杭县稔田乡严坑村人。1927年参加农民运动,1928年6月加入中国共产党。土地革命战争时期,历任永定县赤卫队排长、红军独立营军事交通员、区委书记兼区苏维埃主席、永定县革命委员会军事部部长兼县赤卫大队大队长、福建省苏维埃执行委员、永定红军独立团团长、福建军区独立第8师第8团团长等职,参加了闽西苏区历次反"围剿"斗争。主力红军长征后,在闽西坚持三年游击战争,历任福建省军区永定独立团团长、红军独立第八师第八团团长、永东游击队司令员、闽西南抗日讨蒋军四支队队长。抗日战争时期,坚持在闽西开展抗日反顽自卫斗争,历任闽西南武装经济工作队队长、工作队总队长、王涛支队队长。解放战争时期,历任粤东游击支队支队长、闽西军分区司令员、闽粤赣边区游击总队总队长、中国人民解放军闽粤赣边区纵队司令员等职,率部解放了闽粤赣地区。新中国成立后,历任第三野战军第10兵团兼福建军区副司令员,福州军区副司令员兼福建省军区司令员,中共福建省委常委,省监察委员会主任,副省长、省人大常委会副主任。1955年被授予少将军衔。1984年1月7日,在福州逝世。

阮山(1888—1934)

又名阮德宽、阮守南。福建省永定县湖雷镇上南村人。早年毕业于福州法政大学,回乡后创办毓秀学堂,任校长。1924年,在广州加入国民党。同年夏回永定筹建国民党永定县党部。次年2月,永定临时党部成立,任负责人。1926年春加入中国共产党,随后任中共厦门特支书记,是中共厦门党组织的创始人之一。1927年大革命失败后,在永定任过支部书记、永定县委委员,积极组织农民运动。1928年6月参与领导永定农民暴动,任副总指挥,组建当地第一支游击队。1929年红四军入闽后,历任湖雷乡革命委员会主席、永定县革命委员会秘书长、县苏维埃主席兼财政委员会主席、中共闽西特委委员、闽西苏维埃执行委员、闽西工农革命委员会委员、新红十二军第三团团长等职。1930年筹建闽西工农银行,任行长。1932年调瑞金任中华苏维埃共和国中央政府教育人民委员部秘书长、社会教育局局长。参加了中央苏区历次反"围剿"斗争。1934年10月中央红军主力长征后,奉命留在中央苏区坚持斗争。同年冬,在长汀四都谢坊乡被叛徒杀害。

吴胜(1910—1936)

原名吴如升。福建省永定县湖雷乡石坑村人。1925年参加革命,1928年6月参加永定暴动,1929年5月任县赤卫大队班长、排长。1930年6月加入中国共产党。1930年5月后,历任红十二军一〇一团四连连长、福建军区汀连独立营营长、红九团团长。第五次反"围剿"期间率红九团配合东方军参加朋口战斗。主力红军长征后,率红九团留在闽西南坚持游击战争,任闽西南军政委员会委员、第二分区司令员兼红九团团长。1935年11月,在永定湖雷遭敌伏击受伤被捕。1936年1月20日在龙岩英勇就义,年仅27岁。

苏修武(1893—1980)

福建省永定县湖坑乡新南村人。早年在上海中国公学毕业后,曾任永定中学学监、代校长和永定县教育局长。1926年冬,参加北伐东路军。1931年进入报界,任汕头《星华日报》市闻编辑,五年后辞职回乡。抗战初期致力于桑梓教育事业,任南溪小学校长,利用自己的上层社会地位和声望,支持"白皮红心"工作。抗战胜利后,重返报界,任《星华日报》总编辑。国共和谈期间,积极宣传"双十协定"、"停战协定"和政治协商会议决议,反对国民党的独裁和内战的政策。解放战争时期,经常在报道和评论中改头换面的发表、引录新华社稿件,支持解放事业。1956年,担任永定县副县长,分管侨务,广泛团结海外侨胞、归侨、侨眷以及港澳同胞为祖国和家乡的建设贡献力量。1980年10月,在厦门病逝。

邱金声(1912—1939)

福建省龙岩县(今新罗区)曹溪乡月山村人。1927年参加秘密农会。1929年红四军入闽后,任少先队队长、县政治保卫队队员。翌年参加红十二军,历任班长、排长、连长、营长。1931年加入中国共产党。1934年4月,任工农红军第八团团长,率部深入敌后在漳(州)龙(岩)公路沿线开展游击战,配合中央红军反"围剿"。中央红军主力长征后,率领红八团坚持三年游击战,任闽西南军政委员会成立委员兼第三军分区司令员。抗日战争爆发后,随新四军第二支队北上抗日,任二支队三团副团长,在苏皖地区开展敌后游击战。因长期征战积劳成疾,于1939年2月26日在皖南太平县病逝。

邱织云(1909—1935)

原名丘天锦。福建省上杭县临江镇人。1926年冬参加筹建上杭县学生联合会。1929年参加工农红军,任红四军第二纵队政治部宣传科干事,随部转战闽西、赣南。1930年加入中国共产党,此后历任红四军第十一师政治部宣传科科长、红一军团政治部宣传科长,参加了中央苏区第一至五次反"围剿"。中央红军主力长征后,留在闽西南革命根据地坚持三年游击斗争,历任闽西南军政委员会委员、第三军分区政委。1935年9月,在华安与敌战斗中英勇牺牲。

陈云(1905—1996)

江苏青浦(今属上海市青浦区)人。在五四运动的影响下,开始接触并接受革命的民主思想和共产主义思想。1925年,加入中国共产党。1929年至1932年,历任中共江苏省委常委兼农委书记,上海闸北区委书记、法南区委书记,江苏省委书记,中央特科书记,中共临时中央成员、常委,全国总工会党团书记等职。1934年在中共六届五中全会上,被选为中央政治局委员、常委,兼任白区工作部部长。红军长征途中,任红五军团中央代表、军委纵队政委、渡河司令部政委等职。1935年9月,到莫斯科参加中共驻共产国际代表团的工作。1937年4月回国后担任中共中央驻新疆代表,10月底回延安担任中央组织部部长。1944年3月,改任西北财经办事处副主任兼政治部主任。1945年6月在中共七届一中全会上,继续当选为中央政治局委员。抗日战争胜利后,参加和领导了东北解放战争,担任过中共中央北满分局书记兼北满军区政委、东北局副书记兼东北民主联军副政委、南满分局书记兼辽东军区政委、东北军区副政委、东北财政经济委员会主任、沈阳特别市军事管制委员会主任等职。新中国成立以后,担任中央人民政府委员、政务院副总理兼财政经济委员会主任,中共中央书记处书记,国务院副总理、中共中央副主席、中央财经领导小组组长等职,长期主持全国财政经济工作。在十一届三中全会上,当选为中央政治局委员、常委、中央副主席,同时被选为中央纪律检查委员会第一书记。1995年4月10日在北京逝世。

陈正(1905—1931)

原名陈成都。福建省永定县下洋乡古洋村人。早年在厦门集美学校师范部读书期间与卢肇西等人组织成立"晨钟"社,出版《钟声》杂志,传播新文化、新思想。1924年毕业后回乡创办"下洋公学",任教务长。1926年冬加入中国共产党,任中共金丰支部委员、书记。1927年10月,当选中共永定县委委员,分管组织工作。1928年6月,参与领导了"永定暴动"。同年11月,任中共永定县委书记。1930年3月,当选为闽西苏维埃政府执行委员兼文化部长。随后担任中国工农红军第九军(后改称红十二军)政治部主任、红二十一军政治部主任,11月改任闽西苏维埃政府财政部长,参加了创建闽西苏区的斗争和中央苏区第一次反"围剿"作战。1931年4月,在"肃社党"事件中被错杀,年仅26岁。

陈明(1902—1941)

福建省龙岩县(今新罗区)东肖镇龙聚坑人。早年与邓子恢等发起创办"奇山书社"和《岩声》报。1926年10月加入中国共产党。国民革命军北伐时任东路军政治部组织科长。1927年"四一二"反革命政变后在厦门秘密建立联络站,联系失散党员,组建中共闽南临时特委。同年12月,在漳州主持召开闽南、闽北党组织联席会议,成立中共福建临时省委,任临时省委书记。1928年4月在漳州被国民党新军阀张贞逮捕,在狱中秘密发展党员,建立地下支部,9月成功越狱。1929年春赴苏联莫斯科东方大学学习。1931年冬学成回到厦门工作。1932年4月回到闽西苏区,担任福建军区宣传部长、红军总政治部宣传科长、红军大学政治、军事理论教员,参加了中央苏区的反"围剿"作战和长征。抗日战争时期,任八路军一一五师宣传部长,参与创建山东抗日根据地的领导工作,历任中共中央山东分局高级党校副校长、中共山东分局政府工作部部长、山东省战工会副主任兼秘书长。1941年11月30日,在沂蒙山区与敌作战中为掩护战友壮烈牺牲。

陈子彬(1910—1996)

原名陈庆隆。福建省龙岩县(今新罗区)湖邦考塘村人。1926年5月加入中国共产党。1927年春任中共龙岩县总支书记,领导龙岩县农民运动。1929年4月赴马来亚,并加入马共外围组织槟城反帝大同盟。1940年回国参加抗日救亡工作。1945年12月加入中国民主建国会。抗日战争胜利后,回马来亚任吉打州鲁乃华民学校校长、吡叻州谷都牙育群学校教务主任。1949年8月回国后参加接管广州的教导营。新中国成立后,历任广东省华侨委员会科长、民建广东省委主任委员、广东省人大常委会副秘书长、广东省侨委副主任、广东省第六届政协副主席等职。1996年2月,在广州逝世。

陈国华(1904—1928)

福建省龙岩县(今新罗区)曹溪乡中甲村人。早年在厦门集美师范部学习,参加"新龙岩季刊社",积极参加学生爱国民主运动。1924年加入国民党左派组织。1925年秋回到漳平参与改组国民党漳平县党部。1926年夏秋间赴龙岩为迎接北伐军做了大量工作。1927年1月加入中国共产党,同年4月被捕入狱,8月被营救出狱,12月当选中共龙岩临时县委委员。1928年3月,与郭滴人、邓子恢等人领导了后田农民武装暴动。1928年7月在龙岩被新军阀陈国辉的暗探逮捕。在狱中坚贞不屈,同年8月在漳平县城北门外英勇就义。

陈康容(1915—1940)

原名月容,又名陈亚莹。福建省永定县岐岭乡人。1915年在缅甸出生,1930年随父回国,厦门集美中学毕业后,考入厦门大学,同时加入中国共产党。"七七"事变后,回到闽西,参加闽西南军政委员会干训班学习,担任部队文化教员。1938年派往永和靖县委工作,分配在岐岭乡以小学教员身份作掩护,积极领导群众开展抗日救亡运动。1940年8月因叛徒出卖被捕,9月17日在永定抚市英勇就义。

张楷(1898—1927)

原名张维楷。福建省永定县洪山乡大连村黄竹塘人。1921年就读于厦门集美师范,同时参加国民党。不久,回上杭创办上杭公学,任校长。1926年10月,北伐军东路军入闽,积极协助奉劝谢秉琼策动驻杭军阀曹万顺率部起义。12月,任上杭县国民党党部执委、宣传部长,组建工会、农会、商会、学生会、妇女会,推动上杭的国民革命运动。1927年1月,联合汀属各县党部通电反对国民党派反共右派分子康子常为"汀属政治监察署"监察员,要求改派谢秉琼为监察员,林心尧为秘书。2月,协助汀属政治监察署召开"长杭武永四县党部及民众团体联席会议"工作。1927年5月7日,被国民党右派杀害,是大革命中牺牲的闽西第一个革命烈士。

张云逸(1892—1974)

原名张运镒,又名张胜之。广东文昌(今属海南省)头苑区造福乡上僚村人。早年加入中国同盟会,1926年加入中国共产党。参加过北伐战争。大革命失败后,在广州、香港做党的秘密工作。1929年参与领导百色起义,任中国工农红军第七军军长。1931年3月率部进入湘赣苏区。后任中央革命军事委员会副参谋长兼作战局局长、粤赣军区司令员、红军总司令部和红一方面军司令部副参谋长兼作战部部长。1933年"福建事变"后,以苏维埃临时中央政府代表身份与对方代表共同签订了《闽西边界及交通条约》。1934年10月参加长征。1936年12月任中央革命军事委员会委员。后受中共中央派遣,在国民党上层军政人员中做抗日民族统一战线的工作。抗日战争时期,任新四军参谋长兼第三支队司令员、新四军江北指挥部指挥、新四军副军长兼第二师师长。解放战争时期,任山东军区副司令员、司令员,华东军区副司令员,华东军政大学校长。新中国成立后,曾任中共广西壮族自治区党委书记、广西壮族自治区人民政府主席、广西军区司令员兼政治委员、中南行政委员会副主席、中共中央监察委员会副书记等职。1955年被授予大将军衔。1974年11月19日病逝于北京。

张旭高(1903—1944)

又名张昭明。福建省龙岩县(今新罗区)曹溪乡董邦村人。1924年在集美学校参加组织龙岩留学集美学生会和新龙岩季刊社,出版《新龙岩》刊物。1926年底回岩参加革命,任岩平宁政治监察署专员,开办岩平宁宣传人员养成所,任所长兼教员。龙岩"四一五"事变后,遭到通缉,转至漳州、厦门并加入中国共产党,担任平和县委书记,后参与组织领导平和暴动。暴动失利后转去上海。1930年南渡菲律宾执教,向学生传播爱国主义思想,介绍不少学生回延安参加革命。抗日战争爆发后,倡导组织华侨文化界抗日救国会,设立青年战时服务团,在华侨界掀起抗日高潮。1943年9月曾被俘获,因未暴露身份而获释。1944年1月被日军暗杀。

张思垣(1905—1938)

福建省上杭县旧县乡水东村人。1929年8月参加赤卫队,同年冬,加入中国共产党。1930年11月当选蓬船工会委员长,领导基层工会工作。1932年春,当选为福建省总工会委员长。在汀州市创造了国有企业、集体合作社、私营工商业三种并存的苏维埃经济模式,为中央苏区经济建设做出了重大贡献。同年3月,在福建省第一次工农兵代表大会上被选为福建省苏维埃政府执行委员会委员,并任省苏维埃政府副主席兼劳动部部长。中央主力红军长征后,在闽西南坚持三年游击战争,任杭代县军政委员会副主席、闽西南军政委员会委员。新四军队二支队北上抗日后,继续留在闽西坚持游击斗争。1938年6月6日,在上杭县中都河坑被反动民团抓捕杀害。

张鼎丞(1898—1981)

原名福仁。福建省永定县金砂乡西田村人。大革命时期在家乡参加了青年运动和农民运动。1927年6月加入中国共产党。1928年领导了永定农民武装暴动。曾任中共永定县委常委兼农民运动委员,中共闽西临时特委组织部长,闽西暴动委员会副总指挥,红军营长、团长等职。1929年5月,率部配合红四军入闽作战,被推选为永定县革命委员会主席。7月任中共闽西特委军委书记。8月任红四军第四纵队党代表。12月参加古田会议后,率部转战赣南。1930年6月,当选为闽西苏维埃政府主席。1931年11月,当选为中华苏维埃共和国临时中央政府执行委员会委员、土地部长。1932年3月,当选为福建省苏维埃政府主席。中央红军主力长征后,留在闽西地区坚持游击战争,任中央分局委员、闽西南军政委员会主席。西安事变后,领导开展闽西南的国共谈判。抗日战争爆发后,任新四军第二支队司令员,率部北上抗日,在苏南战场沉重地打击了日本侵略者。1939年6月到延安,入中央党校学习。1941年任新四军第七师师长。在中共七大上当选为中央委员。解放战争时期,先后担任华中军区司令员、中共中央华东局常委兼组织部长,领导广大军民英勇作战,剿匪反霸,培养干部,恢复和发展生产,为华中、华东根据地的开辟和建设以及彻底推翻国民党的反动统治做出了卓越的贡献。新中国成立后,任中共福建省委书记兼省人民政府主席、省军区政治委员,中共中央华东局第四书记,华东军政委员会主席,华东行政委员会副主席兼政法委员会主任,中共中央组织部第一副部长,最高人民检察院检察长,全国人大常委会副委员长等职。1981年12月16日在北京病逝。

林心尧(1905—1927)

福建省永定县虎岗乡灌洋村人。1921年考入厦门集美师范学习,参与创办《星火周报》刊物。1925年加入国民党,创立国民党永定县党部。1926年3月加入中国共产党。同年夏受命回闽西,和阮山等人建立中共永定支部,后又参与建立中共上杭支部。同年10月北伐军克复永定后,历任汀属政治监察署秘书、闽西八县社会运动人员养成所筹委会主任,同时担任中共上杭支部书记。1927年1月,任汀属八县政治监察署秘书。同年3月,兼任养成所筹委会主任,为闽西各县培养了大批农民运动骨干。1927年5月8日,在武平县万安被捕后被国民党右派杀害。

林仲堪(?—1928)

福建省闽侯县人。中学毕业后到漳平县任教。1925年10月加入中国共产党,任中共永福小组组长。1926年3月组建中共漳平支部并任书记。同年10月参与筹建国民党漳平县党部,随后以国民党左派身份宣传孙中山的革命主张,举办农民夜校培养干部、发展党员,发动农民群众开展减租减税斗争,组织社会各界迎接北伐军入闽。大革命失败后,仍然在永福一带坚持革命斗争。1928年9月中旬,在永福被捕,20日在龙岩北门后山上被国民党杀害。

范元辉(1903—1986)

福建省永县金砂乡古木督人。1927年加入共青团,并加入农民秘密武装组织"铁血团"。1928年2月加入中国共产党。6月,率本村青年参加永定暴动。1929年3月在长汀参加红四军,任军政治部宣传员、收发股长。8月调回永定,任溪南区常备队党代表、县苏维埃政府文书等。1934年中央主力红军长征后,随张鼎丞等坚持三年游击战争。1938年新四军二支队北上抗日后,继续留在闽西坚持抗日救亡斗争,担任中共闽粤赣边省委文书、永定县委特派员、闽西南经济工作总队政委。解放战争时期,历任中共闽粤赣边区党委委员、闽西地委书记兼闽西支队政委,为闽粤边区解放做出了重要贡献。新中国成立后,历任中共福建第八地委书记、第八军分区政委、中共龙岩地委书记、省委组织部副部长、省委委员、永定县委书记、三明地委副书记兼组织部长、三明市委副书记兼监委书记。1986年7月,病逝于三明。

范乐春(1903—1941)

福建省永定县金砂乡古木督村人。1927年参加革命。1928年6月,参加"永定暴动"。1929年5月加入中国共产党,任永定县溪南区妇联主席。同年10月,任永定县妇联主席。1930年2月,任永定县苏维埃执行委员,主管青年和妇女工作。同年9月,当选为闽西苏维埃政府执行委员、妇女部部长、中共闽西特委委员。1931年任永定县苏维埃政府主席。11月在中华苏维埃第一次全国代表大会上被选为中华苏维埃共和国唯一的女中央执行委员。此后历任永定县委书记、省苏维埃政府执委、土地部部长、省改善妇女委员会主席、省工农检察委员会主席和省苏维埃政府土地部长。1933年秋,调任中华苏维埃共和国中央临时政府优待红军局局长。1934年中央主力红军长征后,在闽西南坚持游击战争,任闽西南军政委员会委员兼妇女部长。1938年3月,新四军二支队北上抗日后,继续留在闽西坚持抗日救亡斗争,任中共闽西南潮梅特委常委兼妇女部长,并兼永定县委组织部长和二支队永定"留守处"负责人。因积劳成疾,1941年5月在永定西溪病逝。

罗明(1909—1987)

又名罗善培。广东省大埔县平原乡岩霞村人。1921年考入厦门集美学校师范部读书,在集美成立国民党左派组织。1925年考入中山大学,同年9月参加中国共产党。1926年5月,任中共潮梅地委书记,并主办"东江农工运动人员养成所"。1928年,任中共闽南特委书记,并举办"漳州工农运动讲习所",期间代表中共闽南特委前往闽西迎接南昌起义军,并领导成立中共福建临时省委,任省委宣传部长、代理书记。后被派往中央苏区工作。1931年后任中共闽粤赣特委组织部长,福建省委代理书记、书记。1933年被作为"罗明路线"的代表遭到王明"左"倾冒险主义的错误批判。后调到瑞金中央党校任教育处长。1934年10月参加长征到遵义后,因受伤留在贵阳工作。后与党组织失去联系,于1936年冬返回家乡。抗日战争时期,在大埔做了大量抗日救亡工作。新中国成立后,历任南方大学副校长、广东民族学院院长、广东省民族事务委员会主任、省政协副主席、省人大常委会副主任、全国政协常委等职。1987年4月28日在广州病逝。

罗大准(？—1929)

福建省上杭县临江镇(城关)人。早年考入厦门集美学校求学,期间接受民主革命思想。1924年夏加入国民党,成为上杭第一批国民党党员。1926年12月加入中国共产党,参与组建中共上杭支部,发动工农群众配合北伐军进驻上杭。1927年2月,被东路军政治部委任为国民党上杭县党部筹备委员会委员,负责筹建新的县党部。上杭五七"清党"事变后,转移到农村继续开展革命活动。1929年红四军入闽后,参与领导农民武装暴动。同年6月参加工农红军,任红四军第二纵队政治干部,随部转战闽西各地,此后失去音讯。新中国成立后,人民政府追认罗大准为革命烈士。

罗秋天(1902—1987)

原名筹添,又名若雪。广东省大埔县双溪和村人。1925年6月在广东大学加入中国共产党,参与省港大罢工的斗争。1926年2月转学到厦门大学,成立厦门第一个党支部,并兼任共青团厦门特别支部书记,参与发展厦门地区的党团组织。同年6月重返广东大学,兼任中华全国总工会宣教委员会主任。1927年1月,调任中共闽南特委组织委员、中共厦门市委第一书记,领导厦门地区革命斗争。6月,奉命到永定县金砂小学以教员身份作掩护,在下洋等地发展党组织。10月,任中共永定县委书记。1928年6月,参与领导永定农民暴动。1929年,因受到大埔国民政府通缉搜捕而脱党,出国到吉隆坡中华学校教书。1950年回到广州,先后任《联合报》编辑室主任、《广州日报》资料组组长、广州市第21中学校长。1960年调广东师范学院图书馆工作。1987年4月,在广州病逝。

罗忠毅(1907—1941)

湖北省襄阳县人。早年参加进步学生运动。1931年12月参加宁都起义,加入中国工农红军,先后任红五军团士兵委员会主任、连长、营长、团长、师参谋长等职。1932年加入中国共产党。1933年后,调任福建军区任军分区司令员,率部参加中央苏区第四、第五次反"围剿"作战。中央红军主力长征后奉命留在闽西南坚持斗争,任福建军区第三分区副司令员兼参谋长、闽西军政委员会委员兼第一作战分区司令员,率明光独立营在(龙)岩、连(城)宁(化)地区建立起游击根据地。抗日战争全面爆发后,任新四军第二支队参谋长、江南指挥部参谋长,参与创建以茅山为中心的苏南抗日根据地。皖南事变后,任新四军第六师参谋长兼十六旅旅长,率部转战于句容、丹阳、武进、溧水地区。1941年11月28日,在江苏溧阳县塘马地区与日军进行的一场血战中牺牲。

郑丰稔(1873—1953)

福建省龙岩县(今新罗区)龙门镇赤水村人。1913年后历任福建省议员、副议长、高等审判厅厅长、代议长等职。袁世凯称帝后,响应孙中山号召,写《讨袁氏檄文》,后遭通缉。1932年流寓厦门,先后在大同中学、厦门大学执教。抗日战争爆发后,支持共产党提出的"停止内战,联合抗日"的主张,呼吁闽西国共两党和谈并居中调停。新中国成立后,任福建省文史馆馆员。1953年病逝于厦门。

郑日晖(1904—1981)

又名望月。福建省龙岩县(今新罗区)红坊乡东埔村人。早年考入厦门集美师范学校后,参与龙岩留集美学生会创办进步会刊《到民间去》。集美师范学校毕业后南渡苏门答腊任教。1927年回到龙岩,任岩平宁政治监察署宣传员。龙岩"四一五"事件后被捕。8月出狱后重返苏岛任教,先后兼任龙岩旅苏同乡会棉兰分会、旅苏同乡总会执委、主席等。抗日战争胜利后,加入胡愈之组织的华侨总会,当选为印尼苏北省文教工会文教部主任。1952年回乡定居,前后任华侨中学校长、县华侨联合会副主席、全国侨联委员、福建省政协委员、龙岩县副县长。1981年1月30日病逝。

练惕生(1898—1967)

又名警兴、文勋。福建省武平县岩前城练屋人。1922年云南陆军讲武学堂毕业。1926年任国民革命军第四军教导团营副。1927年赴香港、新加坡。1929年回国后历任粤军一五七师参谋处长、团长、旅长。1936年冬,率军移驻龙岩。1937年5月,与中共闽西代表积极和谈,并签订停止内战的协议。七七事变后,率部开赴厦门并兼任厦门警备司令部参谋长。1938年1月,率部移驻潮汕,升为一五七师副师长。一五七师改属六十二军建制后晋升为中将副军长。1945年8月,赴越南河内接收日军投降。12月,又奉命去台湾接收日军投降。1946年夏,奉命北上秦皇岛参加"剿共"。1947年自请退役,回到广东。1949年4月底,任龙岩专员兼保安司令。5月22日,与傅柏翠、李汉冲发出起义通电,宣布闽西4县脱离蒋介石政权,成立人民解放军闽西义勇军,任副司令员。1950年10月后,先后担任中国农工民主党中央委员、农工民主党福建支部主任委员、福建省人民政府委员、福建省体育运动委员会主任、福建省人民政治协商会议副主席等职。1967年1月13日,在福州逝世。

胡文虎(1882—1954)

福建省永定县下洋镇中川村人。1882年1月16日生于缅甸仰光,东南亚著名企业家及慈善家。早年与弟胡文豹合创虎标万金油,被称为"万金油大王"。从1929年起在星、马、港一带创办星系报纸,被誉为"报业巨子"。1930年,向国民政府提出捐资350万元,在全国兴办1000所小学。抗日战争期间,积极支援祖国抗日,先后义捐(包括认购"抗日救国公债")总数超过300万元。他还出钱组织华侨救护队,直接回国参加抢救伤兵工作。1941年秋,到重庆出席参政会议,受到蒋介石接见。抗战胜利后,为了建设家乡,于1946年秋在新加坡发起组织"福建经济建设服务有限公司",亲自担任筹备委员会主任,准备经营金融、交通、工业、矿产以及茶叶、水果等土特产。他是爱国侨领,在华侨界和国内都享有崇高声望,曾历任国民政府侨务委员会委员、国民参政会参政员、福建省建设委员、香港客属崇正总会会长、南洋客属总会会长、永定侨育中学董事长等职务。1954年9月5日,在美国檀香山病逝。

胡兆祥(1901—1975)

原名陶皆。福建省永定县下洋镇中川村人。毕业于上海政法大学。20年代末,曾任福建省东山县和华安县县长。后赴南洋,任马来亚槟城虎标永安堂经理。30年代初回国,任汕头、福州虎标永安堂经理,后被选为福建省商会联合会主席。1935年后,兼任胡文虎捐建福建省300所小学建筑委员会副主任。1937年,任国民参政会参政员。1938年出席重庆的国民参政会。1946年出任福建省政府顾问。1947年,任汕头虎标永安堂经理。1975年在马来亚怡保病故。

胡守愚(?—1950)

福建省永定县下洋镇人。早年在上海暨南大学就读时被选为暨大学生会主席。1935年被胡文虎招聘为新加坡《星中日报》主笔。在新加坡期间,经常在《星中日报》和《星洲日报》撰文,宣传抗日救国。1938年初,回国参加范长江组织的"战地记者访问团",先后采访了台儿庄大战和徐州会战,前往陕甘宁边区采访,撰写了大量真实报道边区情况的通讯,发往新加坡。抗战期间,参加了"中国民主同盟",并在首届全国代表大会上当选为民盟中央委员。1946年4月,以中国民主同盟南方总部代表的身份在新加坡成立了中国民主同盟新加坡办事处。1950年病逝。

郭滴人(1907—1936)

原名郭尚宾。福建省龙岩县(今新罗区)龙门镇湖洋村人。1926年在广州农讲所学习并加入中国共产党。毕业后以国民党中央农民部特派员身份,到北伐军东路军总政治部工作。10月,随军回岩,在福建汀漳龙办事处岩平宁分处工作。1927年1月任中共龙岩县支部组织委员,8月兼任国民党龙岩县党部组织委员。1928年3月,参与组织领导龙岩后田暴动。后任中共龙岩县委书记、中共闽西特委委员、闽西苏维埃政府主席、中共闽西特委书记、中共闽粤赣边特委宣传部长。1931年11月,担任国家政治保卫局福建分局长。1932年3月,被选为福建苏维埃政府执行委员,并任文化部长。不久,被选为中共福建省委常委。10月后先后任省委组织部长、宣传部长和地方工作部部长。1933年任福建军区独立第八师政委,5月任红十九军五十七师政委。后调任福建军区政治宣传部部长。1934年4月入中央党校学习。10月参加长征。1935年10月到达陕北任中共陕西省委宣传部长。1936年任中共中央组织部干部科科长。同年11月18日病逝于陕北保安县。

段奋夫(1905—1931)

原名段浩。福建省长汀县城关人。1924年毕业于省立第七中学(今长汀一中)。1927年加入中国共产党。1927年在南昌起义军帮助下组建长汀党组织,先后担任中共长汀支部书记、长汀特别支部书记、长汀临时县委书记。1929年3月红四军入闽后,担任中共长汀县委书记。1929年11月领导古城暴动,1930年2月19日领导四都暴动,组建苏维埃政府和红军赤卫队。同年3月当选为闽西苏维埃政府执行委员。1930年10月任汀连县委书记兼汀连县苏维埃政府主席。1931年7月,在"肃清社会民主党"运动中在永定虎岗被错杀。

黄火星(1909—1971)

曾用名黄火生。江西省抚州市乐安县姚家村人。1930年参加景德镇工人暴动。1931年加入中国共产党。参加了赣东北苏区的反"围剿"斗争。1933年1月随红十军进入中央苏区,后任红军第十一军三十二师九十五团政治委员,红军学校上级干部队总支副书记,福建军区第三军分区政治委员兼政治部主任,中共清流县委书记,归化(今明溪)警备区政治委员兼司令员、政治部主任。参加了中央苏区第四、五次反"围剿"。1934年10月中央红军主力长征后,留在闽西地区坚持斗争,先后任闽西南军政委员会委员,中共永定县委书记兼独立营政治委员,闽西南抗日游击队第二纵队政治委员兼纵队长、第五支队政治委员,闽西南军政委员会政治部代理主任,闽西人民抗日义勇军第一支队政训处主任等职。抗日战争初期,任新四军第二支队第三团团长。皖南事变后,任新四军第七师第十九旅五十五团政治委员,师政治部副主任、代理主任,含和支队政治委员,第十九旅政治委员,参加了开辟和发展皖江抗日根据地的斗争。解放战争时期先后任华中野战军第七纵队政治部主任、华东野战军第七纵队副政治委员、第三野战军第二十五军政治委员、第二十九军政治委员,率部参加解放华东的多次重要战役战斗。新中国成立后,历任中国人民解放军第十兵团兼福建军区政治部主任,兼厦门军事管制委员会主任,江苏军区第二政治委员,中国人民解放军总政治部军事检察院检察长,中华人民共和国最高人民检察院副检察长兼军事检察院检察长兼中央军委总直属政治部主任等职。1955年被授予中将军衔。1971年4月27日因病在北京逝世。

黄亚光(1901—1993)

福建省长汀县汀州镇人。早年就读于台湾大学,毕业后在省立长汀第七中学任教。1927年8月加入中国共产党,在长汀从事党的地下工作,历任长汀县委宣传部长、汀连县苏维埃政府秘书长、县委书记、苏维埃中央政府总务厅文书、出版处处长、中华苏维埃国家银行调查处处长等职。1934年参加长征。到达陕北后,先后任中央财政部主任秘书,建设厅、财政厅副厅长,陕甘宁边区银行副行长、行长,西北农民银行行长等职,为建立和巩固苏区经济和边区财政、金融事业做出重要贡献。新中国成立后,历任中国人民银行西北区行行长,中国人民银行总行副行长,福建省第三届政协副主席、省革委会副主任、省委书记处书记等职。当选为第四届全国人大代表。1993年4月1在福州逝世。

曹万顺(1891—?)

河北省藁城周家庄人。原为福建都督李厚基的部属。1926年10月8日在广东蕉岭通电,率部参加革命,投奔国民政府。后任国民革命军第十七军军长,率部参加北伐。1928年7月,任国民革命军第十一师师长。1929年,调任新编第一师师长。1931年6月,调任国民党军事参议院中将参议。1936年11月,奉命以中将军衔退役,结束行伍生涯。后在天津赋闲至去世。

路易·艾黎(1897—1987)

新西兰人。1927年来到中国。30年代,加入上海马克思主义学习小组,支援中国共产党的地下斗争。抗日战争爆发后,和斯诺夫妇等中外友人发起"工合"运动,组织各种工业合作社,有力地支援了抗战。1942年以后,在甘肃省山丹县创办了以手脑并用、创造分析、理论联系实际为办学宗旨的培黎工艺学校,吸收劳动人民子弟,为新中国培养了一批能吃苦、讲实干的技术人才。新中国成立后,致力于维护世界和平与各国人民友好事业,为发展中国人民同新西兰及各国人民间的友谊、增进各国人民对中国社会主义建设成就的了解,做出了重要贡献,曾受到党和国家领导人毛泽东、周恩来、邓小平、宋庆龄、邓颖超等的亲切会见。1987年12月逝世。

傅柏翠(1896—1993)

　　福建省上杭县蛟洋乡蛟洋村人。1914年加入中华革命党,参加同盟会。1914年到日本留学,1917年毕业于日本东京法政大学。1927年8月加入中国共产党。1928年6月,领导蛟洋农民武装暴动。后任中国工农红军闽西第七军第十九师第五十五团团长、红四军第四纵队司令员、政治委员、闽西苏维埃政府执行委员兼财政经济部部长。1930年被开除中共党籍后,在古蛟一带拥兵自重,建立"独立王国"。抗日战争时期先后任国民党政府永定县县长、福建省保安第十一团代理团长、宁化县县长、福建省参议员。解放战争时期,参与组织国民党闽西地方军政人员武装反蒋起义,任闽西义勇军临时行动委员会主任委员,配合人民解放军解放闽西。后任中国人民解放军闽粤赣边区纵队司令部高级参谋。新中国成立后,历任福建省人民政府人民法院院长、省政府委员,福建省文史馆副馆长、馆长,福建省第四届政协常委,第三、四、六届全国政协委员,中国国民党革命委员会福建分会副主任委员、主任委员,福建省人民代表大会第五届常务委员会副主任,中国国民党革命委员会中央常务委员会顾问。1986年1月重新加入中国共产党。1993年1月30日在福州逝世。

温仰春(1904—1981)

　　广东省大埔县人。1924年参加革命。1926年加入中国共产党。1927年后,先后任埔东革命委员会主席、工农革命军饶和埔独立支队党代表、饶和埔诏4县游击队党代表、东江红军第四十八团政治委员、中共闽粤边特委委员,参加领导了闽粤边区的游击战争。1930年进入闽西苏区,先后任永定县苏维埃秘书长、闽西苏维埃秘书长、福建省苏维埃秘书长、福建军区政治部秘书长、闽西南军政委员会秘书长等职。参加了中央苏区历次反"围剿"斗争和三年游击战争。抗日战争和解放战争时期,先后任新四军第二支队、中共中央东南分局秘书长,中共赣东北特委组织部部长,中共苏北盐(城)阜(宁)区委书记,中共中央华中局党校副书记兼组织部部长,华东局党校副校长,华东南下干部纵队政治委员,华东人民革命大学副校长、党委副书记。中华人民共和国成立后,任中共中央华东局组织部副部长,华东纺织工学院院长。1981年5月24日在上海逝世。

谢再发(1904—1941)

原名谢光辉。福建省龙岩县(今新罗区)适中乡洋邦村人。1929年参加厦门大破狱的接应工作。1932年,任国民革命军十九路军营长,驻扎适中,并同共产党建立联系。"福建事变"失败后,将所部编成抗日义勇军。1934年8月赴香港。1937年春回乡,利用和国民党的关系,从中促进闽西国共两党和谈。同年6月,陪同红九团政委谢育才去漳州与粤军一五七师师长黄涛接谈;7月,又陪同邓子恢在岩城与四六九旅旅长练惕生谈判,力促合作抗日。1941年遭国民党顽固派杀害。新中国成立后被追认为革命烈士。

谢宝萱(1907—1928)

福建省龙岩县(今新罗区)适中乡中心村人。龙岩早期工农运动的重要组织者和领导者之一。青年时期在厦门集美商科学校求学期间积极参加学生爱国民主运动。1925年加入国民党,并利用假期回乡办平民学校,宣传革命道理。1926年乘北伐军进军龙岩的有利时机,组建国民党龙岩县党部,发动群众支持北伐军。1927年1月,加入中国共产党。同年四一五龙岩"清党"反共事件后,在农村坚持斗争,建立公开农会、秘密农会、中共党支部三位一体的农村基层组织,发动农民进行减租减息和合理摊派公路捐及各种杂税斗争。同年9月国民党龙岩县党部恢复后,任宣传委员。11月,县党部解散后转入农村秘密活动。1928年7月不幸被捕,在狱中组织难友开展绝食斗争,并积极筹划越狱。同年8月在漳平县城北门外英勇就义。

谢育才(1904—1977)

化名胡贤。海南省万宁县龙滚镇文渊村人。1926年加入中国共产党。曾任中共琼崖特委委员、常委,中共万宁县委书记。1931年8月被派往中央苏区,先后任闽西红军独立第七师任参谋长兼第五团团长、政委,福建军区后方政治部主任,福建军区政治部组织部部长,福建军区第二军分区政委,中共福建省委常委组织部长等职。中央红军主力长征后,任闽西南军政委员会委员,在闽西坚持三年游击战争。1937年6月,以闽西南军政委员代表的身份与粤军及国民党当局谈判。8月,任闽西人民抗日义勇军第一支队支队长。1938年2月后,任中共闽粤赣潮梅特委副书记兼组织部长、新四军第二支队驻龙岩留守处主任。1939年秋至1940年冬,领导闽西保田斗争。后任中共江西省委书记。解放战争时期,任河南军区许昌军分区司令员,后又兼郑(州)洛(阳)警备区司令员。1949年随军南下,任广东省支前司令部参谋长。新中国成立后,为汕头市首任市长、市委委员和海南农垦局局长兼党组书记等职务。"文革"时期遭受迫害,1977年3月15日含冤病逝。

谢秉琼(1899—1930)

福建省武平县万安乡下镇村人。1924年在上海大学加入中国共产党。1925年到广州,出任国民政府劳工部秘书、中共福建会馆支部书记。同年12月,在中山大学创办《汀雷》杂志,并被推为主编。1926年被中共两广区委派遣回到闽西,一面开展党的工作,一面协助策动北洋军曹万顺反正。1927年2月任汀属八县政治监察署专员。3月创办汀属八县社会运动人员养成所,并任所长。国民党右派背叛革命后,逃亡武汉。1927冬从武汉来到漳州,任国民党龙溪县党部主办的《漳潮日报》总编辑。1930年4月病逝于厦门。

谢景德(1904—1930)

又名谢汉秋、谢耀辉,福建省龙岩县(今新罗区)适中乡中心村人。早年就读于厦门集美学校,在学校与岩籍同校学生创办学生会刊《到民间去》。毕业后留校任教,期间加入共产主义青年团和国民党左派组织。1926年4月加入中国共产党。同年底受党的派遣,以国民党省党部特派员身份,回到龙岩开展农民运动,担任国民党岩平宁政治监察署秘书兼组织委员。1927年4月国民党右派发动反革命政变后,前往武汉继续从事革命活动。1927年8月上旬被中央派到闽南工作。1928年秋当选中共福建省委常委。1929年1月任福建职工运动委员会主席。5月被选为中共福建省委常委、组织部长。1929年10月以福建省委特派员的身份在红四军司令部任联络员。同年12月参加古田会议。1930年5月领导厦门破狱斗争。8月,任中共福建省总行动委员会常委兼组织部长。1930年11月2日在厦门病逝。

曾牧村(1901—1931)

原名曾杏春。福建省永定县下洋镇太平寨人。早年在厦门集美师范读书时开始参加革命活动,期间回乡创办下洋公学。1926年冬加入中国共产党,参与创建金丰支部。1927年"四一二"反革命政变后,在下洋公学组建共青团支部,并为迎接南昌起义部队进入下洋做了大量工作。10月,任中共永定县委委员,在高陂建立了厦黄、西陂等7个党支部。1928年6月被选为永定暴动委员会委员。7月1日,与卢肇西、阮山等领导了永定下洋暴动。1929年5月,永定县革命委员会成立后被选为委员。1930年春任中共永定县委书记。同年冬,受立三错误路线打击,调任饶和埔县委书记。1931年5月,在"肃社党"事件中,在永定虎岗被错杀。

蓝玉田(？—1930)

福建省武平县中堡乡章丰村人。晚清秀才。辛亥革命前入汕头法政讲习所学习,并加入中华革命党。1917年,被委任为护法军司令。同年冬,回武平组建队伍,数次击溃北洋军阀闽省督军李厚基部。1919年,被任命为清流县知事。1920年随粤军回粤。1926年回武平组织家乡子弟参加北伐。1928年春率民兵驱逐北洋军第三师残部,收复武平、上杭、长汀等县。1930年,告老还乡,由漳州转潮汕回武平,病死在峰市途中。

蓝维仁(1899—1932)

福建省上杭县庐丰畲族乡人。早年参加孙中山领导的国民党。1925年7月,在集美学校师范部毕业后回上杭参加革命活动。1926年3月加入中国共产党,参加海陆丰农民讲习所学习。1927年初返回上杭组织农民运动,配合北伐军入闽。同年5月7日,上杭国民党右派"清党"事变后转入地下斗争,恢复和整顿了中共上杭支部,任书记。9月12日,南昌起义部队路过上杭,组织筹粮筹款、护理伤病员、侦察敌情、协助运输,有效地支持了南昌起义部队南进。1928年冬,赴才溪、长汀一带工作,后任长汀县苏维埃政府秘书。1929年8月任中共闽西特委第二特区委副书记。1930年3月任闽西苏维埃政府执行委员、常委兼财政部长,领导组建闽西工农银行。1932年,在国民党军张贞部进攻永定虎冈作战中牺牲。

詹调元(1869—1950)

福建龙岩县(今新罗区)白沙乡官洋村人。清末秀才。宣统末年加入同盟会。1912年当选首届国会议员。1915年南下参加护法反袁斗争。1926年,出任福建省政务委员会委员兼民治科科长。1928年,调任国民党福建省党部主任委员。1933年,改任省党部监察员。1942年任国民党龙岩专区党务督导专员,曾出席国民党第三、四、五次全国代表大会。1944年告老还乡。1950年初病逝。

谭震林(1902—1983)

湖南省攸县城关镇人。1926年加入中国共产党。土地革命战争时期,历任湖南省茶陵县工农兵政府主席,中共湘赣边界特委书记,中国工农红军第四军第二、第四纵队政治委员,红一军团第十二军政治委员,中华苏维埃共和国临时中央政府执行委员会委员和中央革命军事委员会委员,福建军区政治委员、司令员兼政治委员。曾参加中央苏区历次反"围剿"作战。1934年10月,主力红军长征后,任闽西南军政委员会军事部部长、副主席。抗日战争时期,历任新四军第二、第三支队副司令员,江南人民抗日救国军东路指挥部司令员兼政治委员,新四军第六师师长兼政治委员,中共苏南区党委书记,新四军第二师政治委员,中共淮南区党委书记。解放战争时期,历任中共中央华中分局副书记,华中军区副政治委员兼华中野战军政治委员,华东野战军副政治委员兼内线兵团政治委员,第三野战军第一副政委兼第七兵团政治委员等职。中华人民共和国成立后,曾任中共中央委员、中央书记处书记、中央政治局委员、国务院副总理、全国人大常委会副委员长、中央顾问委员会副主任等职。1983年9月30日在北京病逝。

廖海涛(1909—1941)

福建省上杭县溪口乡人。1929年参加闽西暴动。1930年加入中国共产党,历任中共杭武县委书记、县苏维埃政府主席。1934年10月中央主力红军长征后,历任杭代县委书记及县军政委员会委员、闽西南军政委员会委员,在闽西南坚持三年游击战争。抗日战争爆发后,率部编入新四军第二支队北上抗日,历任二支队四团政治部主任、团政委和第二支队副司令员兼政治部主任,参与创建以茅山为中心的抗日根据地。皖南事变后,任新四军第六师十六旅政委兼苏南抗日根据地军政委员会主任。1941年11月28日在塘马战斗中,为掩护党政军机关转移壮烈牺牲。

魏金水(1906—1992)

福建省龙岩县(今新罗区)西陈区条围乡人。1929年5月任龙岩县乡苏维埃政府主席。7月参加工农红军,10月加入中国共产党。土地革命战争时期,历任闽西赤卫总团部副官、红十九军一七〇团政委、福建军区分区政治部主任、红军独立八团副政委。抗日战争时期,先后任中共龙岩县委书记、闽西南抗日义勇军政治部主任、闽粤赣省委组织部部长、闽西南特委书记,领导开展农民保田斗争。解放战争时期,任中共闽粤赣工委书记、闽粤赣边区党委书记兼人民解放军闽粤赣边区纵队政委,领导边纵部队和配合南下大军解放粤东和闽西南。新中国成立后,历任福建省委委员兼农委书记、农协主任,省委副书记兼省监委书记,省委书记处书记,省委常委,副省长,省委书记处书记,省长。1992年8月11日在福州病逝。

参 考 文 献

(一)研究著作

李玉荣:《统战史研究》,山东教育出版社2001年版。
蒋建农、肖杰:《当代中国统战思想史》,河南大学出版社2000年版。
陈景磐:《中国近代教育史》,人民教育出版社1979年版。
郭桂兰:《中国妇女革命史》,黑龙江人民教育出版社1988年版。
刘志琴:《近代中国社会文化变迁录》第2卷,浙江人民出版社1998年版。
史兵:《中国工人运动史话》第1卷,工人出版社1985年版。
王先明:《中国近代社会文化史论》,人民出版社2000年版。
庄俞等编:《最近三十五年之中国教育》,商务印书馆1931年版。
中共中央党史研究室:《中国共产党历史》第1卷,中共党史出版社2002年版。
中华全国妇女联合会编:《中国妇女运动史》,春秋出版社1989年版。
中共赣州市委党史工作办公室编:《中央苏区人物志》,中共党史出版社2004年版。
刘勉玉:《中央苏区三年游击战争史》,江西人民出版社1993年版。
舒龙、凌步机主编:《中华苏维埃共和国史》,江苏人民出版社1999年版。
中共福建省龙岩市委党史研究室:《闽西人民革命史》,中央文献出版社2001年版。
中共龙岩地委党史资料征集研究委员会编:《闽西革命根据地史》,华夏出版社1987年版。
谢济堂:《闽西苏区教育》,厦门大学出版社1988年版。
傅柒生:《军魂——古田会议纪实》,解放军文艺出版社2004年版。
顾秀莲主编:《20世纪中国妇女运动史》,中国妇女出版社2008年版。
余伯流、凌步机:《中央苏区史》,江西人民出版社2001年版。
柏柳编:《苏区英风录——老一辈革命家在江西》,百花洲文艺出版社1992年版。
温锐、谢建社:《中央苏区土地革命研究》,南开大学出版社1991年版。
中共长汀县委党史工作委员会编:《长汀人民革命史》,厦门大学出版社1989年版。
中共瑞金市委党史工作办公室编:《瑞金人民革命史》,中央文献出版社1998年版。
中共龙岩市委党史研究室编:《无产阶级革命家在闽西》,社会科学文献出版社2001年版。
龙岩市委党史资料征集研究委员会编:《龙岩人民革命史》,厦门大学出版社1989年版。
孔永松、林天乙编著:《闽赣路千里——红军转战闽赣与创造闽西革命根据地的斗争》,上海人民出版社1982年版。
陈钢、黄惠运、欧阳小华:《湘赣革命根据地全史》,江西人民出版社2007年版。
《毛泽东文选》,人民出版社1993年版。
萧克:《朱毛红军侧记》,中共中央党校出版社1993年版。
张鼎丞、邓子恢:《闽西的春天》,福建人民出版社1979年版。

张鼎丞:《中国共产党创建闽西革命根据地》,福建人民出版社1982年版。
《星火燎原》第1卷,人民文学出版社1958年版。
余伯流、陈钢:《井冈山革命根据地全史》,江西人民出版社1998年版。
福建省党校:《红四军入闽和古田会议文献资料》,福建人民出版社1979年版。
马齐彬、黄少群、刘文军:《中央革命根据地史》,人民出版社1986年版。
戴向青等:《中央革命根据地史稿》,上海人民出版社1986年版。
凌步机:《中央苏区党的建设》,中共党史出版社1991年版。
孙家犹等主编:《中央苏区政权建设研究》,江西人民出版社1991年版。
吕良主编:《中央革命根据地教育史》,教育科学出版社1989年版。
李敏等主编:《中央革命根据地词典》,档案出版社1993年版。
全国中共党史研究会编:《土地革命战争时期根据地研究》,山东人民出版社1987年版。
广东省人民武装斗争史编纂委员会:《广东人民武装斗争史》(第二卷 土地革命时期),广东人民出版社1995年版。
《东江革命根据地史》编写组编:《东江革命根据地史》,中共党史资料出版社1989年版。
戴向青、罗惠兰:《AB团与富田事变始末》,河南人民出版社1994年版。
力平等:《中国红军长征史》,中共党史出版社1996年版。
中国人民解放军历史资料丛书编审委员会编:《南方三年游击战争·综合编》,解放军出版社1995年版。

(二)文献资料

《红星报》。
《斗争》。
《红色中华》。
中共龙岩地委党史资料征集研究委员会、龙岩地区行政公署文物管理委员会编:《闽西革命史文献资料》第1~6辑(1923—1931年),内部资料,1981—1985年。
古田会议纪念馆编:《闽西革命史文献资料》第7、8辑(1932—1934年),内部资料,2006年。
江西省档案馆、中央江西省委党校党史教研室编:《中央革命根据地史料选编》,江西人民出版社1982年。
龙岩地区妇联妇运史资料征集小组编:《龙岩妇运史资料》,内部资料,1985年。
中国人民政治协商会议福建省长汀县委员会文史资料编辑室编:《长汀文史资料》,内部资料。
福建省妇女联合会、福建省妇运史编纂委员会编:《福建妇运史资料与研究》,内部资料,1989年。
中共上杭县委党史资料征集研究委员会编:《上杭党史资料》,内部资料。
中共龙岩地委党史资料征集研究委员会办公室、福建省中共党史研究会龙岩地区分会编:《闽西党史资料通讯》,内部资料,1983年。
厦门大学法律系、福建省档案馆选编:《中华苏维埃共和国法律文件选编》,江西人民出版社1984年。
陈毅、肖华等:《回忆中央苏区》,江西人民出版社1981年。
中共赣州地委党史办公室编:《中央苏区史研究文集》,内部资料,1989年。
中共赣州市委、赣州市人民政府、中共瑞金市委、瑞金市人民政府编:《中华苏维埃共和国历史画册》,中央文献出版社2001年。
中共福建省委《福建革命史画集》编辑委员会编:《福建革命史画集》,福建人民出版社1982年。
《马克思恩格斯选集》第4卷,人民出版社1995年。

《毛泽东农村调查文集》,人民出版社1982年。
《毛泽东文选》第1卷,人民出版社1993年。
《毛泽东选集》第1~4卷,人民出版社1991年。
安树芬、耿淑珍编:《中国妇女教育资料选编》,中国妇女出版社1995年。
韩延龙、常兆儒编:《中国新民主主义革命时期根据地法制文献选编》第1卷,中国社会科学出版社1981年。
刘明逵、唐玉良主编:《中国近代工人阶级和工人运动》第7册,中共中央党校出版社2000年。
舒新城:《中国近代教育史资料》,人民教育出版社1985年。
孙武霞等编:《共产国际与中国革命资料选辑(1919—1924)》,人民出版社1985年。
中国妇女管理干部学院编:《中国妇女运动文献资料汇编(1918—1949)》第1册,中国妇女出版社1987年。
中国社会科学院近代史研究所近代史资料编辑组编:《五四爱国运动》,中国社会科学出版社1979年。
中华全国妇女联合会编:《蔡畅、邓颖超、康克清妇女解放问题文选》,人民出版社1988年。
中央档案馆编:《中国共产党第二次至第六次全国代表大会文件汇编》,人民出版社1981年。
中共中央书记处编:《六大以来党内秘密文件》(上),人民出版社1981年。
《毛泽东书信选集》,人民出版社1983年。
中央文献研究室编:《毛泽东年谱(1893—1949)》,人民出版社、中央文献出版社1983年。
中央档案馆编:《中共中央文件选集》(第1~9册),中共中央党校出版社1989年。

后 记

为了真实全面地记述新民主主义革命时期闽西统战工作的基本状况,准确反映我党在闽西地区领导开展革命统一战线工作的历史进程,概括和总结我党开展革命统一战线工作的基本经验,中共龙岩市委统战部将《闽西统战史(新民主主义革命时期)》作为重点研究项目,加以精心组织编撰。

在中共龙岩市委统战部重视支持下,本书的编撰工作进展顺利。课题立项之后,市委统战部委托龙岩学院教授张雪英、中共龙岩市委党史研究室主任苏俊才牵头,邀请邓泽村、吴升辉、吴锡超、蓝松金、黄嘉洇等人组成课题编撰组,他们通过深入调研,在收集大量资料的基础上,就本书的撰写体例、结构、内容等进行了认真的研讨,并分头执笔编写。经过编撰组成员艰辛的努力,终于付梓成书。《闽西统战史(新民主主义革命时期)》的问世,填补了闽西统战历史方面研究的空白。

本书的分工情况如下:张雪英、苏俊才提出书稿的整体设想、章节安排并进行最终统稿。第一章由苏俊才编写,第二章由吴锡超、张雪英编写,第三章由邓泽村编写,第四章由吴升辉编写,第五章由张雪英、黄嘉洇编写,附录一大事记、附录二闽西统战工作杰出领导人简介由蓝松金编写,参考文献由黄嘉洇编写。

在本书的编撰过程中,得到阮开森、邓菊芳部长的亲自组织和悉心指导,以及龙岩学院党委书记林和平,院长、博士生导师、教授李泽或等领导的大力支持。市委、市政府在经费上给予保证。同时,得到龙岩学院科研处、中共龙岩市委党史研究室、龙岩市档案局、古田会议纪念馆、闽西革命历史博物馆及各县(市、区)统战部、各党派、侨办的具体帮助。张秋炯、邱荣洲、张侃等同志对本书的写作修订提出了具体的指导意见。厦门大学出版社韩轲轲编辑对本书稿进行了认真细致的审定、龙岩学院中央苏区研究院王瑞博士对本书进行了审稿。在写作过程中,编撰人员还参考了《闽西人民革命史》等研究成果。书中的插图部分是中共龙岩市委党史研究室、古田会议纪念馆、闽西革命历史博物馆等单位提供的。在此,对上述机构和同志一并致以崇高的敬意和诚挚的谢忱!

由于本书的编撰资料不够全面,时间较仓促,加上我们理论水平有限,书中疏漏在所难免,恳请广大读者批评指正。

编 者

2015 年 11 月

图书在版编目(CIP)数据

闽西统战史：新民主主义革命时期/张雪英,苏俊才主编. —厦门：厦门大学出版社,2016.1
ISBN 978-7-5615-5637-5

Ⅰ.①闽… Ⅱ.①张…②苏… Ⅲ.①中国共产党-统一战线工作-史料-福建省-1919~1949 Ⅳ.①D613

中国版本图书馆CIP数据核字(2015)第156681号

官方合作网络销售商：

厦门大学出版社出版发行

(地址：厦门市软件园二期望海路39号　邮编：361008)
总 编 办 电 话：0592-2182177　传真：0592-2181406
营销中心电话：0592-2184458　传真：0592-2181365
网址：http://www.xmupress.com
邮箱：xmup @ xmupress.com

厦门集大印刷厂印刷

2016年1月第1版　2016年1月第1次印刷
开本：787×1092　1/16　印张：16　插页：2
字数：430千字
定价：39.00元
本书如有印装质量问题请直接寄承印厂调换